MICHEL-ANGE

L'ŒUVRE ET LA VIE

DE

MICHEL-ANGE

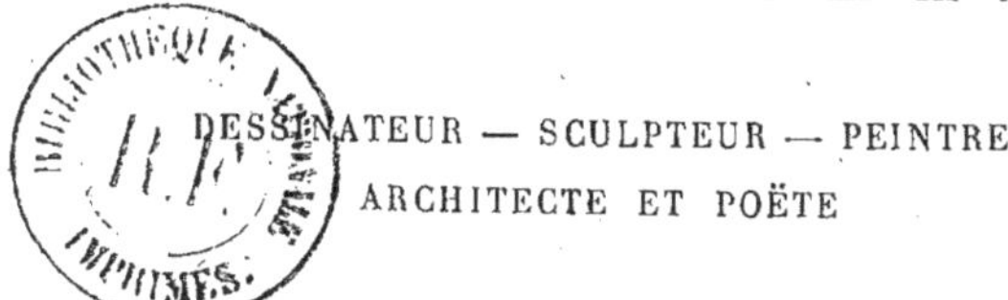

DESSINATEUR — SCULPTEUR — PEINTRE

ARCHITECTE ET POËTE

PAR

MM. CHARLES BLANC, EUG. GUILLAUME, PAUL MANTZ

CHARLES GARNIER, MÉZIÈRES, ANATOLE DE MONTAIGLON

GEORGES DUPLESSIS ET LOUIS GONSE

PARIS

GAZETTE DES BEAUX-ARTS

3, RUE LAFFITTE, 3

—

M DCCC LXXVI

PORTRAIT DE MICHEL-ANGE

MUSÉE DU CAPITOLE

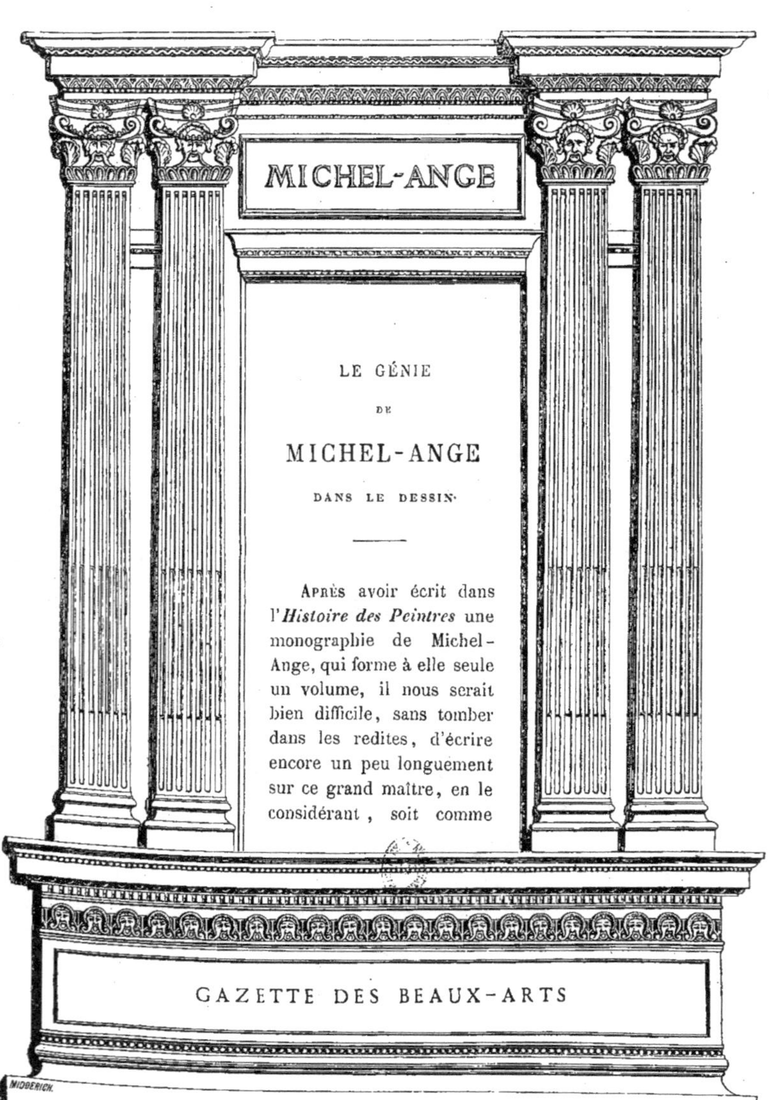

MICHEL-ANGE

LE GÉNIE
DE
MICHEL-ANGE
DANS LE DESSIN.

Après avoir écrit dans
l'*Histoire des Peintres* une
monographie de Michel-
Ange, qui forme à elle seule
un volume, il nous serait
bien difficile, sans tomber
dans les redites, d'écrire
encore un peu longuement
sur ce grand maître, en le
considérant, soit comme

GAZETTE DES BEAUX-ARTS

peintre, soit comme statuaire, soit comme architecte. Ces divers aspects de son originalité seront d'ailleurs examinés dans cette publication par des artistes dont la compétence spéciale ne manquera pas de donner à leurs appréciations un surcroît de valeur. Toutefois, au moment où, pour célébrer à son tour le centenaire qui vient d'être fêté à Florence, la *Gazette des Beaux-Arts* élabore une publication exceptionnelle et magnifiquement ornée, nous n'avons pas voulu demeurer étranger à la manifestation préparée par un recueil que nous avons fondé il y a seize ans, et que nous sommes heureux de voir prospérer. C'est pour cela que nous allons essayer de définir, s'il est possible, le génie de Michel-Ange, de dire en quoi il se distingue de l'antiquité et du moyen âge, et de le caractériser par ses traits les plus caractéristiques.

Entre l'art moderne et l'art antique, il y a tout un monde. Si l'on veut mesurer la distance qui les sépare, si l'on veut savoir ce qui les distingue et les comparer l'un à l'autre, il suffit, pour posséder un des termes de cette comparaison, de bien connaître Michel-Ange, car il contient à lui seul tout l'art moderne; il en est la personnification la plus frappante, la plus illustre, en ce qui touche la peinture, la sculpture, et même l'architecture, autrement dit les arts du dessin.

Lorsque Bacon définissait l'art par ces mots « l'homme ajouté à la nature » *homo additus naturæ,* on peut croire qu'il avait en vue les ouvrages du grand artiste dont nous cherchons ici à pénétrer la grandeur et à comprendre le génie, parce qu'en effet cette définition qui, d'une certaine manière, convient beaucoup plus à l'art moderne qu'à l'art antique, ne s'applique à personne autant qu'à Michel-Ange. Si l'on considère à ce point de vue les ouvrages de l'antiquité, en remontant le plus haut possible, on reconnaîtra que, dans ces ouvrages, la personnalité du sculpteur ou du peintre ne s'est point trahie, encore moins celle de l'architecte. Je veux dire que le sentiment qui a inspiré les artistes antiques lorsqu'ils ont élevé des monuments, modelé des colosses, gravé des bas-reliefs ou peint des murailles, a été un sentiment collectif. Cela est bien remarquable chez le plus ancien de tous les peuples qui ont laissé des œuvres d'art dignes d'attention et d'admiration, les Égyptiens.

Quand nous parcourions les rivages du Nil, depuis le Caire jusqu'à la première cataracte, nous étions frappé de la ressemblance que présentaient les sculptures et les peintures qui couvraient toutes les parois des anciens temples. Partout le même type reparaît, partout le même symbole et la même figure se répètent. Les diverses classes de la nation sont comme stéréotypées dans une image convenue. Un seul laboureur repré-

sente tous les laboureurs; un seul guerrier toute la caste des guerriers.
Une seule femme personnifie tout le sexe féminin. Aucune individualité ne

ÉTUDES A LA PLUME (COLLECTION ALBERTINE, A VIENNE).

se fait jour, aucune physionomie particulière ne se fait reconnaître. Cela
tient à ce que le sculpteur et le peintre égyptiens sont des prêtres au
service des dieux, ou des artisans au service des prêtres. La pensée reli-

gieuse s'impose à eux. Les modèles sont déposés dans le temple et il n'est pas permis d'y rien changer. Platon qui avait passé quatorze ans à Héliopolis dit formellement qu'il en était ainsi, et les œuvres peintes, taillées ou gravées dans le granit, le disent plus formellement encore.

Qu'il soit soumis au despotisme oriental ou au despotisme militaire, l'art de l'Égypte a un caractère d'universalité qui accuse son esclavage en même temps qu'il fait sa grandeur. La personne humaine n'y existe pas ; elle n'apparaît ni dans l'ouvrier ni dans son œuvre. Elle ne compte pas plus qu'un grain de sable dans le désert. Sans doute, en y regardant bien et d'un peu près, on découvre parmi ces ouvrages, dont les plus anciens datent de quatre mille avant notre ère, quelques nuances de style : ici, plus de vérité, là, plus de convention. Les raffinés peuvent même discerner diverses périodes dans ce long intervalle. Mais en somme, et si l'on observe les choses d'un peu haut, l'on s'aperçoit que les similitudes l'emportent de beaucoup sur les différences, et que l'art égyptien, dans son ensemble, est un art hiératique plein de majesté, il est vrai, mais sans une ombre de liberté.

En Grèce, il en va de même durant plusieurs siècles. Cependant la philosophie, qui dans tout l'Orient s'était confondue avec la religion, s'en sépare peu à peu, ou du moins elle tend à s'en séparer. Il arrive un moment où le théologien et le philosophe coexistent dans le même esprit et se pondèrent l'un à l'autre. Là aussi, on démêle des différences de style, mais ces différences sont communes à toute une école, et si un grand homme se produit, qui s'appelle Phidias, sa personnalité n'est pas sensible dans son œuvre. En admirant la beauté parfaite, la beauté exquise de ses marbres, on ne pense pas au sculpteur. Il a voulu s'effacer, il a voulu se taire : il n'a fait parler que ses ouvrages. De même dans les sculptures de Phidias, aucune physionomie individuelle n'est visible. Leur perfection même les élève au-dessus de l'harmonie en les générali-sant, et s'il est vrai que Vénus ne ressemble pas à Minerve, ni Mercure à Neptune, ces dissemblances ne sont encore que des caractères géné-raux dont la vérité est soumise aux lois de l'harmonie et de la beauté. Phidias se maintient en un merveilleux équilibre entre la servitude de l'art qui l'a précédé et l'indépendance de l'art qui le suivra.

De Phidias à Michel-Ange, il s'est écoulé dix-neuf siècles, pendant lesquels ont brillé l'art romain et ensuite l'art du moyen âge. Le premier donne beaucoup d'importance à l'individu ; il se complaît, il excelle à modeler des portraits, et déjà l'humeur de l'artiste se trahit dans son œuvre. Le second, retombant sous la domination sacerdotale, façonné par

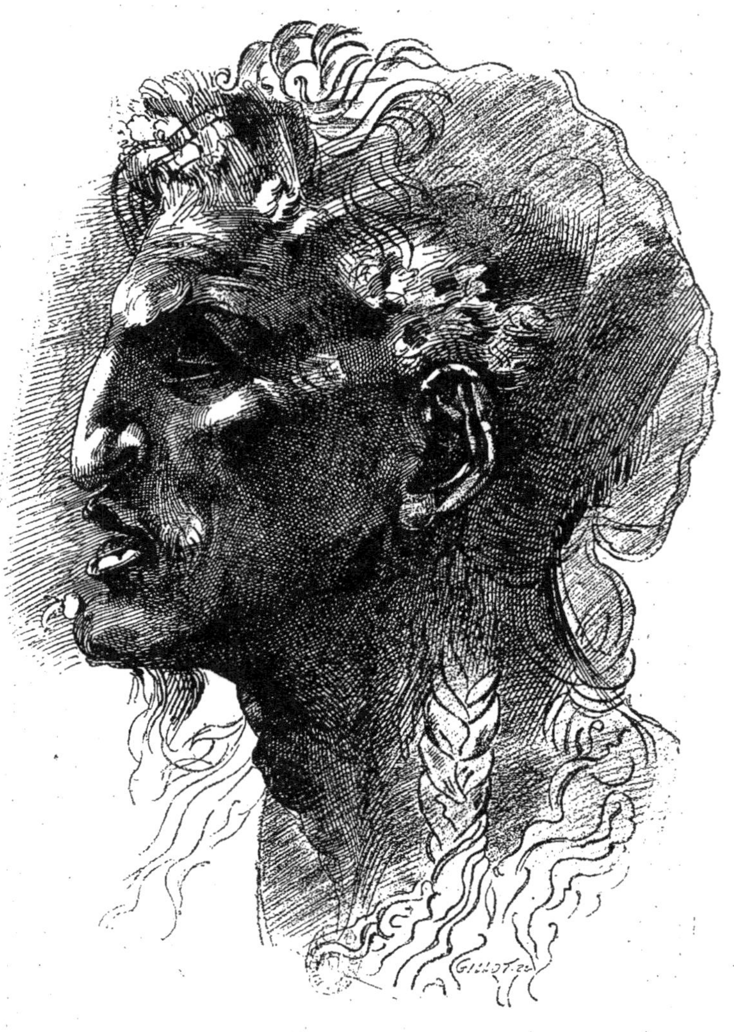

TÊTE DE FAUNE.

(Dessin à la plume, du Musée du Louvre.)

la superstition et poussé par le christianisme au mépris de la chair, passe
de la barbarie des formes byzantines au mysticisme des sentiments et à
l'ascétisme des figures. Voyez, par exemple, les sculptures qui décorent
les porches de nos cathédrales du moyen âge : les saints et les saintes
y cachent sous de longues draperies un corps mince, frêle et veule. La
maigreur y semble une condition de la piété. Les vierges folles tout aussi
bien que les vierges sages paraissent toutes honteuses d'avoir un corps.

Vienne la Renaissance : elle sera ce que fatalement elle doit être :
une réaction violente contre les idées de renoncement, de sacrifice, de
mortification. L'art va donc s'affranchir. Rompant les liens qui l'atta-
chaient au dogme, qui le rivaient au sanctuaire, il va se répandre au
dehors pour jouir du spectacle de la nature. Et comme la nature ne produit, en tous ses règnes, que des individus, l'individualisme se prononce
dans la peinture et dans la statuaire, le caractère est préféré à la beauté.
La laideur même n'est pas un vice irrémissible, en tant qu'elle peut concourir à l'expression. Par ce retour à la nature, la matière a repris sa
légitime importance, et le corps humain est étudié de nouveau comme
une œuvre qui ne le cède pas en beauté à la création immatérielle. C'est
à Florence que s'accomplit cette révolution, et c'est Michel-Ange qui en
est, non le promoteur, mais le chef.

Au surplus, il y a dans l'art deux sortes d'individualités : celle de
l'artiste et celle des figures par lesquelles il exprime sa pensée. En d'autres termes, il y a parmi les artistes et, en particulier, parmi les Florentins de la Renaissance, les naïfs, comme Donatello, comme Verocchio, si
l'on veut, et les passionnés, comme Léonard de Vinci et Michel-Ange.
Ceux-ci ne se contentent pas de rendre le caractère que présentent les
modèles choisis dans la nature : ils y ajoutent leur caractère propre.
L'un y met la tendresse de son cœur généreux et amoureux, l'autre
la fierté de son âme et l'indépendance sauvage de son humeur. Par ces
deux grands génies, la personnalité de l'artiste s'est fait place dans la
peinture et dans le maître. Elle s'est affirmée, elle s'est imposée à
son tour, et alors on a pu définir l'art en toute vérité : *L'homme ajouté
à la nature.* Et si cette définition, encore une fois, convient à l'art moderne, elle est surtout applicable à Michel-Ange. Plus que tout autre,
Michel-Ange a réagi contre le moyen âge en faisant du corps humain,
développé en tous sens, l'objet le plus élevé de ses études, l'élément de
ses créations, le but constant de ses efforts, le sujet inévitable et inépuisable de tous les poëmes de sa peinture. Plus que tout autre, il a recon-

quis de haute lutte la liberté de l'artiste et rompu les chaînes de la tradition hiératique. Sans s'inquiéter des idées reçues et des conventions
banales, sans se préoccuper de plaire aux princes de l'Église et aux souverains pontifes auxquels il imposait par la puissance de son irrésistible supériorité, il fit sur les murailles et les plafonds d'un temple catho-
lique, l'orgueilleux et libre étalage de ses nus. A l'inverse des artistes de
l'antiquité qui animaient leurs œuvres au souffle de l'âme universelle, il
anima les siennes au souffle de son âme, il les signa d'un nom propre ;
il les marqua de sa griffe. Il se servit de la nature, non pas tant pour
mettre en relief les beautés qu'il y avait aperçues, que pour montrer la
manière personnelle dont il les avait senties.

Voilà comment l'art moderne tranche sur l'art antique, et ces différences profondes, c'est Michel-Ange qui les a, plus que personne, accusées et consacrées en y imprimant le dernier sceau. Mais ce qui le distingue lui-même, dans l'art moderne, c'est que son génie a éclaté surtout
dans le dessin. Sculpteur, peintre, architecte, il n'a pas été sans imperfections, sans inégalité, sans défaillances. Tel marbre de sa main est
inférieur à tel autre. Qui le croirait ? Il y a des sculptures de ce grand
maître devant lesquelles on peut rester froid, le *Christ* de la Minerve, par
exemple. Il est des peintures de lui dont la conception n'est pas heureuse et dont l'exécution est déplaisante, notamment la *Sainte Famille*
de la Tribune, à Florence. Il est des morceaux d'architecture qu'il a
voulus tourmentés et bizarres, uniquement parce qu'il avait horreur de
la banalité. Il a inauguré dans cet art des hérésies qui ont fait école, et
certaines erreurs qu'on lui passe seraient chez d'autres impardonnables.
L'exécution délicate et finie de ses fresques, toute belle qu'elle est, n'est
pas sans égale. Mais lorsqu'il a une plume ou un crayon à la main, il
est le maître par excellence. L'autorité de son dessin, le tour libre et
fier qu'il y donne à ses moindres figures, les accents qu'il y frappe, l'expression qui en sort, qui en rejaillit, le sentiment de force altière ou de
terreur ou de superbe élégance qu'il y exprime, la haute science qu'il y
montre, tout cela est vraiment hors ligne. Jamais dans son dessin, il n'est
en défaut ; jamais il n'y est au-dessous de lui-même ; jamais il ne s'y est
endormi ; et s'il a été un si grand peintre, un si grand sculpteur, un si
grand artiste, c'est parce qu'il a été, avant tout, un dessinateur prodigieux. Il n'est pas de dessins, si ce n'est peut-être — avec d'autres qualités — ceux de Léonard de Vinci, qui puissent soutenir la comparaison
avec ceux de Michel-Ange. Auprès de lui, Raphaël, Raphaël lui-même,
lorsqu'il ne l'imite pas, n'est plus qu'un adolescent plein de grâce, le

Corrége un génie féminin, André del Sarte un élève exquis, Bandinelli un rhéteur, et Rembrandt un va-nu-pieds sublime.

Telles sont les considérations qui nous ont amené à reprendre la plume pour parler à nouveau de Michel-Ange dans une publication spécialement et entièrement consacrée à sa mémoire. Dieu veuille qu'après avoir écrit avec conscience, avec admiration, avec respect, l'histoire de ses immenses travaux et de sa longue vie, nous puissions aujourd'hui, en fouillant dans le portefeuille de ses dessins, en caractériser la beauté souveraine et développer ainsi celle des faces éclatantes de son génie qui nous paraît encore plus éclatante que toutes les autres.

Les hautes qualités du dessinateur, Michel-Ange les a possédées au degré suprême, ayant été tout ensemble naturel et surhumain, vrai et sublime. Choisissant les formes sur lesquelles la nature avait le plus vivement imprimé son cachet, il y a superposé le sien ; aussi quand on est en présence d'un dessin de Michel-Ange, il est impossible, à moins qu'on ne soit un barbare, d'y être indifférent ou inattentif ; il est impossible de passer outre. Les moindres croquis de cet artiste extraordinaire commandent l'attention et vous imposent. L'homme simple en est surpris, le connaisseur en est ému, le peintre et le sculpteur en sont saisis d'admiration et quelquefois consternés.

Une entrevue que l'on aurait avec un grand homme, par lequel on serait admis dans son intimité, dans ses confidences, ne ferait pas, j'imagine, plus de plaisir et ne laisserait pas dans la mémoire une impression plus profonde, qu'une heure consacrée à étudier les dessins de Michel-Ange, à suivre les évolutions, les élans de sa pensée, à surprendre les secrets de son âme, et, pour ainsi parler, à s'entretenir avec son ombre. Peut-être même y a-t-il moins de charme dans la présence réelle d'un artiste de génie que dans la possession de ses œuvres, parce qu'on y possède le meilleur de sa vie, la partie la plus élevée, la plus pure et la plus subtile de son être. De toute manière, j'ose dire que la supériorité de Michel-Ange n'est nulle part plus affirmée, plus éclatante que dans ses dessins. Il me souvient à ce sujet, que de tous les ouvrages de Buonarroti, récemment exposés à Florence, dans les salles de l'Académie, lors des fêtes du Centenaire, c'était l'exhibition de ses dessins qui formait pour les raffinés du dilettantisme la partie la plus intéressante de la *mostra*, de la montre. Là vraiment il est incomparable, et s'il est inégal dans ses sculptures et dans ses fresques, jamais son dessin, même le plus négligé en apparence, même le plus sommaire, ne trahit une fai-

blesse de sa main, une distraction ou une défaillance de son esprit. On
peut dire de Michel-Ange dessinateur, que son génie n'a jamais sommeillé.

Parfois, il est vrai, son crayon passe légèrement sur le papier,
comme pour tracer les vagues réminiscences d'un songe. On y voit
poindre des fantômes de héros terribles, des apparitions d'enfants, de

masques de bêtes féroces, des femmes dont l'image ébauchée semble tout près de s'évanouir ... mais ces premiers traits, en leur indécision, ne sont qu'un prélude aux contours énergiques dans lesquels va être enserrée la forme voulue, aux ombres qui vont la faire saillir, au glissement des demi-teintes qui vont en achever le modelé et en nuancer le caractère. Il est rare, en effet, que Michel-Ange ne revienne pas sur les motifs qui l'ont une fois préoccupé. Celui de la *Madone avec l'Enfant*, par exemple, il l'a tourné et retourné de vingt manières, mais toujours en y laissant exprimé un sentiment d'inexprimable tristesse. La Vierge de Michel-Ange a quelque chose de plus que la mélancolie souriante des Vierges de Raphaël. Elle a l'humeur fière et je ne sais quelle bouderie des lèvres qui annonce des idées noires, de sinistres pressentiments, et comme l'ennui d'une maternité exceptionnelle. Même lorsqu'elle allaite l'enfant, ou qu'elle joue avec lui, en lui disputant son livre ou en lui abandonnant sa main, elle conserve un air sérieux, une attitude hautaine, et souvent elle regarde ailleurs, comme si elle craignait de se laisser aller à la grâce des soins maternels, comme si sa bouche n'était pas faite pour le sourire.

Les *Sibylles* et les *Prophètes* ont été aussi plusieurs fois ébauchés, tantôt d'après un motif pris dans la nature, tantôt d'après une figure entrevue par les yeux de l'esprit. Un juif occupé à écrire ses comptes sera transformé en Daniel. Un vieillard dont le crâne est tonsuré par l'âge et qui ressemble à l'architecte Bramante, deviendra le prophète Zacharie. Telle sibylle, dont on rencontre, parmi les dessins du maître, des croquis légers, a pu être dessinée également soit d'après une de ces femmes de la campagne romaine, qui ont naturellement une si grande tournure, soit d'après une vieille Transtévérine, aux rides sèches, à la mine farouche; mais il me paraît certain que Michel-Ange, pour peindre ces figures étonnantes, s'est plutôt servi de ses souvenirs, et qu'après les avoir entrevues dans la nature, il les a créées une seconde fois dans le recueillement de son génie.

Du reste, que son crayon effleure le papier ou que sa plume y écrase l'encre, Michel-Ange met de l'accent dans tout ce qu'il dessine, et cet accent est toujours énergique, même quand il est seulement indiqué, car là où il n'est pas décisif et absolu, il s'annonce en quelques traits, il se fait pressentir, il se devine. Ce que les autres disent avec douceur ou avec dignité, il le dit avec passion. Ce que Raphaël dessinerait en souriant, il le dessine, lui, en fronçant le sourcil. Il est sensible, en effet, que Michel-Ange n'a rien conçu, rien compris comme les autres peintres, ni la Bible, ni l'Évangile, ni la Fable, ni les symboles de la poésie. On a dit de lui qu'il était un homme biblique et que sa religion était judaïque plutôt que chrétienne, en ce sens qu'il n'avait pas eu l'intelligence du Nouveau Testament, n'ayant pénétré que l'esprit de la Bible. Cela est vrai: il ne comprend rien à la douceur évangélique, à la divine patience du Nazaréen. A ses yeux le Christ n'est pas une victime résignée : c'est un condamné qui se révolte, un supplicié qui se débat contre ses bourreaux jusqu'au dernier soupir. La tragédie du Calvaire devient ainsi plus tragique dans les dessins de Michel-Ange que dans l'Évangile. Le Christ — ou peut-être le bon larron — cloué sur sa croix, est parvenu dans les mouvements de sa colère à déclouer un de ses pieds saignants et il passe sa jambe délivrée sur le genou de l'autre jambe, comme si, par un suprême effort, il allait s'arracher à l'instrument du supplice, et s'enfuir dans la nuit! Pendant ce temps, la Vierge évanouie au pied de la croix est soutenue par saint Jean qui croit son maître expiré.

- Non, les données de la religion, telles que les artistes les ont toujours comprises, ne s'imposent pas à Michel-Ange. Les spectacles les plus radieux, ceux que traditionnellement l'on nous représente avec le plus de sérénité et le plus de calme, son imagination les voit troublés, remués, secoués, et, pour ainsi dire, tempétueux. La Résurrection, par exemple, qui est le drame où, dans presque toutes les peintures, la lumière joue le plus grand rôle, où le Christ apparaît d'ordinaire comme un trépassé qui a recouvré la vie par la volonté divine, et qui sé'lève au ciel, tranquille et rayonnant. La Résurrection, Buonarroti l'imagine tout autrement. Il se figure le Christ comme un Hercule que l'on aurait enfermé dans sa tombe pendant son sommeil, et qui en se réveillant ferait sauter d'un coup d'épaule le couvercle du sépulcre, et ressusciterait violent, irrésistible et indigné.

Tout pâlit en vérité, tout semble froid à côté d'un tel peintre, et quelle autre idée l'on se forme des créatures humaines lorsqu'on attache ses regards à la suite de ses dessins incomparables! Ici, c'est un griffonnement héroïque où l'on croit démêler des figures de gladiateurs aux prises avec des bêtes féroces; là, c'est une mêlée obscure de damnés qui, poursuivis par les démons, se précipitent, se sauvent ou bondissent en poussant des cris, tandis que leur multitude en fuite renverse les moins agiles et passe sur de beaux corps qui vont être écrasés dans ce tumulte infernal. Plus loin, dans un brouillon sublime au crayon rouge, *matita rossa*, l'on voit ou plutôt l'on entrevoit une bagarre affreuse de réprouvés qui se révoltent contre les sicaires de Satan, déployant toute l'énergie de leurs muscles pour résister à la sentence qui les condamné à la géhenne du feu. Et la couleur de la sanguine dans le modelé encore vague de ces figures ajoute à l'impression de terreur que produit la vue d'une insurrection de damnés aux portes de l'enfer.

A chaque feuille que l'on tire des cartons de Buonarroti, le spectacle change sans doute, mais le sentiment qui a inspiré le dessinateur est toujours à peu près le même. Le terrible y domine, et ce qui ailleurs serait plaisant ou risible, demeure ici grave ou devient sinistre. Si une caricature naturelle a frappé ses regards et qu'il la juge digne de son crayon, il la dessine sérieusement, et il lui est impossible de ne pas donner à la laideur même quelque chose d'auguste. Si un mendiant a passé qui ait attiré son attention, Michel-Ange lui trouve ou lui prête une sorte de grandeur déchue, un reste de distinction au sein de la misère. Des mains nerveuses et longues trahissent de la race dans ce mendiant, et ses guenilles vont prendre la tournure d'une draperie de marbre. Que si c'est un aveugle conduit par un enfant, l'enfant est tellement superbe dans sa nudité, à demi couverte de quelques haillons, que le dessin vous donne l'idée d'un Œdipe à Colone ou d'un Bélisaire à Byzance. Il y a ce trait de ressemblance entre Michel-Ange et Rembrandt, que les pauvres chez eux, lors même qu'ils sont grotesques, ne font jamais rire. Mais ceux du Hollandais excitent la pitié, ceux du Florentin sont si imposants qu'on oserait à peine leur faire l'aumône.

Il est des peintres qui se complaisent aux badinages du crayon, qui jouent avec la plume, cherchant des formes, essayant des contours, brodant des hachures autour des parties saillantes, accusant les muscles avec des paraphes savants et hardis, s'amusant enfin à leurs dessins comme des calligraphes à leurs écritures. Michel-Ange, lui, ne dessine que lorsqu'il a quelque chose à dire, quelque sentiment à exprimer, quelque beauté de geste, d'attitude ou de mouvement à mettre en relief. Jamais, au grand jamais sa plume n'a tracé une phrase sans signification, une simple phrase pittoresque. Sa pensée est toujours présente dans ses dessins. Ils sont dictés par une observation profonde ou par une vive émotion, ou par la volonté de vérifier sur nature ce que le maître a conçu dans son esprit et ce qu'il veut peindre sur la muraille, ce qu'il va modeler pour le marbre ou pour le bronze. Et sous sa main, tout prend une physionomie étrange, un tour imprévu. Voici deux hommes debout qui se parlent. L'un est casqué, l'autre est nu-tête. Celui-ci s'avançant et se penchant vers son interlocuteur, accompagne ses paroles d'un geste animé, d'un geste italien. Les mains, ouvertes mais crispées, ont un

accent ressenti ; les os, les tendons, les muscles fléchisseurs en sont indi-
qués à coups de plume, ou plutôt à coups de griffe, car c'est la griffe
d'un maître qui les a détachés sur le fond en quelques traits rapides,
comme son ciseau les aurait ébauchés dans le marbre. Combien de gens,
combien d'artistes même auraient vu ces figures sans y prendre garde !

JEUX D'ENFANTS.

(Croquis à la plume, du Musée des Offices.)

Tracées par Michel-Ange, elles vous arrêtent, elles vous heurtent. Communes peut-être dans la nature, elles sont étonnantes sur le papier. Voici
deux autres personnages d'une nudité robuste qui montent un escalier;
ils le montent avec précaution, repliés sur eux-mêmes, à pas de loup,
comme s'ils allaient surprendre un ennemi qui sommeille, commettre
un larcin ou un meurtre... chose étrange ! ces hommes ont peur et ils
font peur !

  Elle est empreinte dans l'œuvre entière de Michel-Ange, sa prédilection pour le terrible. On la retrouve même là où il semble qu'il aurait dû faire trêve à ce sentiment. Sans doute, lorsqu'il dessine des figures, ou pour mieux dire des projets de figures pour le *Jugement dernier*, on s'attend bien qu'il exprimera la frayeur et l'horreur dans les mouvements et sur le visage des damnés qui sont livrés aux démons ; mais comment s'attendre à une pareille expression, lorsqu'il s'agit des bienheureux ! J'ai conservé pourtant le souvenir ineffaçable d'un dessin du maître, dont la feuille est comme traversée par l'image d'un pécheur pardonné que l'on monte au paradis, et qui, même dans les bras d'un ange, demeure encore tout frémissant, ne pouvant se guérir de l'incurable terreur qui plane sur le dernier jour du genre humain. Il n'est pas jusqu'aux sujets tirés de la mythologie qui ne se prêtent à l'accentuation de la peur, et la fable de Phaéton précipité de son char avec les chevaux du soleil, sert de prétexte à Michel-Ange pour représenter les enfants de la terre épouvantés par cette avalanche de coursiers, attelés encore à un char qui verse du haut des airs.

En ne considérant les dessins de ce grand artiste que comme l'expression la plus rapide et la plus directe de sa pensée, et sans même parler ici de son génie graphique, il faut convenir que ses portefeuilles sont pleins de surprises et toutes ses œuvres frappées au coin d'une originalité forte, souvent sublime. S'il représente une scène d'amour, il y met une certaine grâce sévère, quelquefois une tristesse qui saisissent d'étonnement. C'est ainsi que dans l'exposition faite à Florence, à l'occasion du quatrième centenaire de Michel-Ange, on voyait dessinée sur un grand carton une figure colossale de femme, une Vénus, si l'on veut, embrassée par un Amour pubère qui se jette avec emportement sur son beau corps. Grandiose de formes, comme la *Nuit* du tombeau de Julien, aussi belle que l'*Aurore* du tombeau de Laurent, cette femme reçoit les caresses du jeune dieu, en le regardant d'un air sérieux et pensif, comme si elle pressentait les désenchantements de l'amour. Un autre dessin figurait dans cette exhibition mémorable, un dessin qui pourrait effaroucher la pudeur, s'il était d'une autre main que celle de Michel-Ange. Il y a représenté l'effarement, les transports d'une femme violée avec violence, qui se débat robuste contre son ravisseur plus robuste qu'elle, mais non sans exprimer dans l'altération de ses traits je ne sais quel involontaire sentiment de bonheur et d'orgueil. On peut voir là ce qu'est le grand style et comment il est incompatible avec toute pensée impudique par la seule raison qu'il substitue aux formes d'une vérité individuelle, qui seules pourraient blesser des yeux chastes, des formes

d'une héroïque beauté qui désorientent le spectateur en le séparant du
monde réel et surtout de la prose.

DESSIN A LA PLUME (MUSÉE DU LOUVRE.)

Un autre genre de surprise que cause infailliblement la vue des
ouvrages de Michel-Ange et, avant tout, de ses dessins, c'est le mélange
de l'originalité et du naturel, de l'étrange et du vrai. A-t-il consulté le

modèle? a-t-il beaucoup étudié d'après nature? on peut répondre à la fois oui et non, et voici comment se résout cette contradiction apparente.

Quand il fut sorti de chez Ghirlandajo, Buonarroti se livra passionnément à l'étude de l'anatomie. Il la pratiqua pendant douze ans sur l'homme et sur les animaux, et ce fut au point que l'odeur du cadavre le rendit malade, lui gâta l'estomac et le força de renoncer à la dissection. Mais, Dieu merci, ses douze ans de travail, il sut les mettre à profit, et il y paraît bien, lorsqu'on le voit, par exemple, dessiner une jambe en commençant par les os, tracer avec une précision savante la forme du fémur, s'insérant par sa tête dans la cavité dite cotyloïde, s'articulant dans sa partie inférieure avec la rotule et le tibia pour former le genou; lorsqu'on le voit ensuite revêtir ces os de leurs muscles sans effacer ce que les muscles recouvrent. Et pourtant la science, dans ses dessins, n'a rien de pédantesque, rien de froid, rien qui sente l'amphithéâtre, de sorte qu'en dépit de son exactitude ostéologique et myologique, le trait conserve une certaine dose de liberté qui en fait une œuvre d'art.

Toutefois, après avoir patiemment et profondément appris la forme et la structure des os, l'attache, la fonction et le jeu des muscles, dans toutes les postures, dans tous les mouvements possibles du corps humain, Michel-Ange était devenu si habile, si savant et tellement sûr de son savoir qu'il pouvait au premier coup, sans modèle, dessiner une figure en action, en deviner les courbures, en rendre sensibles les élans, les raccourcis, les souplesses. Je dis sans modèle, parce qu'en effet la chute des damnés et l'ascension des bienheureux, dans le *Jugement dernier*, n'ont pu être posées, cela va sans dire, par aucun modèle, et qu'ainsi la vraisemblance de tous les corps précipités ou soutenus par le souffle divin est un résultat de la science anatomique et de cette correction irréprochable, mais exempte de pédantisme, sans laquelle tant de figures qu'on ne se lasse point d'admirer, n'ayant plus ni justesse de perspective et d'expression, ni beauté, ni caractère, paraîtraient simplement des parodies de la nature, de monstrueuses grimaces de la vérité.

Il faut s'entendre cependant : le savoir anatomique n'est pas absolument sans danger pour un peintre, et j'en donne les raisons. D'abord il est à craindre qu'à force de se familiariser avec le squelette et avec l'écorché, il ne se forme dans l'esprit une sorte de stéréotypie convenue, qu'il ne finisse par appliquer à des personnages divers des muscles appris par cœur, qu'il ne soit tenté enfin de faire ostentation de sa science myologique, au point de la mettre en évidence là où elle doit être cachée, ou tout au moins voilée par des tissus graisseux, comme dans les figures de femmes et d'enfants. Ensuite il est certain que l'étude de l'anatomie

sur le cadavre est bien loin de suffire au peintre qui doit représenter
l'anatomie vivante et agissante. Il importe assurément de connaître le
muscle mort, et cette connaissance peut se fixer sans trop de peine dans
la mémoire. Mais ce qui est plus important pour le dessinateur, et ce qui
exige une incessante activité d'observation et de travail, c'est l'étude du
muscle vivant, parce qu'il varie, d'un individu à l'autre, en intensité, en
souplesse, en force et en grâce, parce qu'il est sujet à mille nuances par
suite des accidents de la vie et des changements particuliers qu'elle

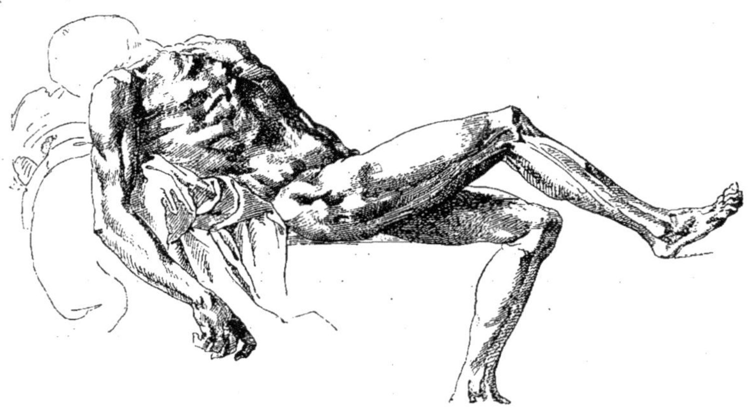

entraîne dans le nombre infini de ceux qu'elle anime. D'où l'on peut conclure que, si l'étude de l'anatomie morte est essentielle, inévitable, indispensable, il est nécessaire d'y joindre constamment la vérification de la
science générale sur les modèles vivants, dont pas un ne ressemble
exactement à l'autre, même dans sa manière d'obéir aux lois de la phy-
siologie.

Aussi Michel-Ange, tout profond anatomiste qu'il était, n'a-t-il pas
négligé de consulter la nature vivante, tantôt pour s'assurer d'un mouvement, tantôt pour étudier sur le fait ces muscles dont il savait si
bien la place, l'insertion et le jeu. Plusieurs de ses dessins témoignent
de cette recherche; mais il faut dire que le maître ne s'est jamais attardé
à ce genre d'études. La force de son attention, sa science et l'habitude

acquise le dispensaient d'un long travail, et de plus il y apportait une grande liberté, observant dans le modèle la loi qu'il voulait vérifier, beaucoup plus que l'application de cette loi à la physionomie individuelle du modèle consulté. Il ne cherchait pas à faire un dessin ressemblant à tel ou tel homme, puisqu'il disait lui-même à Vasari que ce genre de ressemblance lui faisait horreur, *aborriva il fare somigliare al vivo,* mais un dessin vraisemblable, ayant le caractère humain et dans lequel la vérité générale lui servit à l'expression des deux sentiments qui se disputaient son âme, la fierté et la terreur.

On trouve donc chez Michel-Ange, poussée au dernier point, la connaissance de l'anatomie vivante, basée sur une longue étude de l'anatomie morte, et il semble qu'il ait voulu donner lui-même la preuve de ses travaux anatomiques dans un dessin à la plume où il est représenté disséquant, avec un médecin sans doute ou avec un élève, un corps rigide et sec, étendu sur une table. D'un peu loin on prendrait ce croquis rapide et fiévreux pour un lavis de Rembrandt. Dans la poitrine du cadavre, les dissecteurs ont planté un flambeau et, à cette lueur, leurs visages et le corps mort se tachent d'ombres sinistres. Pourtant l'effet n'est point poursuivi; il est seulement indiqué. Le fond reste blanc, le noir de l'encre n'étant répandu que sur les figures. Ce dessin a quelque chose de tragique.

Mais les pauvretés de la nature, ses déviations, ses laideurs quand elles n'ont rien qui les puisse convertir en qualités intéressantes ou même en beautés, ce qu'elle a enfanté dans ses rêves quand ils étaient des cauchemars, enfin ce qu'il y a toujours de plus ou moins vulgaire dans un modèle qui pose, rien de tout cela ne se trouve dans les dessins du grand maître. Ses jeunes gens sont des éphèbes de l'Olympe et à leur démarche on les reconnaît pour des dieux, des dieux humains. Ses enfants ne sont pas aussi potelés, aussi gras qu'ils le sont d'ordinaire dans la nature. Ils ne présentent point ces formes boudinées, ces bourrelets de chair que Léonard de Vinci et Raphaël se sont plu à imiter, quelquefois avec un peu d'exagération. Ils ont des carnations fermes, sans morbidesse, et une vigueur précoce des muscles qui rappelle ceux d'*Hercule au berceau;* ils sont enfin dignes d'être sculptés en marbre ou coulés en bronze. Ses madones, même lorsqu'il les dessine d'après nature, il en altère fictivement les proportions en leur donnant un cou allongé qui fait paraître la tête plus légère et plus petite, plus facilement portée. S'élançant sur de fortes épaules comme une colonne élégante, ce cou svelte, mais plein et uni, ajoute une expression de jeunesse et de noblesse à la nature observée. Même indépendance lorsqu'il s'agit de

TÊTE DE SATYRE (COLLECTION DE M. GATTEAUX.)

représenter des hommes mûrs ou des vieillards. En développant le torse, en lui prêtant une largeur athlétique et formidable, le maître diminue la pesanteur relative de la tête. Cela fait dire que Michel-Ange a fait des têtes petites, bien qu'il leur ait conservé les proportions qu'elles doivent avoir dans la mesure du corps en longueur, quand on choisit le canon de huit têtes qui est celui de la sveltesse. Voilà comment il refait librement et fièrement ce qu'il a devant les yeux; voilà comment il invente ses figures en les copiant, et c'est ainsi que, toujours original dans ses imitations, il est tout ensemble fidèle et supérieur à la vérité.

Quels trésors que les dessins de Michel-Ange et combien nous devons nous réjouir que la découverte de la photographie soit venue dans notre siècle! Combien nous devons être fiers qu'elle ait été inventée par un Français et par un artiste! Quelle joie pour l'amateur et pour celui qui aspire à le devenir, que de pouvoir posséder à si peu de frais ce qui était le privilége des grandes fortunes, ce qui avait été enfoui jusqu'à présent dans des portefeuilles qui s'ouvraient si rarement et à un si petit nombre d'élus! Quand on s'en sert pour reproduire des architectures, des statues, des bas-reliefs, des dessins, surtout des dessins, l'invention de Daguerre est la plus merveilleuse des inventions, parce qu'elle entretient et propage ce qu'il y a de plus précieux à entretenir et à propager, le sentiment du beau, la connaissance et l'intelligence de l'art, du grand art.

Et quelle prodigieuse fidélité! Quelle identité, pour mieux dire, entre la photographie et l'original! Autrefois les dessins étaient reproduits par la gravure. Il n'est pas de curieux qui ne sache tout ce que laissaient à désirer ces imitations, même les meilleures. Au xviii⁰ siècle, un homme de goût, un graveur plein de verve et d'entrain, le comte de Caylus, traduisit les dessins de maîtres avec une liberté qui parfois touchait à la paraphrase. Dans sa gravure spirituelle, mais cursive, il remplaçait les méplats par des convexités, il enveloppait les muscles dans des paraphes calligraphiques, il donnait volontiers à un croquis de Raphaël la tournure d'un Parmesan. Depuis, les grands ouvrages de Metz, celui qui est intitulé *Lawrence Gallery* et le recueil de Young Ottley, tous les trois publiés à Londres, en 1798, 1823 et 1841, offrirent, plus ou moins, des altérations du même genre. Tout maître de l'École romaine tournait, dans l'estampe anglaise, au Polydore ou au Jules Romain, et lorsque le graveur voulait montrer de l'esprit, il mettait dans son œuvre quelque chose du maniérisme d'un Cambiaso ou d'un Lafage. Ottley fut le seul qui prit la peine de calquer avec conscience les dessins

LA VIERGE DES MÉDICIS.
(Esquisse à la plume, du Musée du Louvre.)

de Michel-Ange, d'en suivre scrupuleusement tous les traits, toutes les hachures, et de se rapprocher autant que possible du fac-simile.

De nos jours, la Direction des Beaux-Arts, à l'époque où elle nous fut confiée pour la première fois, commanda (en 1849) des fac-simile, qui furent exécutés avec beaucoup de talent et de respect par Butavant, Alphonse Leroy, Paul Chenay, Rosotte, Wacquez. Mais quelle que soit la fidélité des reproductions que ces habiles graveurs avaient obtenue avec la pointe, l'eau-forte, le burin, la roulette et les ressources de l'aqua-tinte, il faut convenir qu'il y a de la différence entre ces gravures qui sont des interprétations, et les photographies d'Adolphe Braun qui sont la chose même. Lorsqu'on a sous les yeux les épreuves que ce photo-graphe incomparable a tirées de ses clichés d'après Michel-Ange, on peut dire que le dessin du maître y est tout entier, que l'on est en présence de Michel-Ange lui-même, que l'on touche du doigt ses traits de plume, ses coups de crayon à la pierre noire ou à la sanguine, son encre ou son bistre, ses repentirs, ses hachures fermes ou adoucies, appuyées ou légères, et jusqu'à la nature du papier dont il se servait, avec sa pâte fine ou grenue, ses vergeures, ses plis, ses froissements, ses macules. On dirait que la feuille vient de sortir, toute chaude, des mains de l'artiste, ou qu'on l'a dérobée dans les portefeuilles de la maison Buonarroti, à Florence. Non, rien ne manque à ces répétitions identiques, pas même la couleur. On y retrouve le rouge de la sanguine et ce qu'il y a de tendre dans les hachures de ce genre de crayon, l'intensité du noir déposé par la pierre d'Italie, le gris froid de la mine de plomb, le luisant de l'encre, la teinte azurée ou verte du papier que les anciens maîtres florentins choisissaient ainsi coloré, pour en faire un fond sur lequel ils enlevaient des rehauts de blanc, les tons écrus, les gris sourds, les crachements de la plume, les taches formées par les essuiements de la main ou de la manche; et s'il est vrai que la fidélité inexorable de ces détails n'ajoute rien à la valeur du dessin répété par la photographie, on doit reconnaître aussi qu'une telle exactitude dans les petites choses nous répond de l'exactitude dans les grandes. Ces accessoires si bien venus sont des témoins irrécusables de la parfaite reproduction du principal. En vérité, c'est une bénédiction du génie humain que la découverte de la photographie. Par elle, nous voyons les choses comme les voit le soleil, et nous pouvons en multiplier les figures en les faisant imprimer par les presses de la lumière. Il y a plus : en traversant l'image retenue par la sensibilité du verre, la lumière prête à cette image je ne sais quel charme inattendu, car elle y ajoute des

UN DESSIN DE MICHEL-ANGE.

Gazette des Beaux-arts. Imp. A. Salmon, Paris.

colorations diaphanes qui ne se trouvaient point dans l'original ou
du moins qui n'y étaient pas sensibles, qu'on n'y aurait pas aperçues.
Tantôt l'épreuve est imbibée d'un ton légèrement vineux qui en tempère
la clarté et lui donne plus de douceur, plus d'accord ; tantôt c'est une
teinte d'un jaune précieux qui est répandue sur tout le papier, comme
si les rayons du soleil s'étaient dépouillés tout exprès de leur revêtement d'or pour en couvrir l'épreuve qu'ils ont créée en traversant le
négatif. Une sorte de nuage de la plus délicate transparence et d'une
finesse de ton inappréciable, voile et colore ainsi la copie photographique
des choses réelles, et nous les montre baignées dans l'atmosphère qui
les enveloppait au moment précis de l'opération. Il en résulte une
affinité secrète, un surcroît d'harmonie entre l'objet représenté et le
fond sur lequel il se détache.

Pour en revenir à Michel-Ange, il a eu plusieurs manières de dessiner
ou plutôt il a employé plusieurs moyens, et chacun de ces moyens se
rapporte à une nuance du sentiment. Ce n'est pas indifféremment qu'il
usait de la plume, de la pierre noire ou de la sanguine. Quand il
dessinait pour se rappeler une scène qui lui était apparue, pour ainsi
dire, dans les lointains de sa pensée, il choisissait volontiers le crayon
rouge, parce que ce crayon, facile à écraser, produit des contours gras,
un modelé suave et fondu, et donne du flou au dessin. C'est ainsi qu'il
a représenté plusieurs fois le portement du Christ au tombeau, où peut-
être le transport d'un homme tué dans les guerres civiles qui ensanglan-
taient Florence. La tendresse des ombres, la douceur des transitions du
clair à l'obscur, feraient croire que l'on a sous les yeux un dessin onc-
tueux et caressé du Corrége. Mais à l'énergie latente du trait, à l'indication vague de la musculature, au caractère des mouvements, on
reconnaît Michel-Ange, Michel-Ange traduisant par un crayon effumé,
sfumato, un spectacle qu'il n'a vu encore que dans les brouillards de
son esprit, dans la région estompée de ses souvenirs.
Au contraire, quand le maître dessine d'après nature, quand il veut
arrêter le projet d'une fresque à peindre, ou plutôt d'une partie de
fresque, il emploie un instrument de précision qui est la plume. Tout
alors est serré, décidé, voulu. Le contour, après quelque hésitation,
— l'hésitation d'un homme qui essaye sa pensée comme un musicien
frédonne son air, — le contour est repris et résolûment affirmé. L'ombre
est nourrie de hachures croisées qui viennent s'amincir, s'affaiblir aux
approches de la lumière. Les saillies se prononcent, les profondeurs se
creusent, et aucune indécision n'embarrassera le peintre quand il vou-

dra reporter son dessin sur la muraille pour y mettre les suavités et
les couleurs de la peinture.

C'est également avec la plume que Michel-Ange exécute les dessins
qui lui serviront à tailler ses sculptures dans le marbre ou à les modeler
pour le bronze, et de pareils morceaux doivent s'appeler des *desseins*
suivant l'orthographe de nos pères, plus intelligente que la nôtre. Ce
fut en effet une des singularités de ce grand statuaire qu'il chercha sur
le papier les mouvements et le galbe de ses statues. Avant d'en pétrir
la maquette, il s'en rendait compte par plusieurs esquisses représentant
la figure qu'il projetait sous ses divers aspects futurs, de face, de dos,
de trois quarts, de profil à droite, de profil à gauche. Plusieurs de ces
dessins nous ont été conservés, et le Louvre possède, je crois, les plus
beaux. Ordinairement, les sculpteurs ne dessinent pas autrement qu'avec
de l'argile dans les doigts; ils font en terre le modèle de leurs statues
et le moulent en plâtre pour le mettre au point sur le marbre. Michel-
Ange, lui, commençait par dessiner sa statue, et il n'est pas impossible
qu'en vertu de la grande habitude de sculpter qu'il avait acquise dès
l'enfance et qu'il avait, comme il disait lui-même, sucée avec le lait de
sa nourrice, il n'est pas impossible qu'il ait quelquefois attaqué le
marbre, préalablement dégrossi, sans avoir d'autre modèle que son dessin. Ce qui est certain, — et Benvenuto Cellini l'affirme *de visu*, — c'est
que Michel-Ange, impatient de voir ses statues sortir du bloc, ne prenait pas toujours la peine d'en faire un modèle, grandeur d'exécution,
et il se contentait de se les figurer d'abord en plus petit, méthode dont
il reconnut plus tard les inconvénients.

Quoi qu'il en soit, toutes ses œuvres de sculpture et, à plus forte
raison, de peinture, étaient précédées d'un dessin à la plume au moyen
duquel il les voyait d'avance sur le mur ou dans le bloc, les contrôlait,
les châtiait. Mais les dessins dont je parle ne sont plus des croquis; ce
sont des morceaux achevés avec le plus grand soin. On les prendrait
pour des estampes gravées au burin d'après une ronde-bosse. Tous les
procédés du graveur, la conduite des tailles avec leurs renflements et
leurs atténuations, avec les croisements, les points, les surcroîts de force
donnés à coups de burin, le dessinateur semble vouloir les indiquer à
celui qui gravera son œuvre. Sa plume suit le sens des muscles, enveloppe les saillies, glisse sur les dépressions légères, rentre dans les
premiers sillons où les coupe par une seconde hachure afin d'insister
sur les vigueurs de l'ombre dans les parties rentrantes, de sorte que,
du papier de Michel-Ange, comme de la planche d'un graveur, ou plutôt

comme d'un bloc de Carrare, on voit sortir une figure dans laquelle les os montrent leurs apophyses, les tendons leur fermeté, les muscles leur souplesse, la chair ses méplats, ses palpitations, ses plis, son épiderme. Avant Marc-Antoine, avant les Mantouans, avant Æneas Vicus et Bonasone, Buonarroti, tout en écrivant ses projets de sculpture, invente, chemin faisant et par-dessus le marché, les savantes et belles manières de couper le cuivre, dont l'ingénieuse variété constitue l'art du graveur.

Enfin le génie graphique de Michel-Ange se reconnaît jusque dans son écriture, dont quelques lignes ou quelques mots se rencontrent souvent à côté de ses figures sur la marge du papier. Soit qu'il écrive les premiers vers d'un sonnet, soit qu'il aligne des chiffres pour en faire l'addition, il donne à ses chiffres et à ses lettres un air de résolution et de fierté, tout à fait semblable à celui de son exécution, comme sculpteur, de son invention, comme peintre. Tous ses caractères ont une élégance mâle. Rien n'y est absolument rond, pas même les *o*. Il assoit les *f* sur une base anguleuse et il les couronne d'une courbe brusquement terminée en ligne droite. Le *c* est une parenthèse sans mollesse, et lorsqu'il précède un *t* comme dans le mot *dicto*, il va le rejoindre par une courbe parabolique, tenant lieu de barre au *t*. La queue du *g* est un jambage qui se redresse en angle aigu. Les *l*, au lieu de monter en ovale, se terminent vivement par un bec d'aigle et la même forme, en sens inverse, finit le prolongement du *p*. Les lettres qui s'élèvent, comme l'*h* et le *b*, ont aussi beaucoup de tournure; le *d*, qui ordinairement s'arrondit de droite à gauche, se retourne ici vers la droite, et l'ensemble a quelque chose de volontaire et d'impérieux qui saisit, au point qu'au premier coup d'œil jeté sur une page écrite par Michel-Ange, on donnerait pleinement raison à ceux qui veulent deviner la physionomie morale d'une personne d'après la physionomie de son écriture.

Ce n'est pas tout : on croit lire parfois dans tel ou tel dessin, trois fois précieux, les paroles même que Buonarroti a dû prononcer en les traçant devant un élève, comme Daniel de Volterre, ou devant un ami, comme Vasari ou Sébastien del Piombo. En certains cas, un bout de croquis griffonné auprès d'une figure a dû être, pour lui, une sorte d'explication graphique donnée, sur un détail de cette figure, à quelqu'un qui n'aurait pas suffisamment compris la signification du dessin et le pourquoi de telles formes, qui, sous une apparence de liberté, étaient pourtant d'une vérité rigoureuse, d'une vérité anatomique. Vasari nous raconte que Michel-Ange vint en aide à Sébastien del Piombo lorsque celui-ci, pour entrer en concurrence avec Raphaël, peignit comme un pendant à la *Transfiguration* de ce maître, une *Résurrection de Lazare*, destinée à la décoration de l'église San Pietro in Montorio, tableau dont plusieurs parties furent exécutées sur les dessins et d'après les conseils de Michel-Ange, *sotto ordine e disegno in alcune parti di Michel Agnolo*. Or le dire de Vasari est confirmé par plusieurs dessins dont un appartenait à Sir Thomas Lawrence ; un autre fait partie, je crois, de la collection d'Oxford.

Ce dernier, plus fini, est à la sanguine. La figure de Lazare ressuscité est étudiée entièrement nue. Il se lève, appuyé encore à demi sur sa tombe ouverte, et soutenu par deux disciples du Christ. Cette belle étude de nu remplit le haut de la page avec les deux figures qui l'accompagnent. Plus bas, quatre ou cinq croquis du même crayon rouge représentent un des pieds du Lazare, et en voyant ces croquis répétés avec quelques différences, on comprend sans peine qu'ils sont là comme la démonstration dessinée d'un conseil donné à Sébastien del Piombo par son illustre collaborateur, j'allais dire par son collaborateur secret, comme s'il était possible qu'un tel homme eût mis sa griffe quelque part sans être aussitôt reconnu. Il est clair que Michel-Ange en crayonnant ces pieds, a dû dire à Sébastien : « Garde-toi bien surtout de dessiner les malléoles comme tu le fais ordinairement, à une égale distance du talon. Il y a plus de différence que tu n'en observes entre la malléole interne et la malléole externe ; celle-ci est située plus bas que l'autre, et comme elle appartient au second os de la jambe, au péroné, elle est aussi sur un plan moins avancé que la malléole interne, laquelle est une saillie du premier os de la jambe, le tibia. » A n'en pas douter, le maître a donné là une leçon amicale au *frate del piombo*, au frère du sceau, trop paresseux pour avoir beaucoup étudié le dessin et toujours aussi faible dans cette partie de son art qu'il était supérieur dans le coloris. A mesure qu'il parlait à son ami le Vénitien, le Florentin lui faisait toucher au doigt par un croquis rapide comment il faut dessiner les chevilles du pied, comment lui, Sébastien, les dessinait, et comment il ne faut pas les dessiner.

Heureux celui qui possède le recueil des photographies d'après les dessins d'un si grand artiste ! Avec des ressources très-limitées et moyennant un sacrifice relativement peu considérable, il lui sera permis de se procurer ce que ni les musées, ni les princes, ni les millionnaires ne sauraient avoir en originaux : la collection *complète* des œuvres du plus

1. Dans cette lettre écrite de Venise, en septembre 1529, à son ami Giovanni della Palla, Michel-Ange raconte sa fuite de Florence et exprime le désir qu'il a conçu de se rendre en France.

étonnant dessinateur qui fut jamais. Je parle ici, bien entendu, de l'amateur vrai, de celui qui aime par-dessus tout les choses d'art, et dont l'amour n'est empoisonné par aucune idée de spéculation. Je ne parle pas de ces curieux dont l'admiration factice n'est qu'une forme de la vanité, et encore moins de cet amateur égoïste qui, estimant le rare plus que le beau, n'est heureux que d'avoir ce que les autres n'ont point. Sans doute il ne convient pas de vulgariser, dans la mauvaise acception du mot, les œuvres exquises, c'est-à-dire qu'il est dommage de les exposer à une banalité qui les déprécie, en les livrant chaque jour et en tous lieux aux regards des profanes. Mais s'il ne faut pas rendre les très-belles choses vulgaires, il faut les rendre accessibles à tous ceux qui sont capables de les sentir. Si l'on ne doit pas semer des perles devant les barbares, on doit ouvrir les écrins de l'art à d'autres qu'aux riches. Les âmes délicates ne sont pas toujours celles que la fortune comble de ses faveurs ; et du reste, pour bien jouir d'un ouvrage excellent, il est bon qu'on ait eu de la peine à l'acquérir, et que la possession en soit le prix d'un effort, la récompense d'une privation. Je plains celui qui, pour posséder un dessin de Michel-Ange, n'aurait qu'à dire : je veux. Celui-là, j'imagine, serait bientôt blasé sur un bonheur si facile.

Pour ce qui est d'un artiste, je ne sache pas qu'on puisse rien lui souhaiter, rien lui offrir de plus précieux que la collection des photographies dont je parle. En regardant de pareils dessins, le peintre devra ressentir quelque honte de dessiner mal, et le sculpteur lui-même en devra rougir, bien qu'il ait l'habitude de dessiner plutôt dans l'espace et de chercher les innombrables contours de la forme dans les trois dimensions. Mais, sculpteur ou peintre, l'artiste qui aura ces photographies sous les yeux trouvera certainement un plaisir ineffable à communiquer, à travers les siècles, avec un Michel-Ange, à entrer dans sa maison, dans son intimité, à recevoir la confidence de ses plus secrètes pensées, de ses élans d'imagination, de ses études opiniâtres, de ses fantaisies. Sans aller à Vienne, à Dresde, à Weimar, à Oxford, à Windsor, à Londres, à Venise, à Florence, sans monter au Louvre, s'il habite Paris, sans venir à Paris, s'il est hors de France, il recevra les leçons familières du plus grand des maîtres dans l'art du dessin. Ces feuilles de papier qui sont devenues maintenant, grâce à l'invention de Daguerre, impérissables, inaltérables, elles parlent aussi éloquemment qu'aurait parlé le dessinateur lui-même. Je suis assuré qu'un peintre qui a passé une heure à les voir, j'allais dire à les écouter, en éprouve une impression qui l'élève dans sa propre estime, le fait aspirer aux sommets et le porte infailliblement à mettre plus d'accent dans son modelé, plus de caractère dans ses figures, et dans leur mouvement plus d'énergie. Quoi qu'il en soit, il est remarquable — et il importe de s'en souvenir — que le génie le plus extraordinaire des temps modernes, en peinture et en sculpture, l'a été surtout en vertu de son dessin, et que c'est surtout par là qu'il a balancé les grandeurs de l'art antique. Si Michel-Ange, en effet, a été moins beau que Phidias, et moins près du divin, il a été, dans l'expression de l'âme et de son âme, plus humain et plus ému, plus fier et plus libre.

CHARLES BLANC.

MICHEL-ANGE

I.

« Je suis un peintre, un sculpteur, un architecte ; j'ai mon art, j'ai mon dessein ou mon idée ; j'ai le choix et la préférence que je donne à cette idée par un amour particulier. J'ai mon art, j'ai mes règles, mes principes que je réduis autant que je puis à un premier principe qui est un, et c'est par là que je suis fécond. Avec cette règle primitive et ce principe fécond qui fait mon art j'enfante au dedans de moi un tableau, une statue, un édifice qui, dans sa simplicité, est la forme, l'original, le modèle immatériel de ce que j'exécuterai sur la pierre, sur le marbre, sur le bois, sur la toile, où j'arrangerai mes couleurs. J'aime ce dessein, cette idée, ce fils de mon esprit fécond et de mon art inventif. Et tout cela ne fait de moi qu'un seul peintre, un seul sculpteur, un seul architecte, et tout cela tient ensemble et est inséparablement uni dans mon esprit ; tout cela, dans le fond, c'est mon esprit même et non point d'autre substance, et tout cela est égal et inséparable. »

Aïnsi débute l'une des Élévations de Bossuet sur les mystères. A ce langage extraordinaire ne semble-t-il pas reconnaître le génie de Michel-Ange et l'entendre parler ? Assurément ce morceau, qui avec tant d'éclat et de force définit la fécondité des arts et en découvre le principe idéal, n'a pas besoin d'être commenté ; mais il est impossible de l'oublier lorsque l'on songe au grand artiste qui porta en lui tous les arts à la fois, qui les embrassa dans leur unité et qui, tirant directement de son esprit les formes qu'il leur donna, les développpa jusqu'au sublime.

Peintre, sculpteur, architecte et en même temps poëte, Michel-Ange Buonarroti apparaît comme un résumé de l'art à son époque et comme le père d'un art nouveau. Les plus étonnantes facultés de la pensée et de l'exécution sont liées et mêlées en lui. La peinture, la sculpture et l'architecture sont en puissance dans tous ses ouvrages ; et les mérites de la forme, de l'effet et de l'ordonnance qui s'y trouvent réunis et condensés donnent à ses créations un caractère synthétique que, seul, pouvait leur imprimer un artiste aussi complet qu'il en exista jamais.

En vérité, il semble, au premier moment, que si, pour étudier isolément chacune des parties d'un génie si entier, on dût simplement procéder à ce travail en vertu des droits de l'analyse, on commettrait une irrévérence ; on croirait, par là, user d'arbitraire ; on craindrait d'amoindrir le sujet en le divisant. Mais, à bien prendre, en ce qui concerne la sculpture, il y a lieu de se rassurer ; et c'est Michel-Ange lui-même qui nous autorise à considérer à part et à considérer avant tout les œuvres de son ciseau.

Faut-il dire que, par une singulière rencontre, de même que dans l'histoire de l'art grec, c'est la sculpture qui se montre la première, de même lorsque Michel-Ange recommence les arts, c'est par la sculpture qu'il débute et que c'est à ses statues qu'il doit tout d'abord sa célébrité ? Cela n'est pas sans intérêt ; mais il convient d'ajouter que la qualité de sculpteur est celle qu'il revendique de préférence, que c'est la seule qu'il prenne dans ses lettres[1], quand il ne les signe pas simplement de son nom, que c'est la première qu'il assume dans des contrats où il s'engage à peindre et même à bâtir. Curieuses différences que celles qui peuvent se produire dans la manière de s'apprécier soi-même ! Tandis que Léonard de Vinci, écrivant à Louis le More, se dit, et cela très-juste-

1. Le lettere di Michelangelo Buonarroti pubblicate coi ricordi ed i contratti artistici per cura di Gaetano Milanesi. In Firenze coi tipi dei successori Lemonnier. MDCCCLXXV.—Voy. les lettres à son père de 1497 à 1512.—*Idem* à son frère de 1497 à 1505. — *Idem* au pape Clément VII de 1524 jusqu'en 1526.

ment, capable d'exécuter tout ce qu'homme peut faire, Buonarroti, génie également universel, ne se prévaut près des papes que d'être maître dans l'art de sculpter. Lorsque, cédant à Jules II, il se soumet à peindre la voûte de la chapelle Sixtine, au moment où il met la main à ce travail, dans lequel le peintre va se montrer chez lui l'égal du statuaire, il écrit cette note caractéristique : « Le 10 mai 1508, moi, Michel-Ange, *sculpteur*, ai reçu 500 ducats à compte sur les peintures de la chapelle Sixtine, auxquelles j'ai commencé à travailler aujourd'hui[1]. » Et plus tard, quand les cendres du Dante rentrent à Florence, si, de concert avec d'autres citoyens notables, il sollicite du pape Léon X l'autorisation d'élever un monument funéraire au grand exilé, il ajoutera à la demande : « Moi, Michel-Ange, *sculpteur*, je supplie aussi Votre Sainteté et je m'offre pour faire convenablement le tombeau du divin poëte. » Ne semble-t-il pas dire en toute occasion que, quoi qu'il lui faille exécuter, soit à titre de peintre, soit à titre d'architecte, il fera toujours œuvre de sculpteur?

La prédilection de Michel-Ange pour l'art dont les ressources se prêtaient le mieux au tour de sa pensée et qui était le plus favorable à l'expansion de son énergie se trouve fièrement exprimée dans ses poésies concises elles-mêmes et fermes comme ses statues. On connaît assez ces deux vers célèbres :

> Non ha l'ottimo artista alcun concetto
> Che un sol marmo in se non circonscriva.

Ceux que nous empruntons à un autre sonnet malheureusement inachevé sont cités moins souvent, mais sont encore plus formels :

> Molto diletta al gusto intero e sano
> L'opera della prim'arte che n'assembra
> I volti e gli atti e con più vive membra
> Di cera, o terra, o pietra un corpo humano[2].

Ici, nous l'entendons, non-seulement il aime la sculpture, mais il la considère comme le premier des arts ou plutôt encore comme l'art premier.

Ces sentiments personnels de l'artiste étaient, il faut le dire, conformes à l'idée que sa famille se faisait de son mérite dont elle se glori-

---

1. Même ouvrage. Ricordi, page 563.

2. Le rime di Michelangelo Buonarroti pittore, scultore e architetto cavate degli autografi et pubblicate da Cesare Guasti in Firenze, per Felice Lemonnier, MDCCCLXIIII. Sonetti imperfetti. N° LXXXIV.

fiait et dont elle se prévalait au besoin[1] ; ils étaient d'accord avec l'opinion de toute l'Italie, qui admirait surtout en lui le sculpteur prodigieux.
Aussi, lorsqu'à la fin de sa vie, il était chargé de diriger les plus grands
travaux de peinture et d'architecture, lorsque, étant devenu le maître des
œuvres de Saint-Pierre, il consentait à être simplement Michel-Ange,

MASQUE DE FAUNE.

(Musée national de Florence.)

on ne pouvait encore oublier qu'en d'autres temps il avait étonné les
esprits et comme emporté par surprise une renommée immense, en tirant
du marbre le *Bacchus* et la *Pietà*. Ce souvenir était ineffaçable ; la répu-

1. Vita di Michelangelo Buonarroti narrata con l'aiuto di nuovi documenti da
Aurelio Gotti Direttore delle RR. Gallerie di Firenze. Voy. t. II, pag. 31. Lettre du
père de Michel-Ange à Julien de Médicis.

tation du sculpteur était consacrée depuis sa jeunesse, et, dès ce moment et de ce fait, la postérité avait commencé pour lui.

Nous verrons de combien d'éléments divers était riche ce génie de sculpteur.

II.

Au moment où Michel-Ange naquit, en 1475, il n'y avait plus de grands sculpteurs à Florence et même en Italie. Ce n'est pas à dire qu'alors le goût déclinât ou qu'il fût abaissé : mais, les chefs d'école manquant, il restait stationnaire. Ghiberti était mort depuis vingt ans, et depuis dix ans Donatello n'était plus. Leurs élèves, encore féconds en œuvres d'un travail raffiné, achevaient d'épuiser leur veine délicate. Verrocchio allait disparaître de la scène, l'année même où le jeune Buonarroti, triomphant des résistances de son père, embrasserait la profession d'artiste. L'ère des sculpteurs-orfévres touchait à sa fin.

Leur art complexe et charmant, plein de vérité, de variété et d'expression, n'arrivait pas naturellement à la puissance : très-orné, enrichi de nielles et de couleurs, il assouplissait par sa fine ciselure le marbre et les métaux, comme des matières malléables, et il empruntait à la peinture une partie de ses artifices. Les bas-reliefs qui décorent les portes du Baptistère de Florence et ceux qui ornent le maître-autel de Saint-Antoine de Padoue, ces chefs-d'œuvre de Ghiberti et de Donatello sont conçus et exécutés dans des conditions pittoresques. La multiplicité des plans, la représentation des figures et de l'architecture en perspective, le paysage que l'on veut rendre avec ses profondeurs, tout cela constitue à vrai dire un art mixte et des œuvres qui tiennent autant du tableau que du bas-relief.

Dans cette situation, la sculpture, qui, dans les temps modernes, n'a jamais été un art complétement affranchi, hésitait; tandis que la peinture, qui avait pénétré dans son domaine et qui offrait par elle-même plus de moyens d'expression, attirait à elle tous les jeunes talents.

Michel-Ange entra d'abord dans l'atelier d'un peintre. Il fut élève de Domenico Ghirlandajo, qui, après s'être distingué dans la profession d'orfévre, avait fini par la prendre en aversion. Le jeune apprenti étudia donc en dehors des pratiques délicates, exquises, qui distinguent le ciseau des Donatello, des Mino de Fiesole et des Civitali ; et, s'il put apprendre à manier la délicieuse ornementation qui, dans les ouvrages de ces maîtres, tient toujours une grande place à côté de la figure humaine, on peut dire, sans crainte de se tromper, qu'il a dédaigné de le tenter.

Le principal travail de Michel-Ange dans l'atelier de Ghirlandajo paraît avoir été l'étude du dessin. Imitations en *fac-simile* de gravures et même de gravures allemandes que le commerce et la curiosité apportaient ainsi que toutes choses, dans l'intelligente Florence; copies des dessins de son maître, si parfaites que celui-ci en conçut de l'ombrage; études à l'entour des fresques que Domenico exécutait à cette époque dans l'église de Sainte-Marie-Nouvelle : telles furent, autant qu'on peut

CÔME L'ANCIEN.

(D'après une médaille italienne du xv⁰ siècle.)

le savoir, les occupations du jeune Buonarroti jusqu'au jour où son ami François Granacci l'introduisit dans les jardins où Laurent de Médicis avait réuni ce qu'il possédait de plus précieux en œuvres d'art.

La collection, qui, d'abord contenue dans le palais des Médicis, en avait fait la plus noble demeure de la ville et un véritable musée, avait été commencée par Côme l'Ancien. Il est curieux de suivre dans les écrits du Pogge les progrès du dilettantisme qui, à partir du commencement du xv⁰ siècle, se répandit en Italie. Le Pogge, qui, dans une agréable lettre, décrit sa chambre à coucher, tout ornée de bustes de marbre, correspondait pour accroître sa galerie, soit avec un certain Andreolo Giustiniano, Vénitien établi en Grèce, soit avec Francesco di Pistoja, moine franciscain qui parcourait la Morée et les îles pour y recueillir des antiques. Francesco rapporta en effet des statues et d'autres sculptures que le Pogge croyait lui appartenir, mais que son mandataire, infidèle s'il faut l'en croire, offrit à Côme de Médicis. Celui-ci recherchait avec un zèle extrême tous les restes de l'antiquité. Manuscrits, vases, pierres gravées et médailles trouvaient place dans sa maison à côté des dessins, des gravures, des tableaux et des statues des plus excellents maîtres de l'Italie. Mais les sculptures antiques étaient placées par lui au premier rang de ses richesses.

Au nombre des familiers de Côme ou plutôt parmi ceux qui avaient attaché leur destinée à celle des Médicis était le sculpteur Donatello. Admirateur passionné de l'antiquité qu'il alla deux fois étudier à Rome, grand connaisseur et toujours consulté par Côme sur tout ce qui touchait aux arts, il lui conseilla d'ouvrir sa maison, de la rendre en quelque sorte publique afin d'introduire à Florence le goût et l'étude des antiques. Il restaura celles qui étaient incomplètes ou mutilées, et, lorsqu'en 1464 Côme mourut, ce qui n'avait été jusqu'alors que la passion d'un petit nombre d'esprits d'élite était devenu la passion générale et tout était préparé pour la prochaine explosion de la Renaissance.

Ces richesses fécondes, après être passées en héritage à Pierre I*, vinrent en la possession de Laurent le Magnifique. La passion de celui-ci pour l'antiquité était extrême et ceux qui voulaient lui être agréables savaient y réussir en lui offrant quelques produits de l'art des anciens. Les marbres avaient ses préférences. Nicolas Valori raconte qu'il lui causa une joie extrême lorsqu'il lui rapporta de Naples un buste de *Faustine* et un buste de *Scipion l'Africain*. Un autre de ses familiers lui fit un présent qui fut jugé inestimable : c'était une tête de *Platon* que l'on disait avoir été trouvée dans les ruines de l'Académie. Et quand Laurent lui-même se rendit à Rome pour assister au couronnement de Sixte IV, le pape ne crut pas pouvoir mieux le traiter que de lui donner un *Auguste* et une *Agrippine* qui furent reçus avec une vive satisfaction. D'ailleurs, monuments écrits et monuments figurés étaient recherchés par lui avec la même avidité : à ses yeux c'étaient choses égales ; et dans les marchés passés par ses agents, une statue pouvait figurer dans l'achat d'une collection de manuscrits.

Laurent poursuivit l'œuvre de Côme. Il voulut que les restes de l'art des anciens servissent, de concert avec les écrits des auteurs classiques, à renouveler toutes les idées de ses concitoyens et à polir leur esprit. Il fit une part à la philosophie qu'il garda dans son palais de la *Via larga*, et il consacra aux arts une autre de ses demeures. Près du couvent de

Saint-Marc, Laurent possédait un grand jardin dans lequel il y avait un
casino. Il y fit porter avec une foule de tableaux, de dessins et d'objets
de prix, sa collection de sculpture : il la disposa dans les allées et dans
le bâtiment. En même temps qu'il faisait travailler à la restauration de
plusieurs des ouvrages qui la composaient, il en permit l'accès à de
jeunes artistes d'espérance. Un vieux sculpteur, disciple de Donatello,
Bertoldo, devint à la fois le directeur des praticiens qui mettaient les
sculptures en meilleur état et le maître de ces élèves de choix. Ainsi se

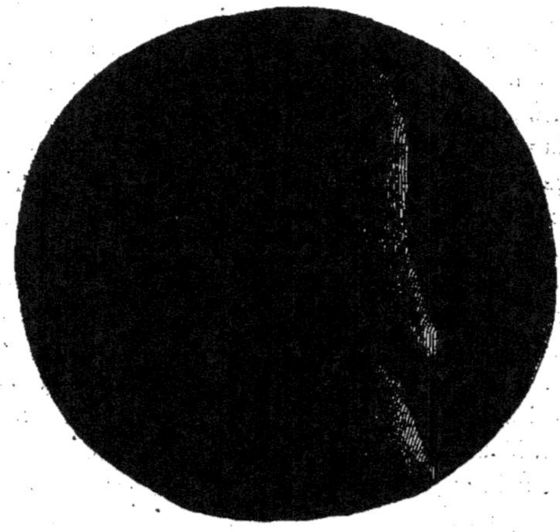

LAURENT LE MAGNIFIQUE.

(D'après une médaille italienne du xv⁰ siècle.)

trouva formée ce que l'on pourrait appeler la première école des beaux-
arts, école qui avait l'avantage de réunir à la théorie de l'enseignement les
travaux pratiques et qui, grâce à la munificence de Laurent, présentait
cette double particularité que les élèves y recevaient une pension et que
ceux qui se distinguaient obtenaient des prix en numéraire.

Ces jardins académiques étaient connus sous le nom de jardins de
Saint-Marc. Vers 1488, Michel-Ange y fut admis, sur la présentation de
Ghirlandajo et par l'entremise de Granacci l'un de ses compagnons
d'étude.

Il serait fort intéressant de savoir exactement quels étaient les

6

sculptures, bustes et fragments qui, réunis par Laurent, étaient placés dans les jardins de Saint-Marc. Le petit nombre de morceaux que nous venons de nommer et dont on a peut-être trouvé l'énumération complaisante est à peu près tout ce que nous connaissons de ce musée. Faut-il y faire entrer un *Marsyas*, un *Amour endormi*, une figure de femme plus grande que nature, qui nous sont également signalés comme ayant appartenu à Laurent? Cela est naturel. Mais tout en acceptant l'opinion de M. A. Gotti qui retrouve dans la galerie de Florence la plupart de ces sculptures[1], encore doit-on faire quelques réserves sur leur mérite. Nous ne trouvons là aucun de ces chefs-d'œuvre dont la vue frappe et met en mouvement une génération. En résumé, il n'y a pas d'inventaire de cette collection ; l'on manque même de renseignements sur la valeur des ouvrages qui la composaient et dont cependant l'étude exerça sur les arts une influence immense.

Chose singulière! nous pouvons suivre assez bien le développement de la culture littéraire à Florence, nous pouvons dire par quels accroissements successifs la connaissance des auteurs classiques y devint de plus en plus complète. Dante, au XIIIᵉ siècle, lisait Virgile, Ovide, Lucain; quelques traités de Cicéron, divers fragments de Tite-Live étaient, avec Aristote, entre les mains des érudits. Plus tard Pétrarque, en faisant connaître Quintilien, les discours et la correspondance de Cicéron, enrichit le domaine des lettres latines auquel devaient s'ajouter les découvertes des explorateurs passionnés et nombreux qui parurent au siècle suivant. D'autre part, on peut dire à quelle date, en Italie, Homère fut traduit pour la première fois et le grec enseigné en chaire publique, et quand furent apportés de Constantinople les manuscrits de Pindare et d'Orphée, de Platon, de Proclus et de Plotin. Enfin on connaît la composition des *Collectiones Cosmianæ*, riche trésor de manuscrits et de livres qui fut le premier fond de la bibliothèque Laurentienne ; mais on ignore absolument quels étaient les chefs-d'œuvre de marbre et de bronze que contenait la galerie des Médicis, chefs-d'œuvre capables de produire dans l'art florentin une révolution rapide et complète.

Quoi qu'il en soit, les jardins de Saint-Marc furent l'école de la Renaissance. Michel-Ange s'y révéla tout aussitôt, et il s'y révéla comme sculpteur : il tailla dans un morceau de marbre le célèbre *Masque de Faune* qui lui valut l'amitié de Laurent de Médicis. Cet ouvrage fait aujourd'hui partie du Musée national. La légende en est connue. Laurent, l'œil attentif à toutes choses, visitant ses jardins, remarque cet essai du

---

1. Le gallerie ed i musei di Firenze discorso storico di Aurelio Gotti. In Firenze, 1875.

jeune Buonarroti; il lance au passage une observation sur ce que ce
vieux faune a cependant toutes ses dents. Le petit sculpteur fait, de

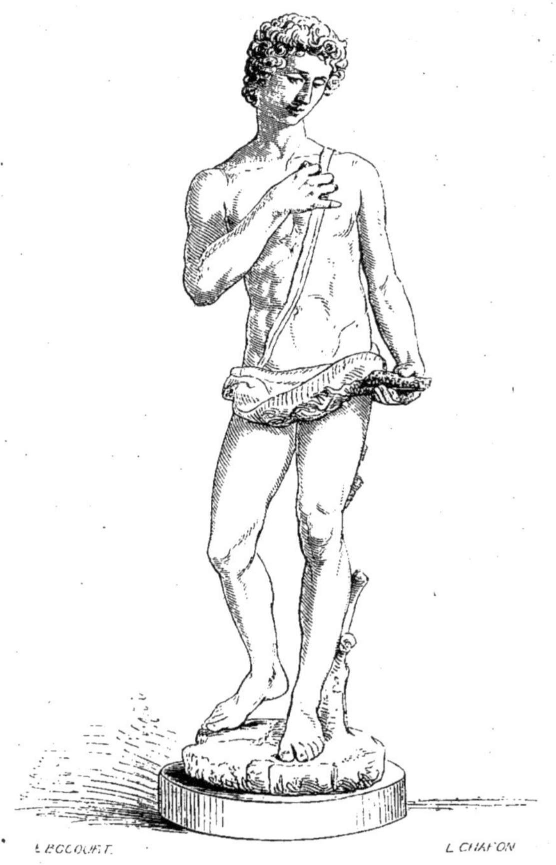

SAINT JEAN-BAPTISTE, DE PISE.

(Figure de marbre attribuée à Michel-Ange.)

bonne grâce, sauter une des dents de marbre, en creuse l'alvéole, et Laurent, charmé, obtient du père Buonarroti de garder l'enfant dans sa
maison. Il le donne pour compagnon à ses fils et à son neveu.

A considérer l'œuvre en elle-même, ce masque de faune est plutôt un masque de satyre. Si le groupe de Pan et d'Olympus, qui est à la galerie des Offices, n'avait pas été apporté de Rome à Florence seulement en 1788, ce serait à croire que Michel-Ange s'est inspiré de la tête du dieu des campagnes. Ce qui est certain, c'est que ce premier ouvrage est à l'imitation de l'antique. L'original fit certainement impression sur l'enfant, puisque le type s'en retrouve jusque dans certains démons du *Jugement dernier*. L'exécution est vive, ressentie, creusée; le ciseau est déjà très-hardi ; l'aspect est essentiellement décoratif. Mais le sens mythologique fait défaut et l'on ne saurait s'en étonner. Comment Michel-Ange aurait-il connu les modes employés par les anciens pour rendre, à l'aide de la figure humaine, la vie naturelle à ses différents degrés ? Aussi, la jovialité empreinte sur le masque du faune est-elle toute moderne. Le côté joyeux des choses n'était pas étranger à Laurent de Médicis. Il a écrit des chants sacrés et il n'a pas dédaigné dans ses poésies les sujets rustiques et bouffons. Cette facilité d'esprit pouvait s'allier, sans contradiction, aux dons les plus élevés de l'intelligence chez les plus illustres Florentins. Dans le dessin aussi, l'exagération du caractère pouvait aller à l'excès sans tomber dans la bassesse, et la caricature, profonde et puissante si l'on veut, mais la caricature, se produisait naturellement et comme une forme extrême de l'art sous le crayon de Léonard de Vinci et plus tard aussi sous celui de Michel-Ange. Il est probable que l'expression facétieuse de son *Masque de Faune*, nous dirions presque sa grimace ornementale, ne déplurent pas à Laurent, qui, tout en portant le poids des affaires publiques et en restant le zélateur fervent de l'idéal le plus épuré, n'en était pas moins l'auteur de la *Nencia* et des *Beoni*.

En entrant dans la maison de Laurent le Magnifique et en s'asseyant à sa table, à cette table libre où les convives n'avaient d'autre rang que celui que leur assignait leur arrivée et où les hommes mûrs, les jeunes gens et les enfants recevaient un traitement égal, Michel-Ange se trouva porté au cœur de la société florentine. Là, se réunissaient les hommes les plus distingués de l'Italie, les esprits les plus divers. Il y avait des lettrés, comme Pic de la Mirandole, qui étaient tout dévoués au culte de l'antiquité et il y avait de simples Toscans qui mêlaient les saillies de leur gaieté fantasque et souvent équivoque aux doctes propos. Politien récitait une élégie et Louis Pulci chantait à la manière des rapsodes les octaves burlesques de son *Morgante*. La poésie, la philosophie, les arts, étaient le sujet des entretiens. Là on entendait en même temps que le bruit des fêtes le retentissement de la vie publique ; mais les faits comme les opinions étaient contrôlés sans cesse par la fine

critique d'intelligences qu'aiguisait une civilisation exquise. L'art de la
vie, par ses raffinements, touchait aussi à une perfection fatale.

Mais le palais des Médicis était le siége de réunions plus sérieuses
et dont l'objet répondait à des idées durables : l'Académie platonicienne
s'y assemblait. Cette institution, qui devait introduire le génie grec dans
la vie florentine et lui donner rang là où le génie latin avait jusqu'alors

LES CENTAURES ET LES LAPITHES.

(Bas-relief en marbre, conservé à la Casa Buonarroti.)

dominé sous l'influence du droit et de la religion, eut une influence
considérable sur les plus grands hommes de la Renaissance, depuis
Michel-Ange jusqu'à Galilée. Elle avait été fondée par Côme l'Ancien,
qui lui-même s'y plaisait à discourir sur la beauté et sur le souverain
bien. Marsile Ficin, préparé par les soins prévoyants de Côme à la
diriger, en était alors l'un des membres illustres; près de lui brillait
Politien. Laurent venait puiser dans les discussions profondes et subtiles
des académiciens les idées qu'il portait ensuite dans la direction des
hommes et dans la pratique de la vie publique. La nouvelle philosophie,

luttant victorieusement contre celle d'Aristote, était devenue, avec son esthétique idéale, une seconde religion qui avait ses adeptes et ses fêtes. Dans la maison de Ficin, une lampe brûlait jour et nuit devant le buste de Platon.

On dit que Politien prit en amitié le jeune Buonarroti et que, non content de l'initier aux beautés du génie des Grecs, il lui donna l'idée de sculpter en bas-relief le combat des *Centaures contre les Lapithes*. L'artiste, en vieillissant, conserva toujours près de lui ce travail de sa jeunesse qui se voit encore aujourd'hui dans sa maison de famille. Il règne dans la composition de ce combat une fougue épique. Tous les personnages sont nus : c'est une mêlée d'un caractère absolument héroïque. L'exécution n'en est pas terminée : elle garde la trace du ciseau dentelé dont Michel-Ange fit constamment usage. Il n'a pas introduit de variété dans les formes et toutes les figures procèdent d'un même idéal qui est déjà le sien ; ce bas-relief est bien du Michel-Ange et l'on comprend le prix que le sculpteur pouvait y attacher.

Lorsque Michel-Ange entreprit le *Combat des Centaures*, il est douteux que le vieux Bertoldo ait été appelé à donner son avis ; rien, en effet, ne ressemble moins que ce morceau à ce qu'un élève de Donatello devait préférer, c'est-à-dire à un bas-relief de son maître. Celui-ci avait exécuté dans ce genre des ouvrages exquis. La saillie en est généralement faible, déprimée et comme écrasée. Tantôt les contours s'abaissent sur le fond et le sujet n'apparaît que par de fines oppositions de plans et ne se voit bien qu'au jour frisant. Tantôt, au contraire, les contours sont soutenus et les figures se superposent, en se détachant les unes des autres comme dans les camées à plusieurs couleurs. Donatello avait eu l'occasion de voir beaucoup de camées et des plus précieux dans la maison de Côme l'Ancien, et il en avait transporté le parti pris dans ses bas-reliefs de marbre et de bronze. Michel-Ange reconnut toujours Donatello pour un très-grand maître. Il y avait d'ailleurs entre eux quelques ressemblances de tempérament : tous deux excellaient à attaquer le marbre avec ardeur et à le terminer avec délicatesse, tous deux vécurent simplement et se montrèrent surtout préoccupés de leur art. Michel-Ange fit un acte naturel de déférence pour Donatello en exécutant bientôt un autre bas-relief dans lequel il suivit, ou imita si l'on veut, la manière de son devancier. Il prit pour sujet la *Vierge et l'Enfant Jésus*, motif qu'il devait traiter à plusieurs reprises pendant sa vie, mais dans un style absolument différent. Cette fois il se conforma aux traditions de l'école qui l'avait précédé et il fit voir qu'il en possédait le sentiment et la pratique. On trouve au palais Buonarroti cet ouvrage à la fois en marbre et

LA VIERGE ET L'ENFANT JÉSUS.

(Bas-relief en bronze, conservé à la Casa Buonarroti.)

en bronze ; car Bertoldo enseignait aussi l'art de la fonte, et son nouvel
élève s'exerçait à se rendre maître dans toutes les parties de la sculpture qui l'occupait alors sans partage.

Cependant, au sein de la vie brillante à laquelle il participait, le
jeune artiste, entouré d'esprits d'élite, s'initiait aux lettres. Les principes de la philosophie dans laquelle il était nourri lui faisaient comprendre d'une manière nouvelle la beauté plastique de l'art des anciens,
et révélaient peu à peu à son génie l'idéal dont il devait réaliser la
forme. Ainsi son talent et son esprit se développaient de concert ; mais
des épreuves allaient commencer, épreuves sous l'empire desquelles son
caractère devait se former à son tour.

III.

Vers l'époque où cette *Vierge* fut achevée, Laurent le Magnifique
mourut. L'amour de l'art, le travail, les distractions intellectuelles
qu'offrait la maison d'un tel protecteur, avaient pu jusque-là cacher à
un jeune homme de dix-sept ans la gravité des événements qui se prépa-
raient autour de lui. Depuis quelques années, Florence était profondément troublée. Au moment même où le jeune Buonarroti était accueilli
chez les Médicis, Savonarole commençait ses prédications contre l'invasion
des idées païennes. L'antagonisme du Frère et de Laurent avait été
croissant ; il était manifeste, même pour ceux qui ne calculaient pas
les conséquences d'une pareille lutte. Michel-Ange assista de près sans
doute aux scènes émouvantes qui accompagnèrent la mort de Laurent,
et il fut frappé de ce que sa fin eut de rapide et de fatal. Il en demeura
accablé ; et sous le coup d'un événement qui changeait brusquement le
cours de sa vie, il conçut cette amertume, il entra dans cette humeur
rude, ironique et sombre qui devint de plus en plus l'habitude de
son caractère. Il se retira dans la maison de son père et s'y fit un
atelier.

C'est très-probablement à cette époque que Michel-Ange se livra à
l'étude de l'anatomie. Le prieur du couvent de San-Spirito la lui rendit
facile en mettant à sa disposition une cellule dans laquelle il put disséquer. Ce travail d'analyse, dont le but est de se rendre un compte exact
de la forme humaine, n'était pas une nouveauté dans l'École florentine.
Dès le commencement de leur apprentissage, les peintres et les sculpteurs
passaient par cette initiation préparatoire, et il suffit de songer aux
ouvrages des prédécesseurs de Michel-Ange pour comprendre combien,

7

dans ce genre, leur savoir était profond. Donatello, particulièrement, a fait preuve d'une grande science anatomique, et l'on peut dire que le moindre de ses coups de ciseau montre à quel point il connaissait la conformation du corps humain, et avec quelle sûreté il en exprimait la structure générale et les détails les plus délicats. Ce qui doit nous intéresser dans Michel-Ange, ce n'est donc pas la science profonde du corps humain à laquelle il était parvenu, et que d'autres avaient possédée avant lui, mais c'est le parti qu'il sut en tirer. Les anciens, qui n'avaient pas dans la dissection et dans les autopsies les moyens d'investigation

SAVONAROLE.

(D'après une médaille italienne du XVᵉ siècle.)

dont nous disposons aujourd'hui, possédaient cependant l'anatomie extérieure avec une incontestable perfection. Les observations que permettaient des costumes qui laissaient de grandes parties de nu à découvert et la fréquentation des gymnases étaient à peu près les seuls moyens qu'ils eussent de connaître la forme humaine. C'était surtout dans les gymnases que pouvait se faire l'éducation des artistes. Là, entre les leçons du maître de musique et les entretiens des sages, les hommes et les jeunes gens se livraient aux exercices athlétiques. Chacun, dans la nudité sacramentelle et sous les yeux de tous, développait sa force, soit en vue d'entretenir dans son corps un équilibre général, soit pour briller dans des exercices de légèreté, de force ou d'adresse. La vue de ces exercices, le résultat, sur les formes, d'un travail musculaire dirigé dans un sens déterminé, et qui formait des coureurs, des lutteurs, des

LA MADONE DE BRUGES.

pugilistes ou des discoboles; tout cela joint aux accidents inséparables de pareilles pratiques, accidents que des rebouteurs nommés *alyptes* étaient habiles à conjurer, tout cela, disons-nous, constituait aux beaux temps de la Grèce une école publique d'anatomie. Ajoutons que, plus anciennement dans l'*Iliade* et dans l'*Odyssée*, les blessures sont si exactement décrites et les mots dont Homère s'est servi pour en décrire le siége et les effets sont si justes que sa nomenclature, conservée par Hippocrate, était encore en usage dans l'École d'Alexandrie, où la dissection commençait, dit-on, à être mise méthodiquement en pratique. Mais, comme aux plus grandes époques de l'art, les observations n'étaient faites que sur des hommes en action; la partie d'anatomie que les artistes possédaient alors et qu'ils appliquaient dans leurs ouvrages était une anatomie vivante.

La science anatomique puisée dans des amphithéâtres de dissection au début de la Renaissance s'acquérait dans des conditions bien différentes : elle reposait sur l'étude des cadavres, et elle devait produire des œuvres dans lesquelles la vie physique n'avait qu'un développement borné. La vue des chairs flétries par la mort portait les artistes à produire des formes maigres autant qu'exactes; et c'est, en effet, un naturalisme savant, mais nécessairement morbide, qui caractérise le nu dans les ouvrages des artistes qui ont paru au xv° siècle. Sans-doute, à ne considérer que les sujets qu'ils traitaient d'habitude, cette application de l'anatomie cadavérique pouvait n'être pas déplacée; les sujets empruntés à la vie ascétique ou plus généralement à la sainteté comportaient l'abattement de la chair et les macérations infligées à l'art. Mais pour les sujets d'un autre ordre et lorsqu'il s'agissait de représenter la vie dans son expression robuste, complète et saine, lorsqu'il fallait mettre le corps en parfait équilibre avec la vigueur de l'esprit, nous voyons aujourd'hui combien le mode employé pour se rendre compte de la forme était insuffisant.

Michel-Ange le sentit le premier. Les études qu'il avait faites d'après les sculptures antiques réunies dans les jardins de Saint-Marc exercèrent sur son génie une influence décisive. Pénétré de ces modèles, dans lesquels brillaient les qualités de l'art qui faisaient défaut à ses contemporains : la force et la puissance, il donna à son analyse anatomique une direction supérieure, tandis que la connaissance de l'anatomie l'empêchait d'étudier l'antique comme une langue morte. Il dégagea des conditions pathologiques, les seules à peu près que lui offrissent les sujets qu'il disséquait, les conditions purement physiologiques; il rendit compte des formes sans garder le souvenir de la mort. Il sut ranimer,

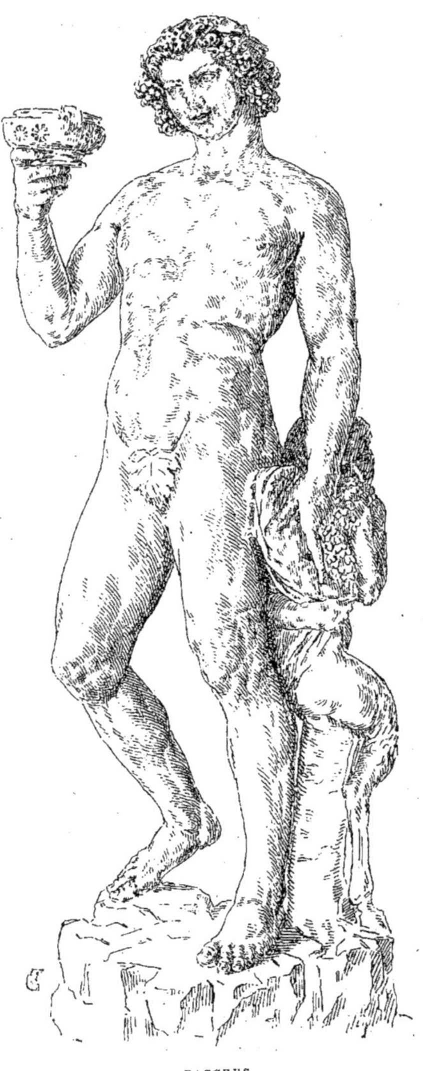

BACCHUS.

(Musée national, à Florence.)

grâce à l'énergie suprême qui était en lui, les muscles appauvris qu'il avait tenus sous son scalpel, et il donna à ses ouvrages une forme où la vie coulé largement et dans laquelle bouillonnent, comme une séve exubérante, le sang et les humeurs d'êtres surhumains.

Mais ce tempérament fougueux ne pouvait se déployer aussitôt. Michel-Ange en aucune façon n'était encore un maître. Rappelé par Pierre, le fils de Laurent, il rentra au palais Médicis où tout était changé. Bientôt, soit lassitude d'une familiarité qui n'était plus un patronage à la mesure de son esprit et de sa fierté, soit pressentiment de la révolution qui se préparait, soit, enfin, cette tristesse où ce besoin qui poussent les jeunes gens à voir des choses nouvelles et à se suffire à eux-mêmes, Michel-Ange partit en secret, se rendit à Venise et n'ayant pas trouvé à s'y occuper revint aussitôt sur ses pas. Une aventure de police le retint à Bologne, où un protecteur improvisé, le patricien Aldovrandi, lui fit confier quelques travaux pour l'église de Saint-Pétrone. Il s'agissait de terminer un *Ange portant un flambeau,* commencé par Nicolas dell'Arca, pour la châsse de saint Dominique, et de lui faire un pendant. L'ange sculpté par le jeune Buonarroti est une œuvre curieuse et un travail d'abnégation ; à ce dernier point de vue il semble qu'on ne puisse considérer, sans en être touché, l'ouvrage d'un jeune artiste de génie qui, dans cette circonstance, crut devoir s'oublier pour ne faire preuve que d'une grande bonne volonté. Il s'agissait, en effet, de concourir à un ensemble, bien plus, de faire une contre-partie. La figure destinée à remplir cet objet est de petite proportion ; la forme générale en est carrée et toute architecturale. L'exécution est d'un style ancien qui fait penser aux maîtres de Pise et de Sienne dont les ouvrages sont accumulés autour du tombeau du saint. Tout l'intérêt nous semble attiré par les draperies dont les plis espacés sont fouillés avec audace. Ce qu'il faut surtout remarquer dans cette statue, c'est la pratique hardie adoptée par le sculpteur et qui consiste à aborder directement le marbre et à extraire, de vive force, la figure d'un bloc dont elle conserve partout la forme générale et, l'on pourrait dire, l'étreinte. Buonarroti dira plus tard : « *Io intendo scultura quella che si fa per forza di levare.* » Mais c'est déjà de la sorte qu'il entend les choses. Le procédé qui consiste à travailler sans modèle et à prendre son sujet dans la masse est plus ou moins apparent dans ses ouvrages postérieurs ; mais ici, il est évident.

Michel-Ange revint bientôt à Florence. Pendant son absence les Médicis avaient été chassés, leur palais mis au pillage, les jardins de Saint-Marc dévastés. On peut dire que tous les liens de sa première jeunesse se trouvaient ainsi violemment brisés. Jamais changement plus

profond et plus rapide ne s'était opéré dans les mœurs d'un État. Savonarole dirigeait à la fois les esprits et les âmes. Aux fêtes mondaines,
aux cavalcades avaient succédé les processions et les prières publiques.
Le carnaval de 1497 vit se dresser sur la place de la Seigneurie un
bûcher formé de toutes les choses frivoles dont avait pu se dépouiller
un peuple de pénitents; on dit qu'on jeta dans les flammes jusqu'à
des tableaux et des statues. Mais les contemporains se taisent sur le
mérite de ces ouvrages qui n'étaient sans doute pas dignes de regrets.
Malgré le fait incontestable de tels sacrifices, il ne faut pas exagérer la
destruction des œuvres d'art qui se produisit à ce moment[1]. Savonarole
avait sur le beau les idées élevées et précises d'un chrétien et d'un philosophe. Il avait établi près le couvent de Saint-Marc une école d'art et
une école de théologie et de belles-lettres, comme une contre-partie des
écoles fondées par les Médicis. Au fond, le réformateur était un Italien
dont le génie embrassait naturellement un champ très-vaste ; mais c'était
un chrétien convaincu qui subordonnait tout à la pureté des mœurs.
Michel-Ange subit son ascendant : il devint l'un de ses disciples, non pas
de ses fanatiques; et sous son influence il compléta l'éducation de son
esprit en ajoutant aux lettres profanes dont il était nourri la connaissance des lettres sacrées et particulièrement de la Bible dont le grand
dominicain faisait son principal aliment. Dès ce moment il en fit sans
doute le sujet de ses méditations, mais le génie de la Renaissance continuait à travailler en lui. Il devait encore, pendant quelques années,
aller des sujets mythologiques aux sujets religieux avant que la substance des deux antiquités se fût condensée en lui.

L'admiration qu'excitent les antiques engendra à différentes époques le goût des imitations. Il y avait déjà, au temps de la Renaissance,
une sorte de manie archéologique chez quelques délicats. Donner à des
marbres modernes le caractère et même l'aspect de marbres anciens
était une préoccupation et quelquefois une spéculation. Un récit légendaire nous montre Michel-Ange sculptant un *Cupidon endormi*, si
parfait qu'on pouvait le prendre pour le travail d'un artiste de la Grèce.
Un amateur y fut trompé et l'acheta. Faut-il voir la première idée de
cet ouvrage dans l'*Amour endormi* donné autrefois à Laurent de Médicis
par Julien de San-Gallo, le même peut-être qui existe à la galerie des
Offices ; on pourrait le penser, et alors l'inspiration de cet ouvrage eût

---

1. Storia della republica di Firenze di Gino Capponi, t. II, p. 229.

Jérôme Savonarole et son temps, d'après de nouveaux documents, par Pasquale
Villari. Trad. par Gustave Gruyer, avec préface du traducteur. (V. t. II, liv. III, chap. 6.)

été comme le ressouvenir d'un temps que Michel-Ange n'oublia jamais. Quoi qu'il en soit, au milieu de la fièvre d'austérité qui régnait alors, le dieu païen fut achevé sans causer d'ombrage. L'imitation de l'antique devait être parfaite, car, à propos d'un dessin reproduit d'après Ghirlandajo, nous avons dit avec quelle exactitude son élève savait déjà copier. Malgré ce qu'a de piquant cette histoire, nous n'aurions point parlé du *Cupidon*, dont on a perdu la trace, s'il n'eût été la cause du premier voyage de Michel-Ange à Rome et s'il n'eût été comme une préparation aux travaux qu'il allait bientôt y exécuter. A partir de ce moment on peut dire que les études de Michel-Ange sont terminées. Il n'apprendra plus rien par discipline. Il hésitera encore entre les traditions florentines et l'antiquité ; il touchera successivement à toutes deux. Mais dorénavant il tirera tout de lui-même, et ses œuvres fussent-elles conçues à propos d'idées mythologiques ou de traditions sacrées, ses œuvres auront un caractère tel qu'il ne sera plus possible de les confondre avec celles d'un autre artiste et avec celles d'un autre temps. Ainsi donc il n'imitera plus, il s'inspirera.

IV.

Le 25 mai 1495, Michel-Ange entrait pour la première fois dans Rome. Il y venait attiré par le cardinal de Saint-Georges, qui avait acheté le *Cupidon* et voulait en connaître l'auteur, sinon le protéger ; il venait surtout chercher fortune. La lettre qu'il écrivit alors, comme la plupart de celles qui nous restent de lui, est assez aride : dans sa correspondance il est rare que l'imagination paraisse. C'était l'un des modes de l'esprit florentin qui savait ne se montrer qu'à propos. Laurent le Magnifique, si habile à composer, nous allions dire à improviser, sur toutes sortes de sujets, écrivait aussi, même aux personnes qui lui étaient les plus chères, avec la simplicité un peu sèche d'un homme d'affaires.

En arrivant à Rome, Michel-Ange ne pouvait guère prévoir qu'il contribuerait plus puissamment que personne à changer la physionomie de la ville en élevant le palais des Conservateurs au Capitole et la coupole de Saint-Pierre au Vatican. La cime du Capitole était alors couverte des ruines du temple de Jupiter et l'ancienne basilique consacrée au Prince des apôtres était entourée d'un dédale formé par des masures ; le cirque de Néron, situé en avant de l'église, là où s'étend aujourd'hui la place circonscrite par la colonnade du Bernin, servait à des courses de taureaux dans lesquelles brillait le fils du pape Alexandre VI, alors

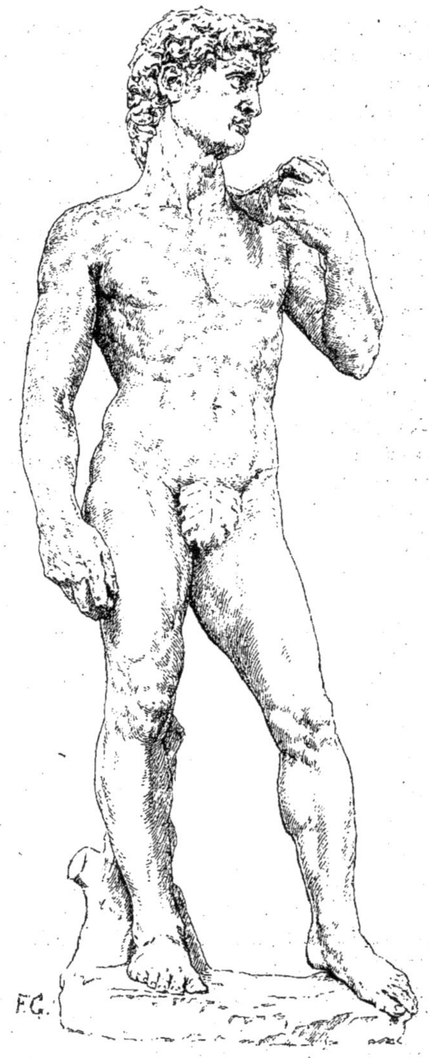

DAVID.

(Musée de l'Académie des beaux-arts, à Florence.)

règnant, César Borgia. Les palais des cardinaux et des nobles, résidences sombres et ouvertes seulement à l'intérieur, étaient des forteresses sous la protection desquelles se rangeaient les habitations des clients[1].

Mais les ruines des monuments antiques, la splendeur de la cour pontificale et les encouragements que les papes donnaient aux arts sur lesquels ils exerçaient déjà un puissant patronage, donnaient à Rome un grand attrait et y appelaient les artistes les plus habiles. Dans le nombre, Fra Angelico, Domenico Ghirlandajo, le Pérugin et Luca Signorelli y étaient venus tour à tour. Ils y avaient laissé de beaux ouvrages dans lesquels cependant ils ne s'étaient point surpassés. Ils n'avaient pas fait école à Rome et ils n'avaient pas ressenti l'influence mystérieuse d'un lien prédestiné à inspirer la grandeur. On a souvent remarqué la persistance du génie étrusque en Toscane, génie sombre et enclin à porter l'énergie jusqu'à une sorte de violence. On s'est plu à en retrouver la tradition chez des artistes tels qu'Orcagna, Signorelli et quelques autres encore, et on a vu dans leurs œuvres une sorte de présage de la venue de Michel-Ange : on les a justement nommés des précurseurs. Mais il nous semble qu'une autre observation, celle-ci d'un caractère plus général mais également juste, se présente naturellement à l'esprit. N'est-il pas véritable que le génie romain et le génie toscan semblent destinés à se compléter l'un par l'autre ? Et du moins sur deux points fort éloignés et fort divers, cette fusion n'a-t-elle pas produit des effets mémorables ? Si, dans l'antiquité, la civilisation étrusque influa sur les institutions politiques, sur la religion et sur les arts de Rome ; si des chefs venus de Tarquinies donnèrent aux constructions romaines une grandeur dont aucune capitale de l'Étrurie ne peut montrer l'équivalent, n'est-il pas intéressant de voir au début de la Renaissance l'École romaine avoir pour fondateurs et pour chefs le Florentin Buonarroti et Raphaël Sanzio d'Urbin ? L'initiation première, la formation lente et logique des traditions, le développement des pratiques, le talent, le génie, se produisent dans les montagnes de l'Ombrie et sur les bords de l'Arno ; mais c'est sur les bords du Tibre et parmi les sept collines que ces beaux dons acquièrent une valeur suprême, que les talents s'élèvent bien au-dessus de ce que devait être leur première mesure, que les génies prédestinés acquièrent la puissance soutenue et l'harmonie dans la grandeur. L'art romain, de tout temps majestueux et grandiose, n'est pas d'origine indigène ; il s'est toujours formé comme par voie d'accession ou de conquête et comme par

1. *Histoire de la décadence et de la chute de l'Empire romain*, par Gibbon, ch. LXXI.

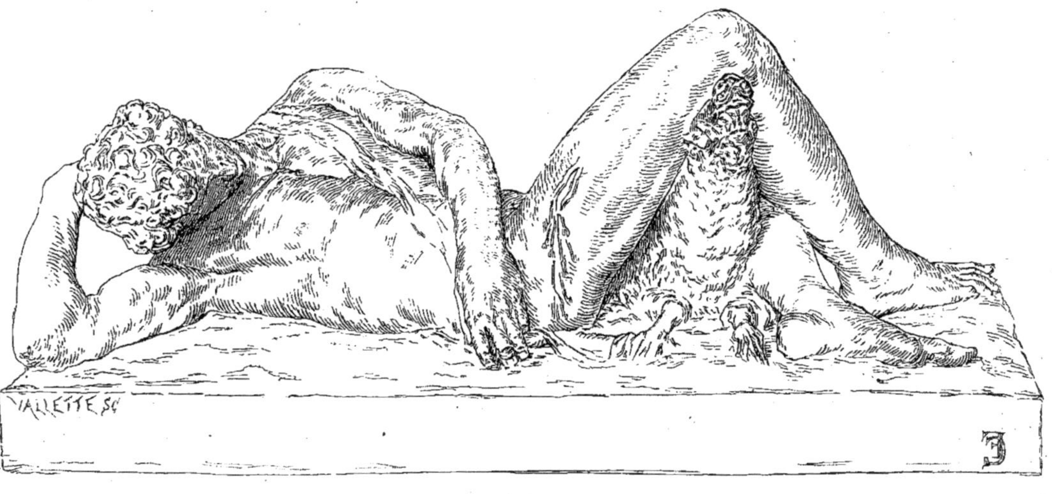

ADONIS MOURANT.

(Musée national, à Florence.)

la mystérieuse vertu d'un destin. Ajoutons qu'à cette influence secrète
se joignaient, à la Renaissance, à côté des occasions extraordinaires de
se produire que les Papes donnèrent aux artistes, les exemples laissés par
l'antiquité.

Quelles étaient les œuvres d'art appelées à produire chez le jeune
Florentin cette grande émotion de la pensée et cette évolution du talent
qui devaient le mettre à la tête de l'École romaine? Le Pogge nous
apprend quelles étaient, au commencement du xve siècle, les statues que
l'on voyait à Rome. Il n'y en avait alors qu'un très-petit nombre; mais
il faut convenir qu'elles étaient bien faites pour ouvrir les yeux de qui se
trouvait disposé aux grandes conceptions. C'étaient les colosses du Monte-
Cavallo, la statue équestre de Marc-Aurèle et deux statues couchées,
vraisemblablement deux statues de fleuves. Donatello les avait vues.
Il s'était inspiré à cette source qui, depuis, s'était beaucoup enrichie.
Mais les statues nommées par le Pogge gardaient toute leur importance;
elles étaient d'un ordre tout spécial; elles suffisaient à elles seules pour
former Michel-Ange.

La date de 1495 marque donc à la fois dans l'histoire de l'art et dans
la vie de Michel-Ange. Il a vingt et un ans, il est à Rome. Après un coup
d'œil jeté à la ville, il achète un bloc de marbre et se met au travail. Si la
statue du *Cupidon agenouillé* qui est au musée de South-Kensington est
de cette époque et si c'est, comme on le dit, la première qu'il ait
sculptée dans la ville éternelle, c'est, pensons-nous, une question; mais
il n'y a aucun intérêt à la discuter ici. L'œuvre, selon toute vraisemblance, est de la main de Buonarroti. Ses formes sont celles qu'il affec-
tionnera toujours; et c'est justement cette accentuation de formes si
caractéristiques qui nous conseillerait d'attribuer à ce *Cupidon* une
date un peu postérieure. Le type de la tête, la manière de déterminer
les divisions du corps, la forme des hanches, tout cela se réfère au
talent de Michel-Ange tel qu'il nous apparaîtra lorsqu'il aura acquis plus
d'indépendance.

Par contre, nous serions tenté de ne point donner à Michel-Ange
la figure de saint Jean-Baptiste récemment découverte à Pise et qu'on
lui attribue. C'est une œuvre délicate et charmante, mais dont les
formes faiblement établies n'ont aucun rapport avec celles que crée le
grand artiste, même à son début.

Mais, de ce temps, il y a un ouvrage de Michel-Ange qui s'impose à
toute notre attention : nous voulons parler du *Bacchus*. Le Dieu debout,
une coupe dans la main droite, paraît chanceler. Une grappe de raisin
qu'il tient dans la main gauche est pillée par un petit satyre. Celui-ci par

VIERGE AVEC L'ENFANT JÉSUS.

(Bas-relief du Musée national, à Florence.)

la manière dont il est placé contribue à l'équilibre général de la statue et par la petitesse de sa taille il rehausse la proportion du dieu. Ce qui mérite à bon droit d'être remarqué, ce qui surprend, c'est l'exactitude avec laquelle le sens du mythe de Bacchus se trouve exprimé et la fidélité avec laquelle l'artiste s'y est soumis sans tomber dans la servilité. Rien ne ressemble moins à un Bacchus antique que ce Bacchus du xvᵉ siècle, et cependant, par la manière de concevoir le sujet, rien dans les ouvrages modernes n'est plus près de l'antiquité. Non assurément! ce n'est pas la mollesse exquise d'une divinité hellénique; il y a ici de la rudesse et de l'épaisseur étrusque. L'inspiration semble puisée dans les hymnes orphiques, connues en Italie dès 1423, et qui représentent le dieu de Nysa comme un dieu sauvage et tout ensemble joyeux et insensé. Mais les formes pleines et comme gonflées par une séve abondante et jeune, les chairs exprimées dans un caractère tendre et efféminé sont des traits généraux, des traits caractéristiques du sujet qui sont parfaitement rendus. Résumés avec unité et avec une vigueur un peu plus rustique que de raison si l'on veut, ils mettent le *Bacchus* au nombre des œuvres capitales de la Renaissance et le rangent parmi celles qui sont vraiment nourries de la symbolique des anciens.

C'était la seconde fois que Michel-Ange travaillait pour ainsi dire à la suite de l'antiquité. Une statue d'*Amour couché* avait pu l'inspirer pour le *Cupidon* acheté par le cardinal de Saint-Georges ; un groupe de *Bacchus et d'Ampélus* avait pu lui donner l'idée de son dernier ouvrage. Il ne revient plus, même dans cette mesure, à l'imitation des anciens. Le séjour de Rome et les événements agissaient sur son esprit encore mobile. Un champ libre s'ouvrait à son inspiration, mais avant de prendre son essor il devait retourner à ses premières études. La mort de Savonarole le toucha profondément. Sous l'impression de douleur que lui causa cette fin tragique, il eut à traiter un sujet religieux et se trouva ramené aux traditions d'une école avec laquelle il avait rompu depuis longtemps. Il fit en quelque sorte un pas en arrière et, oubliant les jardins de Saint-Marc, il reprit le chemin de l'atelier du Ghirlandajo. Il y rentra en grand maître, et exécuta son groupe célèbre de la *Vierge de Pitié* (la *Pietà*), pour la basilique de Saint-Pierre.

La composition de ce groupe est pathétique. Quoique les figures ne soient guère que de proportion naturelle, l'ensemble est imposant et sous tous les aspects la masse est excellente. La Vierge soutient et montre le corps de son fils couché sur ses genoux. La douleur et la méditation respirent dans toute sa personne. Elle est mère et reste vierge ; le Christ mort repose sur elle comme ferait l'enfant Jésus. Le

visage jeune, plein d'innocence et de candeur exprime l'abdication mystique d'une âme absorbée en Dieu. C'est la douleur ou plutôt la gravité
qui conviennent à la mère de celui qui doit ressusciter. Dans la figure
de la Vierge tout est pureté, oubli de soi et sainteté, mais sainteté d'un
caractère si profond, si universel, qu'on en pourrait retrouver des équiva-
lents jusque dans les images bouddhiques. En cela Michel-Ange était bien
éloigné de suivre l'exemple des maîtres florentins, et en particulier de
Donatello, qui représentent Marie près du corps de son fils en proie à la
désolation, au désespoir et aux cris.

Le Christ, d'une merveilleuse souplesse, la tête tournée vers le spectateur, repose avec sérénité; il s'abandonne à la mort. Cette interruption
dans sa vie corporelle, un article de foi nous le dit, il la consacre à descendre aux limbes et à délivrer les âmes des justes. Un air d'extase
règne dans ses traits et sur sa bouche ouverte, souriante et pleine de
tendresse et de miséricorde.

Après avoir admiré la composition du groupe et le sentiment qui s'y
trouve répandu, si l'on examine l'ajustement de la Vierge, il paraît singulier. Sur la tête et sur la poitrine les draperies sont d'un goût qu'on
dirait allemand et que Michel-Ange avait pu contracter en copiant des
gravures de Martin Schœn et d'autres artistes du même pays. Les plis
qui enveloppent les genoux ne sont pas exempts de dureté et d'un caprice
qui fait songer à Jacopo della Quercia. Des évidements, des noirs pro-
fonds, placés en peintre et à propos, détruisent ces impressions de détail
et donnent à la masse de la légèreté et un grand effet. Mais la figure du
Christ est, par son exécution, vraiment admirable; c'est la mort moins
la rigidité. Ici il n'y a point de cadavre; la vie n'est point perdue, elle
n'est qu'absente. L'harmonie des formes est parfaite; leur noblesse, leur
délicatesse extrême, résument ce que l'art florentin a de plus savant et de
plus pur. L'entente sculpturale du groupe mérite aussi que l'on s'y arrête.
Les deux figures ne sont point juxtaposées, elles sont identifiées. Le
corps du Christ, par son poids, pèse sur les draperies et prend une
façon de bas-relief qui est du plus grand art : ce sont les conditions que
présente le groupe des *Parques* dans l'un des frontons du Parthénon.

Nous le répétons, par le côté esthétique comme par le côté théolo-
gique, le groupe de la *Pietà* résume tout le sentiment et toute la science
des prédécesseurs de Michel-Ange : Ghiberti et Donatello sont dépassés.
Nous ajouterions que cette œuvre est unique parmi les créations du
maître, n'était la *Vierge de Bruges,* qui est un peu postérieure et qui
doit être décidément attribuée à son ciseau. On y retrouve, quoiqu'à un
degré moindre, les mêmes nuances d'expression mystique, la même

composition compacte, les mêmes particularités dans les ajustements.

Arrivé à ce point, Michel-Ange n'abordera plus ce style un peu hiératique, de même qu'il ne fera plus de nouvelles imitations de l'antique. En 1501, il est appelé à Florence et il y exécute son chef-d'œuvre de maîtrise, la statue colossale de *David*. Le jeune sculpteur avait une grande renommée, car le *Bacchus* et la *Pietà* avaient excité une admiration générale. Le *David* marque un talent arrivé désormais à sa plénitude mais non pas encore affranchi de toute entrave. Certes il n'avait pas peu servi à Buonarroti d'avoir vu à Rome les colosses du Monte-Cavallo avant d'entreprendre un si grand ouvrage; néanmoins ce travail ne porte aucune trace d'imitation, ni de ressouvenir. Les formes sont étudiées d'après nature et nous pourrions dire d'après un seul et unique modèle, tant l'ensemble a d'individualité, tant il y a d'unité dans le caractère. L'ampleur du modelé est digne de la plus grande statuaire, le corps est savamment divisé, mais l'artiste s'est rapproché de la vérité naturelle telle que l'avaient entendue les plus grands sculpteurs de l'École florentine. Cette fois la vue des chefs-d'œuvre de ses devanciers opérait sur lui. Que l'on examine la tête du *David* et qu'on la compare à la tête du *Saint Georges* de Donatello. Le froncement du sourcil est absolument le même; l'expression hardie et presque provocatrice du regard offre la plus grande analogie. Michel-Ange, gêné par le bloc qu'il avait à travailler et qui avait été entamé par un autre sculpteur, ne put développer sa composition autant qu'il l'aurait voulu; la tête de Goliath n'y a pas trouvé place, et le moment qu'il a fallu choisir est celui où David va faire usage de sa fronde : il faut plaindre le statuaire de la contrainte qui lui fut imposée. Mais dût-on faire quelques observations sur la très-sérieuse difficulté qu'il y a de traiter dans des proportions colossales la figure d'un jeune garçon qui n'a point encore accompli son développement viril, il faut néanmoins admirer dans le *David* la justesse des rapports, la finesse du dessin, l'harmonie du travail si plein et d'ailleurs si bien terminé dans sa partie matérielle que, bien que pendant plus de trois cent soixante-dix ans il ait été exposé en plein air, il se trouve qu'à peine l'extrémité de l'un de ses pieds est endommagée par le temps.

Nous avons dû suivre les hésitations et montrer les allées et venues de ce génie qui s'est cherché d'abord en dehors de lui-même. Il est salutaire de voir par quel enchaînement d'efforts, par quelle gymnastique et par quelle attention ardemment tendue vers des objets divers, Buonarroti arrive à être lui. Celui qu'on devait appeler le terrible n'était pas destiné à se produire en dehors des idées et des faits qui l'entouraient et par un coup foudroyant. Son génie n'échappe à aucune

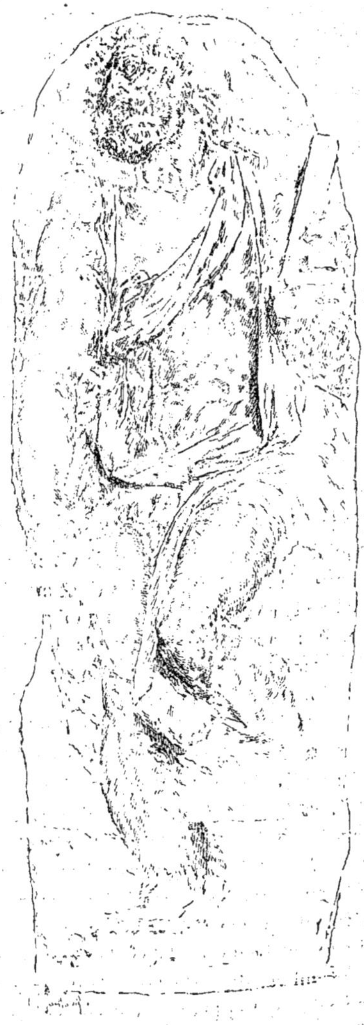

SAINT MATHIEU.

(Ébauche, du Musée de l'Académie, à Florence.)

loi ; il reste dans l'ordre des choses ; il se déduit et se développe, il s'ébauche pour ainsi dire et se dégage peu à peu jusqu'au moment où il s'isole.

Avant de se rendre à Rome, Michel-Ange, disions-nous, avait achevé ses études ; aujourd'hui il a terminé le cours de ses essais. Il s'est exercé sur tous les modes ; il s'est inspiré de l'antique et il continue les maîtres de son pays ; pendant tout ce temps il n'a peint qu'un tableau, celui de la galerie des Offices. Affranchi des Médicis, spectateur muet de la cour d'Alexandre VI, disciple de Savonarole, son âme fière est devenue indépendante et comme farouche ; il ne connaît plus que l'art. Nourri aux lettres, il commence à exprimer sa pensée dans des vers qui, de son vivant, seront mis au rang des modèles de la langue italienne. Jusqu'ici, le seul travail d'architecte ou plutôt d'ingénieur auquel il ait participé est le transport et la mise en place de sa statue de *David*. Michel-Ange a vingt-neuf ans.

V.

Pendant la période de trois années qui s'écoula depuis la commande du *David* jusqu'à son placement, Michel-Ange se vit chargé de nombreux travaux. En 1501, François Piccolomini lui avait demandé quinze statues de marbre pour décorer la chapelle de famille qu'il possédait dans la cathédrale de Sienne. Deux ans après, les consuls de la corporation de la laine le chargèrent de sculpter les statues des douze apôtres pour Sainte-Marie-des-Fleurs. Enfin, après que le *David* eut été achevé, il dut commencer le fameux carton de *la Guerre de Pise* qui mit le sceau à sa renommée, et dont le sujet devait être peint dans la grande salle du palais de la Seigneurie. Au milieu de ces travaux, dont les premiers reçurent à peine un commencement d'exécution, il faut placer la statue d'*Adonis* et les bas-reliefs en forme de médaillon qui représentent son motif favori : *la Vierge avec l'Enfant Jésus*. Nous nous bornerons, en ce qui concerne ces différents ouvrages à des considérations générales. D'abord nous accorderons volontiers que l'*Adonis* peut remonter jusqu'à l'année 1502. Cette figure touchante et pleine de charme aurait été le délassement du maître qui venait, en y travaillant, se reposer du labeur que lui donnait son colosse. Aussi le jeune chasseur porte-t-il des traces de cette simultanéité : certaines de ses articulations sont osseuses et fortes et, si cette réflexion nous était permise, nous dirions que les poignets, par exemple, qui rappellent ceux du *David* ne sont pas tout à fait en rapport avec un ensemble de formes sveltes et coulantes. Mais que de souplesse dans la pose! Adonis vient de tomber, il est encore chaud, pourrait-on dire ,et sa main n'a pas eu le temps de quitter le cornet de chasse qu'il allait porter à ses lèvres pour appeler ses compagnons. La tête mérite une très-grande attention en ce qu'elle montre le type que Michel-Ange reproduira toute sa vie arrivé à sa complète détermination. Par les traits et par la disposition de la chevelure c'est le type de tête attribué à Julien de Médicis, duc de Nemours. Nous savons dès à présent que cette dénomination n'est pas exacte; mais en étudiant la formation du talent de Buonarroti nous devions signaler le moment où ce type célèbre a été formulé par lui.

Malgré ce que le fait que nous venons de relever a d'intéressant, l'*Adonis* occupe, parmi les œuvres du maître, un rang secondaire. Le grand travail de Michel-Ange, à cette époque, celui qui marche de pair au moins avec le *David* qui le surpasse et qui marque une date dans l'histoire de l'art est le carton de *la Guerre de Pise*. Le dessin a été évidemment la grande faculté de Michel-Ange, la plus grande de toutes; il s'en est servi avec une supériorité à laquelle rien n'a résisté; le dessin a été pour lui la forme élémentaire et le mode suprême d'expression dans lequel se résument les arts. Le crayon à la main, sa sûreté et sa rapidité de travail sont prodigieuses; l'autorité en est tellement souveraine que peinture, sculpture et architecture apparaissent simplement comme des applications de ce moyen d'expression qui comprend à la fois le contour et l'effet.

A partir de ce moment, qui est celui où le dessinateur souverain se montre dans Michel-Ange, il y a dans sa sculpture un grand sentiment du clair et de l'obscur. Nulle part on ne le voit mieux que dans l'ébauche du *Saint Mathieu*, le seul des douze Apôtres destinés à Sainte-Marie-des-Fleurs qui ait été commencé, et qui, justement, par l'état dans lequel il est resté, permet d'apprécier un procédé d'exécution qui consiste à mener de front la recherche de la forme et la préoccupation de l'effet. La figure est encore engagée dans un bloc de marbre qui ressemble à une grande dalle, de telle sorte qu'on ne sait si l'on a affaire à une statue ou à un bas-relief; quant à l'exécution elle est conduite comme celle d'un dessin et elle en a tout l'aspect. Les raccourcis, les parties que l'artiste a voulu éclairer, celles qu'il a mises dans l'ombre apparaissent dans la masse qui les enveloppe encore comme dans l'atmosphère d'un tableau en grisaille, tant le ciseau, par des artifices singuliers, a crayonné et estompé les formes de l'apôtre dans cette sculpture d'un genre encore indéterminé et qui fait songer à un carton.

Les mêmes remarques s'appliquent plus justement encore aux deux bas-reliefs de la même époque, dont l'un se trouve au Musée national de Florence, et l'autre à l'Académie de Londres. L'opinion de Michel-Ange que la sculpture déchoit à mesure qu'elle perd de son relief et se rapproche de la peinture, opinion qui n'a été formulée que plus tard dans la célèbre lettre adressée à B. Varchi, se trouve affirmée dans ces ouvrages. Les formes, qui tournent sur le fond avec toute leur rondeur, et sans aucune des dépressions que comporte le bas-relief; la manière de laisser certaines parties à l'état d'ébauche, de les perdre dans des plans secondaires comme par un effet de perspective aérienne, tout cela témoigne de combinaisons pittoresques appliquées à la sculpture et d'une sorte de synthèse partielle dont nous verrons le développement dans l'avenir.

Mais laissons ces détails, ces épisodes, pour aborder un sujet plus considérable et vraiment grand : le Tombeau de Jules II.

VI.

Michel-Ange était à Florence occupé à terminer le carton de *la Guerre de Pise* et travaillait, sans beaucoup de suite, aux différents ouvrages de sculpture que nous venons d'apprécier, lorsqu'il fut appelé à Rome par Jules II. La réputation de l'artiste était considérable, quoique limitée encore : il était regardé comme le plus grand sculpteur de l'Italie. Les travaux nombreux dont il était chargé, si importants qu'ils fussent, semblaient fort au-dessous de ce qu'il était capable d'entreprendre. Qu'étaient ces figures, commandées par François Piccolomini, et les Apôtres commencés pour la corporation de la laine; qu'étaient ces statues destinées à concourir à un ensemble déterminé à l'avance, pour un artiste capable de concevoir lui-même des monuments entiers et qui montrait déjà qu'il pouvait devenir aussi grand peintre qu'il était grand sculpteur?

L'attention de Jules II, que dévorait l'ambition d'accomplir des œuvres extraordinaires, fut attirée sur Michel-Ange; il devina l'un de ses pareils et l'appela à lui. Le génie du pontife et celui de l'artiste avaient de grands points de ressemblance : chez tous deux c'était le même tourment causé par des aspirations grandioses que rien ne satisfaisait jamais; tous deux étaient portés d'une égale ardeur vers des projets qu'on pourrait dire démesurés; tous deux étaient sujets aux mêmes emportements. De là ces démêlés, ces ruptures, ces rapprochements que tout le monde connaît. De là aussi cette sorte d'intimité qui faisait que le pape et l'artiste traitaient ensemble sur le pied d'une sorte d'égalité;

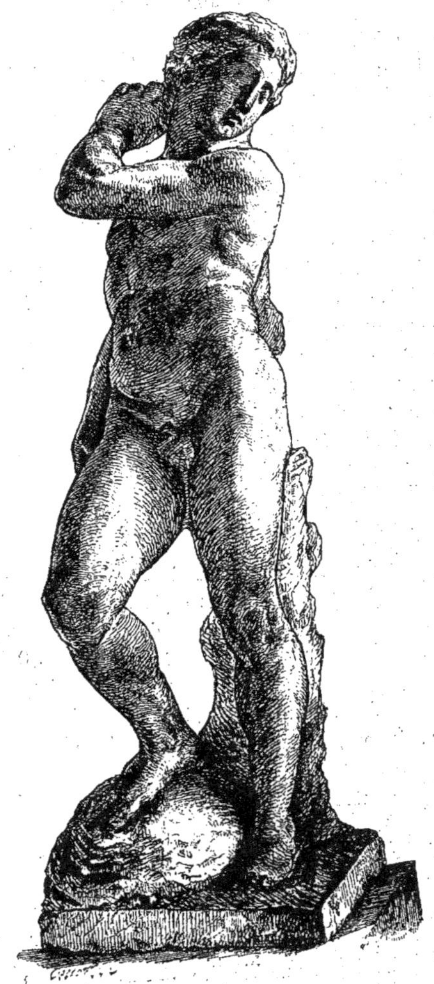

APOLLINO.

(Musée national, à Florence.)

de là ces entretiens dans lesquels la pensée de l'un excitant celle de l'autre, le pape et l'artiste s'élevaient à des conceptions gigantesques.

C'est dans de telles conditions que commencèrent les relations de Michel-Ange avec les papes, relations qui durèrent presque sans interruption pendant plus de cinquante ans. Elles se continuèrent sous bien des pontifes envers lesquels, malgré toute la fierté et l'indépendance de son caractère, il se montrait, sinon toujours soumis, du moins déférent. Cet homme d'une volonté indomptable, qui résista pendant toute la fin de sa vie aux plus instantes comme aux plus flatteuses sollicitations du duc de Toscane qui le pressait de revenir à Florence, où les plus grands honneurs l'attendaient, préféra toujours rester à Rome : il avait fait de Rome sa patrie et pris les papes pour ses souverains. Il oubliait les luttes incessantes qu'il avait à soutenir de la part de leur entourage et les entraves que leur volonté mit souvent à l'accomplissement de ses projets préférés pour ne songer qu'à la grandeur du patronage auquel il se soumettait et à la majesté d'un pouvoir, le seul que sa conscience reconnût et le plus grand qui fût au monde.

Telle était aussi l'idée que Jules II se faisait de la papauté et de son propre pouvoir, et c'est sous l'empire de ce sentiment qu'il demanda à Michel-Ange de lui faire son tombeau. On peut dire qu'ils conçurent d'accord le projet du monument colossal dont Condivi et Vasari nous ont laissé la description et qui devait être placé au milieu de la basilique de Saint-Pierre. Un dessin à la plume, dont nous donnons ici le fac-simile, dessin original qui est exposé à la galerie des Offices, nous fait connaître l'architecture de ce monument, du moins dans sa partie antérieure. Mais nous n'en avons ainsi que la donnée générale ; car, bien que cette donnée soit conforme à ce qu'en ont dit les biographes de Michel-Ange, elle reste incomplète et il est très-douteux que, pour la manière d'entendre le caractère des statues, ce projet soit réellement celui que le pape avait adopté.

Le plan du tombeau, tel que Michel-Ange l'avait conçu, avait la forme d'un carré long ; le dessin nous en montre l'élévation vue sur sa face la plus étroite. On voit que le monument se compose de deux motifs superposés. Il y a d'abord un grand socle dans lequel sont pratiquées des niches ; dans chaque niche il y a une Victoire, et de chaque côté des niches, en avant de cariatides en forme de gaîne faisant pilastres sous la corniche, sont placées des statues d'hommes enchaînés. Ces figures devaient représenter, sous la forme de captifs, les arts et les sciences que la mort du pape semblait réduire à l'impuissance. Au-dessus de ce soubassement s'ouvre une chambre à jour dans laquelle on voit un sarcophage : elle

PROJET D'ENSEMBLE DU TOMBEAU DE JULES II.

(D'après un dessin conservé à la Galerie des Offices.)

est supportée par quatre pieds-droits aux angles desquels sont assises des figures de grande dimension. Parmi ces figures, deux étaient desti- nées à représenter *la Vie active* et *la Vie contemplative*, deux autres personnifiaient saint Paul et Moïse. Le dessin de Michel-Ange indique en effet des figures d'hommes, cependant quelques auteurs disent qu'il devait y avoir aussi des figures de femmes qui eussent été Rachel et Lia. Ici s'ar- rête le dessin de la galerie des Offices, on ne voit donc pas comment se terminait le monument. Condivi parle d'une statue de Jules II endormi sur une bière ouverte que soutenaient deux anges, l'un souriant, l'autre éploré. Selon Vasari, le premier de ces anges devait être l'image du Ciel se réjouissant de voir Jules II au nombre des élus, le second exprimait le deuil de la Terre affligée d'avoir perdu un pareil pontife.

Il est probable que plusieurs projets furent étudiés pour le couronne- ment du Tombeau de Jules II. On en trouverait justement la preuve dans ce que le dessin qui nous occupe a d'incomplet : il est possible qu'il y ait eu plusieurs compositions pouvant s'adapter à la partie supérieure de cette esquisse. Mariette prétendait posséder l'un de ces essais qui con- sistait en une pyramide surmontée par un ange portant la sphère. Mais nous estimons que, pour ce premier projet, il est sage de s'en tenir à la description donnée par Condivi. Par ce que nous connaissons de ce monu- ment nous pouvons dire que c'était bien une œuvre de sculpteur : le nombre des statues qui devaient le décorer n'allait pas à moins de cin- quante. Il ne fut jamais exécuté.

Le Tombeau de Jules II fut le grand tourment de la vie de Michel- Ange. Sans doute les changements qu'il dut apporter incessamment à son projet primitif servirent par leur beauté à faire ressortir la puissance et la variété de ses conceptions. Mais les interruptions nombreuses et forcées que subit l'exécution de ce travail furent d'autant plus sensibles à l'artiste que, de toutes ses œuvres, le Tombeau de Jules II fut celle qui eut sa constante prédilection. D'ailleurs ses sentiments aussi bien que sa con- science étaient intéressés à ce que ce monument fût achevé d'une manière digne à la fois du pontife et de lui-même.

Jules II, le premier, interrompit l'exécution de sa sépulture en rebutant Michel-Ange, en lui commandant sa statue en bronze, pour la ville de Bologne, et, bientôt après, en le chargeant de la décoration de la cha- pelle Sixtine. A peine celle-ci était-elle achevée qu'il mourut.

Un premier contrat avait dû être passé en 1504. A la date du 6 mai 1513 nous trouvons un nouveau contrat passé entre Michel-Ange et les exécuteurs testamentaires du pape. D'un commun accord de grandes modifications sont apportées au projet primitif, ou plutôt il s'agit d'un

LA VICTOIRE.

(Musée national, à Florence.)

projet nouveau. Le tombeau conserve sa forme carrée; mais il n'est plus isolé : il est appliqué à une muraille et il se présente par la tête, c'est-à-dire par son côté étroit. Une déclaration séparée, mais faite par Michel-Ange[1], nous apprend les dispositions de ce monument qui offre des dimensions moindres que l'ancien, mais qui reste magnifique. Chacune de ses faces doit être ornée de deux tabernacles ou édicules en saillie dans chacun desquels seront deux figures un peu plus grandes que nature. Entre ces motifs, il y a douze pilastres et, en avant, douze statues. Telle est la composition du soubassement. Au-dessus s'élève directement le sarcophage du pape qui est représenté couché entre quatre personnages dont le sujet n'est pas indiqué. Il y en a six autres assis qui entourent ce groupe, et ces onze statues sont de grande proportion. Enfin, toujours sur la plate-forme, mais contre le mur, il devait y avoir une sorte de chapelle contenant cinq figures plus grandes encore que celles qui se trouvaient en avant.

Dans cette nouvelle composition, c'est toujours le génie du statuaire qui domine, car statues, groupes, motifs d'ornement, sont répandus dans l'œuvre entière avec amour et profusion. Aussi Michel-Ange se met-il au travail avec ardeur : il ébauche dix-neuf marbres et les expédie de Carrare où il réside presque toujours. Mais Léon X commande : il faut que Buonarroti fasse un projet pour la façade de l'église Saint-Laurent de Florence et qu'il l'exécute. Trois ans s'écoulent au milieu du partage qu'exige ce travail, et le tombeau n'a pas avancé.

Le 8 juillet 1516, les conventions qui précèdent sont annulées et il faut en faire de nouvelles. La pièce notariée qui règle ce troisième accord est intéressante en ce que cette fois là description du projet qui vient d'être arrêté se trouve insérée dans le texte même. La donnée première reparaît : le monument offrira de nouveau deux motifs étagés. Cependant il reste appuyé contre le mur, mais du moins par son grand côté. En bas, quatre des deux à deux portent chacun un pilastre et chaque paire de pilastres porte un dais ou couronnement. Sous les dais et aussi en avant des pilastres qui sont placés entre eux, il y a des statues. Dans le vide qui s'étend entre les deux édicules de la face principale il y aura des bas-reliefs et des ornements de bronze. Sur la corniche viennent se placer des pilastres à l'aplomb de ceux du rez-de-chaussée et, entre chaque paire de ces pilastres, une figure assise. Le vide existant au-dessus du motif

---

1. Vita di Michelangelo Buonarroti narrata con l'aiuto di nuovi documenti da Aurelio Gotti, t. I, ch. VII, p. 97.

MOÏSE.

Sculpture de Michel Ange.

Fᵍⁱᵉ Liénard, Imp. Paris.

décoratif du soubassement est occupé par une sorte de tribune où l'on voit Jules II couché, probablement entre deux anges. Enfin ce grand ensemble est couronné par un groupe de la Vierge avec l'enfant Jésus. L'exécution d'un travail encore si considérable devait être terminée en neuf ans. Michel-Ange, à raison de sa santé, était autorisé à travailler à Rome, à Florence, à Pise où à Carrare à son gré[1].

Pourquoi, en 1525, ces conventions étaient-elles restées sans exécution? C'est que d'abord les travaux confiés à Michel-Ange par Léon X avaient absorbé tout son temps. En vain, sous le pontificat de son successeur, s'était-il mis sans réserve à remplir ses engagements. Clément VII, en succédant à Adrien VI, avait exigé que Buonarroti exécutât les tombeaux de famille qui, dès 1520, lui avaient été commandés pour l'église de Saint-Laurent. Cependant les cardinaux, auxquels Jules II avait confié le soin de sa sépulture, étaient morts, et nous trouvons, à la date du 14 juin, une procuration donnée par Michel-Ange à G. F. Fattucci[2], pour le représenter dans les différends qui s'élèvent à raison de la non-exécution du contrat signé par lui depuis neuf ans déjà. Dès l'année précédente, un procès était imminent : on parlait de plaider. La malignité publique accusait le grand artiste qui confessait ses torts, mais faisait appel à l'intervention du souverain pontife pour sa justification.

A ce moment, une révolution se produit à Florence. Les Médicis sont chassés et sont bientôt après rétablis. Michel-Ange d'abord est proscrit comme ayant participé à la rébellion. Plus tard il est amnistié : mais il devra travailler à la Bibliothèque Laurentienne et à la chapelle de Saint-Laurent. Au milieu de ces troubles et de ces vicissitudes, le Tombeau de Jules II a été négligé; nous sommes en 1532 : l'affaire est alors vivement reprise par le duc d'Urbin, François-Marie della Rovere, neveu du pape défunt. Le 18 ou le 29 avril[3], de nouvelles conditions sont arrêtées en présence de Clément VII. Le tombeau sera appliqué à un mur; on y fera entrer le mieux possible plusieurs statues déjà en cours d'exécution. Il y en aura six, toutes de la main de Michel-Ange, et dans le nombre, le *Moïse*. Pour terminer ce travail, trois ans sont accordés à l'artiste, et, pour en pousser l'achèvement, il s'engage à venir tous les ans passer deux mois à Rome. Une seule chose reste indécise : où sera placé le tombeau? On hésite entre Sainte-Marie-du-Peuple et Saint-Pierre-ès-Liens.

---

1. Le Lettere di Michelangelo Buonarroti pubblicate coi ricordi ed i contratti artistici per cura di Gaetano Milanesi. — Contratti, p. 644.

2. Id. Contratti artistici, p. 299.

3. Id. Contratti, p. 644.

En 1534, le délai expirera bientôt. Paul III, successeur de Clément VII, va, avec huit cardinaux, visiter Michel-Ange dans son atelier; il voit et admire le *Moïse*. Mais il examine en même temps les cartons du *Jugement dernier* et il en ordonne l'exécution. En même temps, il veut disculper Michel-Ange, et pour expliquer les retards qu'a subis la sépulture de Jules II, il publie un bref daté du 18 septembre 1537. L'entremise du pape porte ses fruits et, le 7 septembre 1539, le duc d'Urbin écrit qu'il souscrit à de nouveaux attermoiements; mais sa lettre n'en contient pas moins un appel direct adressé à l'honneur de Buonarroti.

En 1541, après l'achèvement du *Jugement dernier*, les instances du duc recommencent; des bruits injurieux circulent, la maison de l'artiste à Rome subit une sorte de séquestre. Le pape intervient encore, car il a demandé à Michel-Ange de peindre la chapelle Pauline. Et le duc se soumet de nouveau au délai réclamé par Paul III. Il consent même à ce que trois seulement des six statues qui doivent orner le monument soient de la main de Michel-Ange; les trois autres seront faites par d'autres artistes, d'après les dessins et sous la surveillance du maître.

Enfin, sur les instances de Michel-Ange, à la date du 20 août 1542[1], un dernier contrat intervient par lequel Michel-Ange est affranchi de toutes les obligations qui lui avaient été précédemment imposées. Comme ouvrage de sa main, on ne lui demande plus que le *Moïse*. Des sculpteurs sous ses ordres achèveront une *Vierge avec l'enfant Jésus*, un *Prophète*, une *Sibylle* et les statues de la *Vie active* et de la *Vie contemplative* ébauchées par lui; enfin le tombeau sera dans l'église de Saint-Pierre-ès-Liens.

Mais toutes ces difficultés ne sont pas les dernières. Il y en aura avec les sculpteurs en sous-ordre et encore avec le duc qui ne sera point satisfait et cela doit durer jusqu'en 1550, époque à laquelle l'ouvrage, modifié encore une fois par l'introduction de la statue de Jules II, se trouvera définitivement posé et découvert.

On voit par l'analyse sommaire que nous avons faite des projets auxquels ce monument donna lieu quels efforts de génie furent par là imposés à Michel-Ange. Mais on comprendra, surtout en suivant leur succession nécessaire, quelles préoccupations matérielles et quels troubles de conscience causèrent à l'artiste les retards qui lui furent imposés et combien l'intervention des pontifes, qui semblèrent à l'envi subordonner à l'accomplissement de leurs propres projets, les honneurs dus à leur pré-

1. Id. Contratti, p. 745-747.

GÉNIE VICTORIEUX.

Fac-similé d'un dessin à la plume conservé à la Casa Buonarroti.

décesseur, dut coûter aux sentiments de celui qui avait tant aimé Jules II.
La disgrâce qu'il encourut de la part du duc d'Urbin, et à laquelle il
fut très-sensible, vint s'ajouter à ses chagrins. Et si maintenant on joint
à ces grands déplaisirs les immenses fatigues des voyages et des séjours
à Carrare, les démêlés avec les fournisseurs de marbre, les carriers et les
bateliers chargés des transports, les difficultés avec les gens de loi et les
injures de l'Arétin; si l'on réfléchit enfin que ces entraves et ces dégoûts
de toute sorte s'enchaînèrent pendant près de quarante-cinq ans, peut-
être trouvera-t-on peu exagérée l'expression du fidèle Condivi qui appelle
cette longue histoire la *tragédie* du Tombeau de Jules II.

Les témoignages que la sculpture a laissés de cette sorte de drame se
réfèrent surtout à son début. Du commencement datent le groupe que
l'on nomme *la Victoire* et les statues d'*Esclaves*; de la fin, nous possédons le *Moïse* qui fut comme le dénoûment du débat.

L'un des morceaux les plus importants destinés primitivement au
Tombeau de Jules II et qui n'ont pas trouvé place dans le monument de
Saint-Pierre-ès-Liens est la *Victoire* ou plutôt le *Génie victorieux* : car le
personnage qui triomphe est non pas une femme, mais un jeune homme.
Lorsqu'on voit ce marbre au Bargello, la fierté, le dédain, le caractère de
force souveraine qui y sont empreints excitent l'admiration. Mais si la
composition, superbe en elle-même, montre partout qu'elle est tirée
d'une pyramide de marbre dont la masse avait été arrêtée d'avance
pour satisfaire à des convenances architecturales, et si les points extrêmes
de cette masse restent sensibles dans la sculpture qui en est sortie, on
est étonné des grands vides que l'œuvre présente. C'est à la fois une
composition un peu contrainte à raison de sa donnée géométrique et
relâchée à cause des espaces que le ciseau a creusés entre ses points
les plus importants. Nous croyons trouver l'explication et la correction de
ces imperfections dans un dessin à la plume de Michel-Ange, qui fait
partie de la collection Buonarroti. Le catalogue de cette collection le
désigne simplement comme une figure ailée; l'*Album Michelangiolesco*
y voit une étude de démon pour le *Jugement dernier*. A vrai dire, c'est
un beau jeune homme qui n'a rien de commun avec les démons de la
Sixtine, c'est l'un des Génies victorieux : mais il a des ailes, ailes
ouvertes, courtes et vigoureuses qui soutiennent les vides de la masse et
complètent la silhouette à souhait. Ce bel accessoire manque au groupe
du Bargello, mais soit en marbre soit en bronze, il pouvait être facilement rapporté.

Quant aux *Esclaves,* si l'on devait voir en eux de simples captifs,
nous dirions que les sentiments opposés et extrêmes qu'inspire un pareil

sujet se trouvent rendus par les deux figures que possède le Musée du Louvre. L'une, douce, résignée, la tête penchée, les yeux clos, s'abandonne, et abdiquant pour un moment sa force qui semble immense, elle se recueille dans une attitude magnifique, pleine de souplesse et de langueur. L'autre, brusque, bouillante, interrogeant le ciel d'un regard de reproche, se tord dans ses liens. De ces prisonniers, le premier, pourrait-on dire, exprime la pudeur de l'esclavage ; le second nous en montre la révolte.

Mais nous savons que ces robustes captifs étaient destinés à figurer les Sciences et les Arts enchaînés et comme réduits à l'impuissance par la mort du pontife qui, vivant, les avait protégés. Il reste en tout six de ces statues : deux, celles de Paris, sont à peu près achevées ; représentées au centenaire de Michel-Ange par des moulages, elles ont fait le plus grand honneur à notre Musée. Les quatre autres sont ébauchées seulement. Dans cet état elles sont admirables ; mais par malheur, on les a reléguées dans une grotte en rocaille des jardins Boboli. A toutes des attributs manquent pour permettre d'en distinguer le sujet, et si l'on excepte l'*Esclave endormi* du Louvre, elles sont toutes dans des mouvements des plus violents. Sans doute, un autre artiste que Buonarroti, chargé de traduire dans le marbre les idées que celui-ci a voulu figurer au moyen de ces formidables athlètes, eût employé de douces allégories. Mais, à bien prendre, les Arts et les Sciences qui, dans leur principe, constituent quelques-uns des ressorts les plus énergiques de l'activité humaine, ces forces primordiales qui, en nous obligeant à chercher les lois des choses et à créer, remuent le monde et en changent la face, ces ressorts, ces forces, indomptables agents de notre fécondité, ne sont-ils pas des Puissances sur la terre ? Michel-Ange en a fait des Titans, Titans inquiets, tourmentés, qui roulent et entassent des pensées, et dont l'esprit, comme la prodigieuse musculature, est toujours en travail.

L'état inachevé dans lequel plusieurs de ces statues sont restées leur donne quelque chose de pathétique. Plus leurs mouvements marquent de véhémence et de fierté, plus on est touché de ce que le sort leur a refusé d'indépendance. A les voir vivantes et incomplètes, on dirait qu'elles se débattent pour échapper à l'ébauche sommaire sous laquelle le ciseau les a laissées comme dans un réseau. Elles voudraient déchirer le voile qui nous les dérobe, sortir de leur prison transparente : elles souffrent. Celles qui sont reléguées dans la grotte du jardin Boboli inspirent particulièrement cette sorte de sympathie. Jamais l'art de Michel-Ange n'a été plus émouvant. Au sein des reflets qui les éclairent, ces fantômes, ces larves de marbre, échappés des mains du grand artiste, nous apparaissent comme dans les limbes de sa pensée. L'imagination s'efforce de les terminer ; mais tour à tour une puissance supérieure nous les montre dans leur perfection et nous les dérobe :

> Ostendent... tantum fata neque ultrà
> Esse sinent...

On admire ces images inachevées qui comme des ombres inquiètes descendues dans la matière l'animent, lui donnent un souffle de beauté ; et on accuse la destinée qui, après les avoir privées de la gloire de figurer au tombeau de Jules II, les retient en exil.

Parmi les grandes fatalités qui pesèrent successivement sur le tombeau du pape Jules, il faut placer avant tout la décoration de la chapelle Sixtine. En vain Michel-Ange se défendit-il d'accepter ce travail en se retranchant derrière sa qualité de sculpteur ; il fallut obéir, et il s'acquitta de la première partie de sa tâche avec une rapidité qui semblait dire que pour lui peindre était un jeu à côté de sculpter.

La peinture de la chapelle Sixtine est une œuvre décorative dans la plus complète acception du mot. Bien que la fresque y soit seule employée, on peut dire que tous les autres arts participent effectivement à la beauté de l'ensemble. Les dispositions architecturales, au moyen desquelles Michel-Ange a divisé l'espace qui lui était livré, sont grandioses et inattendues. Leur ordonnance, d'un caractère gigantesque, fait pressentir les audaces du maître qui, plus tard, se jouant des plus redoutables problèmes de la construction, suspendra sur la Confession de Saint-Pierre la coupole du Panthéon. Déjà la partie supérieure de la voûte qui imite un ciel ouvert fait penser de loin à ce dôme ouvert aussi à son sommet. L'abondance des motifs est extrême ; la figure humaine paraît partout avec une sorte de profusion, et néanmoins la composition, dans son ensemble, reste claire et parfaitement ordonnée. La sculpture surtout a une large part à revendiquer dans cette œuvre qui contient tant d'éléments divers. Nous ne parlons pas des enfants peints en grisaille et qui, groupés deux à deux, forment cariatides, mais bien des Prophètes et des Sibylles et aussi des pendentifs placés en haut sur des piédestaux. Si vifs, si agités, si passionnés que soient leurs mouvements, ces nombreuses figures sont toutes dans un merveilleux équilibre et satisfont aux lois de la statuaire. Qu'on les étudie, et celles qui semblent en proie à l'inspiration ou à l'enthousiasme et celles qui expriment la méditation ou la douleur ; et Jérémie absorbé dans son deuil, et Joël qui déroule lentement un volume, et Isaïe qui dispute avec lui-même ; qu'on observe et la belle Sibylle Érythrée et la vieille Cuméenne, qui feuillettent et compulsent les livres du destin, et la Delphique, qui, dans son délire poétique,

ESCLAVE.

(Musée du Louvre.)

regarde dans l'avenir avec une vague anxiété ; et Daniel qu'un souffle divin transporte, et Ézéchiel que tourmente un zèle exalté : toutes ces figures sont sorties une à une de l'imagination d'un sculpteur ; elles pourraient être fixées dans le marbre, et l'on voudrait pouvoir les isoler pour les envisager de toutes parts. Que dire encore des sujets plus humbles qui règnent au-dessus des fenêtres et qui représentent la généalogie du Christ? La simplicité des attitudes, la fixité des gestes, l'austère logique des ajustements, l'inflexible pondération des ensembles, appartiennent à la statuaire. Ces qualités appellent, sollicitent, à l'égal des œuvres les plus saines qu'ait produites le ciseau, l'observation attentive de ceux qui veulent étudier le grand art.

La composition des sujets qui décorent la voûte de la chapelle Sixtine a été conçue par Michel-Ange. Le programme admirablement lié, au point de vue chrétien, a été créé par lui : dans cette vaste conception l'artiste a fait œuvre de théologien. Il s'est montré de la race du Dante. Comme lui, fidèle aux idées de son temps, il a réuni dans son œuvre tout ce qui, dans l'histoire sainte et dans l'histoire profane, était considéré comme ayant annoncé et préparé la venue du Sauveur. Ce plan, croyons-nous, a été depuis longtemps clairement expliqué [1]. Mais dans la mise en œuvre, on voit combien Michel-Ange était pénétré de la lecture des écrivains sacrés. Aussi la langue qu'il parle au moyen de son art est-elle comme celle des Pères, forte, hardie, nourrie d'un savoir immense : comme chez eux, la connaissance de l'antiquité profane se mêle à la Bible, et dans le caractère de ses figures on retrouve les hellénismes des docteurs, les hébraïsmes de la Vulgate mêlés aux brusques ellipses du Dante et soutenus par le tour oratoire des apologistes les plus véhéments. Cependant toutes ces idées sont exprimées à la manière des statuaires, c'est-à-dire plutôt par des personnages seuls que par des tableaux : l'admirable largeur, la souplesse des formes, si hardiment défigurées par des copistes qui les ont accablées de détails anatomiques avec la prétention de les rendre savantes, la largeur extrême des formes, disons-nous, ajoute à la justesse de l'assimilation. Et c'est le double côté par lequel le sculpteur ici se révèle et impose au peintre les principes et la règle de son art.

La statue du *Moïse*, la seule qui soit restée du projet adopté par Jules II, cette statue qui a fini par être à elle seule tout le tombeau, a été conçue du même jet que les prophètes de la chapelle Sixtine. C'est

---

1. Impressions de voyage et d'art. — Souvenirs de Rome. La Sixtine et le génie de Michel-Ange, par M. E. Montégut, *Revue des Deux Mondes* du 15 février 1870.

à la même source d'inspiration qu'il faut la faire remonter. Si les lignes
en sont un peu plus serrées, il faut en chercher la cause dans le bloc de
marbre qui avait été calculé pour une place différente : tout le côté
droit de la figure qui suit une ligne perpendiculaire devait sans doute
être tourné contre une paroi près de laquelle le *Moïse* faisait une sorte
d'amortissement. L'exécution de cette grande œuvre dura bien des années ;
elle resta longtemps dans l'atelier alors qu'elle était déjà terminée. On
la considère comme le dernier mot de l'art de Michel-Ange : elle put
occuper la pensée de l'artiste pendant près de quarante ans. Aussi ne
faut-il pas se plaindre si elle parut la dernière, ayant été devancée par
l'exécution et l'achèvement des *Tombeaux des Médicis*.

VII

Dès l'année 1520, le cardinal de Médicis, qui fut depuis Clément VII,
avait, d'accord avec le pape Léon X, demandé à Michel-Ange les plans
d'une nouvelle sacristie pour l'église Saint-Laurent. Dans cette église
était déjà le tombeau de Côme l'Ancien. Léon X voulait y ériger des
monuments funéraires à d'autres membres de sa famille. Ces sépultures,
qui d'abord devaient être au nombre de quatre, furent réduites à deux :
celle de Laurent, duc d'Urbin, et celle de Julien, duc de Nemours. Ce sont
celles que Charles-Quint vit terminées en 1536 et celles que l'on admire
encore aujourd'hui. Le premier soin de Clément VII, après son élévation
au pontificat, fut de faire reprendre l'exécution de ces mausolées un
instant suspendue.

Nous ne parlerons pas des phases diverses par lesquelles passa ce
travail qui eut aussi ses heures tragiques. Commencé sous l'empire de
la vive satisfaction que Michel-Ange ressentit de l'avénement du nouveau pape, continué au milieu d'autres commandes, poursuivi pendant la
révolution de Florence et en dépit du siége et de la prise de la ville, il fut
terminé après la rentrée des Médicis. Cependant l'artiste avait été tour
à tour un favori, un rebelle, un citoyen, un soldat ; après avoir été
proscrit et avoir vu sa vie en danger, il était rentré en grâce. Si l'âme
de Buonarroti fut une âme agitée et souffrante, le temps où il vécut fut
profondément troublé. Les transformations que subit le premier projet
adopté pour la chapelle funéraire de Saint-Laurent sont plus généralement connues que ne l'étaient, avant de récentes publications, les nombreux contrats passés à l'occasion du Tombeau de Jules II. Nous ne nous

y arrêterons pas. D'ailleurs, ici, la sculpture ne joue pas le premier rôle ;
l'architecture y tient une grande place et il appartient à un autre d'en
parler. Nous dirons seulement que la chapelle est très-simple et que la
blancheur du marbre y triomphe souverainement. Le jour y vient d'en
haut, et cette lumière qui tombe de la voûte a été combinée par Michel-
Ange pour l'effet de ses ouvrages : elle a déterminé le faisceau de
rayons destinés à faire briller certaines parties de l'œuvre, à étendre sur
d'autres des ombres dormantes, à mettre sur l'ensemble une sorte de
mystère. Artifices de peintre et de décorateur, sans doute, mais artifices auxquels les anciens avaient très-largement recours dans leurs
temples à ciel ouvert.

En entrant dans la chapelle de Saint-Laurent, on voit à droite le
tombeau de *Julien* ; à gauche celui de *Laurent*[1], et, en face de l'autel, la
Vierge allaitant l'enfant Jésus.

Des sept statues de la main de Michel-Ange qui sont dans la chapelle,
la *Vierge* est la première dont nous parlent les contemporains. Elle est
assise. La main droite qui pose sur le siége sert de point d'appui au
corps qui se porte en avant. La tête suit le même mouvement, elle se
penche et les yeux s'abaissent tristement sur l'enfant. Celui-ci, assis
de face sur les genoux croisés de sa mère, se retourne vers elle avec un
mouvement violent et s'attache à son sein. Traditionnellement, le sujet
de la Madone est traité par les maîtres italiens avec une mise en scène
fort différente et dont la caractérisque est très-simple. La royauté de
la vierge mère s'y montre avec une grandeur qui est tempérée par la
tendresse maternelle et par l'amour des hommes auxquels l'enfant
Jésus montre un visage plein de bonté. Il y a toujours dans ces représentations une majesté douce qui résulte de l'ampleur et de la grâce
des lignes, de la simplicité des attitudes, de la pureté des ajustements.
Ici, la tradition a perdu sa sérénité ; la grandeur reste, mais unie à la
force et à une étrange et profonde mélancolie. La pose et le visage de
la Vierge expriment l'angoisse. L'enfant nous dérobe son visage. Il se
détourne de nous et cache sa face dans le sein qu'il paraît épuiser. La
puissance de son jeune corps et l'énergie de son action annoncent le
terrible Christ du Jugement dernier, et la Vierge semble penser avec
tristesse que celui qu'elle allaite, après avoir été le Sauveur miséricor-
dieux, sera l'implacable Justicier.

---

1. Au sujet de la dénomination des figures des deux ducs, voy. Grimm, *Michel-
Angelo*, trad. dal tedesco da A. di Corsilla, t. I, p. 440 ; — Perkins, *les Sculpteurs italiens*, t. I, p. 342 ; — et A. Gotti, *Vita di Michelangelo Buonarroti*, t. I, p. 152. Nous
avons cru devoir suivre simplement Vasari.

ESCLAVE.

(Musée du Louvre.)

La première idée de cette composition se trouve dans un croquis conservé dans la collection de l'archiduc Albert, à Vienne. Il est toujours intéressant, lorsqu'il s'agit d'une statue, d'un groupe, d'en connaître le premier jet par un dessin. On aime à voir comment l'idée s'est présentée à l'artiste et comment il a envisagé d'abord une œuvre destinée à avoir autant d'aspects divers qu'il y a de points de station autour d'elle. Notre observation vient à l'appui de ce principe que, dans un travail de statuaire qui doit être vu de tous côtés, il y a cependant une face principale, un point de vue sous lequel la pensée est plus complétement exprimée et l'ensemble se comprend mieux. Ce point est celui où se place instinctivement l'artiste lorsqu'il voit son œuvre en esprit. A ce compte, cette esquisse d'une des œuvres capitales de Michel-Ange est pleine d'intérêt : l'idée a jailli du cerveau de l'artiste avec une netteté absolue.

Nous venons de présenter au sujet de la *Vierge* une sorte de commentaire; et maintenant nous éprouvons quelque scrupule au moment d'aller plus loin.

On a beaucoup écrit sur les statues des tombeaux des Médicis : elles ont inspiré des pages de la plus haute éloquence. Maintenant la critique a changé de point de vue; et après avoir pensé que ces figures avaient une profondeur de sens telle qu'il était impossible d'en toucher le fond, aujourd'hui on est disposé à croire qu'elles n'ont qu'une signification indéterminée et une expression purement plastique. Bien plus, des personnes de grand sens sont d'avis que non-seulement ces beaux marbres ne sont que des œuvres subjectives, mais que peut-être elles ne doivent pas compter au nombre des plus remarquables de Buonarroti. Ces réserves, ces doutes, sont bien le propre d'un temps qui, dans les arts, se préoccupe beaucoup des qualités matérielles, qui recherche curieusement les procédés et les pratiques et qui trouve que le sujet d'un tableau ou d'une statue peut résider uniquement dans l'exécution.

Cependant, depuis le moment où Michel-Ange commença à travailler aux statues de Saint-Laurent, on sait qu'il le fit toujours avec une idée arrêtée : il les a nommées et elles s'appellent encore le *Crépuscule* et l'*Aurore*, la *Nuit* et le *Jour*; peut-être y a-t-il eu quelque hésitation pour les deux dernières, mais ce fut seulement au début, et lorsqu'elles parurent aucun doute n'était plus permis. Les vers qui furent échangés à cette époque entre Jean Strozzi et Michel-Ange au sujet de la *Nuit*, vers devenus célèbres et que nous citerons à notre tour en leur lieu, prouvent assez que les contemporains et l'artiste lui-même ne voyaient pas dans les figures de Saint-Laurent de vagues entités. Si l'histoire, en consacrant les désignations qu'elles gardent encore, nous

VIERGE A L'ENFANT.

(Chapelle des Médicis, à Florence.)

interdit de les considérer comme un travail académique, la connaissance que nous avons de leur auteur ne nous permet pas davantage de chercher en elles de simples allégories. L'allégorie, telle qu'on doit l'entendre, n'est, avec son cortége d'attributs d'emprunt, qu'un jeu de la raison. Les idées qu'elle représente sont de celles que le langage suffit à exprimer : elle ne rentre qu'indirectement dans le domaine de l'art. D'après les conventions qu'elle établit, une seule des quatre statues, la *Nuit*, pourrait être régulièrement reconnue, grâce à des accessoires parlants. Mais que gagne-t-elle à reposer sur le masque des songes et sur un hibou? Son sommeil n'est-il pas assez éloquent? En résumé, ces créations du grand artiste sont, au même titre que les *Esclaves* du Tombeau de Jules II, des symboles. Mais ce sont des symboles tels que pouvait les imaginer Michel-Ange, étant donnés son caractère et les circonstances au milieu desquelles il était placé. Croire qu'il a voulu animer ses statues en leur communiquant ses pensées douloureuses et ses regrets patriotiques, est-ce aller trop loin? Ne l'avons-nous pas vu jusqu'ici procéder dans tous ses ouvrages par un prodigieux travail d'accumulation; et ceux qui ont lu ses poésies ne savent-ils pas combien chacun de ses vers contient de sens profond? Enfin, disons-le, pour conclure : y a-t-il quelque inconséquence à professer que Michel-Ange a pu mettre dans chacune de ses statues autant de pensées qu'il en condense dans un sonnet?

Une gravure, publiée plus loin, fait connaître la composition des tombeaux de Saint-Laurent : ils sont entièrement semblables. Chacun d'eux consiste en un sarcophage sur le couvercle duquel sont deux figures couchées; entre elles, mais plus haut et sur un plan plus reculé, au bord d'une niche creusée dans le mur, il y a un personnage assis. De ces personnages, nous l'avons dit, celui qui est à droite est Julien, duc de Nemours, celui de gauche, Laurent, duc d'Urbin, l'un frère et l'autre neveu de Léon X.

Les statues des deux princes datent, comme celle de la *Vierge*, des premières années du pontificat de Clément VII. Elles ne sont pas traitées en portraits, et Michel-Ange, à qui on le reprochait, répondit que dans mille ans personne ne serait capable de juger de leur ressemblance. Mais quoiqu'elles ne soient pas iconiques, ces figures, rien que par l'aspect que l'artiste leur a imprimé, donnent une idée exacte du caractère historique des personnages qu'elles représentent. Julien, le meilleur de la famille, au dire de l'histoire, doué d'une humeur douce et ami d'une vie tranquille, est assis dans une pose à la fois noble et abandonnée. L'armure magnifique qui le couvre convient bien, par sa physionomie toute

JULIEN DE MÉDICIS.

(Chapelle de Saint-Laurent, à Florence.)

romaine, à la dignité de Gonfalonier de la Sainte-Église dont il était revêtu et fait concevoir en même temps l'idée d'une sorte d'apothéose. *Julien* tient, sans aucune raideur militaire, son bâton de commandement et il tourne la tête avec la douceur aisée d'un homme qui voit de haut et avec sérénité les choses de la vie. La tête nue est admirable et elle est célèbre : on contemple en elle l'idéal de Michel-Ange arrivé à sa perfection. Le développement du col est extrême, mais aussi quelle suprême élégance ! Les mains, par la manière dont elles sont posées, par leur forme et par leur souplesse, sont véritablement merveilleuses. La lumière qui tombe avec abondance sur cette belle statue l'illumine et semble à plaisir ajouter à son éclatante beauté.

Ainsi se montre à nous cette image de *Julien*, dans laquelle on peut voir la vérité historique transfigurée par le plus grand art. Mais les deux figures symboliques qui sont à ses pieds et reposent sur son sarcophage ont été exécutées, aussi bien que celles qui sont couchées sur le tombeau de Laurent, sous l'empire d'idées différentes. Incessamment reprises au milieu de la révolution de Florence à laquelle Michel-Ange prit une part si active, il est naturel qu'elles portent la trace des passions qui alors animaient leur auteur. Peut-être, dans le principe, devaient-elles donner simplement l'idée de la rapidité de la vie : maintenant, elles en expriment les douleurs, les révoltes. Les contemporains furent extrêmement frappés de la figure de la *Nuit*. C'est en effet une création extraordinaire, d'une originalité inouïe et néanmoins inspirée aux sources poétiques les plus hautes et les plus reculées. La pose est celle du sommeil inquiet et accablant, où nous plonge une fatigue excessive, de ce sommeil qui nous enchaîne dans des attitudes qui, étant celles de l'agitation et de la fièvre, sont ainsi les plus contraires à l'idée du repos. Et pourtant la *Nuit* repose, elle veut reposer, et à la manière dont elle est fixée on sent que rien ne la réveillera.

Un souffle des théogonies antiques n'a-t-il pas touché le génie de Michel-Ange en travail de cette redoutable conception ? L'idée d'une déesse primordiale et éternelle, antique et toujours jeune, ne paraît-elle pas dans ces formes qui appartiennent à une race étrange, dans ce corps immense dont les accents, qui sont ceux que donnent la maternité et l'âge, conservent toute la flexibilité, toutes les grâces de l'être au moment où il arrive à sa perfection ? La tête, qui penche en avant et qui met ainsi toute la partie supérieure dans la pénombre, ajoute à l'expression plastique de l'œuvre et les reflets qui l'éclairent achèvent, par leur transparence, d'assouplir le marbre et de le faire vivre.

Cette idée d'un marbre vivant se trouve exprimée dans le quatrain de

Strozzi, quatrain si connu mais qu'on a toujours le devoir de rappeler à propos de la *Nuit* :

> La Notte, che tu vedi in si dolci atti
> Dormir, fu da un Angelo scolpita
> In questo sasso e perche dorme ha vita :
> Desta la, se nol credi, e parleratti.

On sait quelle fut la réponse de Michel-Ange :

> Caro mi è'l sonno, e più l'esser di sasso,
> Mentre che'l danno e la vergogna dura :
> Non veder, non sentir, mi è gran ventura;
> Però non mi destar, deh! parla basso.

Dans ces vers vigoureux, les plus beaux peut-être qu'il ait faits, Buonarroti livrait le secret de son âme et se chargeait de nous mettre en mesure de répondre à ceux qui ne voudraient voir dans son génie qu'une sorte de tempérament inconscient.

La statue du *Jour* qui fait pendant à celle de la *Nuit* est une œuvre imposante. Jamais pareil accord de formes, jamais ensemble si bien lié, si puissant par la musculature, si énergique par les proportions, n'a été mis en œuvre pour exprimer la force. Remarquons que c'est encore une idée antique d'avoir représenté le Jour sous les traits d'un être herculéen. Ce personnage, qui paraît se détourner du spectateur par un violent mouvement de colère ou de dédain, le regarde par-dessus son épaule, derrière laquelle le bas du visage est caché. La tête n'est qu'ébauchée, tandis que le reste est terminé. Pourquoi ce sacrifice? Faut-il penser simplement que cette statue a été abandonnée ou que le sculpteur a voulu la subordonner à la figure de *Julien?* Ou bien encore, si l'on en croit Michel-Ange et si l'on admet que la *Nuit* sommeille pour ne pas voir les hontes de la patrie, y a-t-il lieu de croire qu'à l'imitation d'un artiste grec qui voilait Agamemnon, se sentant impuissant à rendre la douleur d'un père forcé d'assister au sacrifice de sa fille, l'artiste florentin a laissé le voile de l'ébauche sur le visage de sa statue, désespérant de pouvoir lui faire à souhait exprimer son indignation? Quoi qu'il en soit, à travers le travail du ciseau qui n'a fait que déchirer le marbre, on devine un regard terrible.

Le tombeau de Laurent qui fait face à celui de Julien en reproduit, avons-nous dit plus haut, toutes les dispositions. Les statues accoudées sur les sarcophages sont rangées suivant le même ordre d'idées qui est funèbre : tout à l'heure c'était la *Nuit* et le *Jour;* maintenant c'est le *Crépuscule* et l'*Aurore;* les figures sombres d'abord et ensuite les figures de lumière. Le *Crépuscule* a été admirablement gravé par M. Gaillard. Le caractère individuel des formes, l'harmonie particulière de leur modelé et l'étude si riche de leurs détails ont été rendus avec une finesse merveilleuse qui fait comprendre jusqu'au poli du marbre. Ici encore la tête est restée à l'état d'ébauche; mais, telle qu'elle est, on la pénètre parfaitement. C'est celle d'un homme mûr et qui n'a rien ignoré de la vie. Avec ses chairs abondantes et toutes frémissantes de passion, le corps demeure robuste. Mais le front en partie dénudé s'incline; le regard où réside la vie est affaissé. Il est impossible de mieux exprimer la mélancolie, au soir d'une journée qui a porté le poids des soucis et des plaisirs.

Après cela, quel sera le lendemain? L'admirable figure de l'*Aurore* nous le fait pressentir. Son visage douloureux ne semble-t-il pas nous parler de réveil effroyable? Avec sa beauté virginale et funéraire ne nous apparaît-elle pas comme l'aube infernale, comme l'aurore d'au delà?

Ces idées ne sont pas sans rapport avec l'ambitieux et superbe Laurent, avec le duc d'Urbin figuré, selon nous, dans la statue célèbre que la tradition accréditée dans les arts a nommé le *Penseur.* Ne cherchons pas trop loin. Les faits suffisent à expliquer cette image idéalisée et qui est un portrait historique du même genre et du même temps que celui de Julien. Laurent fut un personnage redouté. Michel-Ange paraît l'avoir représenté dans les derniers moments de sa vie alors que, vieilli avant l'âge, accablé par la débauche et par les soins de sa politique, il était devenu solitaire, farouche et vivait retiré dans son palais. Il nous le montre assis dans une attitude qu'on sent devoir être immuable : le doigt sur la bouche, il pense... il pense dans une sorte de retrait ténébreux. Laurent est armé de toutes pièces comme un conquérant : il a pris le duché d'Urbin. L'aspect de sa tête est lugubre. Le masque a quelque chose de mortuaire; l'œil fixe, hagard, semble suivre l'esprit qui descend dans l'abîme de lui-même. Un grand casque reçoit tout le jour et projette sur la face entière une ombre mystérieuse qui attire l'attention à l'égal d'un trait éclatant de lumière : et c'est par là que se complète l'effigie. Autant Julien qui rayonne a de charme, autant le sombre Laurent nous inquiète.

Maintenant admettons, si l'on veut, les commentaires purement poétiques et après avoir cherché la vérité du sujet dans l'histoire, voyons simplement ici la pensée de Michel-Ange lui-même. Nous y consentons. Ce qui est certain, c'est que la vue de cette statue comme de toutes celles qui sont réunies dans la chapelle des Médicis parlera

LE JOUR.

(Figure du Tombeau de Julien de Médicis.)

toujours à l'imagination, donnera un perpétuel aliment à la pensée. Si les gravures et si les reproductions de toute sorte en sont éloquentes, à plus forte raison faut-il voir l'œuvre elle-même à Saint-Laurent. Le marbre ajoute à leur beauté et dans ce lieu leur sens intime se dégage et se communique plus librement. « Tout le monde a vu le dessin et le plâtre de ces statues, mais à moins d'être venu ici, personne n'a vu leur âme[1]. » Oui! elles ont une âme; c'est une juste et éloquente pensée par laquelle nous aimons à résumer cet examen.

Telles sont les statues du tombeau des Médicis, l'œuvre la plus complète que Michel-Ange ait exécutée en sculpture. Non-seulement l'ensemble a été conçu librement par lui, mais il a pu rendre sa pensée sans rencontrer de contradictions ni d'obstacles.

Considérées au point de vue de l'exécution, les figures que nous avons essayé d'expliquer et de décrire donnent lieu à quelques remarques. Autant l'attitude de Julien et celle de Laurent sont simples, autant les personnages couchés sur les sarcophages sont dans des mouvements compliqués. Les membres supérieurs placés en travers du corps et les membres inférieurs ramenés les uns sur les autres par des actions brusques et raccourcies, donnent aux poses quelque chose de violent, de contraint. Cette sorte de gêne imposée à l'œuvre et qui résulte de la volonté qu'a l'artiste de faire entrer son idée dans un cadre déterminé, se retrouve en général dans toutes les productions de l'esprit et n'est pas contraire aux lois du grand art : bien loin de là. Mais ce genre de violence est l'une des habitudes du génie de Michel-Ange : il force son idée sculpturale à tenir dans un bloc de marbre dont il a rigoureusement délimité la silhouette, de même qu'il oblige sa pensée poétique à entrer dans les formes les plus étroites que la prosodie ait fixées.

Tout à l'heure nous trouvions dans les fresques de la chapelle Sixtine la marque du génie sculptural de Michel-Ange. Dans les tombeaux des Médicis nous observons qu'à son génie de sculpteur s'est ajouté un sentiment de peintre. Non-seulement les effets de clair-obscur, résultant de la manière dont les figures sont composées, sont du domaine de la peinture, mais la pratique même du ciseau n'est pas sans ressemblance avec le travail de la brosse ou du pinceau. Ainsi, quelques beaux morceaux de nu sculptés dans la masse et traités comme en bas-relief sont terminés jusqu'au poli; dans cet état, ils demeurent entourés comme d'une gangue de marbre brut qu'on croirait inutile, mais qui, habilement rayée par le ciseau, les enserre. Ils s'en détachent par l'opposition du

1. *Voyage en Italie,* par H. Taine, 1866, t. II, chap. IV, p. 214.

travail, comme ferait, dans un tableau, une partie vivement éclairée sur un fond à demi teinté.

Ce qui donne quelque intérêt à cette réflexion c'est qu'il ne semble pas que ces parties du marbre, restes apparents de l'ébauche, aient été destinées à disparaître jamais. En les enlevant il se fût produit des évidements, un affaiblissement de la masse, des cavités ou des à-jours dont l'ensemble aurait eu à souffrir. Il faut donc considérer ces *empâtements*, non comme un superflu, non comme la marque d'un travail inachevé, mais bien comme une sorte de condiment destiné à renforcer la masse, à éviter les noirs trop grands et à faire en sculpture l'office qui dans la peinture est rempli par un fond.

En terminant cette partie de notre travail, nous sommes autorisé à parler de quelques autres œuvres de Michel-Ange, qui appartiennent aussi à la période de temps qui s'écoula de 1520 à 1536. Nous ne croyons pas qu'il y ait lieu d'examiner le *Christ de la Minerve* : bien que la composition appartienne à Michel-Ange, on peut dire qu'il est à peine de sa main. Envoyé de Carrare à Rome, n'étant qu'à l'état d'ébauche, il devait être achevé par Urbano qui n'était pas seulement le serviteur et comptable du grand maître, mais qui paraît avoir été un sculpteur de quelque valeur et aussi de beaucoup de présomption. On sait, par une lettre de Sébastien del Piombo[1], que le Christ gâté en plusieurs endroits par Urbano, fut définitivement terminé par Fred. Frizzi. Dans de telles conditions, nous ne saurions nous y arrêter. Mais il importe de rappeler ici deux ouvrages qui méritent mieux leur célébrité. Le premier, la statue d'*Apollino*, se rattache d'une manière étroite à l'histoire des tombeaux de la chapelle Saint-Laurent; le second, le *Brutus*, se réfère également à la révolution de Florence, sinon par la date, du moins par le sentiment dont il est inspiré. L'*Apollino* fut exécuté pour Baccio Valori, qui avait contribué à faire amnistier Buonarroti, proscrit à la rentrée des Médicis. Ce fut de la part de l'artiste un témoignage de reconnaissance. Par la pose et par le caractère général, l'*Apollino* n'est pas sans analogie avec les *Esclaves*; mais il est de proportion beaucoup plus petite. Le dieu nous semble dans l'attitude, non pas de prendre une flèche, ce qu'il ne ferait pas de la main gauche, mais de fermer son carquois, ce qui répondrait à une idée juste : en effet, cet ouvrage coïncide avec la fin des proscriptions. C'est une œuvre fière, robuste, conçue avec une indépendance absolue, et qui, par son mouvement,

---

1. Vita di Michel-Angelo Buonarroti... da Aurelio Gotti. T. I, C. X, p. 144. — Lettre de Sébastien del Piombo du 6 septembre 1521.

rappelle le *Génie victorieux*; enfin c'est une ébauche ardente, comme Michel-Ange en fit à cette époque où sa vie fut si troublée par les événements et par les combats qui se livraient dans sa propre pensée.

Le buste de *Brutus* aussi est une ébauche, mais des plus avancées. Il n'y faut pas chercher la ressemblance iconique de l'un des Brutus; c'est un buste tout moderne, une image créée à propos d'une idée, une œuvre à la manière de Shakespeare. A voir ce personnage, à considérer sa force, sa puissante encolure, son regard droit et sa bouche épaisse qui est celle d'un orateur tout de passion, on ne songe point à un politique, point à un patricien de l'ancienne Rome, mais à un tribun comme Rienzi.

VIII.

Lorsque Paul III vint voir les cartons du *Jugement dernier* dans l'atelier de Michel-Ange, celui-ci travaillait au *Moïse*. On dit qu'à la vue de ce marbre le cardinal de Mantoue s'écria : « Cette seule statue suffit pour faire un digne tombeau à Jules II. » C'est en effet à ce seul ouvrage de Buonarroti que la sépulture du pape est réduite, car les autres figures qui l'accompagnent, bien qu'ébauchées par le maître, ont perdu toute trace du travail de sa main. Le *Moïse* a de tout temps excité la plus vive admiration. On pourrait dire aussi qu'à lui seul il suffirait à la gloire de son auteur. Il résume son art; il en donne la mesure.

La belle gravure de M. Jacquemart qui accompagne notre texte donne bien l'idée du chef-d'œuvre de Michel-Ange. Le *Moïse* a l'aspect grandiose des prophètes de la chapelle Sixtine. Comme eux il siége dans une grande chaise de marbre. Son attitude exprime un calme majestueux. Aucune inquiétude, aucune agitation n'apparaît dans ce personnage que rien n'étonne et qui s'est entretenu avec Dieu dans la nuée du Sinaï. Il tourne la tête avec une simplicité fière; son œil va au loin dans l'avenir: il semble prévoir la durée de sa race, l'immutabilité de sa loi. Son bras droit s'appuie sur l'une des tables que Dieu lui a données; tout en lui respire l'autorité. La Bible est égalée. Mais la gravité du législateur est pleine d'animation. La jambe gauche, par la manière dont elle est repliée, indique l'homme d'action de l'Écriture, *surgens Moyses*, qui, d'un moment à l'autre, va se lever et marcher.

Le caractère de la race israélite est fortement marqué dans la tête : conformément au texte de l'Exode, le front porte deux cornes. Les bras sont d'un galbe simple, les muscles en sont peu accentués : ce ne sont

LA NUIT.

(Figure du tombeau de Julien de Médicis.)

13

pas des bras d'athlète ; ils rappellent ceux de la Sibylle de Cumes dans
la Chapelle Sixtine : les mains comme les pieds ont cette décision, ce
caractère d'élégance extraordinaire qui font au premier coup d'œil reconnaître une œuvre de Michel-Ange.

En résumé, ce qui domine dans cette statue c'est la grandeur, la vie
et la simplicité. Elle n'éprouve aucun des tourments sous le coup desquels les *Esclaves* et les figures de la Chapelle de Saint-Laurent se
tordent dans une sorte de désespoir farouche. Elle a le calme et l'énergie
de la foi.

Le costume de *Moïse* a été critiqué, il semble étrange ; mais il n'ôte
rien à l'aspect de l'œuvre et on peut l'oublier. La draperie, qui de la
cuisse droite tombe au milieu de la statue, fait une sorte de repoussoir
plein de fermeté et qui est traité uniquement au point de vue de
l'effet.

Que dire du marbre, sinon qu'il est exécuté avec une perfection
extrême. Comme dans tous les ouvrages de Michel-Ange, on y remarque
des oppositions, des contrastes qui résultent du travail du ciseau. Mais
ici rien n'a été abandonné ; on sent que Michel-Ange, toujours plein de
la pensée du Tombeau de Jules II, est revenu cent fois sur le *Moïse* et
qu'il y a mis tous ses soins. Aussi est-il l'une de ses œuvres capitales,
nous dirions son chef-d'œuvre, n'était le *Penseur* qui nous semble
une conception encore plus parfaite, plus saine et d'un caractère plus
durable.

IX.

Le *Moïse*, qui était déjà depuis longtemps célèbre, fut, néanmoins,
mis en place au milieu d'une telle indifférence que l'on ne sait pas exactement à quelle date il parut. Ce silence, cet oubli, convenaient à Michel-Ange vieilli, accablé par les épreuves et par la douleur. S'occupait-
on moins du sculpteur pour voir en lui le grand homme ? On ne saurait le
dire, et cependant cela est vraisemblable, car déjà les papes et les princes
ne lui parlaient qu'avec des marques de respect. L'universalité de ses
talents était reconnue, et son âme était allée s'élevant de pair avec son
génie. Dans la solitude où il se plaisait à vivre, il méditait la Bible,
relisait les sermons de Savonarole et pénétrait de plus en plus le sens
mystique de la *Divine Comédie*.

Il est bien difficile, lorsque l'on étudie Michel-Ange, de ne point
parler du Dante : il semble qu'on ne puisse les séparer. On se souvient
que dernièrement, à l'occasion des fêtes du quatrième centenaire de

Buonarroti, après que plusieurs discours eurent été prononcés en l'honneur du grand homme et du grand artiste dans une réunion solennelle de l'Académie de la Crusca et de l'Académie des Beaux-Arts, le syndic de Florence, M. Ubaldino Peruzzi, ayant trouvé les paroles les mieux inspirées et les plus naturellement justes pour convier l'assistance à faire un pèlerinage à la maison d'Alighieri, l'assemblée se leva et le suivit. De même aussi, croyons-nous qu'un rappel du poëte peut trouver ici sa place. On sait que Michel-Ange, dès sa jeunesse, lisait Dante avec une prédilection qu'il garda toute sa vie. Il avait couvert de dessins un exemplaire de la *Divine Comédie* qui a malheureusement péri. Il avait fait du poëme une étude approfondie, et si jusqu'ici nous n'y avons pas appuyé, c'est qu'il nous a semblé admis en principe que les idées dantesques étaient le fonds commun sur lequel grandissaient tous les génies toscans. Du reste, l'artiste et le poëte avaient dans le caractère de grands points de ressemblance : tous deux eurent la plénitude des idées de leur temps et tous deux associèrent avec la même puissance, dans des symboles, le réel et l'idéal.

On ne peut guère douter, selon nous du moins, que dans la trilogie du Dante la partie la plus familière à Michel-Ange, celle où sa pensée résidait de préférence, n'ait été le Purgatoire. Il devait s'y arrêter par un sentiment naturel de sympathie : car c'est là qu'Alighieri a placé les peintres et les sculpteurs, les poëtes et les musiciens, toutes les âmes d'artistes, singulier mélange de grandeur et de faiblesse, qui, retenues dans les tourments de la géhenne et du feu, expient longuement leur vain orgueil et leurs grossières amours. C'est de là aussi que lui était venue l'idée de personnifier la Vie active et la Vie contemplative, sujets qui reviennent sans cesse dans les compositions du Tombeau de Jules II. Le Purgatoire est encore le lieu de l'attente et de l'espérance; et ce double sentiment est celui qui anime la foule des prophètes et des sibylles, des ancêtres et des précurseurs du Verbe qui peuplent la voûte de la Sixtine. Enfin le lieu des épreuves n'offre-t-il pas l'image la plus réelle de ce qu'est la vie pour ceux qui l'épurent par la contemplation des choses divines et par une ardente aspiration vers l'idéal? En vérité, les âmes des deux grands Florentins sont bien les sœurs de ces âmes qui, plongées dans les flammes ou écrasées sous de lourds fardeaux n'exhalent que des hymnes d'amour et des chants pieux. Cependant, de même que Dante monte toujours dans les régions du purgatoire, de même Michel-Ange, arrivé aux plus rudes pentes de la vie, aux dernières, s'élève à Dieu par l'amour purifié. Mais pour atteindre cette cime, il lui fallait aussi un guide. Il le rencontra dans une femme dont l'Italie admirait les talents,

les vertus et la beauté. Il connut Vittoria Colonna et il l'aima ; mais il
l'aima comme l'aimèrent les grands poëtes de son pays, d'un amour idéal.
Il entreprit pour elle un Crucifix, une Déposition de croix ; il lui dédia
des vers dans lesquels, passant de la contemplation des perfections sensibles de celle qu'il vénérait à la conception des beautés invisibles, il
devint l'ami de Celui qui est l'auteur de toute beauté et de toute perfection. Mais, par le privilége de son génie, il exalta en même temps l'objet
de son amour, et plaça Vittoria entre Laure et Béatrice.

Il conçut plusieurs fois l'idée de faire le portrait de Vittoria Colonna.
Certes il ne s'en fût remis à personne du soin de la peindre ou de la

VITTORIA COLONNA.

(D'après une médaille du XVIᵉ siècle, appartenant à M. Armand.)

sculpter. Sans doute, il craignit de ne pas donner une transparence suffisante à des formes à travers lesquelles devait se montrer une âme
divine. La médaille que nous reproduisons ici, qui est inédite et, croyons-
nous, entièrement inconnue, donne l'idée de ce rayonnement intérieur.
Quant à Michel-Ange il ne réalisa pas son projet. Ce qui est vrai, d'ailleurs,
et d'une manière générale, c'est qu'il n'eut jamais souci de faire des portraits. En sculpture, il n'en existe aucun qu'on puisse considérer avec certitude comme étant de sa main. Il hésitait à se livrer à une imitation trop
complète de la nature. Peut-être craignait-il de compromettre un art dont
il avait une idée si haute en s'engageant dans le désordre multiple du
caractère individuel, en consacrant et en justifiant les imperfections de
la réalité. Porté à la recherche des idées et d'une vie supérieure, il pré-
férait faire luire la pensée pure à travers le marbre façonné par ses,

LE PENSEUR.

(Chapelle Saint-Laurent, à Florence.)

mains. Lorsqu'il sculptait, il fallait que la nature aussi bien que l'art lui restassent soumis.

La mort de Vittoria Colonna, arrivée au commencement de 1547, plongea Michel-Ange dans la plus grande affliction. Bien qu'il eût été nommé la même année architecte de Saint-Pierre, qu'il fût occupé de l'achèvement de la Chapelle Pauline et qu'il retournât toujours au Tombeau de Jules II, il ne pouvait se détacher cependant d'un souvenir que son âge avancé rendait plus douloureux. Michel-Ange avait soixante-douze ans. Son âme assombrie s'habituait à l'idée de la mort, et il faisait entendre dans ses poésies des cris de pénitence et des appels à la miséricorde divine. Lui, le grand sculpteur de sépultures, il commença à s'occuper de son propre tombeau ; car on dit que telle était la destination de la *Déposition de croix* qui, restée à l'état d'ébauche, brisée par lui dans un moment de découragement, et restaurée plus tard par Tiberio Calcagni et Francesco Bandini, est placée aujourd'hui derrière le maître-autel de Sainte-Marie-des-Fleurs.

Quoi qu'il en soit, on peut considérer la *Déposition* comme l'expression des pensées qui travaillaient Michel-Ange à la fin de sa vie : c'est le plus intimement personnel et le plus pathétique de ses ouvrages. L'idée de la pénitence s'en exhale. Le marbre prêche les douleurs de la passion ; il fait entendre un acte d'amère contrition et un acte d'amour douloureux. Quatre figures entrent dans cette composition. Le Christ mort, brisé par le supplice de la croix, en occupe le milieu ; il garde encore quelque chose de l'attitude d'un crucifié et ses bras restent ouverts comme pour nous recevoir. D'un côté on voit une sainte, de l'autre la Vierge agenouillée, soutenant tendrement avec sa tête la tête de son fils, et supportant de tout son corps le corps divin chargé du poids de nos péchés. Le personnage qui, debout, forme le point culminant du groupe, et qui assiste la Vierge et prend sa part du fardeau, ce n'est pas Joseph d'Arimathie, c'est Michel-Ange lui-même sous la robe d'un pénitent. Regardez bien : dans l'ombre du capuchon on reconnaît son visage, on démêle sans peine ses traits déprimés. Il porte, il serre contre son cœur le Christ et sa mère, il nous regarde et, comme le Dante, il nous parle de la Rédemption et nous dit combien de sang elle a coûté!

Nous avons passé longtemps à examiner ce groupe sublime, à en sonder le détail et l'expression. Dans la pénombre où il est placé, l'œil le scrute et s'en repaît avec une avidité insatiable. La lueur incertaine qui vient de fenêtres éloignées, la lumière qui change selon les heures du jour, et les brusques alternatives d'ombre et de clarté produites par les nuages qui traversent le ciel ajoutent leurs effets inattendus à ce

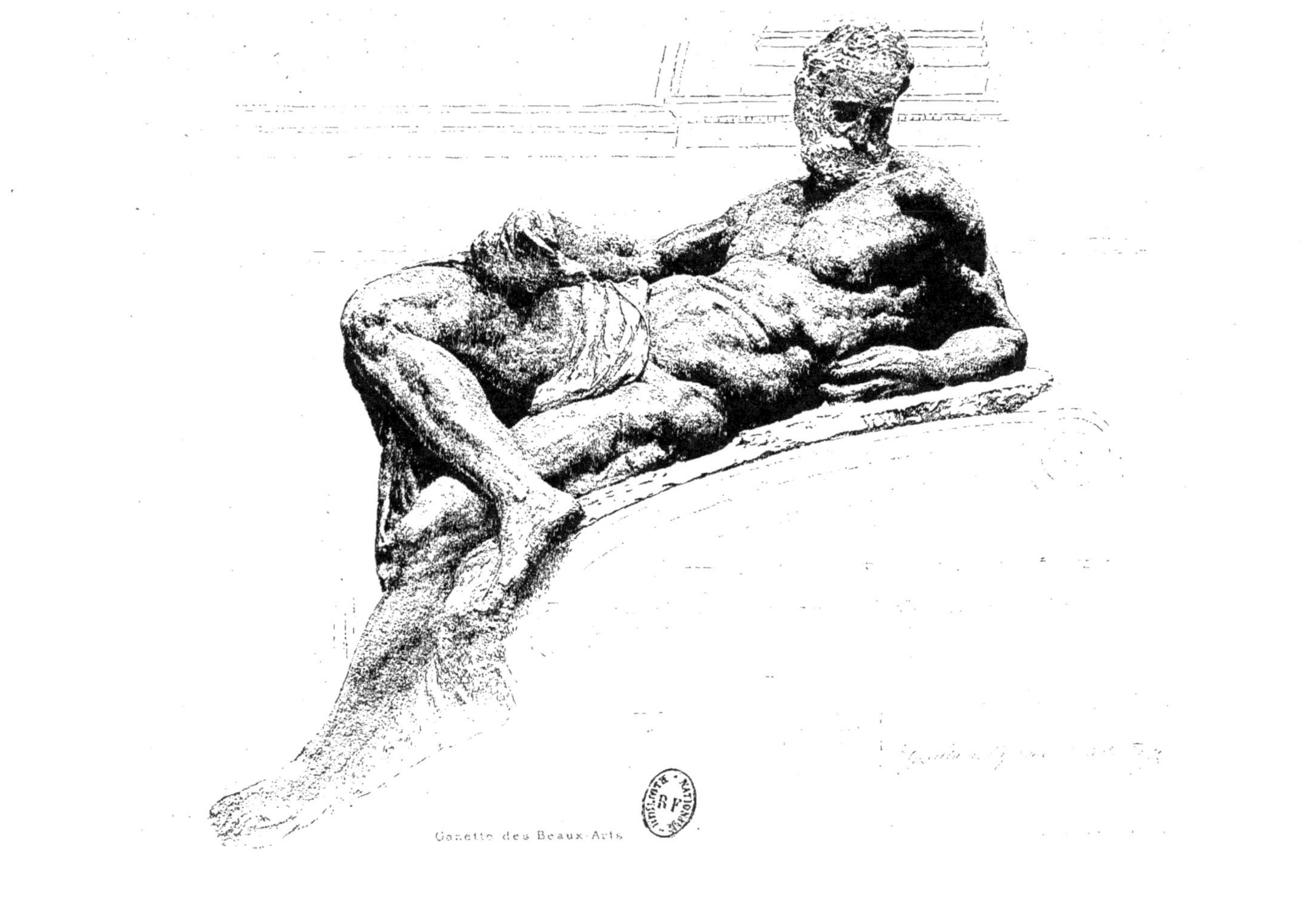
Gazette des Beaux-Arts

que l'ébauche a de saintement poétique et à ce qu'elle inspire de mélancolie. L'effort du grand artiste, son effort suprême marqué dans cet ouvrage inachevé et qu'il avait mis en pièces, semble témoigner comme d'une défaite de son génie aux prises avec l'idéal. On sent, en présence de cette sorte d'apparition, que son âme habitait un monde invisible, et son désespoir nous dévoile les incurables tristesses qui chez l'homme moderne se mêlent à l'amour de la beauté.

X.

D'où vient que les ébauches de Michel-Ange produisent une impression si grande? Comment se fait-il que le travail préparatoire du marbre, qui, d'après la manière de procéder actuellement en usage, est l'ouvrage d'un praticien et se trouve généralement dénué d'expression, ait ici un accent, un mouvement, une animation qui vont jusqu'à produire l'émotion la plus vive? L'un des statuaires les plus éminents de l'Italie, M. le commandeur Dupré, en a donné la raison dans un discours prononcé par lui dans cette réunion solennelle des Académies de Florence dont nous venons de parler. Il a expliqué, avec la compétence qui lui appartient, comment Buonarroti commençait et conduisait ses ouvrages. Après l'avoir montré méditant longuement ses compositions, les jetant sur le papier par quelques coups de crayon décisifs et en arrêtant les formes générales au moyen de maquettes de cire, M. Dupré ajoute :

« Michel-Ange suivit des voies inconnues; il dédaigna les procédés ordinaires de l'art, il ne fit pas de modèle en plâtre; il ne se servit pas des trois points de longueur, de largeur et de profondeur, système d'exécution déjà connu de son temps, et dont il n'eut aucun souci. Mais l'esquisse terminée, il la plaçait devant lui, à côté du bloc de marbre et à côté du modèle vivant, cherchait les points extrêmes de sa composition, et après les avoir trouvés il regardait avec attention le marbre qui lui cachait sa statue. Puis, après avoir tracé avec le charbon les principaux contours, il se jetait sur le bloc, et se servant de la pointe il l'attaquait avec force, coups sur coups, enlevant ce qui était de trop. Les éclats volaient, avec le bruit de la grêle fouettée par le vent, la pointe faisait jaillir des étincelles sur le marbre, les coups suivaient les coups... Il semblait que le souffle rapide et chaud de l'artiste infusât le premier souffle de la vie à la dure matière. A mesure que le marbre se fouillait à la ressemblance de sa pensée, son ardeur allait croissant et son idée brillait d'une plus vive lumière... Il semblait que le marbre sentît la puissance de son dominateur... [1] »

Et nous aussi nous sentons cette puissance et elle nous domine : et c'est ainsi que la main de Michel-Ange qui se voit partout sur ses ébauches de marbre s'étend aussi sur nous. Mais là n'est point la source unique de notre émotion.

Si tous ces coups sont des coups de maître, et si nous admirons, nous sentons aussi que derrière tant d'audace, il y a un danger. Cette manière d'attaquer directement le marbre, d'y mettre dès le premier choc la marque du génie, a quelque chose d'audacieux, de grandiose, mais en même temps de hasardeux. Les anciens ont employé ce procédé, qui est sensible particulièrement dans leurs bas-reliefs. Mais, sans doute, ils avaient une méthode plus sûre ou des idées plus arrêtées. Un dessin jeté sur le papier, une esquisse de cire et ensuite la lutte corps à corps avec le marbre, telle était la pratique de Michel-Ange : un croquis et une maquette, telles étaient les garanties qu'il se donnait à lui-même en entreprenant une œuvre de longue haleine. Mais bientôt les difficultés et les entraves venaient à surgir. Son esprit n'était point satisfait; son propre travail l'entraînait, et en le poussant avec trop d'ardeur, en pénétrant trop avant dans les entrailles du marbre, il pouvait blesser mortellement sa statue avant qu'elle vît le jour. Il y a de ces ébauches de Michel-Ange qui sont abandonnées et qui sont sans remède.

Singulière contradiction! Les peintures monumentales de Michel-Ange ne présentent pas d'exemple d'un travail interrompu, on n'y remarque aucune trace de ce mécontentement, de ce dégoût qui paraissent avoir si souvent saisi le sculpteur devant ses œuvres et qui lui faisaient tomber le ciseau des mains. Lorsqu'il s'agissait de peindre, chez le même homme rien ne semblait faire obstacle à la netteté de la conception, à la sûreté du crayon, à la docilité du pinceau.

Pour Michel-Ange l'idéal de la sculpture était-il donc plus élevé que celui de la peinture? Ou bien si l'on admet, comme nous l'avons dit au commencement, un idéal unique chez un artiste aussi complet, cet idéal était-il plus facilement réalisable pour le peintre que pour le sculpteur? Et en dernière analyse, les matériaux de la sculpture étaient-ils trop pauvres pour représenter toutes les idées que le statuaire se donnait la tâche d'évoquer à la vie? Ces questions méritent qu'on s'y arrête un moment. Répétons d'abord ce que nous avons dit à

1. La *Nazione,* vendredi 17 sept. 1875, Florence.

L'AURORE.

(Figure de la Chapelle des Médicis.)

propos des fresques de la Sixtine. C'est que le génie du sculpteur donne à ces œuvres du pinceau une incomparable puissance Le grand artiste dans cette sphère semble vraiment peindre en se jouant. Mais avec la sculpture il se mesure comme en champ clos. Elle est pour lui l'art antérieur parce que la forme est le fond de toute représentation. Bien que dans une lettre célèbre écrite à la fin de sa carrière, lettre dont nous avons déjà parlé et qui est adressée à Varchi, il consente à mettre la peinture et la sculpture sur le même rang, à dire que c'est une seule et même chose, il ne le fait qu'à une condition c'est que le peintre rende la forme avec le même relief que le sculpteur.

Néanmoins, dans son ambition de reculer les bornes de son art préféré, il fut entraîné à y introduire ou plutôt à y développer le côté pittoresque. Il s'efforça de lui enlever sa froideur en l'enrichissant des clairs, des ombres, des demi-teintes que créent, dans la composition d'une statue des mouvements fortement contrastés, dans les formes l'abondance de l'étude et le frémissement du modelé, dans l'exécution enfin, les sacrifices faits à la lumière, la complaisance pour les refouillements qui produisent des noirs, et les constants artifices qui consistent à mettre à côté de portions terminées jusqu'au poli, des parties qu'on dirait teintées, grâce aux piqûres de la pointe et aux rayures du ciseau. C'est là ce que nous nommons la couleur dans la sculpture, travail de synthèse dont le principe, s'il est légitime, est difficile à établir, et dont nous avons à signaler le péril.

Le besoin d'animer la sculpture s'est manifesté à toutes les époques; cependant les moyens employés pour y parvenir ont été bien différents. Nous avons, dans des temps modernes, assigné à cet art des bornes rigoureuses. Mais les Grecs, nos modèles incontestés, les ont-ils connues? Dédaignaient-ils les ressources que leurs temples à ciel ouvert mettaient au service des sculpteurs pour éclairer les images des dieux au fond des sanctuaires? Ne peignaient-ils pas leurs statues? Pensons un instant au *Jupiter Olympien* de Phidias, à l'incroyable concours d'artifices mis en œuvre par l'artiste pour faire vivre son chef-d'œuvre, à l'ivoire, aux métaux et aux pierres précieuses, à la couleur, enfin à l'entourage de riches tentures qu'il lui avait donné. Tout cela paraissait fort légitime dans un siècle où le goût était exquis et dont les productions sont l'expression la plus parfaite de la beauté. Pour nous, avec une logique absolue, nous avons isolé les arts; nous avons fait à la sculpture un domaine austère et sans doute nous avons été sages. Mais la question reste pendante. Disons seulement que les artifices employés par les Grecs venaient s'ajouter à l'œuvre et se superposer à elle, mais qu'ils n'en procédaient point, et, en un mot, qu'ils n'étaient pas la sculpture elle-même. Depuis la Renaissance, la coloration ayant été définitivement répudiée, on a été réduit à chercher ce complément, dont il semble que la sculpture ait besoin, dans des effets d'ombre et de lumière. Mais ceux-ci ne peuvent s'obtenir que par des moyens qui ôtent à l'œuvre sculptée ses qualités premières et essentielles, qui sont la simplicité et la clarté ; il en résulte pour l'art un danger que nous avions le devoir de définir. Mais ajoutons que sur cette extrême limite où l'art de peindre et de sculpter se mêlent, Michel-Ange fut défendu par son génie d'architecte et ne cessa jamais d'être un véritable sculpteur.

En effet, ces qualités essentielles de la sculpture, qualités dont nous sommes si justement jaloux, — l'équilibre, la justesse des mouvements, l'exacte pondération des masses, l'ordre, en un mot, qui donne aux figures de Michel-Ange, même aux plus tourmentées, une stabilité imposante et qui fait penser à une durée éternelle —, ces qualités architecturales n'ont pas été suffisamment remarquées et proposées à l'étude des artistes. Par là, néanmoins, Michel-Ange est absolument classique, le plus classique des artistes modernes, bien que le plus hardi. C'est une faute et c'est une injustice de ne voir dans ses ouvrages que l'extrême expansion de la force, l'excès de la vie, le déploiement complaisant de l'exécution, de n'y voir qu'une sorte de violence qui surprend l'esprit, un défi porté à nos habitudes de penser modestes et une science qui nous humilie. Il faut pénétrer plus avant, considérer et admirer sans réserve dans toutes ses figures la grandeur de l'aspect, la gravité des silhouettes et le caractère si monumental qu'il leur a donné et qui est tel que chacune d'elles peut être prise dans son ensemble comme une œuvre unique, tant est rigoureuse la perfection des attitudes et savante la direction des draperies. Pour poser une figure, pour la construire et la fonder, quelle que soit son action, Michel-Ange est incomparable ; c'est un maître devant lequel il faut toujours s'incliner.

Après avoir admiré la science dont Michel-Ange a fait preuve dans ses statues : science des mouvements, science de l'anatomie, science de l'exécution, toutes qualités qu'il possédait au plus haut degré et qui brillent dans ses ouvrages, il faut encore faire ressortir dans ceux-ci la qualité souveraine et maîtresse qui est la puissance. On doit en être frappé, lorsque l'on examine les réductions mécaniques faites d'après les tombeaux de Saint-Laurent. Certes, les dimensions dans lesquelles une œuvre d'art a été conçue ne peuvent être impunément changées. La grandeur matérielle d'une statue doit compter dans sa composition ; elle est déterminée par le caractère même de l'ouvrage et par sa destination :

elle doit être surtout en harmonie avec le sujet représenté. On a l'exemple de belles figures antiques qui, réduites par les procédés mathématiques les plus exacts, perdent de leur masse, contractent une certaine maigreur. Les sculptures de Michel-Ange échappent à cet amoindrissement. Quelle que soit la proportion à laquelle on les ramène, elles gardent tout leur aspect, on les retrouve tout entières. Cette observation s'applique particulièrement au *Penseur*. Dans les dimensions d'une statuette il est encore imposant, et cette épreuve redoutable à laquelle il résiste victorieusement, en donnant la mesure suprême de l'œuvre, range celle-ci au nombre des plus admirables productions de l'art.

On croira sans peine que Michel-Ange ne méconnaissait pas le mérite des antiques. Il en admirait le caractère; il était capable d'en reproduire les formes avec une grande perfection : les belles restaurations qu'il a faites du Faune dansant de Florence, du Gladiateur mourant du Capitole et du Fleuve du Vatican prouvent que mieux que personne il comprenait, par leur côté le plus intime, les œuvres des anciens. Il savait que leur excellence plastique vient d'un sens caché dont les formes ne sont que le voile et dont l'idée est la raison. En même temps il comprenait que ce vêtement de pensées toutes païennes ne répondait à aucune des conceptions qui s'imposaient au monde devenu chrétien. Bien différent donc de ceux qui mus par un aveugle respect ne voient dans les chefs-d'œuvre de la sculpture des anciens qu'un répertoire de contours, il n'empruntait aux antiques que la grandeur qui naît des proportions et cette exaltation de la forme qu'il a mise dans ses œuvres, qu'il a amplifiée par un emportement naturel de son imagination et qu'il a poussée jusqu'à une puissance écrasante.

Mais si hautes que fussent ses aspirations, il voulait toujours rester dans la vérité. Il avait l'habitude, avant d'exécuter une partie de nu, d'en étudier avec la plus scrupuleuse exactitude toute l'anatomie, le crayon à la main. Un grand nombre de ses dessins font preuve de cette pratique excellente et qui n'est pas indigne d'être proposée comme un exemple. Après une telle préparation, on le comprend, il attaquait la forme avec une résolution souveraine, avec l'audace que donne la sûreté de soi. Aussi, dans ses ouvrages, la structure du corps, l'enchaînement des membres et le mécanisme des articulations témoignent-ils d'une science qui n'a jamais été dépassée. L'élasticité des chairs, la dureté des os, la raideur des tendons, sont exprimés par son ciseau avec une précision et une énergie qui n'ont leurs égales que dans les sculptures de Phidias et du Puget.

Si maintenant nous envisageons le caractère général des formes créées par Michel-Ange, nous constaterons sans surprise qu'elles n'ont

BRUTUS

(Buste en marbre du Musée national, à Florence.

rien de commun avec les formes grecques : elles ont plutôt l'épaisseur étrusque. Le rapport des flancs avec les épaules appartient à une race du Nord transplantée et nous fait aussi penser aux Gaulois Cisalpins. Nous l'avons déjà dit, les têtes se réfèrent généralement à un type idéal dont nous avons signalé la formation dans l'*Adonis*; c'est le contraire dans les peintures du maître, où nombre de types ont été pris sur la nature. Le col est d'un développement extraordinaire et il est à la fois plein de force et d'élégance. Le galbe des bras est fortement accentué; ils sont noueux, si ce n'est dans le *Moïse*, où ils paraissent droits et un peu plats. Les flancs larges sont toujours exprimés avec une extrême énergie, la crête des os du bassin est bien accusée et l'on sent le poids des entrailles. Le travail de cette région abdominale porte la trace d'une attention particulière. Michel-Ange sait bien que là est le pivot des mouvements du corps, et c'est souvent par le bassin qu'il commence une figure dans ses croquis. A partir des *Esclaves*, les pieds qui restent parfois engagés dans le marbre sont analysés dans leur forme générale avec une élégance suprême. Les draperies, dans les statues, sont surtout conçues pour concourir à l'effet; elles n'ont pas, comme dans les fresques de la Sixtine, le caractère d'ajustements réguliers. Cependant, en général, et avant d'exécuter cette partie de ses ouvrages, le maître recourt au dessin; à l'encre, à la pierre noire, à la sanguine, il étudie et termine les plis avec une extrême finesse. Mais ce n'est jamais que l'étude d'un morceau. Quant aux ensembles, nous l'avons déjà dit, il les arrête au moyen de maquettes qui généralement sont en cire. Il reste un grand nombre de ces esquisses. Elles sont admirables de mouvement et de science : pétries d'une main hardie et violente, sous laquelle la matière paraît à la fois écrasée et vivante, elles devaient rester près de lui pendant l'exécution de ses ouvrages; elles le soutenaient, l'animaient en faisant briller à toute heure devant ses yeux la première étincelle de son inspiration, mais elles étaient impuissantes, sans doute, à lui donner la sûreté géométrique que l'on obtient par la mise au point.

XI.

La grande sévérité qui se montre souvent dans l'appréciation que l'on fait de Michel-Ange comme sculpteur vient de ce que l'opinion ne s'est pas formée par l'examen des œuvres originales, mais bien d'après des gravures infidèles ou sur des copies pleines d'exagération. Malheureusement aussi on a vu le maître à travers ses élèves, hommes dépourvus de mesure, incomplets, audacieux et infatués. Ces admirateurs exaltés d'un artiste qui produisait des ouvrages d'un caractère extraordinaire avec la plus grande simplicité n'ont voulu voir en lui que la force d'un tempérament. Là est l'erreur; mais là aussi il y a un enseignement salutaire pour tous ceux qui, dans les œuvres de Buonarroti, ne considéreraient que le côté extérieur sans consulter ni l'histoire de sa vie, ni l'étendue de ses aptitudes, ni la règle de son esprit. Une pareille idolâtrie offre un péril extrême : ses successeurs l'ont assez prouvé.

Nous avons dit, en commençant, qu'au moment où Michel-Ange, encore enfant, entrait chez Laurent le Magnifique, l'art et la société de ce temps touchaient par le raffinement extrême où ils étaient parvenus à un déclin fatal. Au moment où Buonarroti mourut, l'art de la sculpture, par l'affectation de la force, par la recherche des airs de grandeur ou de grâce qu'on nomme la tournure aussi bien que par une science de parade, entrait en pleine décadence.

Le temps compris entre la naissance de Michel-Ange et sa mort, temps qui embrasse quatre-vingt-huit ans, représente donc l'apogée de la seconde Renaissance. En Italie, une complète révolution se produit alors dans les mœurs. La condition des artistes, en particulier, est profondément changée. L'activité nationale, se trouvant écartée de la vie politique par l'avénement des principats locaux, se porte vers les arts. L'importance de ceux qui les cultivaient avec distinction va croissant, et leur personnalité devient d'autant plus grande qu'un champ plus étendu leur est ouvert. L'Italie fut la première des nations modernes à reconnaître l'aristocratie du talent, sorte de noblesse viagère qui obligeait l'artiste à poursuivre le beau dans ses œuvres et qui le plaçait de pair avec les princes qui le protégeaient. Le peintre, le sculpteur, l'architecte, allaient vivre au sein des cours où ils étaient attirés; accueillis partout ils reconnaissaient l'hospitalité qu'ils recevaient en faisant des œuvres que nous admirons dans toutes les capitales d'Italie. A partir du moment où il a terminé le tombeau des Médicis, sorte de rançon imposée à ses idées politiques, Michel-Ange refusa de revenir à Florence. En se fixant à Rome, voulait-il simplement échapper à la conséquence des changements qui se produisaient dans son pays? Se trouvait-il plus libre sous le patronage mobile des papes, et, leur pouvoir spirituel étant le seul qu'il reconnût, trouvait-il là une satisfaction plus complète aux aspirations d'une âme qui semble avoir uni le respect de la foi et l'amour de la liberté? Peut-être trouvait-il réalisée au Vatican, dans la mesure humaine, l'idée de Savonarole et voyait-il dans le vicaire de Dieu couronné la personnification du Christ-Roi.

Que les hommes de ce temps étaient différents de ceux qui avaient vécu à l'époque précédente. Pour l'homme du moyen âge, la ville natale était plus que la patrie, c'était le monde entier. Dante loin de Florence vit errant; il ne peut se fixer nulle part : il n'aspire qu'à Florence. Au xvie siècle quel Florentin dirait, en parlant avec regret de sa ville natale, ce vers touchant du *Paradis* :

Il bel ovile ove io dormi agnello.

Maintenant c'en est fait de l'esprit local. Le talent n'a plus de patrie. Des Florentins vont fonder les principales écoles de l'Italie. Le génie de l'art déborde, passe les frontières, va coloniser au dehors, se modifiant, changeant de figure et conservant cependant de son origine l'aptitude à tout embrasser.

Que si l'on demandait à quels grands sculpteurs Michel-Ange peut être comparé, on nommerait aussitôt Phidias dans l'antiquité, et dans les temps plus rapprochés de nous, Pierre Puget. Tous trois sont supérieurs par la science, par la grandeur et par l'expression de la vie. Tous trois sont la manifestation la plus haute de leur art à des époques qui marquent parmi les plus grandes de l'histoire. Cependant Michel-Ange ne connut rien des ouvrages de Phidias, et Puget vint après Buonarroti. Mais tous trois, en étant de grands sculpteurs, eurent la gloire d'être des artistes complets.

Tous trois, dans une mesure plus ou moins considérable, furent mis à l'épreuve comme peintres et comme architectes. De même que Buonarroti fut investi d'une autorité illimitée sur Saint-Pierre de Rome, de même Phidias fut chargé de diriger les travaux de l'Acropole d'Athènes et Puget, dans d'autres conditions, conçut pour les embellissements de Marseille, des projets qui avaient le caractère de la grandeur. D'après l'ensemble de leur œuvre, on ne saurait prétendre que ces maîtres soient égaux; et, si comme sculpteurs, on les met au premier rang, il y a néanmoins entre eux une dissemblance extrême. Est-il nécessaire de dire que rien ne contraste davantage avec l'énergie passionnée de Michel-Ange, avec la fougue charnelle du Puget, que cette union de la majesté et de la grâce, que cette dignité toujours calme, que cette tranquillité d'âme pleine de raison, qui caractérisent l'art Attique entre les mains de Phidias. Mais tout cela est supérieur et grand; et on tirera toujours profit de la comparaison qui peut s'établir de la manière la plus légitime entre les torses du Thésée et de l'Ulyssus, les figures du Jour et du Crépuscule, le saint Sébastien et le Milon de Crotone. De tels ouvrages offrent l'expression de la vie sculpturale portée à la plus haute puissance.

DÉPOSITION DE CROIX.

(Groupe de Sainte-Marie-des-Fleurs, à Florence.

Mais dans le temps où Michel-Ange vécut on ne saurait à qui le comparer. Le seul de ses contemporains qui marche de pair avec lui par l'universalité de son génie, Léonard de Vinci, a vu son œuvre capitale, la statue de François Sforza, entièrement détruite. L'un des termes du parallèle fait donc défaut. Cependant, au point de vue de la direction des idées et des principes, ces deux grands maîtres nous semblent comme les pôles de l'art à la Renaissance. Et si, comme une suite à l'École d'Athènes, on voulait peindre l'École de Florence et mettre en regard des philosophes anciens les artistes modernes dont les plus illustres furent leurs disciples, on pourrait placer au centre du tableau, et discourant entre eux, deux personnages, l'un montrant le ciel d'où viennent les idées qui sont la raison des formes, l'autre indiquant, entre la terre et le ciel, le milieu dans lequel les formes s'idéalisent : Michel-Ange, en un mot, avec l'air d'un Platon, Léonard comme une sorte d'Aristote.

Tel nous apparaît Michel-Ange dégagé de ses faux imitateurs, élevé au-dessus des préjugés et considéré en lui-même. Les honneurs rendus à sa mémoire, à l'occasion du quatrième centenaire de sa naissance, ont été dignes de son génie et dignes de Florence. On sait que l'on forma, pour cette solennité, un musée composé de tout ce que l'on put rassembler d'œuvres du maître, soit en originaux, soit en reproductions diverses. Dans cette réunion de tant de documents qui permettaient d'apprécier l'artiste tout entier, la sculpture tenait naturellement le premier rang et, par la comparaison d'un grand nombre de morceaux, on put mieux comprendre comment Michel-Ange a condensé dans ses statues et condensé en statuaire les effets de la peinture avec les données purement architecturales qui leur servent de correctif. Mais pour que l'hommage fût complet et pour qu'il eût le caractère intellectuel, sans lequel il n'eût pas été à la mesure de Michel-Ange, on publia les lettres du grand homme, on donna de lui une excellente biographie, on chanta même, mais surtout on relut ses poésies. « Michel-Ange sculpte encore quand il fait des vers, » s'écria M. Dupré. Et en effet, ses vers, parfois rudes et presque anguleux, sont enserrés dans leurs rhythmes comme dans le cadre de blocs étroits. Il y a tels de ses sonnets ébauchés et abandonnés comme sont ébauchés et abandonnés les *Esclaves;* enfin, par la force de sens qu'elles renferment, les poésies de Buonarroti comme ses sculptures font longuement penser : elles semblent avoir inspiré l'Arétin, lorsqu'il écrivait cette phrase qui n'était peut-être qu'une observation sous la forme d'un précepte : *Attendete a essere scultore di sensi, non miniatore di parole.*

XII.

Lorsqu'on pense à Michel-Ange et quand on entreprend d'en parler, l'esprit se tend. La crainte de ne pas embrasser ce que contient un si grand génie, ne dût-on l'aborder que par l'un de ses côtés, impose un effort. Rien n'est indifférent en effet, rien ne doit être négligé. Aussi bien, dans notre temps, n'avons-nous pas toujours une idée exacte de ce que c'est que le génie. Nous sommes disposés à y voir quelque produit étrange de la nature, une sorte de monstre. Le génie, au contraire, personnifie l'intelligence dans ce qu'elle a de plus normal et de plus complet. C'est cette perfection qui, bien qu'elle soit l'expression de l'ordre même, semble placer les grands hommes en dehors de toutes lois. Ils représentent, ne fût-ce que par quelques côtés, le type de notre être. Ils sont comme de belles statues, comme ces simulacres des divinités antiques qui ne sont que des images d'hommes, mais d'hommes mieux que nous en équilibre, plus harmonieux dans leurs formes et dans leurs proportions et que leur perfection, tout humaine cependant, met au-dessus de l'humanité.

En étudiant Michel-Ange comme sculpteur, nous avons été conduit à parler du peintre, de l'architecte et même du poëte qui coexistent en lui. L'admirable unité de l'art et son harmonie se montrent ainsi dans son esprit : car le peintre, le sculpteur, l'architecte, le poëte, tout cela ne fait qu'un au sein de sa pensée. Dans ce vaste foyer, tout se joint, tout s'ajoute, tout se pénètre. Là où l'analyse creuse de profondes démarcations, il n'y a en réalité que des délimitations insensibles, et, par-dessus ces frontières, les Puissances inspiratrices se donnent la main. Un spectacle aussi admirable est bien fait pour nous captiver.

Néanmoins, à côté de l'attrait qui naît de leur beauté, il y a dans les génies un mystère; ce mystère est celui de l'âme humaine, de leur âme d'autant plus insondable qu'elle a plus de dons. En cherchant l'idée qui se cache sous les œuvres, chaque siècle y fait des découvertes; aucun ne l'embrasse en entier.

Or, depuis près de quatre siècles qu'il ont commencé à paraître, les ouvrages de Michel-Ange excitent toujours une vive admiration, et, quoique cette admiration ait pu changer de nature, ils impriment le même respect. Chaque génération s'attache à les comprendre avec la même curiosité avide. On y revient sans cesse; car la sculpture défie les mots, et quand il s'agit de la sculpture de Michel-Ange, peut-on se flatter d'avoir tout dit? Le champ des commentaires ne sera jamais fermé. Aujourd'hui que l'histoire est mieux connue et que l'artiste s'est dévoilé dans ses propres écrits, la vérité des faits se dégage et le critique peut plus facilement s'oublier pour se transporter et vivre dans le temps où Michel-Ange a vécu. A ne considérer en lui que le sculpteur, on voit mieux dans quel ordre et avec quelle logique son talent s'est développé. Il a été un disciple soumis et les éclairs de son jeune génie ont brillé au milieu de ses débuts sans troubler l'enchaînement de ses études ; les chefs-d'œuvre de sa main n'ont pas devancé la maturité de son esprit. Il a su observer, se nourrir et s'inspirer avant de prendre son vol. Les épreuves les plus sensibles qu'un homme puisse éprouver, la perte de tous ceux qu'il avait aimés l'ont mis aux prises avec la vie et avec lui-même. Après avoir suivi les voies que d'autres avaient ouvertes, il s'éleva à un symbolisme individuel et du caractère le plus surprenant. Un tel enchaînement de faits offre un exemple salutaire, on nous permettra d'y insister.

Restent les idées dans ce qu'elles ont de personnel à l'artiste, et avant tout dans ce qu'elles ont de particulier à son époque. Michel-Ange eut en partage toutes les idées de son temps et c'est pour cela qu'il est plus qu'un grand artiste : il est un grand homme. Il résuma la plénitude du génie florentin arrivé à l'épanouissement extraordinaire qu'il eut à la Renaissance. Admettant sans hypocrisie, et sans prévoir qu'il pût jamais encourir le reproche de contradiction, un mélange d'idées que notre logique moderne répugne à associer, mais sans lesquelles il n'y a point peut-être de largeur dans les jugements, il obéissait à la fois à des tendances diverses : il était platonicien avec une foi très-vive et chrétien sans ombre de fanatisme ni de faiblesse ; il unissait dans un suprême idéal le sacré et le profane, et amoureux de la liberté il se soumettait volontairement à un patronage qui parfois semblait l'opprimer. Ses lettres nous le montrent simple, plein de bon sens, attentif aux détails, ironique pour les indiscrets, bon aux siens par-dessus toutes choses et bien en équilibre dans la pratique de la vie. Nous voyons dans ses poésies tout son travail intérieur, ses idées sur l'amour et son amour, sa piété, l'opinion qu'il avait de l'art et spécialement de la sculpture. Ses croyances religieuses étaient inséparables des aspirations du philosophe et du politique.

Par là s'explique le caractère complexe de toutes ses conceptions. Les premiers modèles du Tombeau de Jules II, les sépultures des Médicis, sont des monuments politiques, philosophiques et religieux. Il existe des ouvrages sur la symbolique des anciens : il serait difficile d'écrire sur la symbolique de Michel-Ange, parce qu'elle lui fut entièrement personnelle. A bien prendre, il comprenait que si les anciens avaient pu représenter des hommes arrivés à l'immortalité, les modernes n'avaient à représenter que des mortels militants.

Plusieurs générations se sont reconnues dans Michel-Ange, aujourd'hui on se plaît à voir en lui ce que nous appelons l'homme moderne. Ses luttes, ses découragements, ses incertitudes, nous le montrent comme un précurseur de nos génies inquiets et qui aspirent sans fin. La vérité est qu'au milieu de toutes les agitations de la vie du grand artiste, nous voyons paraître sa conscience, nous avons le spectacle d'un homme, et d'un homme supérieur abreuvé d'amertumes. De là nos vives sympathies pour les tristesses de cet esprit audacieux. On avait toujours admiré en lui la fierté, la grandeur indomptable du talent et du caractère; maintenant un autre sentiment s'ajoute à l'admiration : nous aimons dans Michel-Ange un génie souffrant.

La sculpture est un domaine dans lequel Buonarroti n'a point de rivaux parmi les modernes. Cet art eut sa prédilection, et cependant ce fut celui dans l'exercice duquel il rencontra le plus de tourments. Michel-Ange n'était pas un génie facile et sculpter n'était pas pour lui une distraction. Quoi qu'il en dise dans ses vers, tout ce que la pensée embrasse ne peut être contenu dans les formes matérielles, et l'effort qu'il fit toute sa vie pour augmenter le domaine de l'expression et de l'effet, cet effort lui rendit la pratique du ciseau pleine de difficultés. De nombreux travaux de peinture et d'architecture vinrent accroître les résistances qu'il trouvait dans un art qui a ses limites et qui ne souffre guère de partage : la sculpture est un art jaloux. Même lorsque les œuvres de Michel-Ange sont inachevées, son inspiration brille d'un vif éclat : l'observateur suit la pensée à travers ses déceptions et ses orages. On entrevoit toujours l'idéal sublime; et le talent de l'artiste paraît encore supérieur à ses ouvrages.

Si, comme on a dit, le sublime se distingue du beau en ce que celui-ci exprime l'idée de quelque chose de victorieux et de serein, comme serait l'azur du ciel, tandis que le sublime emporte avec lui une idée de lutte contre des forces supérieures, comme serait un vaisseau luttant contre la tempête, les sculptures de Michel-Ange sont sublimes. L'idée des forces humaines en travail, le sentiment de la pensée qui se cabre sous le frein de l'art, l'image d'un combat terrible contre la matière se dégagent de ces œuvres, dans lesquelles la puissance est encore plus fortement exprimée que l'ordre : l'étonnement s'ajoute à l'admiration. Le *Penseur* et le *Moïse* représentent l'art de la sculpture porté à son plus haut point de passion, d'énergie et de grandeur.

Non, de pareilles œuvres d'art ne sont pas faites uniquement pour être regardées et pour produire une délectation des sens. Si nous nous interrogeons en présence des sculptures de Michel-Ange, nous répondrons qu'elles sont faites pour être méditées et commentées. C'est leur honneur de nous poser toujours des questions nouvelles, d'être une sorte de tourment pour nos esprits, et, en nous faisant penser à elles, de provoquer nos pensées et de les féconder.

Cependant, quel que soit le mérite des œuvres de l'artiste, et si haut que son génie s'élève, son caractère paraît encore plus grand. Vittoria Colonna disait que les œuvres de Buonarroti étaient peu de chose à côté de ce que cachait son âme. Il travaillait sans cesse à sa propre perfection, et il semblait entendre à toute heure ces paroles d'un sage que ses maîtres, Marsile Ficin et Politien, lui avaient fait connaître : « Rentre en toi-même et fais comme le sculpteur fait à l'œuvre qu'il veut rendre belle. Retranche tout ce qui est superflu, rends net ce qui est obscur, porte la lumière partout, et ne cesse de sculpter ta propre statue. »

EUGÈNE GUILLAUME.

MICHEL-ANGE

I.

Il a le droit de sentir la plume trembler un peu dans sa main, celui qui, après tout ce qu'on a écrit sur les peintures et sur les dessins de Michel-Ange, s'enhardit au point de parler encore de ces grandes œuvres, les plus grandes peut-être dont puisse s'enorgueillir l'art adoré. Sur un sujet qui a inspiré tant de pages savantes, on risque fort d'être banal; on doit craindre de redire ce qui a été dit, on a toutes les chances du monde de ne point paraître nouveau, et conséquemment, d'être inutile. Comment d'ailleurs, lorsqu'un génie comme celui de Michel-Ange a su traduire sa pensée dans tous les langages et en diversifier constamment l'expression sans en altérer l'austère harmonie, comment briser la forte unité de cette pensée, scinder arbitrairement ce qui ne fait qu'un, demander aux improvisations du crayon le commencement du rêve qui s'est achevé dans le bronze, et séparer du marbre où l'inspiration s'est ébauchée la fresque qui est devenue la traduction complète et définitive? Tout se tient dans la vie du héros florentin. Mais il semble que Michel-Ange est comme ces hautes montagnes, dont notre débilité ne peut d'une seule traite gravir les pentes ardues, et au sommet desquelles on ne parvient qu'en multipliant les circonvolutions et les détours. Il faut diviser l'immense spectacle dont l'œil humain est impuissant à embrasser à la fois les perspectives infinies. Du colosse qui domine toutes les avenues de l'art moderne, nous ne verrons qu'un aspect : Michel-Ange a touché à tout, il a tout compris : nous n'étudierons en lui que le peintre.

Au temps où le sentiment vrai de l'histoire ne s'était pas encore révélé à la critique, on a pu croire à l'isolement de Michel-Ange dans le développement de la peinture italienne ; on a pu saluer son avénement comme une sorte d'éclosion imprévue et miraculeuse. Rien n'est moins exact que cette appréciation. Historiquement, l'accident n'existe pas. Michel-Ange est pareil au fruit qui a été précédé par une floraison tendre, mystérieuse, magnifique. Il était promis : il est venu. La glorieuse jeunesse de l'art toscan, depuis la révolte de Giotto, est la préface de son œuvre. Ce soleil a eu une aurore. Dans les fresques vénérables d'Assise et de Padoue, aux murailles de la chapelle des Espagnols à Florence, au Campo-Santo de Pise, on sent, dès le début, que quelque chose de plus grand doit venir, et que l'admirable bégaiement des maîtres primitifs est un commencement d'éloquence. Mais pour que l'élément de la beauté suprême parvînt à se dégager, pour que le sentiment moderne parlât son langage intime et pénétrant, il fallait que l'évolution fût complète. L'idéal nouveau ne pouvait naître que de la connaissance absolue du modèle éternel : la nature.

Cette étude, le xve siècle la poursuivit avec passion. Depuis Masaccio jusqu'aux maîtres dont l'enfance de Michel-Ange a connu la vieillesse, la recherche de la vérité est menée avec une ardeur, avec une résolution qui sont la joie de l'histoire. La loi de cette heure féconde, c'est l'affranchissement de l'esprit. On est en présence d'une génération de créateurs qui sont des critiques, et qui se montrent résolus à ne plus se payer de mots, à ne pas s'en tenir aux doctrines énervantes de l'à-peu-près. Curiosité sacrée ! Ils remontent aux sources, ils s'inquiètent, ils interrogent. Ils demandent au brin d'herbe comment il est dessiné ; ils s'aperçoivent que le nuage a une forme, et, quant à l'homme, sujet principal de l'enquête commencée, les maîtres de ce temps ne veulent plus s'arrêter aux surfaces, ils consultent le cadavre, ils vivent avec le squelette. Dans cette époque d'investigation constante, la découverte est de tous les jours. Le portrait triomphe dans la peinture qui devient la glorification de la vie individuelle, et bientôt la nature n'aura plus de secrets pour ces infatigables chercheurs.

Mais ils n'étaient pas seulement des naturalistes obstinés, ces grands curieux qui étudiaient l'anatomie, la mathématique, la perspective, et qui semblent avoir voulu arriver à l'art par la science. Ils étaient des maîtres émus ; ils voulaient exprimer l'homme tout entier, et leur zèle à imiter inexorablement les détails de la forme exacte ne les a point empêchés de

MISE AU TOMBEAU.

(Tableau de la *National Gallery*, à Londres.)

traduire les sentiments du cœur et son inquiétude cachée. Je ne cite pas les exemples; ils sont présents à la mémoire de tous ceux qui, à Florence, à Pise, à Arezzo, partout, ont étudié les merveilles de l'art toscan. Ce qu'il importe de dire c'est que l'ardent naturalisme des Florentins du xve siècle n'avait nullement fait obstacle à la recherche de l'élément suprême : la beauté. Il y eut sans doute chez eux de l'hésitation, parfois même de la gaucherie. Mais l'incomplet de leur tentative ne doit pas voiler à nos yeux l'importance historique, la haute vertu de leur libre effort. Quelques-uns ont eu la grâce : à l'heure où Léonard enfant n'a pas encore pris la parole, Filippo Lippi a trouvé des attitudes de la plus robuste élégance, et un peu après lui, Benozzo Gozzoli au Campo-Santo de Pise, Botticelli — si charmant qu'il a déjà de la manière — Signorelli au dôme d'Orvieto, Domenico Ghirlandaio à Santa-Maria-Novella, Filippino à la chapelle des Brancacci, tous préparent le grand dessin, le mouvement ennobli, le rhythme harmonique et vainqueur. Certes, le xve siècle a clos le moyen âge; mais ce ne fut là que la moindre partie de son rôle fécond. S'il a nié, il a cru; s'il a démoli, il a construit plus encore. Il a commencé la période des splendeurs définitives. De toutes les magnificences qui allaient enchanter le xvie siècle, pas une qui, vers 1490, ne fût annoncée et prévue.

Tels étaient l'idéal ambiant et la température des âmes, lorsque, le 1er avril 1488, Michel-Ange, qui avait treize ans, commença son apprentissage dans l'atelier de Domenico Ghirlandajo et de son frère David. Bien qu'il soit surtout connu comme mosaïste, David savait aussi les secrets de la peinture. Domenico est l'un des plus grands artistes du temps. Il venait de terminer les fresques de San-Gemignano, et il était alors engagé dans une de ses plus vastes entreprises : la décoration de la chapelle absidale de Santa-Maria-Novella. On peut supposer que Michel-Ange fut amené à choisir l'atelier des deux frères en raison de l'étroite amitié qui le liait à Francesco Granacci, un des bons élèves de Ghirlandajo. À peine entré chez Domenico, Michel-Ange étonna et ravit son maître par la précoce habileté de son dessin. Les choses difficiles l'effrayaient peu; s'inspirant du spectacle qu'il avait tous les jours sous les yeux et débutant par l'étude des réalités, il dessina l'échafaudage qui dressait alors son armature compliquée dans la chapelle de Santa-Maria-Novella, et, pour animer la scène, il y fit figurer avec leurs instruments de travail plusieurs des jeunes gens qui aidaient Ghirlandajo. C'est, dit-on, à propos de ce dessin que le maître, exagérant peut-être la bienveillance, déclara tout haut que le nouveau venu en savait plus que lui. Cette période de début est d'ailleurs, comme toujours, mêlée de quelque élé-

ment légendaire ; il semble toutefois résulter du texte de Vasari, alors
surtout qu'on lit entre les lignes, que le jeune écolier eut de bonne heure
une personnalité, et que lorsqu'il copiait un modèle, il y mettait du
caprice et l'arrangeait un peu à sa guise.

Bien que la chronologie de Vasari et celle de Condivi soient, çà et là,
arbitraires et confuses, on peut admettre avec eux que Michel-Ange était
encore chez Ghirlandajo, quand il eut l'idée, très-naturelle à cette
époque, de copier une estampe de Martin Schöngauer. Les gravures
allemandes qui arrivaient alors en Italie y paraissaient fort singulières,
et elles exerçaient sur les artistes un attrait irrésistible. C'était pour eux
comme la révélation d'un monde nouveau. La planche que Michel-Ange
imita est le *Saint Antoine tourmenté par les démons*, une invention très-
peu conforme sans doute au génie italien, mais d'une forte saveur
exotique. Il fit sa copie à la plume, s'astreignant, comme on peut le
penser, à reproduire aussi exactement que possible les finesses et les
étrangetés de l'original. Il ne s'arrêta pas en si beau chemin ; son
dessin terminé, il le coloria et, sa fantaisie une fois éveillée, il prit plaisir
à peindre les monstres qui tournoient en grimaçant autour de saint
Antoine. Le récit de Condivi, plus détaillé ici que celui de Vasari, nous
apprend que, pour représenter ces animaux fantastiques, Michel-Ange
demanda conseil à la nature ; il allait à la *pescheria* étudier la forme des
poissons, les brillantes imbrications de leurs écailles et même la couleur
de leurs yeux. On sait, d'après une note des éditeurs de Vasari, qu'en
1840 une peinture reproduisant l'estampe du maître allemand et considérée comme l'œuvre de Michel-Ange se trouvait à Bologne chez un
amateur dont le nom n'est pas indiqué. On a appris depuis, par un catalogue publié en 1854, que cet amateur était un membre de la famille
Bianconi. Existerait-il plusieurs exemplaires de ce tableau ? On a pu voir,
à l'Exposition organisée en 1874 au profit des Alsaciens, un *Saint Antoine*
qui appartenait à M. de Triqueti et qu'on présentait aux curieux comme
l'œuvre de Michel-Ange, celle-là même que Condivi a décrite. Cette
peinture, d'un caractère faiblement accentué et d'une date incertaine, n'a
pas éveillé chez les connaisseurs une conviction bien entière. En ce qui
nous concerne, persuadé que le *Saint Antoine* de Michel-Ange doit nécessairement être conçu à la mode de 1489, nous sommes resté dans le
doute [1].

1. Il est juste de dire toutefois que les avis ont été partagés. L'opinion de
M. H. Delaborde est assurément de celles dont on doit faire état. Après avoir rappelé
que M. de Triqueti inclinait à prendre son tableau pour l'exemplaire *princeps*,
l'écrivain ajoute : « Certaines particularités dans l'exécution, certains détails d'un

Mais si les destinées du tableau restent problématiques, les textes demeurent avec toute leur signification. Ils disent le point de départ de Michel-Ange ; ils révèlent ses impressions premières et ses inquiétudes. Acheter des poissons et copier naïvement leurs écailles et leurs nageoires, n'était-ce pas faire exactement ce que Léonard de Vinci avait fait lui-même ? La *Tête de Méduse*, du Musée des Offices, est tout hérissée d'une chevelure de serpents ; on voit sauteler, autour du chef monstrueux, des grenouilles et des crapauds, et tous ces animaux ont été étudiés sur nature avec une passion sans fin. Le jeune Michel-Ange avait obéi aux mêmes aspirations, il avait subi les exigences de ce naturalisme insatiable qui était une des caractéristiques du temps. Chez Ghirlandajo, Michel-Ange enfant à toutes les religions du xve siècle.

Un autre fait, très-significatif aussi, doit être mentionné dans l'histoire des débuts de Michel-Ange. L'enseignement de Ghirlandajo ne semble pas lui avoir suffi : la curiosité de l'artiste remonte en arrière : elle comprend que l'art de Ghirlandajo est une résultante, elle revient à la cause initiale, aux premières années du siècle qui va finir. Michel-Ange alla, comme la plupart de ses contemporains, dessiner d'après les fresques de Masaccio à l'église des Carmes. École instructive assurément, car il y pouvait trouver, avec le sentiment des réalités qui l'intéressaient alors, quelque chose de plus, l'invincible séduction à laquelle il allait obéir, je veux dire la notion du geste épuré et la grande attitude.

Si Vasari avait tout dit, et s'il fallait s'en rapporter uniquement aux témoignages authentiques, Michel-Ange, après avoir enluminé son *Saint Antoine*, aurait laissé s'écouler de longues années sans faire œuvre de peintre. Un autre idéal venait de lui sourire. Dès qu'il a mis le pied dans le jardin de Saint-Marc où les Médicis avaient réuni un choix de statues et de débris antiques (1489), dès qu'il a connu le vieux Bertoldo, l'élève de Donatello, Michel-Ange apparaît surtout comme sculpteur. Le basrelief de la casa Buonarroti, que l'on connaît sous le nom de *Combat des Centaures*; l'*Hercule* de marbre, qui fut plus tard envoyé en France (1492) ; le crucifix de bois exécuté pour l'église San-Spirito disent assez ou font du moins supposer (puisque ces deux dernières œuvres sont perdues) que Michel-Ange, avant d'avoir vingt ans, était un statuaire

caractère tout florentin, tels que les formes empruntées à tel poisson qu'on ne trouve guère que dans l'Arno, ne laisseraient pas de justifier cette conjecture. » (Le *Département des Estampes*, p. 252.) Ces particularités avaient déja frappé M. Charles Clément, qui nous apprend en outre que le tableau de M. de Triqueti avait été acheté à Pise (*Michel-Ange, Léonard et Raphaël*, 1861, p. 326).

CARTON DE LA GUERRE DE PISE.

(Ensemble reconstitué d'après les documents anciens.)

plein de courage et de virilité. Mais il serait tout à fait étrange qu'il eût alors cessé de faire de la peinture. Comment croire qu'il ait renoncé à ce moyen d'exprimer sa pensée, pendant les années, peu connues encore, qui s'écoulèrent entre sa sortie de l'atelier de Ghirlandajo et son premier voyage à Rome (1496)?

Quelques semaines avant l'expulsion des Médicis (8 novembre 1494), Michel-Ange quitta Florence. Il alla d'abord à Bologne, et fit une rapide excursion à Venise. Les détails manquent sur cette promenade du jeune artiste de dix-neuf ans; elle semble cependant avoir son importance, car tout doit compter dans le développement intellectuel d'un pareil maître, et voir Venise en 1494, au temps des Bellini et de Carpaccio, ce n'est pas une mince aventure. Mais ce séjour à Venise fut de courte durée : quelques jours après, Michel-Ange était de retour à Bologne, où il resta plus d'un an. Comme sculpteur, il y fut peu employé, car la figurine d'ange agenouillé qu'il exécuta pour la décoration du monument de saint Dominique ne fut guère pour lui qu'un jeu d'enfant. En 1495, Michel-Ange, revenu à Florence, sculpte le *Cupidon couché*; le 25 juin 1496, il est à Rome, et il commence le *Bacchus*. Néanmoins, si importantes que soient ces dernières œuvres, elles ne durent pas l'absorber au point de ne pas lui permettre de reprendre çà et là le pinceau. Nous le verrons, dans le cours de sa longue existence, mener à la fois plusieurs entreprises.

Mais une conjecture ne vaudra jamais un document. Ce n'est donc qu'à titre provisoire et d'une manière approximative que nous daterons de 1495 ou 1496 une peinture dont la célébrité est encore récente, la *Vierge de Manchester*. L'œuvre ne paraît pas avoir été connue des anciens biographes, et ses papiers sont loin d'être en règle; elle n'a pas d'état civil. Elle n'a été retrouvée ou du moins baptisée que de notre temps. Quelques amateurs avaient remarqué, chez M. Labouchère à Stoke Park, une Vierge, avec le petit Jésus, saint Jean-Baptiste enfant et deux anges, peinture inachevée et mystérieuse qui passait alors pour l'œuvre de Domenico Ghirlandajo. Toutefois l'attribution paraissait singulière et l'on se demandait si l'on ne devait pas restituer à un plus grand maître cette madone austère et énigmatique. On pouvait dire sans doute que Ghirlandajo, mort presque subitement le 11 janvier 1494, avait dû laisser quelques peintures incomplètes, et que la *Vierge* de la collection Labouchère était peut-être de celles-là. Mais l'examen du tableau révélait un autre style et un plus large coup d'aile. Le nom de Michel-Ange fut prononcé dans de bruyantes polémiques dont l'écho arriva jusqu'à la Chambre des communes (1853), et lorsque l'œuvre inquiétante fut

LA VIERGE DE MANCHESTER, TABLEAU DE MICHEL ANGE

exposée à Manchester en 1857, l'avis presque unanime des connaisseurs légitima la hardiesse de l'attribution nouvelle. La *Vierge de Manchester* — car c'est sous ce nom qu'elle est restée connue — appartient aujourd'hui à la *National Gallery*[1].

L'œuvre, malheureusement inachevée, est du plus frappant caractère ; elle est encore du XVe siècle, mais combien elle le dépasse, et, d'un seul bond, quel agrandissement dans l'idéal ! L'unité sans doute n'en est pas parfaite et l'on y sent par endroits quelques hésitations, quelques inégalités. Deux courants se mêlent, et les eaux des fleuves différents ne sont pas tout à fait réconciliées. A certains égards, la conception générale semble plus forte que l'exécution, et ce sont là autant de raisons de croire que cette peinture, où éclate cependant tant de fierté, est bien l'œuvre d'un pinceau jeune encore, qui comprend, mais ne sait pas tout. La composition, symétrique dans ses lignes d'ensemble, n'est pas néanmoins absolument pondérée : elle penche un peu d'un côté. Assise de face, sérieuse, presque triste, la Vierge tient un livre à la main. Près d'elle, l'enfant est debout, appuyé sur les genoux de sa mère ; il étend le bras comme pour saisir le livre et continuer la leçon commencée. Saint Jean-Baptiste, un petit athlète aux chairs doucement bronzées, est placé à côté de Jésus et contribue à faire pyramider le groupe qui, cependant, manque, à gauche, d'un peu d'équilibre et d'assiette. A droite, au second plan, sont deux anges ; penchant l'une vers l'autre leurs têtes charmantes, ils lisent ensemble la feuille étroite d'un parchemin déroulé. Les épaules, les bras et les jambes sont nus, détail qui, chez Michel-Ange, ne doit pas surprendre, et qui est presque l'aveu d'un système. Deux autres anges devaient, du côté gauche, faire pendant à ce groupe fraternel : ils ne sont qu'ébauchés, et l'on ne voit, dans cette partie de la peinture, que des linéaments superbes laissant paraître entre leurs contours les tons intacts d'une préparation verte sur un fond blanchâtre. Le ton vert aurait formé le dessous des chairs ; le blanc marque la place des draperies qui sont à peine indiquées.

Mais le génie, un génie très-personnel, apparaît dans cette œuvre incomplète. Ce qui domine dans le dessin et dans le sentiment, c'est la force, avec le désir, déjà visible, de pousser au caractère, d'agrandir les choses et de les transfigurer. Nulle exagération, toutefois, et nulle redondance. La madone est belle, mais vivante, et sa physionomie austère est empreinte de cette séduction mystérieuse que Michel-Ange a souvent

1. V. sur l'histoire du tableau longtemps méconnu les détails recueillis par M. Charles Blanc (*Gazette des Beaux-Arts,* 1re période, I, p. 261).

donnée aux visages féminins. La figure, sévèrement drapée, se compose comme un marbre et accuse, sous le vêtement, des formes d'un puissant relief. Les deux enfants sont aussi de petites statues d'un type robuste, et rappellent d'ailleurs, sans parti pris d'imitation, les adorables musiciens qui chantent et qui dansent dans les célèbres bas-reliefs de Luca della Robbia au Musée du Bargello, à Florence. Quant aux anges debout auprès du groupe central, ils ont la grâce légère et la sveltesse que Ghirlandajo aimait à donner à ses figures et ils font comprendre — avec certains accidents de la couleur — comment la peinture de la *National Gallery* a pu, pendant longtemps, être attribuée à ce maître.

Oui, l'attribution primitive s'explique par le coloris même du tableau. Il est bien difficile sans doute de juger une œuvre que le peintre n'a point achevée et qui, par endroits, n'est encore qu'une vision à peine dégagée du rêve ; mais il est certain qu'au point de vue de l'ensemble, la couleur n'a pas l'harmonie ; qu'au point de vue du ton local, elle emprunte çà et là quelques notes à la palette un peu voyante de Ghirlandajo. Dans la fresque, l'admirable décorateur de Santa-Maria-Novella se plaît volontiers aux tonalités, sinon voilées, du moins rompues : son coloris a les douceurs amorties d'une étoffe légèrement passée : dans le cadre restreint du tableau, il n'a pas toujours la même unité, et il suffira de rappeler ici la *Visitation* du Musée du Louvre. En cette peinture, dont il est superflu de redire le style exquis et la grâce, il y a telle robe jaune dont l'accent trop vif s'exalte et détonne. Ce tableau est de 1491. Michel-Ange l'a vraisemblablement vu peindre, ou du moins, il l'a connu lorsqu'il fut achevé par les frères de Domenico.

Pour le coloris, la *Vierge de Manchester* appartient à la même école que la *Visitation* de Ghirlandajo. L'harmonie en est fort aventureuse. Michel-Ange a vêtu sa solennelle madone d'un manteau gris de fer ; sa robe et aussi celles des deux anges debout auprès d'elle sont d'un ton rose dont l'éclat peut paraître trop vif. Je ne signale pas le fait pour y trouver l'occasion d'un reproche. Si Michel-Ange avait terminé son tableau, il aurait sans doute apaisé certaines tonalités un peu tapageuses et discipliné ses accents. Ma remarque n'a qu'un but : c'est de montrer qu'à l'heure de ses débuts, Michel-Ange est encore fidèle, comme coloriste du moins, aux méthodes qu'il a vu mettre en pratique dans l'atelier de Ghirlandajo. Pour le style, c'est autre chose. Dès le premier pas, il est un maître.

Et, en effet, malgré le caractère un peu boiteux de la composition inégalement pondérée, malgré les témérités d'une coloration hasardeuse, la *Vierge de Manchester* est une œuvre magnifique et de la plus haute

SIBYLLE LIBYENNE.

(Fragment d'une travée du plafond de la Chapelle Sixtine.)

17

inspiration. La loi de la forme héroïque y est admirablement devinée. Les chairs des deux enfants n'ont pas seulement les tons chauds d'un bronze dans lequel le fondeur aurait mêlé de l'or ; elles ont aussi le relief, la forte saillie sculpturale. Dans les parties terminées, le modelé ressemble à celui du *Bacchus*. Michel-Ange est presque complétement annoncé dans cette peinture qui a l'austérité, la robustesse et le charme. M. Charles Blanc a dit le vrai mot : « C'est Hercule enfant. »

Un mystère, dont la critique n'est point parvenue à soulever le voile, enveloppe l'histoire des premiers tableaux de Michel-Ange. Pas un texte, on le sait, n'a été retrouvé sur la *Vierge de Manchester* ; le *Saint François d'Assise*, dont les vieux chroniqueurs font mention, est aussi la plus embarrassante des énigmes. Dans l'été de 1496, Michel-Ange arrive à Rome. Il y sculpte le *Bacchus*, et un peu plus tard, la *Pieta* de Saint-Pierre qui est de 1499-1500. Se souvint-il alors qu'il était peintre? Vasari raconte que l'un des protecteurs de Michel-Ange pendant cette première période romaine, le cardinal de Saint-Georges avait un barbier exceptionnel, un barbier qui faisait de la peinture : *Coloriva a tempera molto diligentemente*. Michel-Ange, qui, on le verra, mit souvent son génie à la disposition des plus humbles, aurait dessiné pour cet habile homme un *Saint François recevant les stigmates*, et le barbier du cardinal aurait enluminé le carton du jeune maître. Mais Benedetto Varchi, qui a composé l'oraison funèbre de Michel-Ange, raconte autrement l'aventure. D'après son récit, le *Saint François* aurait été peint par l'artiste lui-même, *a tempera secondo la maniera antica*. Les deux historiens ajoutent que ce tableau fut placé à Rome dans la première chapelle de San-Pietro-in-Montorio. Disent-ils vrai? Ce qui paraît certain, c'est que, s'il a jamais existé, le *Saint François*, dessiné ou peint par Michel-Ange, ne tarda pas à être remplacé par une imitation moderne. L'abbé Filippo Titi, cataloguant en 1686 les trésors de San-Pietro-in-Montorio, écrit très-curieusement : « *Il quadro dove stà colorita l'istoria delle stimmate di S. Francesco... fu dipinto e benissimo terminato da Gio. de Vecchi, con disegno del Bonaroti*[1]. Or ce Giovanni de Vecchi, né en 1536, mort en 1614, n'est point le barbier du cardinal, et, au xviii° siècle, le nouvel éditeur de F. Titi ne manqua pas de faire remarquer qu'il est singulièrement douteux que Vecchi ait reproduit un dessin de Michel-Ange, *non concordando i tempi*[2]. Enfin d'après les guides modernes, le *Saint François* de Vecchi existerait encore ; mais le *quadro*

---

1. *Ammaestramento utile e curioso di pittura... nelle chiese di Roma*, p. 32.
2. *Descrizione delle pitture... esposte in Roma*, 1763, p. 455.

dont parlent les anciens voyageurs serait devenu une fresque [1]. Quoi qu'il en soit, et c'est l'avis de tout le monde, Michel-Ange ne serait pour rien dans cette œuvre, qui, marquée de tous les signes de la décadence, reste d'une signification médiocre.

On sait, par une lettre du 19 décembre 1500, qu'à cette date Michel-Ange était encore à Rome. Quelques mois après, nous le retrouvons à Florence, et c'est le 16 août 1501 qu'il est chargé de l'exécution du *gigante*, le fameux *David* de marbre. En 1502, on lui commande le *David* de bronze, celui qui fut envoyé en France et dont la trace s'est perdue; l'année suivante, vient l'affaire des statues des douze apôtres, travail immense que Michel-Ange n'exécuta pas, car il se borna à ébaucher le terrible *Saint Matthieu*, de l'Académie des Beaux-Arts. En 1504, négociations relatives au placement du *David* à la porte du Palais-Vieux. Voilà donc trois années consacrées à des œuvres de sculpture. Pendant cette période si glorieusement occupée, Michel-Ange trouva-t-il le temps de peindre un tableau? On pourrait en douter, et cependant c'est à cette époque qu'on doit rapporter la *Sainte Famille* de la Tribune, un des monuments les plus vénérables de la peinture.

Il y avait alors à Florence un riche marchand, Agnolo Doni, qui paraît avoir eu, en matière d'art, un goût très-pur avec une certaine prédisposition à deviner, à encourager les talents nouveaux. On doit prendre pour un homme bien avisé l'amateur qui fit peindre par le jeune Raphaël son portrait et celui de sa femme Maddalena Strozzi. Ces deux portraits doivent être de 1506, ou à peu près. C'est avant cette époque qu'Agnolo Doni demanda un tableau à Michel-Ange, *amico suo*, dit Vasari. Michel-Ange en effet le traita en ami : il peignit pour lui le tableau rond, le *tondo di pittura*, qu'on admire aux Offices.

L'œuvre est extraordinaire, et je vois, dans les livres, qu'elle n'a pas toujours été comprise. Le groupe principal, composé de trois figures, présente dans sa cohésion les conditions rhythmiques de la sculpture la plus savante. La Vierge est assise, les genoux repliés, et son attitude concilie la familiarité et le style. La partie supérieure de son corps s'infléchit un peu en arrière; la jeune mère se penche et, des deux bras légèrement élevés, elle fait passer par-dessus son épaule le petit Jésus, précieux fardeau qu'elle remet à saint Joseph assis derrière elle. C'est bien ainsi que Vasari a compris le mouvement : *Ha in sulle braccia un putto, e porgelo a Giuseppo, che lo riceve*. La Vierge tourne doucement la tête, et son regard suit l'enfant pendant ce facile voyage. Dans

1. Du Pays: *Italie du Sud,* 1869, p. 246.

le fond, à droite et à gauche, Michel-Ange a placé, sans trop se soucier
de l'à-propos, quelques figurines nues. Ce sont des adolescents qui ne
se mêlent en aucune façon à cette scène de famille. Les uns sont debout,
les autres sont assis ou appuyés sur une muraille basse, banquette de
pierre assez semblable au parapet d'un pont. Ces figures, dont le dessin est
d'ailleurs d'un goût ravissant, ne sont pas sans avoir inquiété les beaux
esprits. On a voulu trouver à ces personnages une signification symbolique, et l'on est allé jusqu'à voir en eux une représentation des Prophètes. Cette supposition est fort subtile. Vasari, qui n'avait pu la prévoir, prétend, avec sa bonhomie ordinaire, que Michel-Ange a peint, dans
le fond, ces figures nues « *per mostrare maggiormente l'arte sua essere
grandissima* ». On ne pouvait mieux dire. Nous nous bornerons à ajouter qu'en cette première période de sa vie, Michel-Ange était encore
très-imbu des traditions du xve siècle. La fantaisie qu'on lui a reprochée
ne lui appartenait pas en propre : il avait vu des figures pareilles dans
le beau tableau peint par Luca Signorelli pour Laurent de Médicis, la
Vierge et l'enfant Jésus, aujourd'hui au musée des Offices. Ne faut-il
pas d'ailleurs tenir compte des aspirations de l'art en ces années de
renouvellement? Pendant la période d'ascétisme, la nudité avait été
proscrite. C'était une joie pour des maîtres comme Michel-Ange de pouvoir la faire resplendir au grand soleil, dans sa liberté triomphante.

Étudiée au point de vue de la couleur, la *Sainte Famille* montre le
progrès qui s'était accompli chez Michel-Ange; elle précise l'évolution
normale qui, peu à peu, le poussait dans les voies de l'harmonie. La Vierge
est vêtue d'une sorte de tunique à manches courtes, qui enveloppe le
corsage et le torse : cette partie du costume est d'un ton rosé, mais sans
vivacité excessive; le bas de la robe ou l'ample draperie qui couvre les
genoux et les jambes laisse dominer la note bleue. Le saint Joseph,
placé derrière la Vierge, porte un vêtement qui, d'un gris bleuâtre par
le haut, s'achève dans les enroulements grandioses d'une étoffe dont les
plis descendent jusqu'aux pieds. Cette étoffe se colore d'un orangé rose,
tour à tour clair ou foncé, selon que les cassures du tissu appellent la
lumière ou l'ombre. L'enfant complétement nu, le visage de saint
Joseph, la tête et les bras de la mère sont d'une coloration brune et
dorée qui s'accorde très-heureusement avec les autres parties du tableau.
Cette peinture, je n'ai pas à le dire, n'est nullement vénitienne, mais
les tons sont suffisamment rompus, et l'ensemble présente une chaude
harmonie. Aucun tâtonnement d'ailleurs; partout, au contraire, la trace
d'une volonté indépendante et les signes d'une écriture résolue. A
l'heure où il achève la *Sainte Famille,* Michel-Ange est encore un jeune

peintre ; il n'a guère fait plus de trois ou quatre tableaux ; mais, pour la couleur et pour le dessin, il a déjà conquis sa force suprême et définitive.

(Figure du plafond de la Sixtine.)

Un mot sur l'exécution. Le graveur Cochin, qui ne s'est pas trompé toujours dans ses appréciations, a parlé de la *Sainte Famille* d'une façon assez singulière. Il commence par déclarer que la composition est bizarre et il ajoute : « Il y a des beautés dans ce morceau. Les draperies en sont plissées d'un beau choix; les plis sont cependant cassés un peu sèchement; mais ils sont bien formés : il y a des choses savamment dessinées. La manière, en général, est sèche[1]. » On reconnaît là le style et le goût d'un critique du temps de Louis XV, avec une nuance de plus, l'effort touchant d'un esprit loyal qui cherche à comprendre. Mais un mot doit être retenu dans le jugement de Cochin : il y a certainement de la sécheresse dans la *Sainte Famille*. Ce défaut existe non-seulement pour l'amateur qui place son idéal dans les carnations savoureuses de Boucher, mais aussi pour l'historien qui sait (autant que ces choses peuvent être connues) quel mouvement heureux se produisit dans l'École florentine vers 1500 et pendant les cinq ou six années qui suivirent. Ce point vaut la peine d'être éclairci.

Quand, au sortir de l'atelier de Ghirlandajo, Michel-Ange s'essaya dans la peinture, le grand révolutionnaire du moment, Léonard de Vinci, avait quitté Florence. Il était à Milan, où, combinant la gravité savante du génie toscan avec la grâce lombarde, il apportait dans l'art de peindre quelque chose que le xve siècle n'avait point connu, qu'il avait ignoré lui-même en ses commencements : la douceur, la suavité, la morbidesse. La *Cène*, achevée en 1498, proclamait déjà la bonne nouvelle. En 1500, avant que Michel-Ange ne fût revenu de Rome, Léonard reparut à Florence et il y commença l'émouvant prodige, la *Joconde*. Il faut croire que ce portrait ne fut montré d'abord qu'à quelques initiés, et que la séduction du nouveau procédé ne fut pas immédiatement comprise. D'ailleurs, la vie de Léonard à cette époque fut à chaque instant morcelée par des voyages ou des entreprises qui l'obligeaient à abandonner le chef-d'œuvre commencé : il fait de longues excursions dans l'Ombrie, il revient à Florence, il retourne à Milan, si bien que lorsqu'il partit pour la France en 1516, il ne croyait pas, l'insatiable, que la *Joconde* fût terminée.

Michel-Ange ne paraît point avoir été du nombre des privilégiés qui, dès la première heure, furent initiés à la méthode nouvelle. Je n'entends pas dire qu'il n'ait pas subi l'influence de Léonard : cette influence devait être considérable et salutaire; mais elle ne s'exerça que plus tard. Au temps de la *Sainte Famille*, vers 1503 ou 1504, le charme souverain n'avait pas encore agi, du moins sur le peintre. Il y a donc un peu de dureté dans l'exécution du fameux *tondo* des Offices, des plis trop secs et surtout des carnations d'une fermeté trop consistante.

---

1. *Voyage d'Italie,* 1758, II, p. 34.

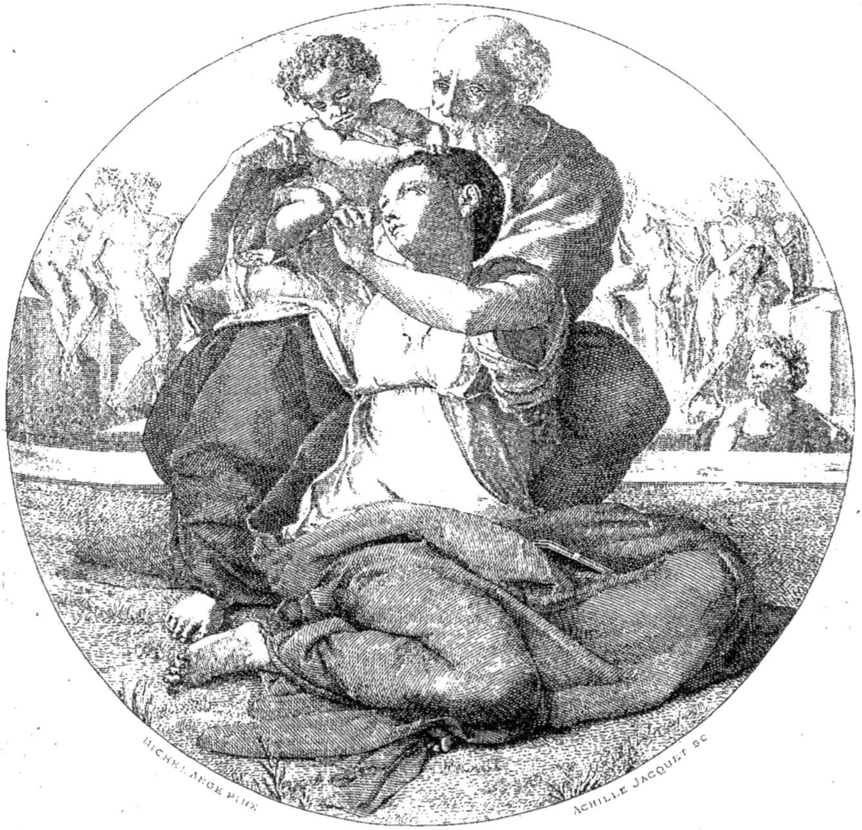

LA SAINTE FAMILLE

MUSÉE DES OFFICES

Défaut grave, assurément, mais qui allait bientôt disparaître et qui est d'ailleurs le seul qu'on puisse signaler dans cette admirable peinture. Michel-Ange, nous l'avons dit, y révèle de la puissance et de la grandeur ; les lignes sont belles dans le rhythme circulaire de leur enroulement voulu ; le geste est rare, inédit peut-être ; le sentiment est calme et doux, et quant aux figures, inutiles selon les uns, exagérées selon les autres, qui se montrent nues au fond du tableau, elles ont l'élégante désinvolture, la fierté robuste de petits bronzes où le mouvement florentin s'ajoute à la gravité antique [1].

On serait tenté de regarder Condivi et Vasari comme des biographes ignorants ou du moins singulièrement distraits, quand on voit combien ils ont été imparfaitement informés en ce qui touche les premières peintures de Michel-Ange. Ces deux contemporains du maître, ces deux enthousiastes ne nous disent rien d'un tableau que l'artiste a dû peindre à peu près à la même époque que la *Sainte Famille*, la *Mise au Tombeau*, de l'ancienne collection Macpherson. Cette œuvre, malheureusement inachevée, est encore une nouvelle venue dans le catalogue des productions de Michel-Ange. On n'en a point écrit l'histoire. Elle avait appartenu au cardinal Fesch et au prince de Musignano, qui n'en surent jamais la valeur, lorsqu'un marchand romain la vendit en 1846 à M. Robert Macpherson. L'amateur anglais opérait dans l'inconnu, car plusieurs siècles avaient amassé leur poussière et leurs ténèbres sur ce panneau anonyme. Un lavage intelligent fit découvrir une merveille. La *National Gallery* l'acheta en 1868, et le *keeper* de la collection, M. Ralph Wornum, a pu l'inventorier et la décrire dans l'édition du catalogue publié l'année suivante.

La *Mise au Tombeau*, qui paraît peinte *a tempera*, est une composition de sept figures. Nicodème, Joseph d'Arimathie et Marie-Madeleine soutiennent le corps du Christ et vont le placer dans la tombe creusée dans le roc. A gauche est Salomé, assise et tenant à la main un objet resté indistinct, mais qui, sans doute, aurait été un vase de parfums. A droite, on reconnaît Marie Cléophas, et la Vierge, figure agenouillée, qu'on devine plus qu'on ne la voit, car elle est demeurée à l'état d'indication sommaire et confuse. La *Mise au Tombeau*, dont l'authenticité ne semble pas douteuse, est approximativement datée par un détail que le catalogue de la *National Gallery* a omis de consigner. Le personnage placé au centre de la composition, et qui soutient le cadavre du Christ, est exacte-

---

1. La gravure de M. A. Jacquet, qui accompagne ce travail, est la première reproduction au burin qui ait été faite de cette œuvre célèbre.

ment le même, pour le type et pour l'âge, que le saint Joseph de la *Sainte Famille* des Offices. Michel-Ange avait rencontré un modèle sympathique, et il l'a utilisé dans deux tableaux différents, qu'on peut dès lors considérer comme à peu près de la même date. Mais la contemporanéité des deux œuvres n'est pas moins lisible dans la similitude de l'exécution. Le corps du Christ et les têtes des personnages qui l'entourent sont modelés avec une extrême finesse, avec un soin patient qui veut tout dire. Les visages, qui, pour la plupart, sont des portraits directement inspirés de la nature, sont du plus frappant caractère. Si cette peinture avait été achevée, elle pourrait, avec la *Sainte Famille,* être offerte à l'étude comme le type de la première manière du maître.

Michel-Ange allait bientôt aborder une œuvre nouvelle, travail considérable qui devait le mettre en relations, et presque en concurrence avec Léonard de Vinci. Se connaissaient-ils en 1503? On peut en douter. Mais, dès les premiers jours de l'année suivante, une circonstance les rapprocha, ou du moins mit en conjonction les deux astres qui étaient alors la lumière du ciel italien.

Au commencement de 1504, la gigantesque statue, le *David* de marbre, était terminée, *quasi finita,* dit le vieux texte publié par Gaye. Il fallait trouver au colosse une place digne de lui. Grande affaire pour Florence et pour Michel-Ange! Les avis étaient partagés. Les Florentins prirent alors une mesure bien faite pour donner à réfléchir aux modernes : sur une question d'art, ils consultèrent les artistes. Le 25 janvier 1504, on vit se réunir une commission qui, par la grandeur intellectuelle de ses membres, leurs longs travaux, leurs glorieuses aventures, dépasse en majesté les plus célèbres conciles. Avec des architectes, des orfèvres, des fondeurs, on avait convoqué des maîtres tels qu'Andrea della Robbia, Cosimo Roselli, Francesco Granacci — le camarade de Michel-Ange —, David Ghirlandajo, Filippino Lippi, Botticelli, Lorenzo di Credi, Pérugin et aussi Léonard de Vinci. On possède le procès-verbal de la mémorable séance et l'analyse des déclarations faites par la plupart de ces grands juges. Léonard fut véritablement paternel. Se préoccupant, comme Giuliano da San Gallo, des dommages que les intempéries des saisons pluvieuses pouvaient causer au marbre admiré, il demanda que la statue fût placée à couvert sous la Loggia dei Lanzi. Cet avis ne prévalut pas; mais il était inspiré par un respect réel pour l'œuvre du jeune sculpteur, puisqu'il en assurait la conservation. Les deux maîtres ont pu et ont dû se voir en cette circonstance. Que se sont-ils dit? On ne sait. Quelques mois après, les événements les mettent face à face, et créent entre eux une rivalité d'un moment.

18

Les Florentins voyaient avec peine les éternelles promenades de Léonard : ils voulaient le reconquérir : afin de le retenir à Florence, ils lui demandèrent, pour la décoration de la salle du Conseil au Palais-Vieux, une peinture qui devait représenter une scène historique. Léonard commença alors le carton de la bataille d'Anghiari, bataille assez peu meurtrière, si Machiavel a dit vrai et si un engagement de dix heures ne laissa sur le terrain qu'un cadavre. Léonard termina son carton au mois d'avril 1505, et il commença la peinture; mais il ne la poussa pas très-avant, car dès le mois d'août il avait abandonné ce travail dont les traces ont depuis longtemps disparu. A la même époque, en octobre 1504, Michel-Ange avait été chargé de peindre l'autre muraille de la salle du Conseil; il s'était mis à l'œuvre, il travaillait au grand carton qui devait représenter un épisode de la guerre contre les Pisans. On le voit, la Seigneurie de Florence et le gonfalonier Soderini avaient fait un beau rêve : ils voulaient que la salle du Palais-Vieux fût décorée par les deux plus grands peintres du temps. Leurs espérances furent doublement trompées. L'œuvre de Michel-Ange leur manqua comme celle de Léonard.

Michel-Ange se hâtait cependant, et il apportait à l'entreprise une ardeur extrême. Installé dans un vaste local dépendant de l'hospice de Sant' Onofrio, il couvrait de figures héroïques l'immense page qu'on lui avait confiée. Le 30 août 1505, le projet était terminé : c'est la date du dernier payement constaté par les comptes. Quant à la peinture, elle ne fut même pas commencée. Les grands travaux dont Michel-Ange fut bientôt chargé par Jules II le détournèrent de son œuvre; il n'y pensa plus, et c'est à peine si l'on peut aujourd'hui, par un effort d'esprit, reconstituer l'ensemble du dessin disparu.

Vasari était encore enfant quand le carton de la *Guerre de Pise* fut très-sottement découpé en morceaux et détruit. Il n'en parle que par ouï-dire ou d'après des reproductions plus ou moins incomplètes, infidèles peut-être. La description qu'il en donne n'est donc pour nous qu'un à peu près. La composition de Michel-Ange ne représentait nullement une bataille. Dessinateur épris des nudités savantes et des attitudes rares, il avait supposé un groupe de soldats se baignant dans l'Arno et surpris subitement par l'approche de l'ennemi. C'était moins une allusion à un fait particulier de la guerre qui divisa si longtemps Pise et Florence qu'un prétexte, admirablement choisi, pour montrer la figure humaine en mouvement. Nulle préoccupation de l'histoire, de la couleur locale ou du costume. La scène se passait dans un temps dont la chronique n'a point parlé, au bord d'un fleuve que la géographie ne connaît pas. Troublés dans leurs jeux par l'appel du clairon, les soldats se hâtaient de se vêtir et de courir aux armes. De là, dans le tumulte général d'une composition compliquée, toutes sortes d'attitudes élégamment violentes, de types expressifs, de pantomimes heureuses, libres, héroïques. Vasari nous parle de ce carton comme d'une œuvre surhumaine, *piuttosto cosa divina che umana.* Benvenuto Cellini n'est pas moins enthousiaste. « Les gestes, les attitudes, les mouvements de ces personnages nus sont tels, écrit-il, que ni les anciens ni les modernes n'ont jamais rien produit d'aussi parfait. » Les vieux chroniqueurs s'accordent à dire que le carton de Michel-Ange devint, avec celui de Léonard, comme un modèle qui servit au monde entier des artistes. Mais cette grande page fut bientôt enlevée à leur étude. Ils en prirent peu de soin, on ne surveilla point les ébats de cette jeunesse folle : le carton, coupé en morceaux (peut-être pour la commodité des copistes), cessa d'exister en son ensemble, et les fragments furent dispersés aux quatre vents du ciel[1].

Vasari fait jouer à Bandinelli un triste rôle dans cette lamentable aventure. Il l'accuse nettement d'avoir lui-même déchiré le carton parce que les morceaux lui paraissaient bons, parce que, jaloux, il voulait empêcher ses camarades de l'étudier, parce que la gloire de Michel-Ange lui était odieuse. Gageons qu'il y a quelque exagération dans ce dénombrement de perversités. On voit, par les documents du xvie siècle, que Baccio Bandinelli a eu le don d'exciter au plus haut point la mauvaise humeur de ses contemporains. Benvenuto, ce grand juge des délicatesses, le considérait comme un scélérat. Il n'était peut-être pas aussi noir qu'on le raconte, ce pauvre homme qu'on chargeait volontiers de toutes les iniquités d'Israël.

Que reste-t-il du carton de la *Guerre de Pise?* Où chercher le renseignement sur cette œuvre si malheureusement détruite? Tous les fragments ont-ils péri? Au temps de Vasari, quelques débris du fameux dessin existaient encore entre les mains d'Uberto Strozzi, gentilhomme mantouan, et nous voyons, par une lettre que Bottari a publiée, qu'en 1575 l'un de ces Strozzi de Mantoue aurait été désireux de vendre au Sérénissime grand-duc de Toscane certains dessins de Michel-Ange qui provenaient vraisemblablement du carton déchiré[2]. L'affaire n'eut point de suite : un autre acquéreur se présenta sans doute, et il ne serait pas

1. La date de cette destruction n'est pas certaine. Dans la vie de Baccio Bandinelli, Vasari raconte que le carton fut déchiré en 1512, au moment où Piero Soderini ayant cessé d'être gonfalonier, le trésor fut mal gardé. Dans la vie de Michel-Ange, il fait disparaître le carton pendant la maladie de Julien de Médicis, mort à Rome en 1516.

2. *Raccolta di lettere.* Milan, 1822, t. III, p. 345.

impossible que les fragments dédaignés par François-Marie de Médicis fussent passés en Espagne. Dans ses *Dialogos de la Pintura*, publiés à Madrid en 1633, Vicente Carducho fait mention des richesses d'art que le comte de Monterey avait réunies dans son palais, et il ajoute : « *Muestra muy bien su Excelencia la grandeza de su casa y el poder de su grandeza en tener tantos originales, y aquellos grandiosos dibujos de los nadadores de lapiz colorado de Micael-Angel à quien Italia venera el nombre.* » Les deux mots *lapiz colorado* ne s'accordent pas tout à fait avec la description de Vasari, qui parle d'un dessin à la pierre noire relevé de blancs; mais lorsqu'on sait de quelles inexactitudes les pinacographes sont capables, on ne doit pas s'arrêter à un pareil détail. Les fragments que Carducho a vus chez le vice-roi de Naples sont peut-être ceux que possédait Uberto Strozzi. On ignore ce que sont devenues ces précieuses reliques et, quant à présent, l'histoire du carton de la *Guerre de Pise* s'arrête en 1633.

Aussi sommes-nous forcé de nous contenter des reproductions, plus ou moins exactes, qu'ont pu faire les contemporains. La plus intéressante, bien qu'elle ne donne qu'un fragment de la composition, est l'estampe de Marc-Antoine, connue sous le nom des *Grimpeurs*. L'épreuve conservée à Florence dans le corridor qui réunit les Offices au palais Pitti est datée de 1510. Marc-Antoine s'est borné à détacher de la composition le groupe des baigneurs surpris aux bords du fleuve et remontant la berge abrupte. D'après quelques écrivains, le graveur bolonais, aurait reproduit aussi, en une autre planche, la figure du vieillard que Vasari admirait tant, le personnage couronné de lierre qui remet ses chausses et qui n'y parvient pas aisément *per aver le gambe umide dell'acqua*. Le groupe des *Grimpeurs* a également été gravé par Augustin Venitien, mais en 1523-1524, c'est-à-dire après la destruction du carton original. Enfin Aristotile da San Gallo dessina la composition entière, et plus tard, en 1542, il fit d'après son dessin une réduction à l'huile et en clair-obscur. Cette précieuse peinture est conservée au château de Holkham en Angleterre[1]. Elle a servi aux graveurs modernes qui ont essayé de reconstituer le carton de la *Guerre de Pise*.

Mais comment, d'après de pareils témoins, juger la grande œuvre perdue? Tous l'ont plus ou moins altérée; tous sont suspects. Marc-Antoine lui-même, le plus sérieux et le premier des interprètes, n'a reproduit qu'un fragment et il s'est avisé de donner pour fond au groupe

---

1. Mrs Jameson, *Memoirs of the early Italian Painters*. Londres, 1858, p. 199.

SIBYLLE DELPHIQUE.

(Figure du plafond de la Sixtine.)

des *Grimpeurs* un paysage emprunté à une eau-forte de Lucas de Leyde. Ainsi ce que Michel-Ange avait voulu noyer dans le vague pour laisser toute leur valeur aux figures se trouve arbitrairement précisé dans cette estampe admirable et infidèle. Pour le carton de la *Guerre de Pise*, on en est donc réduit à une approximation et à des hypothèses. On devine ce qu'était cette composition héroïque : on ne le sait pas, ou du moins on ne le sait pas assez sûrement pour tenter de la décrire. On entrevoit seulement, dans la pénombre des reconstructions conjecturales, une mêlée tumultueuse et cependant rationnelle, toute pleine de savants raccourcis, de grands gestes épiques et de mouvements fiers. Et ce qui reste de plus clair, après les longs efforts d'une reconstitution qu'on essaye et qu'on ne réussit pas, c'est l'amer regret d'avoir à ajouter le carton de la *Guerre de Pise* à la liste douloureuse des chefs-d'œuvre disparus.

II.

Quelque temps après avoir achevé le carton dont nous avons dit la triste histoire, Michel-Ange partit pour Bologne. Il cédait aux instances impérieuses de Jules II, il allait travailler pour ce pape porteur d'épée. Il fit en 1507 la statue de bronze de ce pontife, cette statue monumentale qui ne vécut guère que trois ans. Au printemps de 1508, le maître était à Rome, et le 10 mai, il commençait l'œuvre immortelle : la décoration de la voûte de la chapelle Sixtine.

Lorsqu'il prit possession de la chapelle que Sixte IV avait fait construire au Vatican, Michel-Ange se trouva en présence d'un vaste vaisseau rectangulaire où tout — au point de vue de la décoration proprement dite — était à créer. Pas un relief qui appelât et retînt le regard : nul ornement sculptural ; quatre murs et un plafond : le minimum de l'architecture. Des peintres — et de très-grands — avaient sans doute marqué leur passage dans la chapelle. Sur la haute paroi que décore aujourd'hui le *Jugement dernier*, brillaient dans leur fraîcheur récente trois fresques de Pérugin, et sous les fenêtres, douze peintures dont les meilleures étaient dues à Botticelli, à Ghirlandajo, à Luca Signorelli, à d'autres encore. C'était beaucoup. Mais pour l'ornementation, la chapelle, parée dans les régions inférieures, était complétement nue au-dessus des croisées. Au plafond, rien. C'est ce plafond qu'il s'agissait de peindre et surtout de décorer.

Sur cette surface, dont la partie centrale est plane, Michel-Ange a créé, rien qu'avec le pinceau, des reliefs et des profondeurs : il a établi des plans successifs, organisé la distance. Il en a fait autant pour l'espace compris entre les fenêtres et le plafond. Nous devons examiner l'un après l'autre les principaux éléments de cette décoration qui n'emprunte ses ressources et ses effets qu'au dessin et à la couleur.

On s'accordait jadis à ne voir dans Michel-Ange qu'un coloriste hasardeux et dur. Un coup d'œil jeté sur les peintures de la Sixtine démontre la souveraine injustice de cette appréciation, qui d'ailleurs a beaucoup vieilli. Malgré ses saillies volontaires et ses enfoncements calculés, le plafond de la chapelle s'enveloppe d'une grande harmonie. Les scènes mouvementées ou tranquilles, les figures isolées, les motifs de décoration pure présentent, dans le clair et dans le foncé, des alternances que justifie la loi du contraste et des différences d'intensité que commandait la nature du sentiment à traduire ; le *Déluge*, par exemple, appelant nécessairement une coloration plus soutenue qu'une scène paradisiaque comme la *Création de la femme*. Mais l'ensemble est d'une unité tranquille et d'une douceur solennelle. D'ailleurs le visiteur étant toujours bien petit, en présence des colosses de Michel-Ange et de la hauteur du plafond, une sorte de vapeur s'interpose entre son œil et la peinture, et elle lui apparaît d'abord comme un mélange de gris bleuâtres et de blonds cendrés que relèvent çà et là des accents plus vigoureux, notamment des roux, modérés d'ailleurs et fins, qui ont l'aspect de bronzes clairs. Lorsque l'impatience de Jules II contraignit Michel-Ange à enlever ses échafaudages et à découvrir le plafond inachevé en quelques points, le pape regretta l'absence de dorures qui, d'après lui, auraient enrichi l'aspect général. « Les personnages que j'ai peints étaient pauvres, répondit Michel-Ange, et leur simplicité sainte méprisait les richesses. » Et le maître avait raison. Les rehauts d'or que le pape aurait voulu faire ajouter, et qui étaient sans doute un ressouvenir de l'art antérieur, sont avantageusement remplacés dans la fresque glorieuse par ces tons de bronze orangé dont nous avons parlé, dont nous parlerons peut-être encore, parce qu'ils jouent dans l'ensemble un rôle capital.

Neuf compartiments divisent en sections inégales le long rectangle du plafond. Ces compartiments — quatre grands et cinq de dimension moindre — sont encadrés entre les reliefs d'une architecture simulée. Les grandes compositions occupent toute la largeur de la voûte, et alternent avec les cinq autres qui n'en décorent qu'une partie et dont la forme est à peu près carrée. A chaque angle de ces compartiments moyens, une figure nue est assise sur un piédestal fictif. Il y en a vingt : ce sont les *ignudi* dont parle Vasari. Les intervalles qui séparent ces figures, placées deux à deux, sont remplis par des médaillons imitant le bronze.

Les sujets traités par Michel-Ange à la voûte de la Sixtine sont empruntés à la Genèse. Ils représentent *Dieu séparant la lumière des ténèbres*, la *Création des mondes* (deux motifs dans le même cadre); la *Séparation de la terre et des eaux*, la *Création de l'homme*; la *Création de la femme*; *Adam et Ève* (sujet double qui les montre d'abord sous l'arbre de la science et ensuite chassés du paradis); le *Sacrifice de Caïn et d'Abel*; le *Déluge*; l'*Ivresse de Noé*.

Ces compositions de Michel-Ange sont si célèbres; tant de gravures (infidèles d'ailleurs) les ont reproduites, enfin de récentes photographies en ont si heureusement rendu l'aspect grandiose, qu'on hésite à les décrire de nouveau. Il y faudrait d'ailleurs tout un livre. Quelques-unes de ces pages sont du nombre des œuvres les plus accomplies qui soient sorties de la main de l'homme, et ceux mêmes qui ont discuté Michel-Ange n'ont pas osé s'attaquer à ces belles inventions où tant de fierté se mêle à tant de grâce, où l'élégance exquise est le vêtement de la force suprême.

La *Création de l'homme* est, parmi ces chefs-d'œuvre, l'un des plus parfaits. Le titre qu'on donne d'ordinaire à cette composition n'est pas absolument exact. Adam est déjà formé, il existe matériellement, et ce que Michel-Ange a voulu exprimer c'est la création intellectuelle, la genèse de l'esprit vivant. Adam, seul encore, est à demi couché sur la pente d'une colline nue où s'annonce à peine la promesse d'une végétation timide. Dieu va lui donner l'étincelle de vie, il va toucher du doigt le doigt de la créature humaine, et c'est à ce contact surnaturel que s'éveillera la pensée, et que l'homme, désormais complété, se lèvera dans sa force triomphante. Pour l'accomplissement de cette œuvre de création morale, Jéhovah n'est pas seul : il flotte au milieu du ciel immense, accompagné de petits anges qui s'abritent, comme dans un nid, sous les plis enroulés de sa draperie volante, et ajoutent leur grâce à sa grandeur. Adam est superbe. Jamais depuis les merveilles de l'art antique, la forme humaine n'avait été revêtue de cette mâle élégance; jamais contour plus mélodieux n'avait enfermé des proportions plus suaves. Et comme il appartenait à Michel-Ange de mettre partout un peu de son cœur, il a laissé transparaître sur le visage d'Adam l'expression discrète d'une vague tristesse. L'homme qui reçoit de Dieu les dons de la vie et de la pensée regarde son créateur avec une sorte de mélancolie et son long regard semble dire : A quoi bon?

Le compartiment suivant représente la *Création de la femme*. Le récit biblique, entendu en son sens littéral, était intraduisible en peinture;

SIBYLLE ÉRYTHRÉE.

(Figure du plafond de la Sixtine.)

mais Michel-Ange a trouvé, dans le groupement de ses personnages, le moyen de rappeler suffisamment la signification du texte allégorique. Adam s'est endormi, car toute éclosion implique une fatigue et nécessite un repos. Dieu parle, et la femme, figure admirable dont les courbes semblent être un prolongement de celles qui composent la silhouette du dormeur, la femme se lève, étonnée, ravie, tournée vers Dieu et non vers l'homme, joignant les mains et commençant l'existence par une prière. Voilà, entre mille, une des idées du maître qu'on a accusé d'avoir tari la source du spiritualisme en Italie. Il est vrai que l'Ève de Michel-Ange n'est pas une apparition mystique : c'est une véritable femme, splendidement construite en vue de ses destinées primordiales, l'amour et la maternité. Par la robustesse de son élégance, par l'ampleur de ses formes où éclate dans sa fleur la vie immaculée, l'Ève de la Sixtine a rendu presque impossible la tâche des artistes qui dans l'avenir devaient essayer de représenter la grande aïeule. Il ne faut pas décourager ceux que pourra tenter encore la réalisation de cette figure, qui est une idée, car elle doit être à la fois symbolique et réelle, mais ne semble-t-il pas que Michel-Ange ait dit le dernier mot et que l'imagination ait peine à concevoir autrement qu'il l'a vue la première des épouses et des mères?

Et le maître n'a rien oublié : s'il a songé à la force des âges primitifs, si à cette force il a mêlé de la pensée, il a songé aussi au charme. En dessinant les figures nues de la *Création de l'homme,* de la *Création de la femme* et du compartiment qui les suit, le *Paradis terrestre,* Michel-Ange n'a pas voulu reléguer dans les lointains d'une abstraction inaccessible ces représentations que la splendeur des lignes et la beauté des profils faisaient presque surhumaines. Il a voulu, il a su les rapprocher de nous et les humaniser par le prestige d'une exécution savoureuse et douce. Il y est parvenu, grâce à la couleur et au modelé. Les carnations dans cette partie de la fresque sont d'un gris très-faiblement rosé et d'une distinction de ton incomparable. Ces délicatesses de la coloration seraient malaisément exprimées avec des mots, et il nous faudrait renoncer à en donner une idée si le lecteur n'avait pas présentes au souvenir les copies que M. Paul Baudry a faites de quelques-unes de ces fresques. Pour beaucoup, ces copies extraordinaires ont dû être une surprise, car elles révèlent chez Michel-Ange une qualité qu'on lui refusait jadis, la douceur assouplie et veloutée, la tendresse de l'épiderme. Il faut dire aussi que, sous la main du grand décorateur de la Sixtine, la fresque a des suavités dont les autres procédés de la peinture ne lui fournissaient pas l'équivalent; il faut surtout noter le fait capital, la modification qui s'était produite dans sa manière. Grâce aux influences ambiantes, Michel-

MICHEL-ANGE PINX.

L. FLAMENG SCULP.

CRÉATION DE LA TERRE.

(Groupe principal d'une fresque de Michel-Ange)

Gazette des Beaux-Arts.

Imp. A. Salmon, Paris.

Ange, relativement sec dans la *Sainte Famille* d'Agnolo Doni, s'était renouvelé et, disons-le, attendri. Cette grande révolution commencée par Léonard, cette recherche de la morbidesse, qui est l'une des séductions de la *Joconde* et de la *Sainte Anne*, les voilà précisées et mises en évidence dans les figures nues de la Sixtine. Heure glorieuse pour l'histoire de la peinture : Michel-Ange continue Léonard de Vinci.

Il n'y a pas à décrire l'un après l'autre les neuf compartiments des plafonds. Il suffira de dire que, sans s'écarter de la gamme d'harmonie, ils sont tous d'un caractère différent, et que la variété des motifs y détermine, quand il le faut, un changement dans l'exécution. A la suite du double tableau qui raconte la parole de Dieu désobéie et le paradis perdu, le peintre nous entraîne en dehors du monde divin. C'est l'histoire de Caïn, celle de Noé, et, dans le compartiment intermédiaire, le *Déluge*. Ici la fresque prend un accent tragique, et cette composition est certainement une des plus belles de la série. Jamais le cataclysme biblique n'a inspiré de page plus émouvante. Les groupes réfugiés sur les hauteurs que menacent à la fois les eaux qui tombent et les vagues qui montent, les malheureux entassés dans la barque que le flot va engloutir, l'implacable noirceur du ciel sillonné par de longs éclairs, tout dit l'immense désastre et l'universelle destruction. Dans cette scène de deuil, dont la complication a effrayé la patience des copistes, Michel-Ange est le poëte du drame absolu : il peint, dans la brume d'un paysage aux désolations infinies, toutes les colères de la nature, toutes les angoisses de la mort.

On a vu que les cinq compartiments de dimension moyenne qui alternent avec les grandes compositions de la voûte sont circonscrits par des cadres simulés aux angles desquels des figures nues sont assises. Ces figures sont prodigieuses : elles n'ont pas de signification allégorique ; elles constituent un des éléments, et le plus hardi, du décor d'ensemble. Elles sont là pour le plaisir des yeux et surtout pour faire fuir les tableaux qu'elles encadrent. Par un parti pris qui les sépare des personnages humains, elles se colorent des tons du cuivre roux ou du bronze à la patine fauve. Dans le plan de l'inventeur, ces figures sont des statues, mais des statues mouvementées et presque vivantes qui, vues d'en bas, présentent des raccourcis de la plus belle audace et un merveilleux relief. Elles seraient de ronde bosse — comme celles qu'on a sculptées plus tard aux plafonds du temps de Louis XIII — qu'elles n'accuseraient pas pour le regard de saillies plus illusionnantes.

Mais il y a encore bien d'autres splendeurs à la voûte de la chapelle Sixtine.

En approchant des murailles latérales qui les supportent, les surfaces

du plafond s'infléchissent peu à peu et affectent de chaque côté la disposition d'une voussure. Douze pendentifs sont formés par la retombée des
arcs que Michel-Ange a simulés. Ces pendentifs, rectangulaires au sommet, sont échancrés à leurs angles inférieurs par les lignes courbes que
dessinent les fenêtres. C'est là, entre des pilastres amortis par des
enfants formant cariatides, que sont les *Prophètes* au nombre de sept,
les *Sibylles*, au nombre de cinq. Les *Prophètes* et les *Sibylles* sont le
dernier mot de l'inspiration poétique et de la grandeur monumentale.

Qui ne connaît ces puissantes créations engendrées par un immense
élan de l'esprit dans des régions qui ne sont pas celles de ce monde,
rhythmées et contenues par une sagesse immense ? On le voit bien ici :
Michel-Ange est le seul, parmi les modernes, qui ait entendu la manœuvre du colosse. Combien, à ce jeu terrible, il est aisé d'être ridicule ! De tous les exemples qui viennent à la pensée, il suffira d'en citer
un. Jules Romain n'était pas un médiocre dessinateur ; il eut la verve et
la science, et cependant n'est-ce pas lui qui a peint au palais du Té cette
salle fameuse où l'on voit les Titans fuyant éperdus sous l'avalanche des
rochers qui les écrasent ? Il y a là une telle dépense de force et un tel
abus de l'énorme, que le spectateur étonné n'est pas loin de croire à une
mystification. On est choqué par l'invraisemblance, on n'est pas convaincu par la dimension, on est presque tenté de sourire. Michel-Ange
n'aurait pas commis la faute de placer ses *Prophètes* de plain-pied avec
le visiteur et presque à la portée de la main. Ils habitent des régions
élevées, et l'on voit tout de suite qu'on a affaire à des personnages qui
sont un peu plus que des hommes. Le maître leur a donné d'ailleurs,
avec la grandeur morale, une solidité d'aspect, une justesse d'équilibre
qui rassurent le regard, et qui sont comme un acheminement à la vraisemblance. Le sentiment de la proportion achève de persuader ; et il ne
s'agit pas seulement ici de la proportion optique entre les éléments qui
constituent ces figures, mais d'une sorte de correspondance intellectuelle
avec la forme qui frappe l'œil, avec l'idée qui vient à l'esprit. Les *Prophètes* sont grands, si on les mesure à l'échelle de la taille humaine,
mais ils sont harmonieux ; leur mouvement est proportionné à leur force,
leur dimension est en raison de leur pensée.

Lorsqu'on se trouve en présence des *Prophètes* de Michel-Ange, on
ne sait si l'on doit admirer le plus ou l'enthousiasme de l'artiste souverain, ou sa prudence. Selon leur caractère particulier, ces voyants
s'agitent, parlent, écrivent ou rêvent, mais leur ivresse lucide se tempère
par une modération suprême. Au moment où le geste va s'exalter, l'art
le retient. Chez Michel-Ange, et ici plus que partout ailleurs, le lyrisme

FIGURE DU PLAFOND DE LA SIXTINE

a de la sagesse. Ses *Prophètes* sont des inspirés : ce sont aussi des penseurs. Visiblement, ils ont une âme, celle que leur prête la Bible, celle surtout que Michel-Ange leur a donnée. Tous ou presque tous accomplissent leur fonction sacrée avec une vague mélancolie. Joël, inclinant le front sur un parchemin déroulé, lit des écritures mystérieuses et semble s'effrayer des événements qu'elles annoncent. Isaïe écoute l'ardente confidence de l'ange qui lui parle ; une brise venue d'en haut passe dans sa chevelure et son énergie est comme domptée par une tristesse surhumaine. Daniel, magnifique de mouvement et de passion, travaille sans prendre souci du bruit qui se fait autour de lui ; il tient une tablette d'une main, de l'autre un registre ouvert qu'un robuste génie, cariatide charmante, l'aide à supporter et il compare deux textes inquiétants, les lèvres serrées, les yeux fixes, pareil à un mathématicien qui cherche la solution d'un problème. Ézéchiel est terrible : une voix s'est fait entendre ; il interrompt son rêve, il se retourne brusquement, comme s'il s'offrait au maître inconnu en lui disant : « Je suis là et je suis prêt. » La tête penchée, la main pendante, l'âme en proie à toutes les amertumes, Jérémie est la statue de la désolation. Zacharie est plongé dans l'étude qui n'a point de fin. Jonas, presque nu, apparaît comme le symbole de la résurrection, et, miraculeusement sauvé, il lève la tête vers le ciel, et il remercie. Ainsi tous ont une action différente et tous expriment un sentiment, un trouble intérieur. La grandeur intellectuelle s'allie chez chacun d'eux avec l'ampleur du geste, avec la majesté de la silhouette.

Les *Sibylles* sont les dignes compagnes de ces héros bibliques. A la beauté qu'elles possèdent toutes, bien qu'elles ne soient ni du même pays ni du même âge, quelques-unes ajoutent la grâce, une grâce robuste et adorable. On se rappelle la vieille devineresse de Cumes et Persica, l'ardente liseuse. La Sibylle de Libye montre une nouveauté d'attitude qui n'avait jamais été essayée et que nul n'osera imiter. Les bras nus, les épaules nues, elle soutient de ses deux mains un livre démesuré dont les feuillets ouverts montent et s'agitent dans l'air comme des ailes. Delphica est jeune. Depuis que l'esprit de l'homme se plaît à imaginer des contours et des formes, on ne connaît pas de plus belles combinaisons de courbes que celles que décrivent ses bras superbes et l'enroulement de son manteau. Érythrée aussi est jeune, et on la dirait charmante, si ce mot ne semblait petit pour exprimer le caractère de sa beauté sans égale. Elle est fière, mais elle est douce. Sa main tendue tourne les feuillets d'un livre, pendant que, serviteur envoyé d'en haut, un génie complaisant vient rallumer sa lampe mourante, fantaisie exquise et forte qui met la grâce à côté de l'austérité. Toutes ces figures sont d'ailleurs admi-

ENSEMBLE DU PLAFOND DE LA CHAPELLE SIXTINE
par Michel-Ange

rables au point de vue du costume. Le caprice s'y montre puissant tout en restant simple. Les coiffures, surtout, ont un accent exotique, une singularité inédite en même temps que grandiose. La beauté des draperies est digne de l'antique, mais avec le frémissement moderne, le *flebile nescio quid* qui, dans le pli d'une étoffe, met quelque chose d'humain.

Est-ce tout? Non. Le poëme n'est pas encore achevé. D'autres éléments décoratifs enrichissent le plafond de la chapelle Sixtine. Les quatre pendentifs auxquels donnent naissance les angles de la voûte sont occupés par des compositions sévères, *Judith et Holopherne, David et Goliath*, le *Serpent d'airain*, le *Supplice d'Aman*. Enfin, au-dessus des fenêtres, dans des espaces triangulaires, d'une disposition presque ogivale, Michel-Ange a peint des motifs qui, d'après certains écrivains, seraient empruntés pour la plupart à l'histoire des ancêtres de la Vierge. On s'est mépris en ce point, peut-être parce que ces sujets sont placés au-dessus de cartouches dans lesquels sont inscrits les noms des rois de Juda. A notre sens, ces groupes de femmes et d'enfants sont purement décoratifs. Le plus beau de ces triangles, dont la coloration semble s'être obscurcie, est celui qui correspond au cartel où se lisent les noms de Josaphat et d'Asa. Il est occupé par une admirable figure féminine, une merveille d'expression, un véritable chant de douleur. On n'étudie pas assez cette partie de la décoration : tout disparaît, il est vrai, dans le terrible voisinage des *Sibylles* et des *Prophètes*. Le regard ébloui ne voit que ces géants.

Qui le croirait? L'histoire de ce prodigieux chef-d'œuvre est encore entourée de quelques incertitudes. Évidemment les textes du XVIe siècle ne la racontent pas tout entière : il faut la compléter par des inductions, presque par des conjectures. Nul doute que le plafond de la Sixtine n'ait été commencé le 10 mai 1508 : c'est Michel-Ange lui-même qui nous le dit. Il est certain aussi que ce n'est pas sans de longues hésitations qu'il entreprit cette décoration colossale. Aux obsessions de Jules II, dont l'insistance doit être bénie, Michel-Ange répondait que la peinture n'était point son art. Ne voyons dans ce mot qu'une défaite : le maître n'était pas aussi ignorant qu'il voulait le faire croire. Vasari est ici fort suspect d'exagération. Il prétend que l'artiste invoquait *la poca pratica sua ne colori*, et il ajoute qu'après avoir achevé ses cartons, au moment de commencer la fresque, il se sentit comme troublé par l'énormité de la tâche. C'est alors que Michel-Ange aurait fait venir de Florence une petite légion de collaborateurs, son ami Granacci d'abord, qui était homme de bon conseil, et avec lui Giuliano Bugiardini, Jacopo di Sandro, Indaco le Vieux, Agnolo di Donnino et Aristotile da San Gallo.

Le fait peut être réel, mais l'interprétation qu'on en a donnée doit être inexacte. Le travail paraissait devoir durer plusieurs années, et rien n'était plus légitime que de demander des aides pour la grosse besogne. Mais se remettre à l'école, même pour certaines difficultés d'exécution, c'était l'invraisemblance même. Michel-Ange n'ignorait pas le maniement de la fresque : il avait travaillé avec Domenico Ghirlandajo à la chapelle de Santa-Maria-Novella et il n'avait pas oublié ses leçons. Ce qu'il lui fallait, c'était le concours d'ouvriers intelligents et dociles. Bien qu'ils ne fussent pas seulement des praticiens, car Granacci avait du talent, et Bugiardini aussi, les peintres venus de Florence ne lui furent cependant d'aucun secours. Il les mit à l'essai, et bientôt après il les remercia[1]. J'imagine que, sur son échafaudage, Michel-Ange avait besoin de silence, que les *garzoni* qu'il avait appelés étaient un peu bruyants, et peut-être aussi qu'ils ne comprirent pas tout de suite le secret du grand rêveur : leurs préparations, dit Vasari, étaient *molto lontane del desiderio suo*. Il se priva de leurs services. Alors, s'il en faut croire le biographe, il se serait enfermé dans la chapelle, et il aurait achevé l'œuvre gigantesque, seul, sans aucun secours, sans que personne l'aidât à préparer ses couleurs. Évidemment, l'histoire ainsi racontée, se complique d'un peu de légende.

Mais où les assertions de Vasari et de Condivi dépassent toute croyance, c'est lorsqu'ils prétendent que la voûte de la Sixtine, peinte en vingt mois, fut découverte le jour de la Toussaint en 1509. De telles invraisemblances ne sont pas tolérables. Pour moi, je considère comme un calculateur paradoxal ou distrait celui qui, entre ces deux dates extrêmes — 10 mai 1508 — 1ᵉʳ novembre 1509, — trouve le moyen de faire tenir *venti mesi*, et j'ajoute que, pour accomplir en si peu de temps un pareil prodige, il aurait fallu être un Luca Giordano anticipé, un *fa presto* sans conscience et sans pensée. La conjecture la plus rationnelle, et elle est adoptée aujourd'hui par tous les critiques, c'est qu'une première partie de la décoration, la moindre sans doute, a pu en effet être découverte et montrée au pape à la Toussaint de 1509, mais que Michel-Ange se remit tout de suite à l'œuvre. Quel jour déposa-t-il le pinceau ? Dans l'automne de 1512 peut-être. On sait d'une part que Jules II, mort

---

1. Dans une note de Michel-Ange relative à ces premiers travaux du plafond de la Sixtine, il n'est question que de cinq *garzoni*, alors que Vasari en nomme six. Le maître évidemment ne compte pas Granacci, qui était plus âgé que lui et qui avait un rôle à part. Il était l'homme de confiance et le comptable. Du 24 mai au 10 juin, c'est par les soins de Granacci qu'est payé le *maestro del murare*, le maçon chargé de préparer chaque matin l'enduit de la fresque. (*Le Lettere*, 1875, p. 563.)

FIGURE DU PLAFOND DE LA SIXTINE.

le 21 février 1513, a vu l'œuvre achevée. On sait aussi que, dans les lettres qu'il adresse à son frère pendant l'été de 1512, Michel-Ange parle à diverses reprises du grand travail qu'il termine; il ajourne toutes les questions d'affaires jusqu'au moment où il aura vu la fin de sa tâche; il se hâte; il espère pouvoir se reposer avant la Toussaint. Il tint sa promesse : le 15 octobre 1512, il était à Florence.

Lorsque Michel-Ange quitta la chapelle Sixtine où, seul avec son rêve, il avait travaillé tant d'années, il apparut à ses amis fatigué d'un si long effort, brisé par cette lutte héroïque. Il avait placé si haut son idéal, qu'il ne croyait pas l'avoir atteint. Et cependant, quelle victoire! Peintre, décorateur, poëte, il laissait à l'admiration du monde une œuvre qui n'a nulle part sa pareille, un monument d'une telle grandeur, qu'il ne devait être donné à personne, pas même à lui, d'en égaler jamais la haute inspiration morale, l'inépuisable abondance, les fiertés superbes.

III.

Un aussi formidable labeur aurait mérité quelque repos; mais les âmes bien trempées se renouvellent dans la fatigue et se rajeunissent par la création éternelle. Michel-Ange ne descendit de son échafaudage de la chapelle Sixtine que pour dépenser dans d'autres entreprises les trésors d'expérience qu'il venait d'acquérir. Lorsqu'il disait à Jules II que la peinture n'était point son art, lorsqu'il prenait soin d'ajouter le titre de *scultore* au nom-dont il signait ses lettres, il laissait sans doute voir, en même temps qu'un peu de coquetterie, quelque chose de sa véritable pensée. C'était le marbre qu'il adorait. S'il en fallait croire les témoignages contemporains, de longues années se seraient écoulées après 1512, sans qu'il fît œuvre de peintre. Les biographes signalent ici dans sa vie un entr'acte prolongé, une période toute pleine de travaux de sculpture et d'architecture, mais presque stérile pour l'art qu'il affectait de dédaigner. Sans examiner si le récit de Vasari ne présente pas de lacunes, sans rechercher si, à cette époque, Michel-Ange n'a pas fait un certain nombre de ces cartons qu'il confiait ensuite à ses élèves pour les transformer en tableaux, nous suivrons les textes, sans trop y croire. Ce ne serait donc qu'en 1529, au moment du siége de Florence, que, cédant à des sollicitations pressantes, Michel-Ange aurait consenti à revenir à la peinture.

On sait l'histoire de cette terrible année. Aux approches des armées ennemies, Michel-Ange avait été nommé, le 6 avril, commissaire général des fortifications de Florence. Après avoir fait de rapides apparitions à Pise et à Livourne, où l'appelait son office, il est envoyé le 28 juillet à Ferrare pour se rendre compte par lui-même de quelques détails relatifs à l'art de la défense des places. Il fut reçu par le duc Alphonse d'Este, qui lui montra les murailles de la ville. Si bref qu'ait été ce premier séjour — Michel-Ange revint à Ferrare au mois de septembre, mais en fugitif — le duc ne manqua pas de profiter de l'occasion et, mêlant les questions d'art aux questions militaires, il demanda à l'artiste une œuvre de sa main. Michel-Ange promit une *Léda*. Le sujet n'était pas pour déplaire au prince qui, faisant faire à Titien le portrait de sa maîtresse, en commandait deux éditions différentes, une édition où la belle Laura devait se montrer dans toutes les richesses de son vêtement de cour, une autre, plus intime, où tout costume était strictement interdit.

A la suite d'événements qu'il est inutile de redire, et après une promenade à Venise dont on a discuté l'à-propos, Michel-Ange était rentré à Florence en novembre et il y avait repris son service, un instant quitté. Les circonstances devenaient de plus en plus graves. Cette période du siége, jusqu'au 12 août 1530, date de la reddition de la ville, correspond pour l'artiste à une saison d'activité fiévreuse, et l'on a peine à comprendre qu'il ait eu le temps de songer à l'idéal. Il travaille cependant, passant d'une œuvre à une autre œuvre, sculptant en secret les figures de la chapelle des Médicis et commençant la *Léda* qu'attendait le duc de Ferrare, et dont l'histoire devait être si mystérieuse. Pour Vasari, l'exécution de cette peinture est absolument contemporaine du siége. « *Benche*, écrit-il, *avesse questi impedimenti* (les fortifications de Florence) *lavorava nondimeno un quadro d'una Leda per quel duca, colorito a tempera di sua mano, che fu cosa divina*. Ainsi, dans ce texte curieux, il ne s'agit pas d'un carton, mais d'une peinture, et d'une peinture qui n'est point exécutée par procuration. Elle est de la propre main du maître. Revenant plus loin sur ce sujet, Vasari nous donne quelques informations malheureusement bien vagues. Le *quadro* était grand. Il montrait Léda recevant les caresses du cygne divin, et il mettait en scène l'éclosion fabuleuse de Castor et de Pollux. Après le siége de Florence, Alphonse d'Este envoya un émissaire pour avoir des nouvelles du tableau ; mais cet ignorant personnage ayant gauchement laissé voir que l'œuvre ne lui paraissait pas de haute importance, quelques mots piquants furent échangés, et Michel-Ange, voyant qu'il avait affaire à un sot, mit à la porte le malencontreux courtisan. Le duc de Ferrare y perdit sa *Léda*, et, chose grave, nous la perdîmes avec lui.

En effet, peu après la visite de l'ambassadeur malavisé, Michel-

Ange, dont la générosité fut souvent sans mesure, fit présent de la *Léda* à un de ses élèves, Antonio Mini. Il accompagna ce cadeau merveilleux d'une série de cartons et de dessins, de modèles de cire et de terre. Mini avait besoin d'argent. Il emporta tous ces trésors en France. La *Léda*, vendue à François Ier, était à Fontainebleau au moment où Vasari publiait son livre.

Tel est le récit du biographe. Les documents insérés par M. Aurelio Gotti dans sa nouvelle *Vie de Michel-Ange* fournissent sur la destinée de la *Léda* des indications que les lecteurs français ignorent encore, et qu'il convient de résumer. Antonio Mini, qui avait suivi Michel-Ange à Ferrare et à Venise, et qui était peintre de son métier, avait des instincts de brocanteur. Dès qu'il fut en possession de la *Léda*, il résolut d'en tirer un bon parti. On ne sait pourquoi ni comment il s'associa d'abord à un certain Francesco Tedaldi qui, en 1532, habitait Lyon, comme beaucoup de marchands italiens. A la suite d'une négociation, dont nous ignorons les bases, Tedaldi devint propriétaire de la moitié de la *Léda*. Au commencement de cette année, le tableau arriva à Lyon. Antonio Mini, dont les allures en toute cette affaire paraissent suspectes, se hâta d'en faire faire une copie par un de ses aides, Bettino de Bene. Ce Bettino ou Benedetto n'était nullement le premier venu. Il avait travaillé dans l'atelier de Sogliani, et il savait son métier. Pendant que Tedaldi, occupé de son négoce, restait à Lyon, Antonio se mit en route, emportant les deux *Léda*, et, après avoir passé par Nantes, il s'arrêta à Paris et déposa chez Giuliano Bonaccorci, avec l'original dont il n'était que copropriétaire, la copie qui lui appartenait en entier. Dès lors commence une affaire ténébreuse. Il s'agissait d'arriver au roi. Les deux tableaux sont portés chez messire Luigi Alamanni, personnage de conséquence, celui-là même dont Cellini parle à diverses reprises dans ses mémoires. C'est par l'intermédiaire d'Alamanni que la *Léda* (l'original, il faut le croire) fut vendue à François Ier. Ce que devint la copie, on l'ignore; mais on sait, par le nouveau document dont M. Aurelio Gotti a enrichi son livre, que Tedaldi ne toucha point la moitié du prix de vente, qu'il s'en plaignit amèrement, et qu'en 1540, huit ans après l'affaire, il parlait de son associé avec la plus méchante humeur.

François Ier, qui avait toujours désiré posséder une œuvre de Michel-Ange, fit placer la *Léda* à Fontainebleau. Elle faisait encore partie de la collection royale sous Louis XIII. Mais d'après une anecdote souvent répétée, il se rencontra à la cour un fonctionnaire pudique, Sublet des Noyers, qui, trouvant la femme de Tyndare trop peu vêtue et trop éloquente, fit détruire le précieux chef-d'œuvre. L'histoire est partout.

FIGURE DU PLAFOND DE LA SIXTINE.

« Cette *Léda*, dit Roger de Piles en 1699, étoit représentée dans une passion d'amour si vive et si lascive que M. des Noyers, ministre d'estat sous Louis XIII, l'a depuis fait brûler par principe de conscience[1]. » Florent le Comte croit savoir aussi que « la lasciveté que ce tableau pouvoit inspirer a été la cause de sa ruine[2] ». L'attentat aurait été commis avant le 10 avril 1643, époque à laquelle Sublet des Noyers, parvenu au maximum de la dévotion, quitta la cour et se retira à Dangu, où il mourut deux ans après avec la sérénité d'un iconoclaste. Mais de pareilles accusations sont bien graves, et les choses n'ont peut-être pas été poussées aussi loin. Mariette est bon à entendre sur ce point. « On dit, écrit-t-il, qu'après avoir fort gâté le tableau, M. des Noyers donna l'ordre de le brûler ; mais l'ordre ne fut pas exécuté, et j'ai vu reparoître ce tableau, il y a sept ou huit ans. Il est vrai qu'il étoit si fort endommagé qu'en une infinité d'endroits, il ne restoit que la toile ; mais au travers de ses ruines, on ne laissoit pas que de reconnoître le travail d'un grand homme, et j'avoue que je n'ai rien vu de Michel-Ange d'aussi bien peint. Il sembloit que la beauté des ouvrages du Titien qu'il avoit vus à Ferrare, où son tableau devoit aller, l'excitoit à prendre un meilleur ton de couleur que celui qui lui étoit propre. Quoi qu'il en soit, j'ai vu restaurer le tableau par un médiocre peintre, et il est passé en Angleterre, où il aura fait fortune. »

Le texte de Mariette soulève la question de savoir si la *Léda* qu'il a revue sous Louis XV était bien l'original de Michel-Ange ou la copie, peut-être excellente, de Benedetto de Bene, le *garzone* d'Antonio Mini. Mais, sur ce point douteux, toute recherche est devenue impossible. Ajoutons, pour ne rien omettre, qu'indépendamment des deux peintures, il a existé un carton de la *Léda*. Donné par Michel-Ange à Mini, ce carton aurait été apporté en France avec le tableau, et, quelques années après, il serait revenu à Florence. Au temps de Vasari, il appartenait à Bernardo Vecchietti.

A la suite de cette œuvre, si malheureusement perdue, et qu'il serait intéressant de pouvoir comparer à la petite *Léda* de marbre du musée national à Florence, nous mentionnerons quelques compositions dont la date n'est pas connue, mais qui comptent parmi les travaux du maître. Il ne s'agit point de tableaux, — Michel-Ange en a décidément fait très-peu, — mais de cartons qu'il dédaignait ou qu'il n'avait pas le temps de peindre et qui servaient de modèles à ses élèves. Jacopo da

---

1. *Abrégé de la vie des peintres*, p. 224.
2. *Cabinet des singularitez*, 1702, II, p. 29.

Pontormo fut l'un de ceux à qui Michel-Ange abandonna ainsi quelques-unes de ses plus belles inventions. Le maître avait fait pour Bartolommeo Bettini un carton superbe, *Vénus caressée par l'Amour,* que Vasari qualifie de *cosa divina.* Pontormo le transforma en tableau, et, bien qu'il fût promis à Bettini, qui l'attendait impatiemment, il le vendit au duc Alexandre de Médicis, détail intéressant, puisqu'il nous apprend que l'œuvre est antérieure à 1537[1]. La peinture, dont la trace avait été perdue, fut retrouvée en 1850 au garde-meuble de Florence, mais en fort triste état et presque méconnaissable, un ingénieux restaurateur ayant imaginé d'habiller Vénus. Réparée avec soin, débarrassée de la draperie dont on l'avait affublée, la *Venere baciata da Cupido* est placée depuis 1861 au musée des Offices, et elle jette l'esprit dans un trouble étrange.

Nulle œuvre n'est plus formidable en sa grâce imposante, et nulle n'est plus austèrement passionnée. Michel-Ange est le seul artiste qui ait compris avec cette grandeur sévère les sujets amoureux. La déesse est étendue, sans voiles, sur un terrain que recouvre en partie une étoffe d'un gris azuré. Son corps, superbe et robuste, se présente à peu près de face, l'une des jambes doucement repliée au genou. Placé à côté d'elle, Eros, jeune garçon déjà grandelet, se penche vers sa mère et va déposer sur ses lèvres un baiser où les tendresses filiales se compliquent de beaucoup d'autres tendresses. Vénus reste sérieuse, et son visage garde, non sans douceur, l'énigmatique impassibilité du sphinx. Elle sait, la grande amoureuse, que le baiser est souvent un mensonge, et que bien folle est qui s'y fie! Nul doute que Michel-Ange n'ait voulu donner à sa composition un sens allégorique. A l'extrémité du tableau, aux pieds de la Vénus couchée, se dresse un petit autel de pierre où sont posées les flèches de Cupidon et une coupe pleine de roses. Deux masques y sont suspendus; l'un semble s'illuminer du beau sourire de la jeunesse confiante, l'autre a le rictus moqueur du satyre. Devant l'autel, dans la pénombre, est une figurine qui n'a qu'un bras. Tout cela est sans doute d'un symbolisme un peu subtil, à la façon des poëtes du xvie siècle, mais la pensée est évidemment que l'amour terrestre abonde en périls, et qu'il n'est pas toujours prudent de se livrer aux folles joies de la passion, aux délires de l'ivresse qui passe. Le Pontormo, en peignant ce tableau, a scrupuleusement suivi les indications et les doctrines du maître. Sous la peinture, on devine le carton. Pour le coloris, le traducteur, d'ailleurs

---

1. Il est fait mention de la *Vénus* de Michel-Ange dans un opuscule de Varchi, imprimé en 1549 : *Due Lezioni : nella prima delle quali si dichiara un sonetto di M. Michelangelo Buonarroti; nella seconda si disputa quale sia più nobile arte la scultura o la pittura.*

très-habile et très-convaincu, s'est tenu dans une harmonieuse combinaison de gris, de bleus et de verts rompus, et il a mis au bas du ciel une chaude vapeur crépusculaire. Volontairement indifférent à la vérité du ton local et aux détails trop réels, il a entouré sa Vénus d'une atmosphère qui jette autour d'elle le demi-jour de l'abstraction. La fierté du dessin est merveilleuse, et le modelé, large, sûr, délicat, fait penser aux figures nues de la voûte de la Sixtine. L'œuvre qui, par le choix du motif pouvait être un peu trop amoureuse, est d'une gravité d'aspect qui n'autorise aucune idée profane. Le charme s'y montre épique, fatal, inexorable. Il était réservé à Michel-Ange de donner de la majesté et du sérieux aux allures de ce papillon qui vole — le baiser [1].

On doit croire que le maître ne fut pas mécontent de la traduction de Jacopo da Pontormo, car il lui confia, à diverses reprises, l'exécution d'autres cartons. Un passage de Vasari nous apprend que Michel-Ange avait fait pour Alphonse d'Avalos, marquis del Guasto, un dessin représentant le *Christ apparaissant à la Madeleine.* Le marquis désirant que ce carton fût transformé en tableau, Michel-Ange lui désigna le Pontormo comme l'artiste le mieux capable de le satisfaire. Pontormo y réussit, dit-on, fort bien, et il fit, d'après le même motif, une seconde peinture pour Alessandro Vitelli. Le carton fut ensuite copié et enluminé par Battista Franco. Il faudrait retrouver ces trois peintures : sans les connaître on doit les déclarer dignes de quelque estime : sous le vêtement de la couleur, elles laissaient voir le dessin de Michel-Ange.

Le grand inventeur florentin eut d'autres interprètes. Le Mantouan Marcello Venusti peignit, d'après deux dessins différents, deux *Annonciations* qui furent placées à Rome, l'une à Santa-Maria-della-Pace, l'autre à Saint-Jean-de-Latran. La *Descrizione delle pitture esposte in Roma* mentionne encore en 1763 le premier de ces tableaux ; d'après Pasquale Coddè, le second était au Latran en 1837, mais dans la sacristie [2]. Le même écrivain prend soin de nous rappeler que Michel-Ange fut le parrain du fils de Marcello Venusti. Les relations entre les deux maîtres paraissent en effet avoir été des plus amicales. Francesco Scannelli n'oublie pas de noter qu'on voyait de son temps, à Forli, un tableau de petite dimension peint par Venusti d'après Michel-Ange et représentant la *Résurrection du Christ* [3]. Cette indication, retrouvée dans un livre peu

1. Il existe plusieurs reproductions, en divers formats, de la *Vénus caressée par l'Amour.* On se contentera de citer ici la meilleure, celle de Hampton-Court. Elle est superbe, et l'on a quelques raisons de supposer qu'elle est aussi de Pontormo.

2. *Memorie biografiche dei pittori Mantovani.* Mantoue, 1837, p. 148.

3. Scannelli, *Il Microcosmo della pittura.* Cesena, 1657, p. 72.

LA RÉSURRECTION DU CHRIST.

(Dessin à la pierre noire du British Museum.)

lu, est bien précieuse, puisque nous avons à Paris et à Londres deux dessins superbes qui se rapportent à cette composition. On y voit le Christ sortant du tombeau au milieu des soldats épouvantés. Il ressuscite avec véhémence, avec la furie sublime du captif qui brise ses liens. Ces deux dessins, inappréciables merveilles, font comprendre ce que Sébastien del Piombo voulait dire lorsqu'il parlait de la *terribilità* de Michel-Ange.

Marcello Venusti, qui survécut à son maître — il est mort sous le pontificat de Grégoire XIII, — ne se borna pas à peindre les deux *Annonciations* et la *Résurrection* dont il vient d'être parlé. Il fit, dit Vasari, *una infinita di cose*, la plupart d'après Michel-Ange, et presque toujours de petite dimension. Cette phrase, si vague qu'elle soit, jette selon nous un commencement de lumière, sur un tableau évidemment très-intéressant, que la France n'a malheureusement pas conservé. Le duc d'Orléans possédait un *Christ au jardin des Oliviers*, haut d'un pied dix pouces, large de deux pieds sept pouces que Dubois de Saint-Gelais donne sans hésiter à Michel-Ange[1]. Cette peinture, ou une réplique ancienne, se retrouve aujourd'hui au musée de Munich, et l'auteur du catalogue de 1839, G. de Dillis, l'attribue au glorieux maître. Gageons que Marcello Venusti est pour beaucoup dans l'exécution, sinon dans la conception, de ce *Christ au jardin des Oliviers*. Le peintre mantouan a consacré une partie de sa vie à miniaturer Michel-Ange.

Un artiste secondaire, mais qu'il ne faut pas trop mépriser, Giuliano Bugiardini, profita aussi, non-seulement des conseils, mais encore des dessins de l'inépuisable inventeur qui, se sentant riche, donnait volontiers aux pauvres. Michel-Ange l'aimait. Ils s'étaient connus à Florence, aux belles heures de la jeunesse, et quand il s'était agi de décorer le plafond de la Sixtine, Bugiardini avait été l'un des premiers dont l'aide fût invoquée. Il existe à Santa-Maria-Novella un grand tableau compliqué et trop peuplé de personnages, le *Martyre de sainte Catherine*, dont Bugiardini aurait voulu faire un chef-d'œuvre. Il eut recours à Michel-Ange qui, *avendo compassione a quel povero uomo*, vint à son secours et dessina au charbon, sur le tableau commencé, un groupe de soldats, *una fila di figure ignude maravigliose*. Il est vrai que Bugiardini en a fort altéré le caractère, et qu'on doit faire aujourd'hui un certain effort pour reconnaître, sous la douceur trop caressée du travail, les traces effacées du grand dessinateur.

La pensée de Michel-Ange se retrouve, fièrement traduite par un artiste personnel, dans quelques œuvres de Sébastien del Piombo. Il ne

---

1. *Description des tableaux du Palais-Royal*, 1727.

faudrait pas cependant s'exagérer la part que Michel-Ange a pu prendre à la conception des meilleurs tableaux du maître qui, Vénitien par la naissance, s'était si complétement converti aux séductions de l'art florentin. Sébastien avait de l'imagination, il pouvait travailler seul, bien différent de Bugiardini, le *povero uomo* dont Vasari nous a dit les allures empêchées. Il a su montrer sa force individuelle. On doit toutefois considérer comme certain que, pour la *Flagellation du Christ* de San-Pietro-in-Montorio, Michel-Ange a fourni un dessin. C'est encore Vasari qui le raconte : le grand artiste donna un *piccolo disegno* à Sébastien qui l'agrandit, le compléta à sa façon et se mit à peindre. Le croquis original de Michel-Ange, assez différent de la peinture, se trouverait en Angleterre dans la collection John Malcolm [1]. Quant à la *Résurrection de Lazare*, de la *National Gallery*, le tableau, terminé en 1519, doit certainement quelque chose au précieux concours de Michel-Ange. Le *British Museum* possède deux études au crayon rouge dont Sébastien del Piombo paraît s'être inspiré pour la figure du ressuscité. Mais nous n'avons qu'une confiance médiocre dans le dire du P. Dan, qui, à propos de la *Visitation* de 1521, aujourd'hui au Louvre, écrit un peu témérairement : « On croit que le visage de nostre Dame a esté fait par Michel-Ange. » Ce qui, dans cet admirable tableau, révélerait la collaboration du maître souverain, ce serait plutôt la main de la Vierge, cette main superbe dont le geste est si tendre et si magnifique. Mais ici, nous sommes sur la pente des conjectures et le chemin cesse d'être assuré. Ne nous y engageons pas. Qu'il suffise de dire que, si peu ardent qu'il fût pour la pratique de la peinture, Michel-Ange lui a rendu de prodigieux services. S'il consent à prendre lui-même le pinceau, il enfante des chefs-d'œuvre : il en inspire quand, venant en aide aux plus intelligents artistes de son groupe, il leur donne non-seulement des conseils, mais des dessins quelquefois amoureusement travaillés et définitifs. Il exerce à Rome et à Florence une sorte de magistrature universellement respectée; il ouvre à chacun les trésors de son imagination savante et sa pensée est si noble et si belle que, même sous le voile de la traduction, le texte original apparaît admirable encore.

Michel-Ange a eu d'ailleurs des interprètes inconnus, des adorateurs posthumes, qu'il aurait peut-être désavoués. Lors de l'exposition organisée à Florence, à propos du quatrième centenaire, on a pu voir un tableau envoyé par un amateur, et représentant la *Fortune*, une élégante figure de femme qui chevauche sur sa roue tournante et laisse, de ses

---

1. Aurelio Gotti, *Vita di Michelangelo,* II, p. 223.

mains ouvertes, tomber des trésors autour d'elle. Le dessin original, on le sait, est au musée des Offices. Il est adorable. La peinture n'offre qu'un intérêt très-secondaire; elle n'est même pas absolument contemporaine et si nous la signalons ici, c'est précisément parce qu'elle nous permet de dire que, même après la mort de Michel-Ange, des admirateurs persistants, et quelquefois malheureux, ont eu la pensée de s'emparer des dessins de Michel-Ange pour en faire des tableaux. Tenons-nous en garde contre ces manœuvres de la dernière heure [1].

Mais que dire du fameux tableau du palais Pitti, les *Parques?* L'auteur du catalogue de la galerie, Egisto Chiavacci, s'abstient de nous donner l'histoire de cette peinture, qui a été plusieurs fois gravée, et dont une légion de copistes multiplient constamment les répliques. Est-ce se montrer bien indiscret que de demander pourquoi et comment ce tableau a toujours été considéré comme un original? Nous en avons cherché les aventures anciennes. Les *Parques* sont citées en 1677 par Cinelli. Décrivant la *casa* du cavaliere Alesso Rimbotti, l'auteur des *Bellezze di Firenze* signale d'une manière générale les curiosités qu'on admire dans la maison de la Via del Cocomero, et il ajoute : « *Fra questi tiene il primo luogo, non tanto per l'eccellenza del maestro quanto per la scarsezza di tal genere un quadro nel quale son dipinte le Parche della mano sopra eccellente de Michel-Angelo, opera veramente degna.* » J'ignore à quelle date le tableau est entré dans la collection du grand-duc. Cochin ne semble pas l'y avoir vu. Mais dans son voyage publié en 1769, l'abbé Richard en parle d'une façon assez étrange : « *Les trois Parques,* excellent tableau en clair-obscur pour le dessin et l'expression par Michel-Ange [2]. »

L'abbé Richard veut-il dire que le maître aurait fait un carton enluminé ensuite par une autre main que la sienne? Qu'appelle-t-il un tableau

---

1. L'ancienne critique française a souvent confondu les œuvres du maître avec celles de l'école. Lorsqu'en 1715 le *David tuant Goliath,* de Daniel de Volterre, fut donné au roi, tout le monde y vit une peinture de Michel-Ange. On lisait peu Vasari dans ces temps candides, et l'on aimait à se faire illusion. Le duc d'Orléans croyait posséder quatre Michel-Ange. Indépendamment du *Christ au Jardin des Oliviers,* que nous avons mentionné, Dubois de Saint-Gelais en catalogue trois autres : une *Descente de croix,* une *Sainte Famille* et un *Ganymède.* Mariette n'admettait que le *Ganymède.* « C'est peut-être, écrit-il, le seul tableau de Michel-Ange que nous ayons en France. » À l'égard de toutes ces œuvres égarées, il convient d'être prudent. Hier encore, le *Journal officiel* (5 novembre 1875) annonçait la découverte d'une *Judith* qui, longtemps attribuée à Angelo Bronzino, serait tout simplement un Michel-Ange. Un peu de scepticisme est permis en ces délicates matières.

2. *Description de l'Italie,* III, p. 69.

en clair-obscur, et s'est-il mépris en raison de la faible accentuation de la couleur? On ne sait. Quant aux modernes, les uns acceptent tranquillement l'attribution séculaire; les autres se sentent troublés au fond du cœur et passent très-vite, sans oser dire leur inquiétude[1]. Un des

LES PARQUES.

(Palais Pitti, à Florence.)

nôtres a eu plus de courage. M. Charles Blanc, parlant des *Parques* en 1859, déclare que « la peinture est vide et plate, que les draperies sont

1. On a pensé qu'un élève avait pu imiter un croquis du maître, et l'on a même prononcé le nom de Rosso, qui n'est cependant pas un tempérament débile.

ajustées pauvrement [1]. » C'est un premier pas. Pour moi, j'aimerais à insister sur cette note, et si je ne craignais d'être appréhendé par les carabiniers royaux à mon prochain voyage en Italie, je dirais que la longue tradition me laisse incrédule, et que si Michel-Ange a jamais peint les Parques, ce que j'ignore, son tableau n'est pas celui du palais Pitti. Les trois vieilles filandières ont un médiocre accent, et nous savons que lorsque Michel-Ange a voulu exprimer les ravages, ou même les laideurs de la caducité, il l'a fait hardiment, et d'un crayon toujours attentif au caractère, toujours passionné pour la grandeur. Le tableau conservé à Pitti ne serait donc pas de lui pour le dessin, ou, du moins, rien n'est plus douteux. Mais ce qui semble certain, c'est que l'exécution est indigne de sa main virile. La peinture est amollie, veule, timide : le procédé est en contradiction formelle avec toutes les œuvres authentiques. Michel-Ange, un peu sec à l'origine, modela plus tard d'après les principes de Léonard de Vinci. Croire qu'il ait pu descendre à ce degré d'effacement, c'est lui faire peu d'honneur. Il nous semble donc désirable que la question soulevée par le tableau des *Parques* soit remise à l'étude et résolue par les courageux et par les doctes. Il appartient à nos amis de Florence de dire ici le mot définitif. Les avenues de Michel-Ange sont obstruées par cet obstacle. Débarrassons-nous, s'il se peut, de l'œuvre douteuse qui empêche de bien voir le radieux monument.

IV.

Si habiles que fussent les interprètes que Michel-Ange autorisait à exprimer sa pensée, un peu de sa force se perdait fatalement dans la traduction la plus fidèle, et le grand créateur a su, mieux que personne, dire quel était son rêve. Le moment approchait où le maître allait se trouver aux prises avec les enivrements, avec les impossibilités d'une œuvre colossale et qu'il pouvait seul entreprendre. Paul III, devenu pape le 13 octobre 1534, s'occupa l'année suivante de l'achèvement des travaux que ses prédécesseurs avaient laissés interrompus. Michel-Ange fut nommé architecte, sculpteur et peintre du Vatican. Le bref qui lui attribue cette triple fonction est du 1er septembre 1535. Le document est curieux à relire. On y trouve une allusion à une œuvre commencée, *il già cominciato lavoro*. Ce travail, c'est très-sûrement le *Jugement dernier*, dont le carton avait été entrepris à la fin du pontificat de Clément VII.

1. *Gazette des Beaux-Arts,* 1re période, I, p. 262.

Il semble que, bien avant 1535, Michel-Ange avait conçu la pensée de peindre ce terrible sujet aux murailles de la Sixtine. Aucun document ne le prouve; mais comment croire qu'au moment où le peintre achevait au plafond les figures des sibylles et des prophètes, il n'ait pas obéi à quelque raison secrète en distribuant à des places déterminées ces austères personnages? Michel-Ange ne faisait rien au hasard. Au bas de la voûte qui s'appuie sur la paroi où l'on voit aujourd'hui le *Jugement dernier*, il posa fièrement la belle figure de Jonas. Dans l'Ancien Testament, Jonas, englouti vivant aux flancs du monstre marin et miraculeusement rendu à la lumière, est l'image prophétique de la résurrection. Or le jugement dernier commence par la résurrection universelle. Il est donc vraisemblable qu'en peignant la voûte de la Sixtine, Michel-Ange avait conçu le projet de représenter plus tard les morts émergeant du sépulcre et comparaissant devant leur juge. Le *Jonas* aurait été dans ce cas comme une pierre d'attente posée, bien longtemps à l'avance, en vue d'une construction future.

Michel-Ange s'était mis à l'œuvre, il avait fait effacer les fresques du Pérugin, et déjà son plan était réalisé en partie, lorsqu'il reçut, quelques jours après, le 15 septembre 1537, la fameuse lettre que l'Arétin lui écrivit de Venise, et dont on sait toute l'importance. Elle se retrouve au recueil de Bottari, où chacun l'a pu lire, non sans remarquer combien elle est entachée de rhétorique et chargée de compliments qui semblent suspects. Des hommes comme Michel-Ange veulent être loués dignement, et ils n'ont que faire des servilités qui déclament et qui s'agenouillent. Au milieu de toutes sortes de *concetti*, l'Arétin mande à son illustre correspondant qu'il a réfléchi de son côté au sujet du *Jugement dernier*, et il explique à sa façon, c'est-à-dire au point de vue purement littéraire, comment il comprend ce drame terrible. Michel-Ange n'avait pas besoin de pareils conseils. Il répondit courtoisement à l'Arétin qu'il était aux regrets de ne pouvoir utiliser ses idées grandioses, parce qu'il avait déjà achevé une partie de sa fresque. Il le remerciait en même temps de ses avis et de ses éloges, et il terminait sa lettre en ajoutant que si le *magnifico messer Pietro* avait formé le projet de ne point revenir à Rome, il n'avait pas à modifier son dessein, l'histoire racontée aux murailles de la Sixtine ne méritant pas qu'un homme de si haute qualité se dérangeât pour l'aller voir. La lettre est courte d'ailleurs et il est visible qu'à cette époque, Michel-Ange, tout entier à son travail, aime mieux peindre qu'écrire. A la fin de 1540, il dut cependant reprendre la plume et remercier un poète, Nicolo Martelli qui lui avait envoyé un sonnet sur le *Jugement dernier*. Ainsi l'œuvre était célébrée avant que d'être finie. Elle ne fut en effet achevée et découverte que le 25 décembre 1541, *con stupore e maraviglia di tutta Roma*. Michel-Ange avait consacré huit années à ce grand travail.

C'est ce jour-là, c'est le jour de l'inauguration solennelle, qu'il aurait fallu voir le *Jugement dernier*. Hélas! Cette fresque a tant souffert! Quand on entre à la chapelle Sixtine, on reconnaît immédiatement, si peu qu'on soit initié aux choses de la peinture, que l'œuvre n'est plus ce qu'elle a dû être à l'origine. L'idéal de Michel-Ange étant connu, et sa profession de foi étant écrite à la voûte de la chapelle, on peut tenir pour certain que, lorsqu'il l'acheva, la fresque du *Jugement* avait dans sa tonalité sévère une unité forte et soutenue. Cette harmonie a été détruite. De grandes taches d'un bleu discordant salissent la muraille et la trace de repeints apparaît en maint endroit. Ces embellissements ne sont pas tous de la même époque. Comme on ne restaure pas une fresque, les corrections inspirées, les unes par la petite morale, les autres par le caprice de la mode, ont dû être faites à l'huile ou à la détrempe, et la différence du procédé crée pour le regard un nouveau motif d'inquiétude et d'irritation. Il faut faire un véritable effort d'esprit pour débarrasser l'œuvre vénérable de la poussière qui la ternit et des maculatures qui la déshonorent.

Comment osa-t-on toucher au *Jugement dernier?* C'est une histoire triste à dire. Cette grande création n'avait pas su plaire à tout le monde et quelques années s'étaient à peine écoulées que la discussion commença. L'Arétin paraît avoir joué en tout ceci un rôle particulièrement malhonnête. En avril 1545, il écrit à Michel-Ange, de son style le plus mielleux, pour lui demander quelques-uns de ces dessins dont les chambres des rois sont à peine dignes. En novembre, nouvelle lettre, mais combien le ton a changé! L'Arétin est toujours à Venise : il n'a pas vu le *Jugement dernier*; il connaît seulement le dessin d'ensemble, *lo schizzo intero*, et le voilà en furie. Michel-Ange, parfait dans la peinture, s'est rendu coupable d'impiété et d'irréligion. Son œuvre est impudique et lascive; elle étale des nudités dans le plus grand temple de Dieu, sur le premier autel du Christ. On voit, sans qu'il soit nécessaire de la citer en entier, quelle était la lettre de l'Arétin; on assiste à un spectacle inouï, car l'impudent personnage finit par se déclarer atteint dans sa décence et dans sa foi[1]. Sa colère dura longtemps. En juin 1546, il écrivait au

---

1. Gaye, *Carteggio d'artisti*, II, p. 332. Le dessin qui a révolté la pudeur de l'Arétin est peut-être celui qu'on voyait encore à Venise au xviie siècle. En 1671, le marquis de Seignelay retrouve un dessin de Michel-Ange, représentant le *Jugement universel*, « chez un noble vénitien qui a de très-beaux tableaux dont quelques-uns sont à vendre ».

LA BARQUE DES DAMNÉS.

(Fragment de la fresque du Jugement dernier.)

graveur Eneas Vico que, par le scandale de son œuvre, Michel-Ange méritait d'être classé parmi les luthériens, ce qui n'était pas alors une médiocre injure[1].

Venant d'un tel homme, de pareilles audaces confondent l'imagination. Le fait grave, c'est que l'Arétin n'était pas le seul moraliste du siècle. Son cri d'indignation trouva de l'écho, et bientôt la fresque de Michel-Ange fut menacée. Paul III paraît avoir défendu son peintre; on gagna du temps, mais plus tard les scrupules se réveillèrent et, si Vasari n'exagère pas, Paul IV, qui fut pape de 1555 à 1559, eut un instant la pensée de faire effacer la scandaleuse peinture. C'est alors, et dans un esprit de conciliation, que Daniello Ricciarelli, un sectateur de Michel-Ange, fut chargé d'habiller la nudité de quelques figures. Il y gagna le surnom de *braghettone,* et je crois que c'est à lui qu'il faut attribuer les placages qui altèrent l'unité de la fresque; car Ricciarelli, comme on le voit bien par sa criarde *Décollation de saint Jean-Baptiste,* au musée de Turin, n'a jamais eu la moindre idée de la couleur. Les annotateurs de Vasari nous apprennent qu'après la mort de Ricciarelli, sous Pie V, c'est-à-dire vers 1566, la fresque eut à subir de nouvelles retouches de la part de Girolamo da Fano. Le XVIIe siècle paraît avoir laissé en repos les saints, les martyrs et les damnés de Michel-Ange; mais sous Clément XIII, la grande page du maître fut pour la troisième fois revue et corrigée. Un contemporain nous donne la date de ce nouveau perfectionnement. « C'est dans cette chapelle, dit l'abbé Richard, que j'ai vu, en 1762, de très-médiocres artistes, occupés à recouvrir de draperies les plus belles figures nues du tableau et du plafond[2]. » La restauration dont parle le voyageur français doit être celle qui, d'après d'autres témoignages, fut exécutée ou dirigée par Stefano Pozzi, un décadent de la plus belle espèce. Enfin le *Jugement dernier* n'a pas seulement souffert des barbaries du pinceau. Pendant longtemps la chapelle Sixtine a été le théâtre de cérémonies pompeuses qui se célébraient à grand renfort de luminaires. Le médecin Huguetan, dont la relation est de 1681, nous fournit à ce propos quelques lignes curieuses : « Il y a dans le Vatican la chapelle de Sixte où se voit le merveilleux ouvrage du *Dernier Jugement...* Le lieu est un peu trop obscur, et si nous n'y eussions pas été en un temps qu'il y avoit quantité de flambeaux allumés, nous n'en eussions pas pu découvrir l'excellence[3]. » Ces flambeaux ont beaucoup contribué à épaissir le voile enfumé dont la fresque est aujourd'hui recouverte.

1. *Raccolta di lettere,* III, p. 152.
2. *Description historique de l'Italie,* 1769. V. p. 375.
3. *Voyage d'Italie curieux et nouveau.* 1681, p. 73.

Le *Jugement dernier* est donc difficile à bien voir, et ce n'est qu'à la
suite d'une contemplation assidue qu'on peut se rendre compte de l'ensemble et des détails. On a parlé du désordre et de la fougue de la composition. Il semble que l'œuvre doit frapper l'esprit par un caractère
tout opposé. Michel-Ange avait soixante-six ans lorsqu'il termina sa
fresque, et à cet âge les folles ardeurs de la jeunesse commencent généralement à se tempérer. Ce que je vois dominer surtout dans le *Jugement dernier*, c'est la haute raison mûrie, la force concentrée, la prodigieuse sagesse du héros qui frappe de grands coups, mais qui calcule.
La composition est un modèle d'ordre et de méthode. Vue d'ensemble,
elle étage et superpose ses innombrables figures en quatre rangées à
peu près parallèles, dont la régularité s'infléchit, monte ou descend,
variant par des sinuosités heureuses la rigueur de l'horizontale. La disposition symétrique de ces quatre bandes successives s'atténue d'ailleurs
par le jet de certaines figures qui sortent çà et là de l'alignement et
relient les masses les unes aux autres.

Tout en haut, dans les espaces auxquels l'ornementation de la voûte
donne une forme circulaire, sont deux groupes de personnages surhumains qui portent aux profondeurs du ciel, d'un côté la colonne où le
Christ fut flagellé, de l'autre l'immense croix du dernier supplice. Un
peu au-dessous, au centre, est Jésus, le juge terrible, ayant auprès de
lui la Vierge, dont l'attitude suppliante mêle à la sévérité du spectacle
une pensée de miséricorde. A droite et à gauche, la légion triomphante des
saints et des martyrs, l'armée des bienheureux, dont les âmes pardon-
nées vont augmenter le nombre. La troisième rangée de figures forme
également trois groupes, séparés par un certain espace, mais réunis pour
le regard par des lignes de rappel. Au milieu, les anges faisant retentir
dans l'air les trompettes formidables dont parle l'Apocalypse. A gauche
du spectateur, la foule montante des chrétiens qui ont été amnistiés et
à qui les habitants du ciel tendent des mains fraternelles; à droite, la
lutte des réprouvés avec les démons qui les entraînent vers l'abîme.
Enfin, au bas de la fresque, le commencement et la fin du drame, c'est-
à-dire d'un côté les morts sortant effarés de la tombe, de l'autre, la rive
infernale, le fleuve noir, le batelier Caron, la barque légendaire emplie
jusqu'aux bords, et la cohue dantesque des condamnés, pour qui vont
commencer les supplices sans trêve et sans espérance.

Ainsi étudiée dans sa loi générale, la composition est le résultat absolument exact d'un effort puissamment raisonné et suivi. Nul doute qu'au
point de vue de la conception intellectuelle, cette page ne soit une des
plus grandes affirmations de l'esprit au XVIe siècle. Michel-Ange ne donne

rien à la trouvaille aventureuse, aux hasards de l'inspiration. Son rêve, qui, moralement, est un écho lointain de l'austère chant du Dante, admet dans ses combinaisons de formes et de lignes une part de mathématique. Ici Michel-Ange est l'héritier sublime de ces grands Florentins de l'âge antérieur, qui mettaient de la science dans l'art. Pour l'ensemble, la composition appartient donc à l'ordre le plus élevé; elle apparaît telle que Michel-Ange seul pouvait la concevoir. Que si l'on examine l'un après l'autre chacun des groupes, si l'on détaille les figures qui les constituent ou celles qui, savamment indisciplinées, s'écartent çà et là du noyau central pour relier les masses, on découvre tout un monde de formes puissantes, de gesticulations douloureuses ou fières, d'expressions superbement dramatiques.

Michel-Ange a certainement connu, et de très-près, les admirables inventions de ses devanciers : il s'est servi des idées, sinon des types, qui, dans les anciennes représentations du *Jugement dernier*, avaient avant lui terrifié ou consolé les âmes croyantes. Son Christ, le bras levé et menaçant, est emprunté, pour l'attitude, à la fresque d'Orcagna au Campo-Santo de Pise. Dans quelques-unes des figures de ressuscités, le peintre s'est souvenu, librement d'ailleurs, des nudités héroïques dont Luca Signorelli étale au dôme d'Orvieto les splendeurs viriles. Mais comme le langage des vieux maîtres est ici renouvelé et agrandi ! Le sens mystique du poëme s'était modifié avec les années, et la théologie de Michel-Ange n'est pas tout à fait celle des âges primitifs. Il suffit d'en citer un exemple. Dans la fresque du Campo-Santo, le Christ et la Vierge, égaux par la dimension optique, ont la même dimension morale. La foi d'Orcagna les place sur le même rang : la madone glorifiée partage avec son fils la présidence des assises suprêmes. Dans la composition de Michel-Ange, la Vierge redevient femme; elle se fait, sinon petite, du moins inégale; elle se subordonne au juge redoutable. Point de vue nouveau assurément, et qui n'est plus celui du moyen âge. Pour la représentation de l'Enfer, la modification n'est pas moins frappante. Dans les images traditionnelles auxquelles se complut le xv⁵ siècle et qui convenaient si bien à son goût pour les sujets macabres, les âmes des réprouvés sont figurées par des corps qui brûlent, aux régions infernales, entourés de langues flamboyantes : Michel-Ange supprime les flammes, il renonce au vieux symbolisme démodé. Est-ce pour cela que le pieux Arétin lui décerne un brevet d'hérésie?

Il faut le dire cependant. Si grande que soit cette composition sans pair, si hardi qu'en soit le savant détail, une qualité manque à l'œuvre, l'éloquence persuasive. Elle intéresse le regard, elle l'étonne, elle le

LA PRUDENCE.

(Dessin du Musée des Offices.)

confond par des prodiges d'audace et de certitude, elle n'émeut pas. Je n'entends pas parler ici de cette émotion d'ordre sentimental ou littéraire qui agite le cœur au spectacle d'un drame ; non, je veux parler de cette commotion profonde que subit l'âme à l'aspect de certaines œuvres d'art. L'effet d'ensemble, je l'ai dit, est comme supprimé par l'état désastreux de la fresque inégalement repeinte ou salie ; ce n'est donc que par voie d'analyse qu'on peut arriver à la comprendre. Quand on parvient à entrer dans le détail, aucune des figures du *Jugement dernier,* — non, pas même celle de la Vierge qui est pourtant admirable de sentiment, — ne provoque le saisissement d'admiration, l'accablante surprise qu'éveille la vue d'une des Sibylles ou d'un des Prophètes du plafond. Les ressuscités qui montent vers le ciel, les damnés aux prises avec les démons sont superbes de dessin et de mouvement ; il n'en est pas un qui puisse être comparé à l'Adam dans la *Création de l'homme,* à l'Ève dans le *Paradis terrestre.*

D'où vient cette différence dans l'excellent, cette hiérarchie dans le grandiose ? C'est que de 1512 à 1541, Michel-Ange avait vécu et qu'il s'était insensiblement modifié. Constamment occupé à voir, à apprendre, à produire, il avait gagné en science, mais, dans la peinture du moins, sa pensée n'avait plus cette fraîcheur de jeunesse, ce rayonnement d'aurore qui illumine ses premières œuvres. Les figures de la voûte de la Sixtine sont naturellement sublimes, elles sont nées sans effort avec l'heureuse spontanéité de la fleur. Dans la *Création de l'homme,* dans la *Création de la femme,* même dans les *ignudi* qui s'agitent, bronzes vivants, aux angles des compartiments du plafond, une silhouette décisive, mais suave, circonscrit une forme robuste et qui reste douce. Dans les figures du *Jugement,* cette forme, très-belle encore et si belle que personne n'a dessiné d'un si grand air, se complique et se donne en spectacle ; par ce qu'il sait tout, le pinceau veut tout dire. Il y parvient ; mais le sentiment se mélange ici d'érudition, et la mesure est serrée de si près qu'il semble parfois que l'artiste va la dépasser. Lanzi prétend, non sans finesse, que Michel-Ange a comme Dante *una certa pompa di sapere.* De là, dans ce monument vénérable et unique au monde, quelque chose d'un peu tendu. L'imagination reste confondue devant la rigueur absolue du geste et l'impeccable précision du dessin ; mais, pour être touchée, l'âme n'a pas besoin d'en savoir si long ; elle aime qu'on lui laisse quelque chose à deviner, et le drame, trop écrit, s'atténue.

Il faut dire d'ailleurs que, dans son évolution rapide, le xvi⁰ siècle, si jeune et si pénétré d'émotion aux années heureuses du début, commençait à s'enivrer de son triomphe. Léonard de Vinci et Raphaël

LE JUGEMENT DERNIER

PAR MICHEL-ANGE

Typ. J. Claye.

étaient morts, et même le vieux Signorelli qui, contrairement à toutes les vraisemblances, leur avait, un instant, survécu. Corrége disparaissait en 1534; les grandes tendresses allaient finir; un été, qui devait être dur, succédait au plus beau printemps que le monde ait jamais connu. Michel-Ange vieillissait. Il le dit lui-même; il se déclare *molto vecchio* dans la supplique qu'il adresse à Paul III en 1542 au sujet de l'interminable tombeau de Jules II, *la tragedia della sepoltora*, comme l'écrit mélancoliquement Condivi. Michel-Ange ajoute que, pour mener à fin ce monument qui lui a coûté tant de souci, il est obligé d'en simplifier les dispositions primitives, car il va être absorbé et retenu tout entier par l'exécution des peintures que le pape lui a commandées pour la décoration de sa nouvelle chapelle. Il entreprenait, en effet à soixante-sept ans, une autre œuvre importante par la dimension et par la donnée, les fresques de la chapelle Pauline.

Ce nouveau travail, poursuivi lentement, d'une main un peu lassée et au milieu des plus amères tristesses, — c'est en 1547 que mourut Vittoria Colonna, — ne fut terminé qu'en 1549 ou peut-être même dans les premiers mois de l'année suivante. Michel-Ange avait pris pour sujet la *Conversion de saint Paul* et le *Martyre de saint Pierre*. On sait que ces fresques, *ambedue stupendi*, dit Vasari, existent encore, mais dans un état lamentable. Je ne les ai point vues, car il s'en faut de beaucoup que toutes les portes du Vatican soient ouvertes. Je n'en peux donc parler que d'après les récits des explorateurs plus heureux que moi. Mais je crois comprendre que les privilégiés qui pénètrent dans la chapelle Pauline ne constatent qu'une chose, c'est que la décoration en est fort obscurcie. Stendhal avoue qu'il n'a pu distinguer que le cheval blanc de saint Paul. Dès la fin du siècle dernier, on considérait les deux fresques comme tout à fait compromises. « Le temps, dit Lanzi, a trop endommagé ces peintures pour qu'il soit possible d'en écrire exactement. » *Sono quasi affato perdute*, ajoute le plus récent biographe, *tanto appariscono sporche e affumicate*[1].

Il semble d'ailleurs que, malgré la stupéfaction qu'elles causèrent à Vasari, les fresques de la chapelle Pauline accusaient visiblement chez le peintre quelques traces de vieillesse. Michel-Ange touchait à sa soixante-quinzième année quand il les acheva. Une maladie grave l'avait atteint en 1544, et l'enthousiaste auteur des *Vite dei pittori* est obligé de reconnaître que la fresque réclame une main virile, *non è arte da vecchi*. Des deux compositions peintes par Michel-Ange, il reste quelques des-

---

1. Aurelio Gotti, *Vita di Michelangelo*, I, p. 280.

sins. Le *British Museum* conserve un précieux feuillet où l'on reconnaît divers croquis pour la *Conversion de saint Paul*. Oxford possède aussi un fragment de carton et des études de chevaux. Il est superflu de dire que ces chevaux sont admirables.

Michel-Ange devait vivre quelques années encore; toutefois les fresques de la chapelle Pauline furent ses dernières peintures. Il ne cessa pas de travailler, mais c'est au marbre qu'il confia les inspirations de sa vieillesse. Il revenait toujours à la sculpture, ce grand inventeur à qui on demanda des tableaux et des fresques, et qui s'en plaignait. N'y avait-il pas un peu d'exagération dans ces récriminations répétées? Il la savait si bien, cette peinture qu'il disait ignorer, et elle tient tant de place dans sa vie! La voûte de la chapelle Sixtine, le *Jugement dernier*, la chapelle Pauline, représentent à peu près vingt ans de travail. Ajoutez à ces fresques les tableaux qui nous ont été conservés, ajoutez-y l'inconnu et vous reconnaîtrez que Michel-Ange a eu le pinceau à la main pendant plus d'un quart de siècle. C'est plus pour lui que pour un autre, car les œuvres de peinture ne sont nullement un accessoire, une décoration de luxe dont sa biographie pourrait se passer. Elles ne viennent pas seulement s'additionner aux travaux du sculpteur et de l'architecte et aux mélancoliques rêveries du poëte; elles ne comptent pas seulement comme des heures de travail dans la vie de l'infatigable ouvrier, elles constituent des victoires aussi éclatantes que les triomphes qu'il a pu mériter dans la pratique des autres arts. Les fresques valent les marbres, les tableaux sont à la hauteur des statues. Sous des formes différentes, et dans un langage qui a varié, les idées exprimées par le maître souverain sont de la même valeur morale et de la même famille intellectuelle. La pensée se refuse à comprendre ce que pourrait être la sculpture italienne si l'on supprimait les tombeaux des Médicis, les *Captifs*, le *Moïse* : s'imagine-t-on quel vide se ferait tout à coup dans l'histoire si l'on en retranchait les peintures de Michel-Ange?

V.

Au milieu des constants labeurs d'une activité qui se reposait en changeant de travail, Michel-Ange a beaucoup dessiné : il s'est servi du crayon ou de la plume depuis ses débuts jusqu'aux derniers jours. Les dessins conservés à Florence à la casa Buonarroti, et qui, pour la plupart, sont relatifs à des études d'architecture ou à des projets de fortification, occupent une salle entière de la galerie. Le musée des Offices,

le *British Museum*, l'université d'Oxford, les collections de Vienne et de
Weymar, le Louvre enfin, — que nous citons en dernier par pure courtoisie, car Michel-Ange y est admirablement représenté, — possèdent
les plus éloquentes de ces feuilles légères, où l'encre, la pierre noire ou
la sanguine ont éternisé la pensée du maître, soit qu'il cherche à exprimer à grands traits une forme ou une attitude, soit que, soucieux de

LA FRAYEUR.

(Dessin du Musée des Offices.)

tout dire, il poursuive, dans sa vérité parfaite, le modelé exact, délicat,
absolu. A ces dessins, orgueil des musées publics, qu'on ajoute ceux que
conservent les amateurs privilégiés ; qu'on songe à ceux, évidemment
très-nombreux, qui ont péri ; qu'on se souvienne, par exemple, de la série
de croquis que Michel-Ange avait consacrée à l'illustration du poëme de
Dante et qui aurait, dit-on, disparu dans un naufrage, et l'on pourra se
rendre compte, par à peu près, des trésors qui naquirent sous cette

main savante. Le dessin de Michel-Ange! c'est une autre œuvre qui, après ses peintures, sollicite et retient l'attention. M. Charles Blanc nous permettra certainement d'ajouter quelques mots à ce qu'il a si bien dit plus haut.

Mariette, qui possédait trente-six dessins de Buonarroti, et non des moindres, croit pouvoir assurer que les croquis à la plume « sont ordinairement ceux qu'il a faits dans son premier temps ». Les dessins au crayon seraient d'une époque postérieure. Nous ne saurions nous porter garants de la justesse de cette distinction, et s'il était décent de s'insurger contre Mariette, nous dirions volontiers que nous n'y croyons pas. Les deux procédés ont dû se mêler ou alterner dans la carrière du maître selon sa fantaisie changeante et aussi d'après la nature du motif à traduire. La plume, une plume énergique et carrément taillée comme celle de Michel-Ange, eût été impuissante à exprimer les douceurs du modelé et la morbidesse des méplats : elle rendait admirablement la profilée d'une silhouette et la loi générale d'un ensemble. Le dessin de la statue de *David* (Musée du Louvre) est un croquis à la plume, et, soit qu'il ait été fait, comme le croyait Mariette, en vue du *gigante* de marbre, soit qu'on y voie la première pensée de l'autre *David*, celui qui fut envoyé à Florimond Robertet, il est de 1501 ou de 1502, c'est-à-dire de la jeunesse de Michel-Ange. Cet exemple confirmerait la règle posée par Mariette, mais combien d'exceptions! Il suffit d'en citer une. La *Vierge tenant l'enfant Jésus*, également au Louvre, est aussi un dessin à la plume; or ce dessin merveilleux correspond à l'époque où Michel-Ange travaillait aux tombeaux médicéens : c'est de cette Vierge en effet qu'est sorti le chef-d'œuvre inachevé de la chapelle San-Lorenzo, et, à ce moment, le maître est dans toute sa virilité. Il faut donc croire, quoi qu'en ait dit l'exact Mariette, que lorsqu'on est en présence d'un dessin de Michel-Ange, le procédé d'exécution ne suffit pas à le dater.

Mais Mariette a d'ailleurs si finement traité la question, qu'il faut lui emprunter ici quelques mots caractéristiques : « Je ne sache aucun maître, écrit-il, qui ait terminé davantage ses études. Quand il cherche quelque attitude, il jette avec impétuosité sur le papier ce que lui fournit son imagination. Il dessine alors à grands traits. Il devient en quelque façon créateur. Mais veut-il étudier la nature, pour la représenter ensuite dans sa sculpture ou dans sa peinture? il suit tout une autre méthode. Il caresse ce qu'il fait, il y met plus d'ouvrage. Son dessin n'est plus une esquisse; c'est un morceau terminé dans lequel aucun détail n'est omis : c'est la chair même. »

A ces lignes excellentes je me permettrai d'ajouter un mot. Cette exécution adoucie et caressée, ce modelé amoureux de la forme, on les

retrouve dans les peintures de la Sixtine, dans les marbres que le maître
a menés jusqu'au bout. N'est-ce pas une raison de plus pour croire que
Michel-Ange, qui a tant profité des conquêtes de l'art antérieur, a étudié
de très-près les ouvrages de Léonard de Vinci? Ses partisans ne le
reconnaissaient pas sans doute. Ils voulaient, les enthousiastes, que
Michel-Ange eût tout inventé, même le modelé. Mais l'histoire est là
qui proteste, et les dessins du peintre, lorsqu'on les rapproche de ses
fresques, nous disent très-clairement de quel côté on doit chercher ses
origines. N'est-ce pas d'ailleurs une joie pour le biographe que de
pouvoir célébrer Michel-Ange sans enlever un seul rayon à l'auréole du
maître adorable, Léonard?

Avec la première pensée du *David*, avec la *Vierge tenant l'enfant
Jésus*, nous sommes au Louvre : n'en sortons pas. Un dessin de la
collection nationale nous montre un renseignement sur le caractère du
grand artiste. Ce mélancolique n'ignorait pas la gaieté, ce furieux savait
sourire. Un élève assez inhabile lui apporte un jour une tête de femme
mollement dessinée à la sanguine. Sollicité de donner un peu d'accent à
ce fade profil, Michel-Ange prend une plume; il corrige, il se laisse
entraîner par un caprice doucement caricatural, et sur les linéaments
flottants de cette tête insignifiante, il superpose, d'un trait mâle,
l'étrange tête de satyre dont la *Gazette* a reproduit l'image. Mariette, à
qui cette robuste fantaisie a appartenu, en parle fort curieusement. « Je
trouve, écrit-il, que la manœuvre du dessin tient beaucoup de la manière
de Michel-Ange dans sa jeunesse. Il arrangeait alors ses tailles avec plus
de soin; son dessin imitait davantage la gravure que lorsqu'il fut parvenu à un âge plus mûr. »

Des trésors qui ne méritent pas un moindre respect sont conservés à
Florence dans le corridor qui réunit le palais Pitti aux Offices. Ces dessins
sont de premier ordre. Ils ont jadis été décrits par Léon Lagrange[1] et
nous n'avons que quelques mots à ajouter à ses notes qu'il faudrait relire
si on les avait oubliées. Un des plus beaux parmi ces dessins restés
florentins, c'est la tête si magnifiquement effarée qu'on peut regarder
comme une représentation de la *Frayeur*. Les yeux s'agrandissent, les
cheveux se dressent sur le front, la bouche est ouverte et criante. Les
honnêtes académiciens du XVIIe siècle, qui enseignaient à leurs élèves
comment on doit s'y prendre pour figurer décemment l'effroi, auraient
pu se contenter de leur montrer le crayon de Michel-Ange : il a trouvé
avant eux la « tête d'expression ». Ajoutons que ce masque est comme

____

1. *Gazette des Beaux-Arts,* 1re période, t. XII.

frappé dans le métal et qu'il a, avec le cri tragique, une perfection de travail, une suavité d'exécution incomparables.

Nous avons déjà parlé de la figure de la *Fortune*, qui a été traduite en peinture par une main inconnue; non moins précieuse est l'allégorie où l'on croit reconnaître la *Prudence*, une femme tenant un miroir et devant laquelle jouent des enfants. A propos du monument de Jules II et des éléments décoratifs qui devaient trouver place dans la conception primitive, Mariette écrit : « J'ai le dessin d'une statue assise tenant un miroir, laquelle devait représenter la Prudence. » C'est ce dessin ou un dessin exactement pareil qui se retrouve aux Offices. Il est superbe et mystérieux, et l'on y admire une grâce infinie amalgamée avec une gravité profonde et presque énigmatique. Michel-Ange avait une imagination qui regardait de l'autre côté du réel et qui faisait vivre à ses yeux l'inconnu du rêve. Mais, souvent, il a dessiné d'après nature, il a voulu copier, et on peut voir alors combien il était habile à dégager le caractère typique du modèle et à l'exalter au niveau de son idéal. Dans ces études faites sur le vif, le visionnaire se mêle au naturaliste. La *Tête de vieille Romaine*, reproduite par la *Gazette*, la *Tête de femme*, que M. Haussoulier a gravée, sont des exemples frappants de l'art avec lequel Michel-Ange agrandit et transforme la réalité. Il s'en sert comme d'un tremplin et il monte aux étoiles. Le copiste chez lui a une tendance à devenir involontairement sublime.

Michel-Ange a souvent pris plaisir à dessiner des compositions compliquées, sujets de tableaux qu'il rêvait et qu'il n'exécutait point. Une de ses plus belles inventions dans ce genre est la *Chute de Phaéton* qu'il fit à la demande d'un ami, Tomaso de Cavallieri. Avant d'exécuter ce dessin, où les lignes étaient définitivement arrêtées et qu'il avait étudié avec amour dans ses moindres détails, il crayonna à la pierre noire une première pensée de la composition. Cette esquisse, comme l'appelle Mariette, avait fait partie du cabinet de Moselli à Vérone, avant de venir accroître les trésors réunis par le collectionneur français. Mais tout prouve que cette idée de Phaéton précipité de son char préoccupa beaucoup Michel-Ange, car on a revu un autre exemplaire de ce dessin dans la collection de M. Émile Galichon. Cette fois le maître s'était servi de la sanguine. L'œuvre est bien connue, grâce à la reproduction que la *Gazette* en a donnée.

Nous avons souvent regardé ce dessin que notre ami considérait avec raison comme une des raretés de son cabinet, et plusieurs fois il nous est venu à la pensée qu'il pouvait être, sinon de la fin de la vie de Michel-Ange, du moins du moment où sa main lassée commença à se montrer moins ferme dans le maniement du crayon. Je crois voir dans la *Chute de Phaëton* des formes un peu amollies, précisément parce qu'elles sont trop caressées. Les chevaux surtout auraient exigé, si l'on songe au mouvement que le maître leur a donné, une exécution plus énergique. Bien que la classification historique des dessins de Michel-Ange ne soit pas encore faite et que ce travail reste difficile, puisque les dates certaines font défaut, il semble que les dernières œuvres de son

TÈTE DE VIEILLE ROMAINE.

(Musée des Offices.)

crayon sont reconnaissables à une sorte d'incertitude dans le modelé qui n'a d'autre cause que l'excès du travail trop chargé et trop fini. La pierre noire ou la sanguine repassent à outrance sur la forme indiquée et elles l'effacent. Nous en avons une preuve dans un petit dessin de la collection Albertine, à Vienne, la *Baigneuse accroupie.* Évidemment l'œuvre est molle. Il convient de dire que lorsqu'il l'exécuta, l'artiste avait plus de quatre-vingts ans, comme le constate l'inscription que nous re-produisons en même temps.

Mais il est triste de reconnaître que Michel-Ange a pu vieillir. On se figure le héros toujours jeune ou gardant du moins jusqu'à la fin les

énergies d'une virilité intacte. Il faut donc, pour rester sur un grand
souvenir, consacrer notre dernière parole à un des plus étonnants dessins de Michel-Ange, le *Buste de femme,* du Musée des Offices, que la
Gazette des Beaux-Arts a reproduit et qu'elle a eu le tort de donner
comme le portrait de Vittoria Colonna. Sans nous lancer ici dans une
dissertation que le lecteur déjà accablé ne tolérerait pas, — l'histoire
des portraits de la marquise de Pescaire est tout un problème, — il suffira de dire que cette admirable figure, fantasque par la coiffure, arbitraire par le costume, ne reproduit point les traits de Vittoria. C'est une
de ces têtes, vaguement inspirées par un noble type, mais créées à nouveau et comme tirées du néant par la plus puissante invention qui fût
jamais. Ce sévère profil n'a pas seulement le charme austère, il a la
magie secrète, l'attrait troublant qui fait penser. Michel-Ange, dans les
œuvres de cette force, ne se contente pas d'attirer le spectateur : il le
retient, fasciné par l'étrangeté d'une énigme imprévue. C'est un privilége
qu'il partage avec Léonard de Vinci. On le voit bien à ce merveilleux
dessin, Michel-Ange a été, lui aussi, un créateur de sphinx et il a donné
à la *Joconde* des sœurs mystérieuses et formidables.

VI.

Michel-Ange a exprimé dans la peinture des choses qui avaient été
soupçonnées avant lui, mais qui n'avaient été dites qu'à demi-voix avec
les hésitations et les timidités du bégaiement. C'est là une de ses gloires.
Gardons-nous cependant de prendre tout à fait au sérieux le mot de
Stendhal qui, dans son étude tissue de paradoxes et de vérités ingé-
nieuses, célèbre en Michel-Ange l'inventeur de l'idéal. L'idéal n'obéit point
à la loi de l'éclosion spontanée ; il ne se forme pas tout d'une pièce dans
l'âme d'un seul homme, alors même que cet homme est Michel-Ange. Il
se dégage lentement, par un effort collectif des esprits qui rêvent ; il se
crée par voie d'alluvions successives ; il est la conquête et la récompense
de plusieurs générations inconsciemment associées dans le même désir,
ouvrières qui ne se connaissent pas toujours, qui se combattent quelquefois
et qui travaillent cependant à la même œuvre. L'idéal avait été entrevu à
Florence dès la fin du xiiie siècle : il est en germe dans Giotto. Malgré la
longue halte qu'elle fit dans le naturalisme, toute l'école mit son labeur
à dégager du bloc mystérieux la radieuse statue. Il y a une part d'idéal,
je veux dire d'exaltation du vrai, dans les prédécesseurs immédiats de
Michel-Ange, les Filippo Lippi, les Signorelli, les Ghirlandajo. Le peintre

de la chapelle Sixtine est leur enfant. Et tous ces maîtres étant des commencements superbes, c'est avec raison qu'on a pu voir dans Michel-Ange le Florentin définitif.

Au point de vue du dessin, qualité primordiale, caractéristique, essentielle de l'art toscan, le grand maître n'a donc point apporté au monde un nouveau principe d'idéal : il a appliqué magnifiquement une règle déjà devinée : où ses devanciers avaient épelé, il a lu. De 1508 à 1512, époque mémorable dans l'histoire de la peinture, Michel-Ange a fait vivre aux voûtes de la Sixtine les splendeurs de la forme humaine avec une ampleur, une plénitude qu'on rêvait sans doute, mais que les plus hardis osaient à peine prévoir. Cette perfection se révèle dans l'ensemble comme dans le détail, elle s'écrit dans la silhouette comme dans le modelé intérieur. Je n'insiste pas sur ce point, qui, je le crois, n'est plus contesté. Parodiant avant l'heure le mot royal, Michel-Ange aurait pu dire : « Le dessin, c'est moi. »

On a voulu reconnaître une autre originalité chez le peintre du *Jugement dernier :* on l'a loué quelquefois, et on l'a plus souvent blâmé, d'avoir donné un étrange relief à ses figures, et je vois dans les livres qu'on l'a longtemps accusé de faire de la peinture de sculpteur. Singulier reproche, en vérité! Ne semble-t-il pas que, parce qu'elle opère sur des surfaces planes, la peinture soit essentiellement condamnée à exprimer les formes tournantes, la hiérarchie des plans successifs, les accidents de la perspective par les procédés naïfs de l'enfant qui applique sur le panneau ou sur la toile des morceaux de papier découpés? Le dernier des byzantins s'insurgerait contre cette méthode. On se rappelle la lettre de Michel-Ange à Benedetto Varchi. « *Io dico,* écrivait-il, *che la pittura mi pare più tenuta buona, quanto più va verso il rilievo* [1]. »

Il a donc eu le respect et la passion du relief : il a montré en ce point qu'il était véritablement un peintre et qu'il avait l'œil juste et la main savante. Mais il n'a pas inventé le système qu'on lui reproché d'avoir appliqué, et le crime, si l'on donne ce nom à ce qui est la vertu suprême, avait été commis avant lui. Ici encore, Michel-Ange est l'homme de la tradition.

Le XVe siècle florentin avait eu en mépris la plate enluminure des barbares; presque tous les peintres de ce temps se faisaient gloire d'être des sculpteurs, et, attentifs à ne point mentir, dédaigneux des abstractions maladives, ils avaient, dans leurs tableaux ou dans leurs fresques, essayé d'exprimer la forme absolue, avec ses profondeurs et ses saillies.

---

1. *Raccolta di lettere sulla pittura,* 1822, t. I, p. 9.

Ce n'est pas seulement Florence qui avait deviné que le corps humain est un solide et non une apparition vaine, une vapeur qui passe sur une toile de fond. Un des maîtres les plus hardis du siècle qui venait de finir, Mantegna, le statuaire Mantegna, comme on l'a courageusement appelé, n'avait pas seulement puisé dans l'art antique le sentiment de toutes les grandeurs; il avait regardé autour de lui les spectacles de la vie, et dans la forte construction de ses acteurs, dans l'arrangement des draperies et des costumes, il avait trouvé, avec le style, le moyen de détacher le personnage, de le faire venir en avant, presque comme une ronde bosse. Aux Eremitani de Padoue, il y a telle figure de soldat ou de bourreau qui sort de la muraille et autour de laquelle le regard pourrait tourner. Michel-Ange avait plus de trente ans lorsque Mantegna mourut en 1506. Le jeune Florentin aurait pu connaître le vieux Padouan. D'ailleurs s'il n'a pas rencontré l'homme, il a très-certainement vu quelques pages de son œuvre. On ne pouvait guère aller de Bologne à Venise en 1494 sans être arrêté sur son chemin par une ou deux peintures du beau-frère des Bellini. Mais c'est à Rome, à quatre pas de la chapelle Sixtine, où il passa une partie de sa vie, que Michel-Ange a admiré le grand sentiment de Mantegna et son culte pour le relief sculptural. Du mois de juin 1488 à la fin d'août 1490, Mantegna avait peint au Vatican la chapelle d'Innocent VIII; il en avait décoré la voûte et les murailles, et c'est au-dessus de l'autel que brillait sa fresque fameuse, le *Baptême du Christ*. Ces merveilles, aujourd'hui disparues, étaient dans l'éclat de leur nouveauté quand Michel-Ange entreprit le plafond de la Sixtine. On doit ajouter enfin qu'il n'aurait pas eu besoin des avertissements de Mantegna pour apprendre à faire saillir la forme vivante : il n'avait qu'à obéir aux traditions florentines, à la loi de son génie. Et puisqu'il est vrai que chez lui le peintre contient un statuaire, ne le regrettons point. L'à peu près peut avoir son prix; mais la connaissance parfaite de la forme vaut encore mieux. N'imitons pas les paresseux et les ignorants toujours empressés à jeter la pierre à ceux qui travaillent et à ceux qui savent.

Comment se plaindre, d'ailleurs? Aux violences dont on l'accuse, aux hardiesses inédites de ses mouvements, à la *terribilità* de sa grande allure, Michel-Ange a apporté un correctif, — la douceur. Ce forcené était un délicat. Ici apparaît, dans la complication harmonieuse de ce génie qui a compris tant de choses, l'influence salutaire de l'inventeur de toutes les tendresses, Léonard de Vinci. Michel-Ange compose et dessine avec une force exaltée et grandiose, avec une furie savante : il peint comme Léonard. Sur les vigueurs d'une forme à la fois juste et

rare, il jette le voile d'une exécution caressée, presque attendrie. Il est
fin dans le violent, et sur l'énergique structure de ses colosses il met un
vêtement de grâce.

Indépendamment de ces qualités maîtresses, qui sont toutes de premier ordre et qu'on n'est pas accoutumé à trouver souvent réunies, un

*Micaelis Angeli manu — Inus aetatis suæ Lxxx vij.
Roma 1560. xx vij. Marty.*

BAIGNEUSE ACCROUPIE (COLLECTION ALBERTINE, A VIENNE).

Dernier dessin de Michel-Ange et fac-simile de l'inscription qui l'accompagne.

autre mérite, on dirait presque une autre vertu, éclate dans les peintures
de Michel-Ange : c'est le dédain de tout ce qui est petit, la haine de
tout ce qui est vulgaire. Il s'était abreuvé aux sources choisies; il avait,
dans sa raison exaltée jusqu'au lyrisme, l'éternel enivrement du beau.
Sa haute culture intellectuelle, son enthousiasme fait de science, s'étaient
nourris de la splendeur de l'art antique et des sombres visions du moyen

âge. Il ajoutait à ces souvenirs les inspirations d'une mélancolie inconnue, la tendresse compatissante du solitaire qui trouve dans sa propre inquiétude le besoin de consoler les angoisses des amis ignorés. A ces titres, Michel-Ange est le premier des modernes. Il mêle dans son œuvre les deux rayons : la beauté de la forme et l'émotion du cœur. Cette émotion, il est vrai, n'est pas celle des grands tragiques et des grands élégiaques ; c'est une sorte de trouble solennel, une pensée sévère qui vient du monde qu'on ne voit pas. Aussi l'esprit supporte-t-il malaisément que cette pure gloire ait pu être discutée avec amertume : il va jusqu'à se plaindre qu'elle ait été froidement célébrée. La tiédeur équivaut ici à l'injure. Un maître tel que Michel-Ange ne doit pas être aimé à demi. Il faut entrer dans son œuvre immense avec toutes les volontés d'une intelligence passionnée ; il faut, s'il est possible, se hausser à la taille de ce géant. Ses créations, où tout se reflète et s'ennoblit, demeurent le spectacle austère qui vous enlève aux réalités de la vie quotidienne. Elles disent qu'il est bon de monter sur les cimes et de se retremper dans l'azur. Michel-Ange est un réconfortant : c'est le maître des leçons viriles. Si nous avions quelque souci de la justice, nous n'aurions que des acclamations et des remercîments pour l'ouvrier sublime qui, dans la forme humaine glorifiée, a fait triompher toutes les grandeurs de l'esprit.

PAUL MANTZ.

MICHEL-ANGE

I.

Les jugements des homme se changent et se modifient avec le temps qui s'écoule. Tel qui, de son vivant, avait passé pour un pauvre sire, est parfois pris pour un héros, alors qu'il est mort; telle œuvre, qui fut jadis acclamée, est maintenant délaissée, et, même, sans attendre que les jours se passent, il arrive que, du matin au soir, les peuples brûlent ce qu'ils ont adoré. Mais, quand les jugements sur les hommes ou sur les choses résistent aux années et se perpétuent à travers les siècles, il est présumable qu'ils représentent la justice et la vérité, et que le verdict rendu par les historiens ou les critiques, et accepté par la foule, est celui que Salomon lui-même aurait prononcé, s'il avait été chargé de formuler la sentence. Ces jugements, ces appréciations acquièrent ainsi force de loi et deviennent presque des axiomes mathématiques qu'il n'est plus permis de discuter. Cependant il faut bien reconnaître que dans beaucoup de cas ils sont accompagnés par certains faits ou certains discours qui, tout en se rattachant au caractère général de l'homme ou de la chose, introduisent un peu la légende dans la vérité et le roman dans l'histoire.

Presque tous les hommes illustres ont ainsi cette part légendaire, qui fait maintenant partie de leur personnalité, et il faut avouer que ce n'en est pas le moindre charme. Bien que chaque jour de nombreux écrivains déchirent les voiles élégants et poétiques de la tradition pour essayer de mettre le vrai en évidence, et cela, hélas! au détriment de la grâce artistique de la convention, il reste encore bien des jugements dans lesquels la légende subsiste toujours et donne ainsi plus de force, de vivacité et de couleur aux sujets consacrés.

Il faut peut-être regretter que ces traditions aimées des artistes et des rêveurs s'égrènent peu à peu et que la foi naïve s'affaiblisse dans ces autopsies renouvelées; mais, cependant, il faut aussi que celui qui a l'occasion de redresser une erreur et de combattre une fausse doctrine ne recule pas devant l'ingrate mission et fasse en conscience son rôle de témoin, jurant de dire la vérité, toute la vérité, rien que la vérité.

C'est ce que je veux essayer de faire à propos de Michel-Ange, ce colosse italien qui domine le monde par son puissant génie, mais qui, par cela même qu'il est génie, doit être inégal dans ses pensées et dans ses œuvres. Il n'appartient qu'aux simples gens de talent d'avoir une monotone perfection, sinon d'idée, au moins d'exécution, et c'est aussi eux seuls qu'on peut autoriser à avoir de l'esprit, cette invention humaine, qui loin de servir à l'art en est plutôt la perte :

> O détestable esprit! présent le plus funeste
> Que puisse faire aux arts la vengeance céleste!

Aussi, craignant ce présent, tous les grands peintres, tous les grands sculpteurs, tous les grands écrivains et les grands dramaturges ont-ils dédaigné d'être spirituels pour rester seulement supérieurs. J'entends spirituels dans leurs œuvres, car il n'est pas absolument défendu aux artistes d'être vifs et sémillants dans leur vie privée; si l'esprit court les rues, ils peuvent parfaitement le poursuivre comme tout le monde, mais s'ils l'attrapent, ils se gardent bien de le mettre sur leurs toiles ou sur leurs statues! Il fait même assez mauvaise figure dans les monuments, et je sais plus d'un architecte qui, voulant faire réciter des madrigaux par la roche de Cliquart et marivauder le vergelé de Saint-Leu, finissait par faire une boîte à musique d'un tombeau de famille, et d'une colonne, un mirliton.

PROJET DE BAPTISTÈRE.

(D'après une gravure du temps.)

On n'a pas ce reproche à adresser à Michel-Ange, ce robuste artisan qui jamais n'a souri. Il eût plutôt fait un rempart pour remplacer une grille légère, et construit une gigantesque pyramide là où un vase de fleurs aurait suffi. Aussi l'art du vieux Florentin est-il souvent terrible et menaçant. Chez lui, la grâce est devenue force, le charme est devenu puissance, la vigueur est devenue violence, le mouvement est devenu impétuosité !

Une telle exubérance de pensée et de vie ne peut se produire dans un équilibre parfait, et, comme les secousses terrestres, émanant des volcans, ont formé les monts et les vallées, les secousses artistiques, émanant du cerveau de Michel-Ange, ont formé dans ses œuvres des trous sombres et des pics resplendissants. Ce sont ces convulsions qui, rendant sur quelques points la production inégale, semblent des défauts aux yeux de quelques timides, comme si étaient défauts les rochers et les gouffres qui viennent des convulsions de la terre.

Ce qu'on appelle défaut chez l'artiste, et même chez tous les humains, est souvent le plus grand charme qu'il possède. L'homme sans passions, la terre sans montagnes, la mer sans vagues, le ciel sans nuages et l'artiste sans soubresauts, tout cela ne serait plus que l'uniformité remplaçant l'imprévu, le *Dies iræ* remplaçant le *brindisi*, la somnolence remplaçant l'agitation.

Mais quelquefois ces défauts, ces défauts heureux, ces défauts bénis, qui accompagnent la race des forts, ne sont pas inhérents à la nature même de l'artiste, ils ne viennent pas de lui et ne forment plus alors le complément indispensable de ses qualités; ils ont été empruntés aux autres et se sont introduits pour ainsi dire subrepticement dans la place où ils veulent régner en maîtres. Ces nouveaux défauts, ces intrus malencontreux peuvent alors modifier profondément les manifestations de la pensée créatrice et présenter aux yeux des ruptures d'équilibre si anormales que les sensations en restent profondément troublées. Ce sont ces défauts des autres qui se rencontrent bien souvent dans les œuvres d'architecture de Michel-Ange, et ils sont loin de passer inaperçus. Aussi le grand artiste qui se fait dieu quand il est peintre ou sculpteur, est bien près de rester simple mortel quand il est architecte.

La légende, la convention pourtant ne divise pas la triple couronne artistique qui rayonne sur la tête de Buonarroti, et pour la foule qui suit, comme pour les chefs qui conduisent, Michel-Ange est trois fois sublime. Le ciseau, le pinceau et le compas ont la même importance : c'est là l'erreur traditionnelle, car Michel-Ange, à proprement parler, n'est pas architecte; il a fait de l'architecture, ce qui est bien différent, et même, le plus souvent, de l'architecture de peintre et de sculpteur, ce qui peut dire couleur, ampleur, imagination, mais ce qui dit insuffisance d'étude et éducation incomplète. La pensée peut être grande et forte, mais l'exécution en est toujours faible et naïve.

D'autres que moi ont à apprécier ici le génie du vieux maître, comme peintre et comme sculpteur, et ils auront la joie de pouvoir admirer à coup sûr et sur tous les points. Si quelque difficulté se présente,

FAÇADE DE L'ÉGLISE SAINT-LAURENT.

(Projet attribué à Michel-Ange.)

ce ne serait que celle de trouver des mots assez éloquents pour honorer le colossal artiste; mais du moins on peut aller en avant et sonner toutes les fanfares glorieuses, sans craindre de faire trop de bruit, et laisser jaillir de son cœur tous les éclats d'admiration, sans craindre trop d'expansion. Le Dieu s'élève trop au-dessus de ses fervents pour que les hosannas qu'on lui adresse puissent le dépasser.

Si donc il m'avait été donné de m'incliner devant le *Pensieroso*, les Captifs, le Moïse, les Prophètes, etc., j'aurais laissé parler mon âme et ma pensée, et devant l'auréole radieuse du maître, je n'aurais eu que des élans d'enthousiaste ou des recueillements de fidèle adorateur. Mais j'ai la tâche ingrate de toucher à l'idole et de montrer, au milieu de ses splendeurs, quelques-unes de ses défaillances. C'est en vain que l'homme tend à se rapprocher des sphères célestes; s'il reçoit du ciel quelques divines effluves, il ne peut encore abandonner complétement la terre, et toujours, par quelques points, il se sent retenu et attaché aux faiblesses de l'humanité.

Michel-Ange a failli, lui aussi; en vain il a fait appel à ses facultés créatrices; il a le plus souvent, en cherchant le grand, trouvé le boursouflé, en cherchant l'original, rencontré l'étrange, et surtout le mauvais goût! Je parle toujours, cela va sans dire, de l'architecture. Serait-ce donc que cet art offre plus de difficultés que les autres? Serait-ce que l'invention, qui dans les édifices doit toujours être contenue par la raison, ne peut surgir du cerveau avec la même liberté que surgissent les compositions des arts plastiques? Serait-ce que la science, qui ne peut être négligée par l'architecte, tend à le rendre plus sage et plus mesuré? Serait-ce enfin qu'une carrière humaine, qui peut suffire pour permettre à l'artiste de devenir en même temps peintre, sculpteur, poëte et musicien, soit cependant trop courte pour que l'homme puisse dire après l'avoir parcourue : J'ai été architecte? Il est positif que l'on a vu bien des artistes être peintres, sculpteurs, musiciens ou poëtes, à peine au sortir de l'adolescence, tandis qu'on n'en a guère rencontré qui fussent architectes avant d'avoir atteint sinon l'âge mûr, au moins l'âge viril.

Mais je n'ai pas à expliquer des raisons que j'ignore : c'est déjà bien assez de constater l'infériorité relative du grand génie, en ce qui touche l'architecture; expliquer semblerait vouloir défendre, et l'on ne défend pas de tels hommes; on les accuse franchement; cela vaut mieux; ils sont de taille à supporter les coups sans rien perdre de leur prestige et de leur grandeur.

Donc j'accuse, avec la conviction qu'en agissant ainsi le front découvert j'honore encore la mémoire du puissant artiste, j'accuse Michel-Ange d'ignorer la langue de l'architecture. Il a le trait, la force, l'ampleur, la volonté, la personnalité, ce qui fait le grand compositeur; mais il ne sait pas la grammaire et c'est à peine s'il sait écrire! A vrai dire, quant à moi, je préfère encore le penseur et le créateur robuste et même vulgaire, au délicat qui se complaît dans une mièvre élégance, et cisèle avec pureté un embryon d'œuvre mesquine; mais il ne s'agit pas de mes goûts personnels, et je dois bien reconnaître que le souffle violent, qui passe dans la composition architecturale de Michel-Ange, est souvent brutal et saccadé, et qu'il saute parfois à l'aventure.

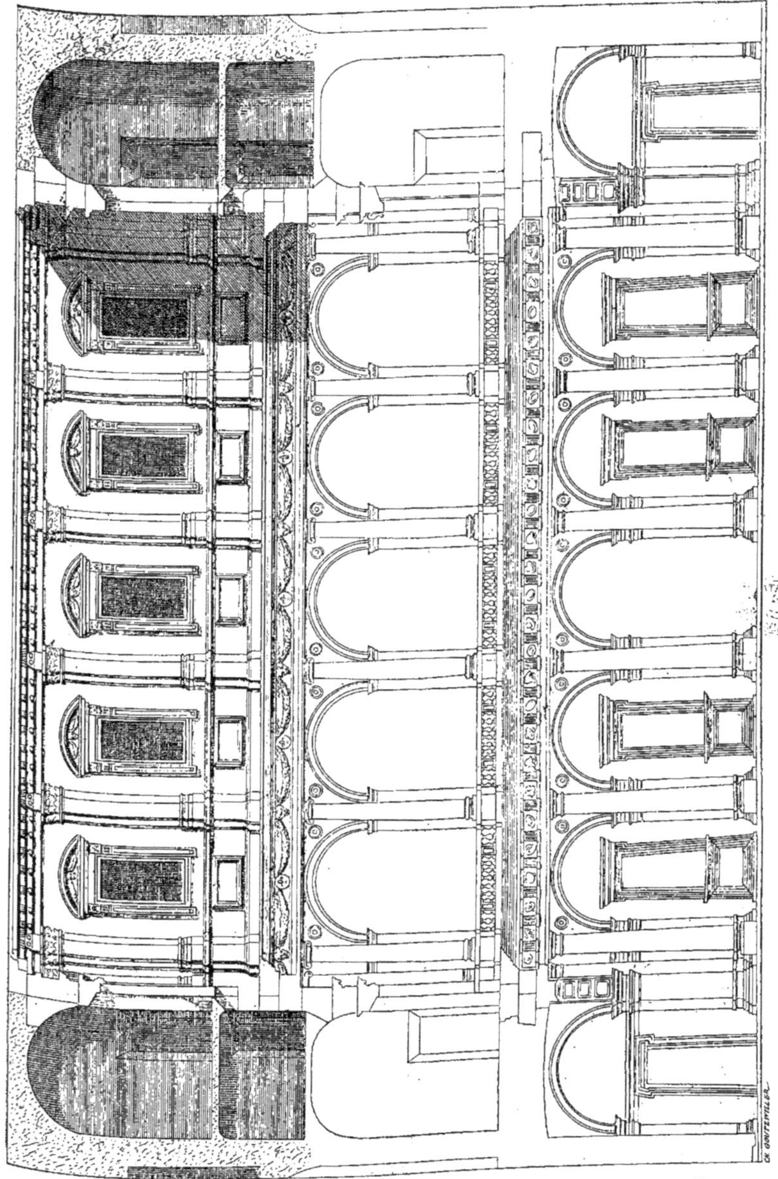

VUE INTÉRIEURE DU PALAIS FARNÈSE, A ROME.

(Détail du second étage, élevé par Michel-Ange.)

Si Michel-Ange, qui, on peut le déclarer, a presque inventé une nouvelle nature humaine, a donné aux muscles de ses personnages cette énergie étrange qui marque son éclatante supériorité, il a au moins, dans ses exagérations voulues et conventionnelles, tout étudié avec le soin que le créateur doit toujours mettre dans l'exécution de l'œuvre créée, et ces exagérations qui, pour quelques-uns, constituent le défaut personnel dont j'ai parlé, constituent surtout ses qualités maîtresses d'invention et de volonté. — Il n'en est plus de même lorsque Michel-Ange s'attaque à l'architecture ; son génie le porte bien encore vers les hauts sommets de l'art ; mais lorsqu'il s'agit de plier ce génie à l'étude des détails ou même des ensembles secondaires, ce qui forme pour ainsi dire les muscles des édifices, le grand homme hésite, il sent qu'il ignore la genèse des éléments du nouvel art qu'on lui confie, et, suivant l'impression qui le guide, ou bien il veut triompher de son ignorance et tombe dans le bizarre et le goût détestable, ou bien, comme renonçant à la lutte, il suit sans réticences les errements passés. Pour en finir plus vite avec ces fâcheuses alternatives, il semble qu'il doive faire sortir d'abord du cerveau les grandes lignes de sa composition et écrire ensuite, seulement en divers points de son dessin : « Ici ou mettra une corniche, là on mettra un chapiteau. » Et l'on met la corniche, et l'on met le chapiteau ; et, suivant que l'exécutant d'occasion est plus ou moins habile, les détails sont plus ou moins satisfaisants. Mais, dans tous les cas, ils ne participent pas immédiatement de la pensée initiale ; ils sont œuvre étrangère, et Michel-Ange alors devient ainsi responsable des défauts des autres, puisqu'il n'a pas su se servir des siens.

On dirait que le grand Italien a écrit le scenario d'une pièce épique, et que, cela fait, il a livré son œuvre ainsi inachevée à des acteurs qui la jouent suivant leur tempérament propre et leurs talents particuliers. Si ce sont de bons comédiens qui interprètent et complètent la pièce, la représentation peut réussir ; mais si ce sont de vulgaires cabotins qui la récitent, le scenario, si grand qu'il soit, court risque de chavirer et de s'engloutir sous l'insuffisance des exécutants.

Au surplus Michel-Ange a fait de l'architecture à son corps défendant, et dans sa correspondance on trouve souvent exprimée cette pensée qu'il ne se croyait pas expert dans un art qu'il ne pratiquait qu'incidemment. Il ne faut donc pas être surpris des négligences, des bizarreries et des ignorances qui se rencontrent dans les œuvres architecturales de Buonarroti, puisque lui-même confessait son incompétence. Le plus étonnant encore c'est que le grand artiste, en suivant seulement l'intuition de son génie, arrivait à donner à ses compositions une tournure et

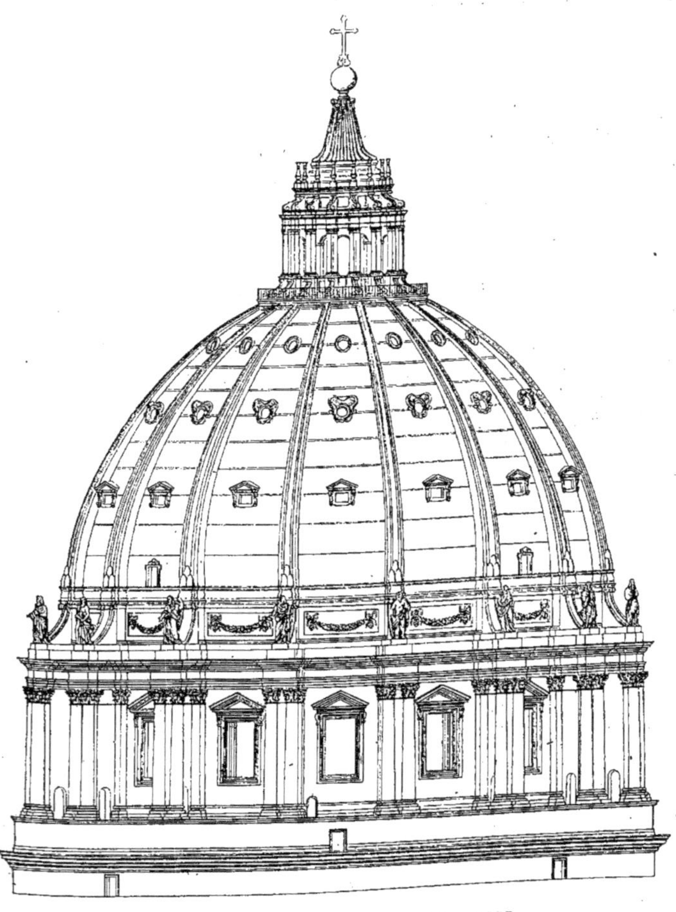

PROJET POUR LA COUPOLE DE SAINT-PIERRE.

(D'après le modèle en bois conservé au Vatican.)

un caractère d'ampleur que peu d'architectes, réellement dignes de ce nom, eussent pu leur imprimer.

II.

Je n'ai pas l'intention d'examiner en détail tous les monuments construits par Michel-Ange. J'ai cherché à donner surtout l'impression générale qui ressort de l'étude de tous ces monuments; mais je vais néanmoins en citer quelques-uns, les plus typiques, afin de montrer par quels côtés ils sont recommandables et par quels autres ils sont défectueux. Cela pourra aider à contrôler le jugement que j'ai formulé sur l'architecture de l'illustre maître.

La corniche du Palais Farnèse est sans contredit largement composée ; elle couronne puissamment le front du palais avec autant de majesté que la merveilleuse corniche du Cronaca couronne la façade du palais Strozzi, à Florence, et il faut reconnaître que les détails ont une certaine pureté, qui ne se rencontre presque jamais dans les œuvres d'architecture de Michel-Ange.

Il est possible que la composition de cette corniche émane véritablement de cet abondant artiste, je veux dire que la masse de l'entablement ait été indiquée par Michel-Ange. C'était déjà là, il est vrai, une marque du sentiment des proportions, qu'il possédait à un si haut degré (bien que dans ce cas il paraisse avoir un peu hésité puisqu'il a fait faire un modèle en bois, ce qui semble étrange pour un artiste qui taillait au premier coup dans le marbre); mais il est vraisemblable, sinon absolument certain, que l'étude de cette corniche a été faite par un autre que par lui. Sans indiquer ici les raisons qui militent en faveur de cette hypothèse, je puis au moins constater que l'on s'accorde généralement à attribuer cette étude à Vignole, qui fut souvent employé par Michel-Ange. Quant à moi, sans discuter les faits ou les probabilités, et m'en rapportant seulement à mon sentiment instinctif, je crois qu'en effet Michel-Ange n'a pas tracé les profils de cet entablement, car c'était à peu près son début dans l'architecture, et s'il avait débuté ainsi, il aurait sans doute continué autrement qu'il ne l'a fait. Ici, sauf preuves du contraire, il me semble que le génie de Michel-Ange a bien pu concevoir une proportion forte et harmonieuse, parce que le choix des proportions se trouve dans tous les arts, et qu'un poëte ou un musicien même pourrait indiquer ces rapports généraux; mais il me paraît aussi que là doit s'arrêter la participation de Michel-Ange, car s'il avait donné les

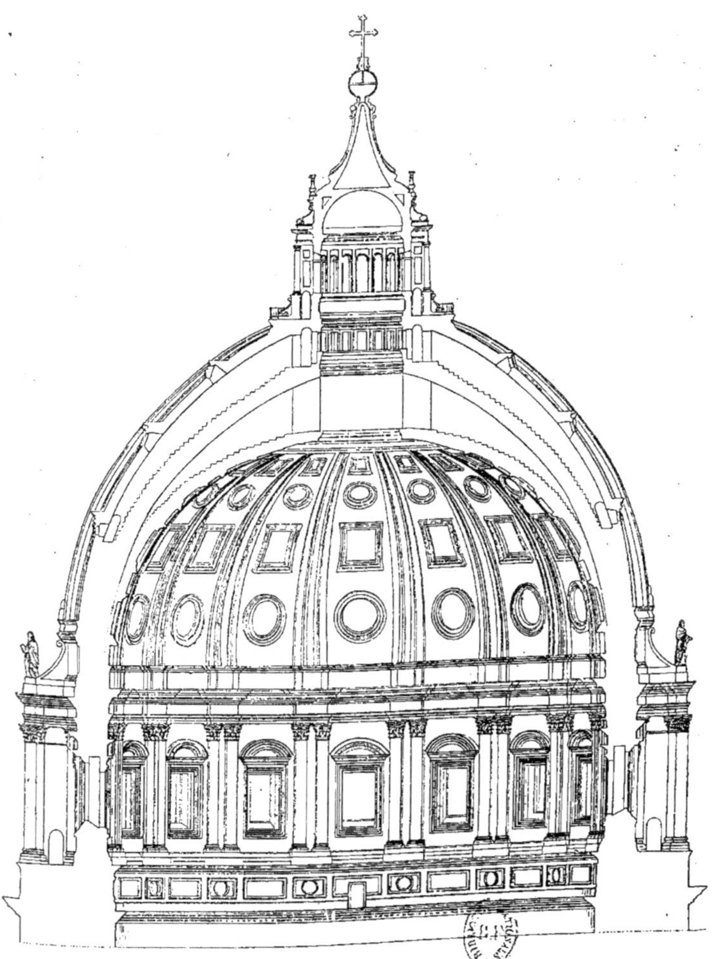

PROJET POUR LA COUPOLE DE SAINT-PIERRE.

(Coupe et élévation.)

détails de l'entablement il serait impardonnable d'avoir composé la Porta Pia et les mascarons ou les encadrements de la Laurentianea. C'est un architecte qui a étudié la corniche du Palais Farnèse, et Michel-Ange ne l'était pas, j'entends du moins au point de vue technique. Je ne dis pas que ce soit le meilleur, mais enfin il n'est pas tout à fait inutile de mettre l'orthographe lorsque l'on écrit.

Il existe des dessins, des croquis plutôt, du projet du tombeau de Jules II. Il est vrai que dans cette composition il y a place, et grande place, pour la sculpture, et ce devait naturellement être la première préoccupation de Michel-Ange, qui n'était guère encore que sculpteur à ce moment. Ce que nous connaissons des morceaux qui devaient entrer dans cette foule de statues doit nous faire bien regretter que le projet total n'ait pas été mis à exécution. Que de nouveaux chefs-d'œuvre nous aurions eus!

Mais ceci reconnu, il faut avouer que la disposition générale de tout le monument est bien faible et que l'esprit large et puissant de Michel-Ange y fait entièrement défaut; tout cela est une confusion de petites niches, de petits pilastres, de petits panneaux, accolés les uns aux autres, sans parti pris et sans autre but que de servir de cadre (et quel vilain cadre!) aux sculptures projetées. Dans cette composition mesquine et compliquée on ne trouve rien qui indique cette grandeur de conception qui suit Michel-Ange jusque dans ses œuvres les plus incomplètes. Ce n'est même plus de l'architecture de peintre; c'est de l'architecture d'orfévre...

Après cela, Michel-Ange a-t-il voulu être architecte à cette occasion? Il est permis d'en douter, et, pour sa gloire, il faut penser qu'il n'avait indiqué que des emplacements de statues, en se préoccupant peu du reste.

Je mentionne seulement un projet de Baptistère, qu'on dirait composé par un simple maçon de la Romagne, et la Porta Pia qui, bien que ferme de lignes, est assez baroque et remplie de détails de fort mauvais goût. Il est probable que les cabotins, dont je parlais, se sont un peu mêlés de l'ouvrage.

Ils ont peut-être aussi joué leur rôle dans la construction des bâtiments du Capitole; mais du moins ils n'étaient pas tout à fait sans mérite, et, de plus, ils ont été portés par la composition générale de l'édifice, qui est certes digne de la puissance de conception de Michel-Ange. La balustrade qui couronne la façade est mauvaise et vulgaire; les grands pilastres sont d'assez pauvre invention, et les fenêtres du premier étage sont d'un style des plus médiocres; malgré cela, il y a dans l'en-

semble de ces deux palais une grande simplicité de lignes, et surtout un
motif fort bien trouvé dans les portiques du rez-de-chaussée ; les oppositions des grands pilastres et des petites colonnes sont des plus heureuses
et des plus originales. Cela a une belle tournure, et, bien que je trouve

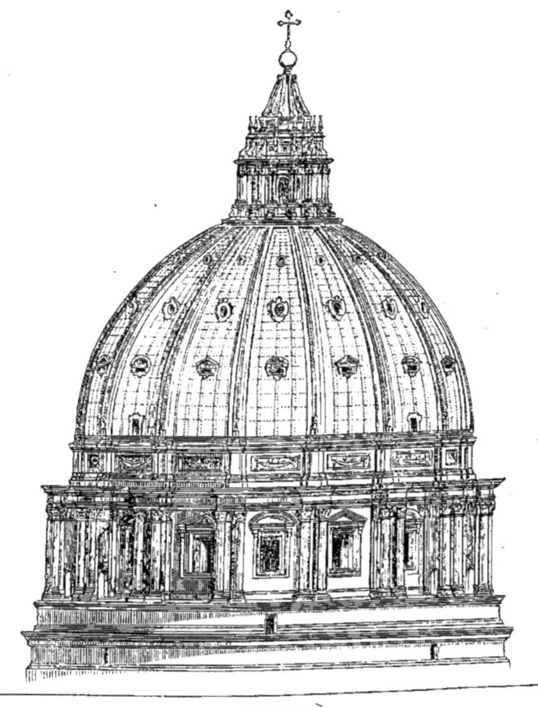

SAINT-PIERRE DE ROME.

(Dessin de la coupole d'après l'exécution.)

les proportions du rez-de-chaussée trop basses par rapport au premier
étage, je considère cette façade du Capitole, abstraction faite des lour-
deurs et des inconvenances de goût, qui n'y sont pas rares, non-seulement comme une des meilleures œuvres de Michel-Ange, mais encore
comme un des meilleurs spécimens de l'architecture de cette époque.

Il y a au milieu de cette sorte de sauvagerie artistique un réel essor de puissance et d'ampleur, et une véritable originalité dans la conception des portiques du rez-de-chaussée.

S'il m'était permis d'indiquer un fait personnel, je dirais que je me suis souvenu de cette composition dans la Loggia du nouvel Opéra. Certes je l'ai modifiée de façon à l'adapter à sa destination, et je crois y avoir mis beaucoup du mien; mais si, mettant de côté toute fausse modestie, je puis affirmer que j'ai étudié les proportions et les détails avec plus de soin, de finesse, et je dirai même sans rougir, avec plus de talent qu'on n'en constate dans les bâtiments du Capitole, je déclare bien volontiers que cette ordonnance d'oppositions d'ordres, de hauteurs dissemblables, m'était restée gravée dans la mémoire, et que ce principe m'a servi dans la façade de l'Opéra.

C'est donc, je crois, le plus bel hommage que je pouvais rendre à cette disposition, que de m'en inspirer. Malgré cela, il faut bien que je convienne que les palais du Capitole ne sont pas l'œuvre d'un véritable architecte; ils sont seulement l'œuvre d'un maçon de génie, ce qui vaut mieux peut-être, ce qui, à coup sûr, impressionne avec plus de vivacité.

Finissons cette revue rapide des édifices construits par Michel-Ange par la basilique de Saint-Pierre. Je laisse de côté toute discussion sur le parti qu'il convenait le mieux d'adopter, de la croix latine ou de la croix grecque. Ces deux idées peuvent se défendre; mais il ne s'ensuit pas que telle ou telle décision prise pût suffire à faire décerner le brevet de maître architecte à celui qui l'emporterait. Michel-Ange et Bramante étaient d'avis opposé; mais Bramante échouant est toujours, dans la stricte acception du mot, bien plus architecte que son rival. Je néglige aussi les façades extérieures de la basilique qui sont, il est vrai, colossales, mais qui n'ont pas d'autres qualités. La composition est poncive, vulgaire; les formes sont assez mauvaises et le plan des murs de ces façades qui enceignent le dôme est molasse et empâté. Là encore, Michel-Ange a fait de l'architecture sans paraître se douter que c'était un art.

Mais il reste son plus grand titre, celui qui, adopté en général par le public, a constitué sa réputation universelle : le *Dôme de Saint-Pierre*.

Ce dôme, en effet, est une des merveilles de l'art puissant, et devant l'impression de majesté que cause ce splendide couronnement de la basilique du Vatican, on ne se préoccupe nullement des imperfections qui peuvent y exister.

Le parti est simple, est noble, est grand; c'est véritablement une conception absolument hors ligne, et l'auteur de cette merveilleuse coupole peut avec raison s'enorgueillir de la pensée qui a conduit son crayon.

Il est inutile de s'appesantir sur la construction de cette coupole qui, dit-on, a été indiquée par Michel-Ange; il est probable qu'elle avait été étudiée avec soin puisqu'elle a été à peu près suffisante, ce qui est déjà

PORTA PIA, A ROME.

beaucoup pour un ouvrage de cette dimension; mais néanmoins, qu'elle soit de Michel-Ange ou de ses successeurs, il est positif que cette construction a laissé un peu à désirer, puisque plus de deux cents lézardes se sont produites dans cette partie. Tout cela a été réconforté, et maintenant le dôme de Saint-Pierre paraît devoir être établi dans de bonnes conditions de durée. Pourtant il ne faudrait pas trop féliciter les architectes qui ont construit ce dôme, puisqu'il n'a résisté que grâce à des additions successives de ferrures et de renformis. Du reste, je ne me préoccupe pas de la partie scientifique dans cette rapide étude sur les œuvres de Michel-Ange; cette science étant bien peu de chose à côté de l'art qu'il a mis en pratique.

26

Je reviens donc à la composition de la grande coupole et à la partie extérieure surtout, qui impressionne si fortement les regards. L'ordonnance qui sert de base au dôme est bien comprise, les colonnes sont bien plantées, les jours bien percés, et les saillies bien agencées ; mais c'est surtout le dôme lui-même qui forme la dominante de l'ensemble ; c'est la courbe donnée à la coupole qui charme, séduit et fait de ce couronnement un tout unique au monde, une œuvre à peu près sans rivale, une création d'une majestueuse harmonie ; c'est cette courbe, qui a été bien souvent étudiée, que l'on a appelée chaînette, parabole, ellipse et qui tient de tout cela, pour n'être en somme qu'une courbe de sentiment, qu'un éclair enfanté par le génie. Eh bien, cette courbe magistrale, cette courbe typique, n'est pas de Michel-Ange ! Elle est de Giacomo della Porta ! De sorte que le grand artiste florentin peut toujours, il est vrai, attacher son nom glorieux à la basilique du Vatican, mais en laissant cependant à son successeur tout le mérite de la courbure du dôme. Le grand homme ne faiblit pas pour cela ; il lui reste encore assez de génie pour être immortel ; mais au lieu d'un seul grand artiste, devenu par occasion un grand architecte, il s'en présente deux qui doivent partager la gloire de l'entreprise.

Qui doit l'emporter de ceux-ci ? Est-ce Michel-Ange qui a, en somme, conçu une grande disposition ? est-ce della Porta qui a fait beauté ce qui n'était encore que dimension ? C'est une question que je ne veux pas résoudre, mais qui m'amène encore à dire que Michel-Ange, qui avait le don de composer avec ampleur et puissance, n'avait pas celui d'étudier avec charme et finesse. Il avait bien dit : Il faut un dôme à Saint-Pierre pour couronner dignement la basilique ; il avait bien tracé les grandes lignes de ce dôme ; il avait en somme eu l'idée créatrice et dominante ; mais il s'était arrêté là, et si, au lieu de della Porta et de Fontana, qui ont parfait la pensée initiale, et fait du dôme de Saint-Pierre une des merveilles de l'art, Michel-Ange avait eu pour successeur quelque Borromini, la basilique aurait été couverte pas une calotte de forme molle et banale, qui eût tenu sa place dans l'histoire de l'architecture, comme étant une grosse chose, mais qui ne l'aurait pas eue dans l'histoire de l'art comme étant une grande chose !...

J'ai fini, du moins je m'arrête ; car je m'énerve à disséquer ainsi les œuvres de cet illustre parmi les illustres, et il est vraiment maladroit de chercher les taches du soleil, au lieu de se laisser tout bonnement éclairer et réchauffer par lui. Cette manie d'ergoter sur tout, qui est si fréquente, hélas ! a pour résultat le plus clair de diminuer la somme de jouissances que nous pouvons avoir sur terre ; aussi, bien heureux sont ceux qui conservent toutes leurs facultés admiratives sans raisonner leurs impressions!

Laissons-nous donc entraîner par le génie de Michel-Ange, laissons subsister la légende qui le reconnaît comme le maître des trois grands arts, et si entre nous, architectes, nous trouvons que, malgré ses puissantes facultés, il a amené l'architecture à une période de décadence, disons-le bien bas, d'abord parce que nos études actuelles nous rendent peut-être intolérants pour certaines manifestations du xvie siècle, puis ensuite, parce que nos grands hommes à nous sont assez rares, ou du moins assez peu connus, et qu'il ne faut pas repousser de ceux-ci un nom glorieux qui nous domine et nous protége.

Michel-Ange est acclamé comme le peintre le plus grandiose, comme le sculpteur le plus ardent, et il est encore au-dessus de ces acclamations. Laissons-le acclamer aussi comme architecte. A l'abri de son nom, la foule croira peut-être que l'architecture est réellement un art, et que pour le pratiquer il faut avoir encore quelque mérite!

CHARLES GARNIER.

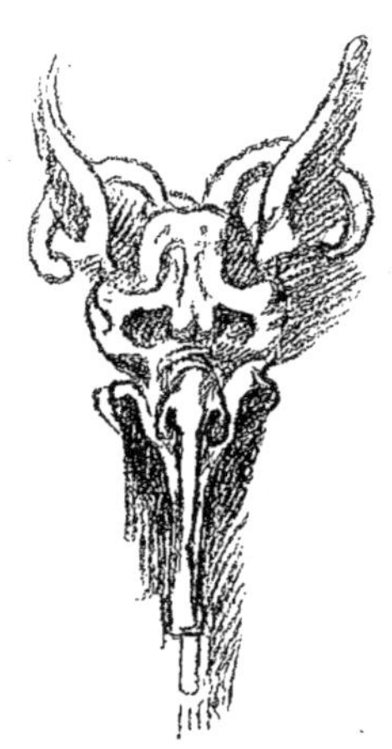

MICHEL-ANGE

POETE [1].

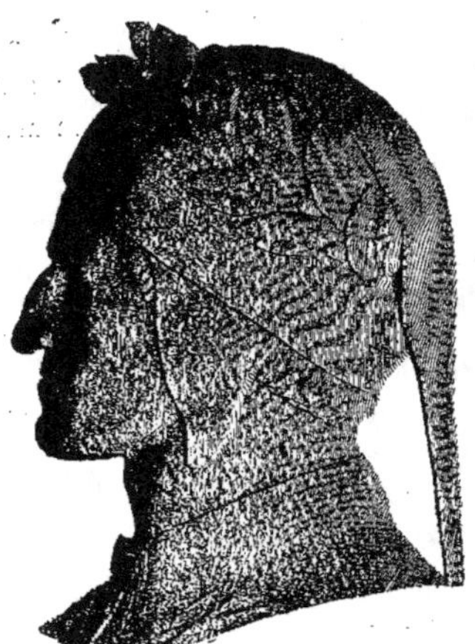

La poésie lyrique, expression intime de la pensée du poëte, vaut généralement ce que vaut l'homme qui la compose. Dans le drame ou dans l'épopée, l'écrivain s'identifie avec ses personnages et sa physionomie propre disparaît sous la multiplicité des peintures. Dans la poésie lyrique, au contraire, il se peint lui-même et d'ordinaire ne peint que lui. C'est l'âme qui s'ouvre pour laisser échapper ses secrets sous la transparence du vers, comme la forme humaine se devine sous les plis d'un vêtement léger. Le nom de Michel-Ange fait penser tout d'abord à la force et à l'audace ; dès qu'on parle de lui, on se rappelle aussitôt les créations puissantes que lui doivent trois grands arts, le *Moïse*, les *Tombeaux des Médicis*, la *Chapelle Sixtine*, *Saint-Pierre de Rome*. Ses poé-

1. Les poésies de Michel-Ange n'ont point été publiées de son vivant; ses contemporains n'en connaissaient que quelques-unes, notamment les madrigaux qui furent mis en musique pendant sa vie; ce fut un de ses neveux qui fit imprimer pour la première fois, à Florence, en 1623, le volume des *Rime*. Plusieurs éditions en ont paru depuis lors; la seule qui soit conforme aux manuscrits, celle de M. César Guasti, fait pendant au volume de lettres qui vient d'être publié, cette année même, à l'occasion du centenaire. La critique française n'avait point attendu cette solennité pour s'occuper de Michel-Ange, poëte; MM. Villemain, Vitet, Delécluze, Ch. Clément, ont parlé de ses vers; M. Lannau-Rolland les a traduits en prose dans un ouvrage spécial; M. Calemard de Lafayette, en 1852, à la fin d'un volume consacré à Dante et à Michel-Ange, M. Saint-Cyr de Rayssac, le 1er janvier 1875, dans la *Gazette des Beaux-Arts*, ont traduit en

sies lyriques seront donc, suivant toute vraisemblance, des poésies vigoureuses. L'énergie est, en effet, le caractère dominant des sonnets de Michel-Ange.

Cette rude main, habituée à manier le marbre, s'assouplit difficilement aux harmonieuses élégances de la langue de Pétrarque. Sans forcer la comparaison, on reconnaîtrait une certaine ressemblance entre l'étude des corps nus dans laquelle Michel-Ange excelle et la nudité de sa poésie, De même qu'il se plaît, avec son ciseau, à attaquer directement la chair sans l'orner de draperies, il aborde de front sa pensée, la traduit d'un trait précis et s'arrête, après l'avoir exprimée, sans se soucier de l'embellir. Là où Pétrarque, où Dante lui-même, introduiraient une épithète agréable, destinée à caresser l'oreille, Michel-Ange se contente du mot le plus simple et le plus bref ; quelquefois même il condense tellement sa pensée qu'il la rend obscure, presque inintelligible. La sobriété lui est si naturelle qu'il a toujours peur d'être trop long et qu'il pria un jour un de ses amis, Louis de Riccio, de raccourcir un de ses madrigaux. La poésie moderne a rarement employé un langage plus sévère que celui que lui prête cette grande âme d'artiste, amie de la solitude, farouche et hautaine.

Et cependant il n'écrit que pour exprimer le sentiment le plus doux qui ait charmé sa vie. De mœurs pures, habitué au plus dur labeur, travaillant tout le jour et souvent une partie des nuits, il vécut longtemps pour l'art sans que son cœur éprouvât le besoin de s'attacher à un autre cœur. Il soulageait volontiers l'infortune, il faisait autour de lui d'abondantes libéralités, il aimait quelques amis et plus que personne son fidèle serviteur Urbino, mais il n'avait pas encore aimé d'amour lorsque, dans un âge déjà avancé, il rencontra une femme célèbre, belle et admirée, qui lui inspira une passion profonde, pour laquelle il composa la plus grande partie de ses sonnets et de ses madrigaux.

Vittoria Colonna, dont le nom est désormais inséparable du nom de son platonique ami, avait épousé très-jeune François d'Avalos, marquis de Pescara, brillant et heureux général qui mourut de ses blessures après la bataille de Pavie. Elle aimait son mari, elle était poëte, et quand elle devint veuve, elle chanta sa douleur en vers pleins d'amour. Son infortune, la renommée de son talent, la lecture de quelques-unes de ses

vers un choix des plus beaux sonnets. Malheureusement, avant la belle édition de M. César Guasti, publiée en 1863, les traducteurs français n'ont jamais eu sous les yeux qu'un texte défiguré par les ornements que s'est permis d'y ajouter, par les suppressions que s'est permis d'y faire le neveu de Michel-Ange. Un bon tiers des vers qu'on avait attribués à Michel-Ange, pendant plus de deux siècles, ne lui appartiennent pas et sont l'œuvre de son premier éditeur.

poésies, inspirèrent à Michel-Ange une sympathie respectueuse. Il lui écrivit, elle répondit avec le sentiment d'admiration que méritaient les œuvres d'un si grand homme, et de cette correspondance naquit un commencement d'amitié qui se transforma en amour lorsque Michel-Ange connut personnellement une des plus célèbres beautés de ce siècle.

Ce fut par les yeux que l'amour pénétra dans son cœur. En artiste amoureux des belles formes, il s'éprit de la pureté des lignes et des proportions harmonieuses d'un visage admirable, digne de la Minerve antique[1]. Quoique Vittoria Colonna eût vraisemblablement plus de quarante ans lorsqu'il la vit pour la première fois, il trouva en elle le type le plus noble qu'il eût encore rencontré. Son admiration pour tant de beauté s'exprima dans plusieurs sonnets et ne parut même pas s'affaiblir avec l'âge. Aucun désir sensuel, aucune pensée de volupté, ne se mêlent à cet amour pur et grave. Michel-Ange avait des habitudes de chasteté dont témoignent ses contemporains. « Je l'ai souvent entendu, écrit Condivi, raisonner et discourir sur l'amour et j'ai appris des personnes présentes qu'il n'en parlait pas autrement que d'après ce qui se lit dans Platon. Je ne sais pas ce que dit Platon, mais je sais bien qu'ayant longtemps et très-intimement pratiqué Michel-Ange, ainsi que je l'ai fait, je n'ai jamais entendu sortir de sa bouche que des paroles très-honnêtes et capables de réprimer les désirs déréglés et sans frein qui pourraient naître dans le cœur des jeunes gens[2]. »

A plus forte raison, lorsqu'il fut avancé en âge, ne pouvait-il aimer que purement une femme qui n'était plus jeune. S'il voit avec des yeux d'artiste les beaux traits de Vittoria Colonna, ses blonds cheveux entrelacés de fleurs, le ferme modelé de sa poitrine et l'élégance de sa taille, il ne s'arrête à cette contemplation extérieure que pour s'élever bientôt dans une région plus haute, dans le monde idéal de la beauté souveraine. La doctrine platonicienne de l'amour, telle que Dante l'a reçue de saint Augustin et de Boëce, reparaît ici avec plus de précision et moins de mysticisme que chez Dante. L'imagination de Michel-Ange, accoutumée à l'étude des réalités sensibles, nous fait mieux suivre les anneaux de la chaîne qui unit le réel à l'idéal. Par delà les plus beaux visages ou la réunion des plus belles personnes, il aperçoit d'un œil sûr, par un

1. Il aimait la beauté du corps, comme quelqu'un qui la connaît admirablement, dit Condivi, *Vita di Michelagnolo Buonarroti*, p. 65. La *Gazette des Beaux-Arts* a publié, le 1er janvier 1875, un portrait de Vittoria Colonna, d'après un dessin conservé aux *Offices* de Florence, mais, d'un avis à peu près général, ce portrait n'est pas celui de Vittoria Colonna.

2. *Vita di Michelagnolo Buonarroti*, p. 65.

effort de généralisation dont les meilleurs observateurs sont les plus capables, le type éternel du beau.

> E se creata a Dio non fusse eguale,
>   Altro ché'l bel di fuor, 'ch'agli occhi piace
>   Più non vorria ; ma perch'è si fallace,
>   Trascende nella forma universale.

« Si l'âme n'était pas créée à l'image de Dieu, elle ne poursuivrait que la beauté extérieure qui plaît aux yeux, mais trouvant celle-ci trompeuse, elle la dépasse pour atteindre le beau universel[1]. »

> La forza d'une bel viso a che mi sprona ?
>   (Ch'altro non è ch'al mondo mi diletti)
>   Ascender vivo fra gli spirti eletti.

« La puissance d'un beau visage, à quoi me pousse-t-elle ? — car il n'y a que cela qui me charme autant dans le monde — à m'élever vivant parmi les élus[2]. »

N'est-ce point abuser du nom de l'amour que de l'appliquer à des sentiments si éthérés, surtout quand il s'agit d'un vieillard et d'une femme déjà mûre ? Il y a là cependant autre chose : un sentiment plus vif et plus orageux que l'amitié. A moins de trahison, l'amitié est rarement une cause de souffrance ; s'il s'élève même quelques dissentiments entre amis, ces légers désaccords ne ressemblent en rien aux querelles douloureuses des amants. Ce qui nous éclaire sur la nature de l'affection qu'éprouve Michel-Ange, c'est qu'elle le rend quelquefois malheureux. Il y a des jours où il se plaint de sa liberté d'esprit perdue, de l'empire que prend sur sa pensée une passion trop forte et trop exclusive.

> Fuggite, amanti, amor, fuggite 'l foco ;
>   L'incendio è aspro, e la piaga è mortale :
>   C'oltre a l'impeto primo più non vale
>   Nè forza, nè ragion, nè mutar loco.
> Fuggite, or che l'esemplo non è poco
>   D'un fiero braccio e d'un acuto strale ;
>   Leggete nel mio viso 'l vostro male,
>   Qual sarà l'empio e dispietato gioco.
> Fuggite, e non tardate, al primo sguardo :
>   Ch'i' pensa 'd'ogni tempo aver accordo ;
>   Or sento, e voi vedete com' i'ardo.

----

1. *Son.* 52. Je préviens le lecteur, une fois pour toutes, que j'adopte non-seulement le texte publié, mais l'ordre suivi par M. César Guasti.

2. *Son.* 81.

« Amants, fuyez l'amour, fuyez le feu; son incendie est âpre et la blessure est mortelle. Dès qu'on a reçu son premier choc, ni force, ni raison, ni changement de lieu ne peuvent rien.

« Fuyez; je ne suis pas un petit exemple de ce que peuvent un bras cruel, un trait aiguisé; lisez sur mon visage votre mal; ce que sera ce jeu impie et impitoyable.

« Fuyez, sans tarder, au premier regard; moi qui ai pensé en tout temps avoir la paix, je sens et vous voyez comme je brûle [1]. »

L'amitié ne fait pas naître de telles réflexions. Il ne s'établit pas non plus entre amis une union aussi intime que celle qui est décrite par Michel-Ange dans les vers suivants :

S'un casto amor, s'una pietà superna,
    S'una fortuna infra dua amanti equale,
    S'un aspra sorte all'un dell' altro cale,
    S'un spirto, s'un voler duo cor governa;
S'un anima in duo corpi è fatta eterna,
    Ambo levando al cielo e con pari ale;
    S'amor d'un colpo et d'un dorato strale
    Le viscier di duo petti arda e discierna;
S'amar l'un l'altro, e nessun se medesmo,
    D'un gusto e d'un diletto, a tal mercede,
    C'a un fin voglia l'uno e l'altro porre;
Se mille e mille non sarien centesmo
    A tal nodo d'amore, a tanta fede;
    E sol l'isdegnio il può rompere e sciorre?

« S'il y a un chaste amour, une piété supérieure, une fortune égale entre deux amants, si le sort cruel qui frappe l'un frappe aussi l'autre, si un seul esprit, une seule volonté, gouvernent deux cœurs;

« Si une âme est faite éternelle en deux corps, les élevant tous deux au ciel sur des ailes égales; si l'amour, d'un seul coup et d'un même trait doré, brûle et déchire profondément deux seins;

« Si s'aimer l'un et l'autre, sans qu'aucun des deux s'aime soi-même, avec tant de plaisir et de bonheur, de telle manière que l'un et l'autre aspirent à la même fin;

« Si des milliers et des milliers de choses ne seraient pas la centième partie de ce que vaut un tel nœud d'amour, une si grande foi, la colère pourrait-elle briser et dénouer de tels nœuds [2] ? »

1. *Son.* 80.
2. *Son.* 32.

Cette dernière phrase, rapprochée d'autres passages des sonnets, semble indiquer que les deux amants n'étaient pas toujours d'accord et que ces deux caractères également fiers se heurtaient quelquefois. Une lettre de Vittoria Colonna invite même son ami à ne pas se laisser distraire et à ne pas la distraire elle-même par une trop fréquente corres-

MICHEL-ANGE, A L'AGE DE QUATRE-VINGT-HUIT ANS.

(D'après une médaille contemporaine, frappée en son honneur.)

pondance. De là quelques cris de douleur qui sortent du fond de l'âme de Michel-Ange, comme les plaintes d'un lion blessé :

Te sola del mio mal contenta veggio :

. . . .

In chi spero trovar mercede, o dove?

« Toi seule, je te vois contente de mon malheur.

. . . .

« En qui espérerai-je trouver de la compassion, en quel lieu, sinon auprès de toi[1]? »

L'amour supporte moins bien les séparations que l'amitié. Pendant que Vittoria Colonna habitait le couvent de Sainte-Catherine, à Viterbe,

1. *Capit.* IV.

près de son ami le cardinal Pole, Michel-Ange souffrait cruellement de
son absence. Je ne sais d'après quels témoignages, on a prétendu que la
marquise de Pescaire ne répondait que par une froide réserve à l'affection
du grand artiste. Condivi dit, au contraire, qu'elle l'aimait extrêmement.
Il lui arrivait souvent, dit ce témoin fidèle, afin de tromper les longueurs
de l'absence, de quitter Viterbe, ou tout autre lieu où elle passait l'été, et
de se rendre à Rome uniquement pour y faire visite à Michel-Ange. Rome,
où elle avait fondé une maison de refuge pour les jeunes filles pauvres,
devint même sa résidence définitive. Michel-Ange trouva alors dans la
douceur d'aimer et d'être aimé une paix, une sérénité qu'il ne connaissait guère auparavant. De cette époque datent sans doute tant de sonnets
qui respirent le bonheur, un bonheur pur et recueilli, tel qu'on peut
l'attendre d'une nature aussi austère, et tout différent des transports de
la joie.

La paix que donne l'amour n'est pour lui qu'un acheminement vers
la paix éternelle. On ne peut voir une noble et belle créature, l'admirer
et l'aimer, sans remonter jusqu'au Créateur; le plaisir qu'on éprouve à la
contempler, à l'entendre, fait pressentir les joies célestes. Avec la péné-
tration d'un moraliste, Michel-Ange remarque délicatement qu'une affection pure attendrit l'âme et la prépare à se laisser toucher par l'amour
divin. Les poésies amoureuses du grand artiste, comme celles de Dante,
sont pénétrées d'un profond sentiment religieux. En écrivant ses sonnets,
c'est moins encore à la beauté et à la vertu d'une femme qu'il élève un
monument qu'à la gloire de ce Dieu de l'Évangile dont il a toute sa vie
célébré la puissance par de si grandes œuvres. De la terre où réside celle
qu'il aime, il prend son vol vers les régions pures, inaccessibles, où se
cache la splendeur divine.

« Si je ne puis, dit-il, détourner mes regards de deux beaux yeux,
c'est que j'y reconnais la lumière qui me montre le chemin vers Dieu. »

Déjà Dante avait exprimé en plus beaux vers ces élans de l'âme
portée au ciel sur les ailes de l'amour. Michel-Ange n'ajoute rien à la
doctrine platonicienne des poëtes lyriques qui l'ont précédé. Il ne se
défend même pas de certaines affectations qu'on a justement reprochées
à Dante, aussi bien qu'à Pétrarque, et qui sont comme un sacrifice que
le génie fait à la mode. Qui s'attendrait à trouver chez lui, par exemple,
l'éternelle antithèse de la glace et du feu, de la froideur que l'amant
reproche à l'amante et de la flamme dont lui-même prétend brûler? Ces
jeux de mots sont heureusement rares dans les poésies de Michel-Ange;

DESSIN DE MICHEL-ANGE.

(Musée des Offices, à Florence)

après quelques essais de *concetti*, il retourne vite au ton de gravité mâle qui lui est habituel.

La véritable originalité des sonnets de Michel-Ange ne consiste donc pas dans la nouveauté des idées qui y sont exprimées. Elle tient plutôt au tour vigoureux de l'expression, à la concentration de la pensée, aux habitudes d'esprit, aux procédés et aux souvenirs d'atelier que l'artiste apporte dans la poésie. Dès les premiers vers, c'est le sculpteur qui parle. Il compare la femme aimée au bloc de marbre mystérieux, plein de promesses, qui attend qu'une main intelligente fasse sortir de son sein les beautés qu'il recèle. Puis la statue sort du marbre, elle apparaît aux hommes dans tout son éclat et, quels que soient plus tard les outrages du temps, elle laisse à ceux qui l'ont vue le souvenir ineffaçable de sa beauté. La rude enveloppe extérieure qui cache chez l'artiste les qualités solides de son âme, et dont les rugosités se détachent peu à peu sous l'influence de l'amour, lui fait penser à la pierre brute que le ciseau du sculpteur sait dégrossir pour en tirer une forme pure. Avant de connaître Vittoria Colonna, il ressemblait à l'ébauche d'argile que le statuaire modèle en tâtonnant; il n'est passé à l'état d'œuvre d'art qu'après avoir été retouché, après avoir reçu le dernier poli de la main délicate de son amante. C'est elle qui a comblé les vides et retranché les exubérances de sa nature.

En introduisant dans ses vers des expressions empruntées à la sculpture, Michel-Ange oublie quelquefois qu'il ne s'adresse point à une personne initiée aux secrets de l'art, il suppose trop de choses connues et emploie des termes obscurs pour d'autres que pour des artistes. Quelques vers trop elliptiques auraient besoin d'être développés et exigent aujourd'hui un commentaire. Mais il exprime admirablement le sentiment du grand art qui le possède depuis sa jeunesse. Que poursuit l'artiste vraiment digne de ce nom, qu'a poursuivi Michel-Ange pendant sa longue carrière? Le style et la beauté.

> Per fido esempio alla mia vocazione
> Nel parto mi fu data la bellezza,
> Che d'ambo l'arti m'è lucerna e specchio.
> S'altro si pensa, è falsa opinione.
> Questo sol l'occhio porta a quella altezza
> Ch'a pingere e scolpir qui m'apparecchio.

« Lorsque je naquis, dit-il, comme exemple fidèle à suivre dans ma vocation, me fut donnée la beauté qui, dans les deux arts, me sert de flambeau et de miroir. Si quelqu'un pense autrement, il se trompe. Elle seule élève l'œil à cette hauteur que je m'efforce d'atteindre par la sculpture et par la peinture [1]. »

Michel-Ange voulut obtenir de Vittoria Colonna la permission de faire son portrait et de sculpter son buste, à côté de sa propre image ; il lui adresse un sonnet pathétique pour lui demander d'apprendre au monde, mille ans après leur mort, combien elle fut belle, combien il l'aima. Cette immortalité donnée à des liens très-purs, mais que la postérité pouvait mal juger, effraya sans doute la sévère marquise. Peut-être aussi, tout attachée qu'elle fût à Michel-Ange, lui répugna-t-il d'associer son image à celle d'un autre que son mari auquel elle garda jusqu'au bout la plus tendre fidélité.

Le premier devoir d'une femme qui aime un homme de génie est de s'intéresser à ses travaux, de partager sa vie intellectuelle en s'associant à ses pensées les plus intimes. Vittoria Colonna méritait la confiance et l'affection que lui témoignait son ami par le vif sentiment de l'art qu'elle apportait dans leurs relations. On ne la connaît pas seulement par des sonnets religieux d'un style noble ; un artiste, au service du gouvernement portugais, maître François de Hollande, architecte et enlumineur, nous a laissé le récit d'un entretien auquel il assista, pendant son voyage d'Italie, entre Michel-Ange et la marquise de Pescaire. Il s'agissait de peinture. Après avoir amené habilement la conversation sur ce sujet et entendu Michel-Ange, Vittoria Colonna prit la parole à son tour et parla du grand art en termes inspirés, comme devait en parler plus tard la Corinne de Mme de Staël.

« La peinture, s'écria-t-elle dans l'élan de son enthousiasme, nous fait voir bien mieux que tout autre moyen la modestie des saints, la constance des martyrs, la pureté des vierges, la beauté des anges, l'amour et la charité dont brûlent les séraphins. Elle élève et transporte notre esprit et notre âme au delà des étoiles, et nous fait contempler l'éternel empire. Elle nous rend présents les hommes célèbres qui depuis longtemps n'existent plus, et dont les ossements mêmes ont disparu de la surface de la terre. Elle nous invite à les imiter dans leurs hauts faits... Elle exprime clairement ce qui sans elle serait aussi long à décrire que difficile à comprendre. Et cet art si noble ne s'arrête point là. Si nous désirons voir et connaître l'homme que ses actions ont rendu célèbre, elle nous en montre l'image. Elle nous présente celle de la beauté, dont une grande distance nous sépare, chose que Pline tient pour très-importante. La veuve affligée retrouve des consolations dans la vue journalière

____

[1]. *Madrigale*, 7.

de l'image de son mari ; les jeunes orphelins sont satisfaits, une fois devenus hommes, de reconnaître les traits d'un père chéri [1]. »

Tels. étaient les nobles sujets dont s'entretenaient sans doute Michel-Ange et la marquise de Pescaire. Bien loin d'être amolli par l'amour, comme le sont quelquefois les natures vulgaires, l'artiste puisait dans ces relations fécondes une force nouvelle, un aliment nouveau pour la flamme de son génie. Nous aurions probablement des preuves plus fortes encore de l'heureuse influence qu'exerça sur lui Vittoria Colonna si nous possédions leur correspondance et surtout les lettres de la marquise, lettres « pleines de l'amour le plus honnête et le plus doux, dit Condivi,

REVERS DE LA MÉDAILLE FRAPPÉE EN L'HONNEUR DE MICHEL-ANGE.

dignes de sortir d'un si noble cœur ». Suivant son biographe, Michel-Ange y répondait habituellement par des sonnets, mais il devait y répondre aussi quelquefois en prose. On pouvait espérer que la magnifique publication qui vient de se faire à Florence, à l'occasion du centenaire, nous fournirait quelques documents nouveaux sur les rapports des deux amants. Malheureusement les lettres inédites de Michel-Ange, que M. Gaétan Milanesi a rassemblées, ne font presque aucune allusion à son amour. Tout au plus peut-on hasarder, après les avoir lues, une conjecture nouvelle.

Parmi les correspondants auxquels écrit Michel-Ange en 1533, se

1. Ch. Clément, *Michel-Ange, Léonard de Vinci, Raphaël.*

trouve Thomas Cavalieri, personnage jeune alors, non sans mérite, mais fort au-dessous des louanges exagérées que lui adresse le grand artiste. Michel-Ange ne flattait personne; quand on pense à la sincérité habituelle de son langage, on s'étonne des expressions qu'il emploie, dès sa première lettre. C'est lui qui prend l'initiative de la correspondance; il a, dit-il, éprouvé le besoin d'entrer en relations avec Thomas Cavalieri; mais à peine a-t-il écrit qu'il se repent de son audace. Comment oserait-il se mesurer avec un correspondant si supérieur à lui? « Vous êtes, lui écrit-il en propres termes, la lumière unique de notre siècle, et vous ne pouvez être satisfait d'aucun ouvrage, car vous n'avez ni égal ni semblable. » Il promet cependant de se mettre à l'œuvre, il enverra quelques-unes de ses productions; si elles plaisent, il ne s'en attribuera pas le mérite; ce sera l'effet d'un heureux hasard. La lettre se termine par des protestations de dévouement encore plus étranges et qui donnent singulièrement à réfléchir. S'il peut plaire en quelque chose à Thomas Cavalieri, il se met entièrement à sa disposition, pour le présent et pour l'avenir; il regrette même de ne pouvoir ressaisir le passé pour le lui offrir; car, étant vieux, il ne dispose plus d'autant d'années qu'il le voudrait.

Ce qui augmente l'étonnement, c'est qu'on a trouvé dans les manuscrits de Michel-Ange jusqu'à trois variantes de cette lettre, comme s'il n'avait pas été satisfait d'une première ni même d'une seconde rédaction, et qu'il eût pris la peine, tout à fait inusitée pour lui quand il écrit en prose, de mettre la main à la plume une troisième fois. Quel est donc le personnage mystérieux auquel le plus sincère des hommes adresse de telles louanges et dont l'opinion parait si importante qu'on s'y reprend à plusieurs reprises pour lui écrire, lorsqu'on n'emploie pas les mêmes précautions en écrivant aux princes les plus puissants? L'obscur Thomas Cavalieri n'est vraisemblablement qu'un prête-nom. On se demande alors quelle est la personne à qui Michel-Ange se croyait obligé de ne transmettre l'expression de sa pensée que par intermédiaire. Aucun nom d'homme ne se présente à l'esprit; d'ailleurs, s'il s'agissait d'un homme, à quoi bon tant de mystère? On n'est guère tenu à de telles précautions que dans une correspondance avec une femme. Une fois sur cette piste l'imagination fait du chemin. La date de la première lettre adressée à Thomas Cavalieri (1er janvier 1533) correspond précisément à l'époque où ont pu commencer les premières relations de Michel-Ange et de Vittoria Colonna. Il y avait huit ans que le marquis de Pescaire était mort; la marquise avait rempli l'Italie des témoignages de sa douleur et essayé d'élever un monument poétique à la gloire de son mari. Ce furent ces poésies qui la firent connaître de Michel-Ange. On croit qu'il lui écrivit le premier pour lui exprimer son admiration.

La lettre adressée en apparence à Thomas Cavalieri ne serait-elle pas précisément le premier hommage rendu par l'artiste au talent de la femme et le point de départ de leur liaison? On s'expliquerait alors et l'exagération des louanges qu'il adresse à son correspondant et les protestations de dévouement dont il l'accable. Ce qui paraîtrait un acte de flatterie incompréhensible à l'égard d'un homme obscur ne serait plus qu'un acte de courtoisie poétique et galante, à l'égard d'une femme célèbre. Certaines expressions surprenantes sous la plume d'un homme, écrivant à un ami, et plus étranges encore sous celle de Michel-Ange, reprendraient alors leur véritable sens. On comprendrait qu'il dît à une femme ce qui ne se dit guère à un homme et qu'il terminât sa lettre par ces paroles presque tendres : « Lisez dans mon cœur et non dans ce que j'écris. »

La seconde lettre que Michel-Ange écrit à Thomas Cavalieri, le 28 juillet 1533, donne encore plus de vraisemblance à l'hypothèse qui remplace ce correspondant de fantaisie par le personnage réel de Vittoria Colonna. Ici le langage est bien d'un amant et ne peut être interprété comme celui d'un ami; Michel-Ange y parle « du très-grand amour, de l'amour démesuré qu'il porte » à la personne à laquelle il écrit. Le feu dont il brûle pour elle ne peut être plus grand; il ne peut pas plus oublier son nom qu'il n'oublierait la nourriture dont il vit; encore oublierait-il plus facilement la nourriture du corps que celle de l'âme. Cette dernière phrase, qui se ressent du jargon amoureux de l'époque, a été refaite jusqu'à trois fois comme pour attester de nouveau l'importance que l'artiste attache à l'élégance de la rédaction.

Nous surprenons ainsi, suivant toute ressemblance, les premiers commencements de la liaison qui a charmé quatorze ans de la vie de Michel-Ange et inspiré la plupart de ses poésies. C'est l'opinion qu'insinue discrètement dans une note M. Milanesi, si compétent en cette matière, puisqu'il a fait une étude spéciale des lettres de Michel-Ange. Je n'ai osé la développer qu'après lui, en m'appuyant sur son autorité et sur celle de M. Gotti, dernier biographe du grand sculpteur. Angiolini paraît aussi avoir été un correspondant fictif, sous le nom duquel Michel-Ange fait passer des vers à l'adresse de son amie. Il reste encore néanmoins un point obscur à éclaircir. Quelles raisons aurait eues Michel-Ange de se servir d'un intermédiaire pour entrer en correspondance avec la marquise de Pescaire? N'oublions pas d'abord que, dans la poésie amoureuse des langues romanes, il était souvent d'usage de remplacer

le nom de la femme aimée par un nom d'homme. Pourquoi n'y aurait-il
pas là aussi des délicatesses et des difficultés de situation dont nous
sommes mauvais juges à distance ? Peut-être Vittoria Colonna, après l'étalage qu'elle avait fait de sa douleur depuis la mort de son mari, ne se
souciait-elle pas de recevoir ostensiblement et si tôt les hommages d'un
autre homme. Bien d'autres mystères planent sur sa vie et sur son
caractère. Comment se fait-il, par exemple, qu'elle ait été en commerce
et presque en coquetterie de sonnets avec les écrivains célèbres de
l'époque, avec le cardinal Bembo, avec Molza, et qu'elle n'ait jamais
adressé publiquement un seul vers à Michel-Ange, de qui elle en recevait
tant ? Une certaine pudeur l'en empêcha peut-être ; après avoir pris le
public pour confident de son amour conjugal, elle ne voulut pas le mettre
dans le secret d'une seconde affection. Si elle avait dit tout ce qu'elle
sentait, elle en aurait peut-être dit trop pour la mémoire de son mari ; si
elle avait amorti l'expression de ses sentiments, elle n'en aurait pas dit
assez pour le contentement de son nouvel ami. Michel-Ange n'y perdit
rien ; il fut dédommagé de ce qu'on ne lui donna pas en public par ce
qu'il reçut dans l'intimité.

Les deux seules lettres de Michel-Ange à Vittoria Colonna, qui aient
été retrouvées et que publie aujourd'hui M. Milanesi, nous entretien-
nent d'un échange affectueux de cadeaux entre les deux amants, Michel-
Ange doit recevoir, de la part de son amie, des objets qui sont destinés
à décorer sa maison ; il l'en remercie d'avance, et, avec une galanterie
tout italienne, il lui écrit cette phrase un peu affectée : « Quand je les
aurai, il me semble que je serai en paradis, non parce que je les aurai
dans ma maison, mais parce que je serai dans leur maison, à eux. » Le
plus raffiné des pétrarquistes n'eût pas mieux dit. Les écrivains italiens,
même les plus originaux et les plus vigoureux, dès qu'ils parlent la
langue de l'amour, retombent inévitablement dans les formes conventionnelles qu'une longue tradition de politesse a mises à la mode chez
leurs compatriotes. Michel-Ange, à son tour, dessina pour son amie un
Christ nu, descendu de la croix, qui tomberait aux pieds de la Vierge,
comme un cadavre abandonné, si deux petits anges ne le soutenaient.
On dit que ce dessin se trouve aujourd'hui à Oxford. Il peignit pour elle
le même sujet. Condivi attribue également à l'inspiration de Vittoria
Colonna un autre dessin représentant le Christ en croix, au moment où,
dans une attitude divine, il exhale sa douleur en levant les yeux vers
son père.

L'habitude de vivre auprès d'une femme aimée qui l'encourageait
dans ses travaux, dont les sentiments nobles et la ferveur religieuse

entretenaient dans son âme le feu sacré de l'art et de la foi, devint si chère à Michel-Ange, qu'il ne put se consoler de la perte de Vittoria Colonna. Le jour où il la vit mourir, il était fou de douleur, dit Condivi. Pieusement, respectueusement, il embrassa sa main mourante, et plus tard il regrettait avec amertume de n'avoir point osé poser ses lèvres sur ce beau front, sur ce beau visage décoloré. Il restait au vieux maître un pieux devoir à remplir, un soulagement à donner à son chagrin; il pleura en vers celle qu'il avait perdue, comme Pétrarque avait pleuré Laure.

Je ne sais si la souffrance, plus naturelle à l'homme, est plus facile à peindre que la joie; mais j'ai toujours trouvé la seconde partie du *Can-*

SAVONAROLE.

(D'après le camée de Giovanni delle Corniole, au Musée des Offices.)

zoniere très-supérieure à la première, plus émue et surtout plus sincère, plus dégagée des artifices de la rhétorique. Tant que Laure vécut, Pétrarque joua quelquefois avec le sentiment, non qu'il ne fût sérieusement amoureux, mais parce qu'il retrouvait de temps en temps assez de liberté d'esprit pour substituer un exercice littéraire à l'expression de la passion. Le poëte lettré et un peu raffiné s'amusait au besoin à combiner des oppositions de mots, des effets de langage et de versification; ce n'était pas que l'émotion manquât; mais il y avait des moments où l'amour du métier, le désir de briller, l'influence du faux goût du jour, les souvenirs d'une éducation où tous les exemples n'avaient pas été bons, prenaient le dessus. Après la mort de Laure, le ton change; toute frivolité disparaît; l'âge, l'expérience, ce que la vie entraîne avec elle de désenchantements et de déceptions, la vanité de l'amour humain démontrée, la perspective de l'infini qui vient de saisir un des deux

28

amants et qui attend l'autre, tant de motifs de tristesse et de réflexions
douloureuses inspirent au style une gravité soutenue. L'âme laisse voir
à nu, sans vains ornements, l'abîme de méditations où elle se plonge.
Qu'importe un succès de rhétorique à qui vient de perdre un être aimé,
la moitié de soi-même, l'objet de vingt ans de tendresse et de culte? On
ne s'amuse plus alors à aligner des mots ni à disposer des périodes; on
souffre, on pleure, on crie, et c'est la sincérité de ces accents décousus
qui fait la beauté des vers.

Oserai-je dire toute ma pensée? Il ne semble pas qu'après la
mort de Vittoria Colonna, Michel-Ange, malgré sa douleur, laisse de
côté toute affectation. On s'étonne qu'un génie si mâle ne parle pas plus
simplement de ce qu'il éprouve. Comment, au plus fort de son chagrin,
l'antithèse banale du feu et de la glace se présente-t-elle encore une
fois sous sa plume? Pourquoi se compare-t-il prétentieusement, tantôt à
une pincée de cendres, tantôt à un charbon incandescent? Ce n'est pas
ainsi que la nature parle. Pétrarque, après la mort de celle qu'il aimait,
avait trouvé des accents plus vrais et plus touchants. On ne citerait pas
un seul sonnet de Michel-Ange, pleurant la perte de Vittoria Colonna,
qui soit complétement beau. On en pourrait citer seulement quelques
beaux vers, ceux-ci entre autres :

> Dove se'or? La terra ha pur raccolto
> Tue belle membra, e'l ciel tuoi pensier santi.

« Où es-tu maintenant? La terre a pourtant recueilli ton beau corps
et le ciel tes saintes pensées[1]...

> Ahi cruda morte, come dolce fora
> Il colpo tuo, se, spento un degli amanti,
> Così l'altro traessi all' ultim'ora !
> Io non trarrei or la mia vita in pianti,
> E, scarco del pensier che m'addolora,
> L'aer non empierei di sospir tanti.

« Ah! cruelle mort, combien ce coup aurait été doux si, après avoir
éteint un des amants, tu avais aussi entraîné l'autre à son heure dernière !

« Je ne traînerais pas aujourd'hui ma vie dans les plaintes, et, délivré

1. *Son.* 43.

de la pensée qui m'est si douloureuse, je ne remplirais pas l'air de tant de soupirs[1]. »

Michel-Ange aimait à visiter les lieux où il avait rencontré son amie pour la première fois, il y retournait souvent et il exprime avec attendrissement le mélange de joie et de douleur qu'il éprouve à les revoir. Tout n'est pas triste, en effet, dans de tels souvenirs ; s'il est cruel de revenir seul là où l'on était deux autrefois, de doux parfums s'exhalent aussi du passé.

Les meilleurs sonnets de Michel-Ange sont les derniers, tout péné-

VITTORIA COLONNA.

(D'après une médaille en argent du xvie siècle.)

trés de l'esprit chrétien, de l'inspiration la plus haute et la plus pure. A l'approche de la mort, sous l'influence du sentiment religieux, tout souvenir d'une éducation littéraire conventionnelle, toute habitude de rhétorique s'effacent. Il ne reste plus que l'homme, le chrétien, en face de l'éternité. Longtemps assailli par la vague, battu par la tempête, il aspire au repos et n'attend plus rien que de la clémence divine. Aussi modeste que le plus humble des fidèles, il n'invoque, pour émouvoir le souverain juge, ni sa vie tout entière consacrée au travail, ni les grandes œuvres dont il a enrichi l'art religieux, il ne compte sur aucun mérite

---

1. *Son.* 44 de l'ancienne édition italienne. J'en demande pardon à M. César Guasti, mais j'avoue que je ne puis me décider à retrancher ces vers des poésies de Michel-Ange ; ils mériteraient d'avoir été faits par lui. M. César Guasti a eu certainement entre les mains tous les manuscrits qui restent de Michel-Ange ; mais possède-t-on aujourd'hui toutes les poésies que Michel-Ange a écrites ? Est-on bien sûr que quelques manuscrits n'aient pas été détruits au moment de l'impression des *Rime ?*

qui lui soit personnel ; il ne s'attribue aucun droit particulier au divin pardon ; la grâce seule peut le sauver, il le sent, et, le front dans la poussière, le cœur pénétré de contrition, il implore la miséricorde céleste sans s'y croire d'autre titre que la sincérité de son repentir et le sang versé sur la croix.

> O carne, o sangue, o legnio, o doglia strema,
>   Giusto per vo'si facci el mio peccato,
>   Di ch'i' pur naqqui, e tal fu'l padre mio.

« O chair, ô sang, s'écrie-t-il en s'adressant au Seigneur, ô bois de la croix, ô mortelles douleurs, purifiez-moi du péché dans lequel je suis né, dans lequel est né mon père[1] !

> Signor mio caro, i'te sol chiamo e'nvoco
>   Contra l'inutil mio cieco tormento :
>
> .   .   .   .
>
> Tu desti al tempo ancor quest alma diva,
>   E'n questa spoglia ancor fragil'e stanca
>   L'incarcerasti, e con fiero destino.
> Che poss'io altro, che così non viva?
>   Ogni ben senza te, Signor, mi manca.
>   Il cangiar sorte è sol poter divino.

« Je t'appelle, mon cher Seigneur, c'est toi seul que j'invoque contre mon inutile et aveugle tourment...

« Tu as livré au temps cette âme divine, tu l'as emprisonnée dans cette dépouille fragile et fatiguée, tu l'as soumise à un destin cruel.

« Que puis-je faire pour vivre autrement que je ne vis? Sans toi, Seigneur, tout bien me manque. Il n'appartient qu'au pouvoir divin de changer mon sort[2]. »

Admirable triomphe de la foi sur la volonté ou plutôt sur l'orgueil humain ! Michel-Ange, chargé d'années et de gloire, après tant de nobles efforts, après tant de travaux accomplis et de chefs-d'œuvre achevés, ne s'estime pas plus haut que le moindre des serviteurs de Dieu. Peut-être même s'est-il trompé de route, peut-être a-t-il eu tort de se faire de l'art « une idole et un roi »; au jour du jugement, des actions pieuses ne

1. *Son.* 71.
2. *Son.* 72.

plaideraient-elles pas mieux sa cause que des tableaux, des statues, des monuments? Cette âme hautaine qui a étonné les hommes par sa fierté, qui a souvent résisté aux plus puissants d'entre eux, offre ainsi à Dieu le sacrifice de son orgueil et au monde le spectacle de la vertu à laquelle elle est le moins préparée, de l'humilité chrétienne. La religion ne remporte guère de plus belle victoire. Dante lui-même, auquel Michel-Ange ressemble par tant de traits de son caractère, n'en est point arrivé à ce degré de soumission et de repentir; jusque dans l'aveu de ses fautes et dans l'expression de ses remords, aux pieds de Béatrix, perce malgré lui, comme un accent de révolte, le sentiment de ce que valent la naissance, le génie, la gloire. Ces attaches humaines, dont Alighieri ne réussit pas à se dégager entièrement, Michel-Ange les brise dans la simplicité de sa foi, sans même s'apercevoir du sacrifice qu'il accomplit, tant les choses de la terre lui paraissent éloignées et misérables, de la hauteur d'où il les regarde.

A. MÉZIÈRES.

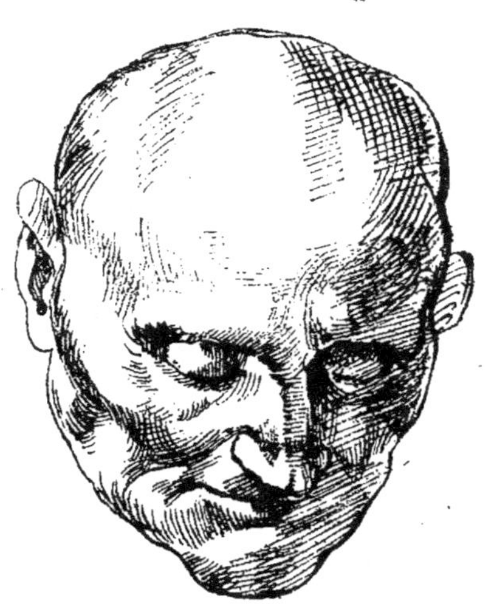

LA VIE DE MICHEL-ANGE

Après ce qu'on vient de lire et ce qu'il m'est interdit de louer, il ne reste plus à parler que de la biographie, en quelque sorte matérielle, de Michel-Ange. La tâche est ingrate en plus d'un sens. Je ne dois m'occuper ni de sculpture, ni de peinture, ni d'architecture; je n'ai à parler ni des statues, ni des compositions murales, ni des dessins; il me faut éviter de juger, d'apprécier, même de décrire. La seule chose que je doive, à la façon d'une table raisonnée, apporter à la suite des considérations et des développements qui précèdent, c'est de rétablir d'une façon continue la chronologie des faits de la vie de Michel-Ange, ou plutôt la suite précise de toutes ses œuvres.

On a déjà beaucoup écrit et l'on écrira encore sur leur interprétation, sur leur valeur et sur le jugement qu'il en faut faire. Je dois éviter de me laisser entraîner à rien de semblable. Pour écrire ce qui va suivre et qui n'est en somme qu'une compilation et qu'un résumé, il n'est besoin que de s'en tenir à un petit nombre de volumes, à ceux-là seuls qui sont des sources. En effet, à part quelques dissertations consacrées à des points précis et particuliers, on aura vite fait de rappeler ce qui est indispensable à la connaissance de la vie de Michel-Ange.

Pour le côté littéraire il suffit de l'édition des poésies donnée en 1864, par M. Cesare Guasti ; elle est définitive. Pour le côté biographique, les Vies de Vasari et de Condivi, écrites toutes deux comme sous les yeux de l'artiste et publiées avant sa mort, resteront éternellement la source première, et rien ne les remplacera. De ces témoignages contemporains il faut passer aux récents travaux d'érudition qui ont tenu compte des pièces de tout genre produites et imprimées à l'état épars, et qui en ont apporté de nouvelles. Ceux-là se composent du Gaye, de l'Aurelio Gotti, qui dispense presque du Grimm, et du beau volume de pièces, lettres, *ricordi* et marchés d'ouvrages, que M. Milanesi a imprimé pour la Commission du Centenaire. Son recueil ne laisserait absolument rien à désirer s'il était complété par une table et par la réunion des lettres adressées à Michel-Ange, qui restent encore éparpillées de tous côtés, sans compter ce que la Casa Buonarroti doit encore conserver de pièces n'émanant pas de Michel-Ange, mais qui lui sont directement relatives.

En somme, le Condivi, avec les notes de l'édition du xviiie siècle, reproduites dans celle de 1821 ; le Vasari, avec les notes du tome XII de l'édition florentine de Lemonnier, avec son excellent *Prospetto cronologico*, qu'a suivi M. Charles Clément et que je suis à mon tour ; les deux volumes de M. Gotti, qui a connu tout ce qui était à connaître, et l'*Epistolario* de M. Milanesi, contiennent absolument tous les éléments de la question. En dehors d'eux, il n'y a que la mise en œuvre, que la valeur de forme et la pensée personnelle de chaque écrivain ; mais ils offrent tous les documents et toutes les pierres de l'édifice. Pour ma part, et dans la tâche qu'on m'a confiée, je répète ce qui est déjà acquis, ce qui s'est répété comme ce qui se répétera partout ; mais c'est à eux seuls que j'emprunte directement et uniquement les matériaux de ce résumé, parce qu'en réalité ils présentent et constituent la réunion de toutes les sources.

I. — Naissance de Michel-Ange. — C'est un extrait du Livre de raison tenu par le père de Michel-Ange, qui nous apprend exactement le lieu et la date de naissance de celui qui devait être un si grand artiste :

« Je note que ce jourd'hui 6 de mars 1474, il m'est né un enfant mâle (c'était le second). Je lui ai donné le nom de Michelagnolo. Il est né le lundi matin, entre cinq et six heures, moi étant Podestat de Caprese, et il est né à Caprese. Ses parrains ont été ceux qui sont nommés ci-dessus (ils sont au nombre de neuf, tous de Caprese), et il a été baptisé le 8 dans l'église San-Giovanni di Caprese[1]. » Pour tirer son horoscope, on fit les figures de sa nativité qui furent heureuses, Mercure et ensuite Vénus

---

1. Gotti, I, 3-4. — *Lettere*, 223, en note.

s'étant trouvés en bonne conjonction dans la maison de Jupiter, ce qui montrait évidemment que le nouveau-né devait se rendre célèbre dans les arts de la main et dans ceux de l'intelligence [1].

Le jour commençant en Italie au coucher du soleil, l'indication du père, celles du Condivi qui dit Michel-Ange né « le lundi quatre heures avant le jour » et du Vasari « le dimanche à huit heures de nuit », sont absolument concordantes. En même temps, comme l'année florentine datait de l'Incarnation, c'est-à-dire du 24 mars, le 6 mars 1474 est, dans le style romain qui datait de la Nativité, comme dans le style moderne, le 6 mars 1475.

Françoise, la mère de Michel-Ange, fille de Bonda Rucellai, était « di Neri di Miniato del Sera » et mourut en 1497, âgée de quarante-deux ans, lorsque son fils en avait seulement vingt-deux. Quant à son père, né en 1444 et mort à quatre-vingt-douze ans, en 1534, il venait le 30 septembre 1474 d'être chargé pour six mois de l'office de Podestat de Caprese et de Chiusi dans le Casentin, après avoir été, en 1473, l'un des douze « buonomini » de Florence, et il s'appelait Lodovico di Leonardo Buonarroti Simoni.

II. — VRAI NOM DE LA FAMILLE. — Le nom de Buonarroti, depuis si illustre, était déjà fréquent dans la famille; mais il n'est devenu réellement patronymique que dans la descendance d'un frère de Michel-Ange. Le vrai nom auparavant était Simoni [2], et il n'y a rien de commun entre cette famille et celle des comtes de Canossa, sans quoi par la fameuse comtesse Mathilde, fille d'un comte de Canossa et de la sœur de Henri II, Michel-Ange aurait été de la famille des empereurs d'Allemagne. Non-seulement le sénateur Filippo Buonarroti, au XVIIe siècle, mais au XVIe Condivi, qui écrivait sous les yeux de Michel-Ange, et celui-ci même [3] croyaient à cette parenté. Le marquis Campori, dans d'excellentes pages de critique de ses *Artisti Estensi* [4], et M. Luigi Passerini, dans son arbre

1. Condivi, 3; Vasari, XII, 158.

2. « Quand tu m'écris, ne mets sur la lettre, ni *Michel Agniolo Simoni*, ni *sculpteur*. Il suffit de mettre Michel Agniolo Buonarroti; c'est ainsi que je suis connu ici. » Lettre de Rome du 14 avril 1543. *Lettere*, p. 172, 225. En 1554, consulté sur le nom à donner à l'enfant de son neveu Léonard : « Il me ferait plaisir que le nom de Buonarroto ne manquât pas dans la maison, puisqu'il y est depuis trois cents ans. » *Lettere*, p. 299, 300.

3. On le voit par une lettre écrite par lui en 1538 au comte Alexandre Canossa (Gotti II, 4). — Voir aussi *Lettere*, p. 197, 214, 216, 237.

4. Modena, 1855, in-8°, p. 100-2; répétées par les annotateurs du Vasari, XII, 333-6.

généalogique des Simoni et des Buonarroti du xiiie siècle jusqu'à nos jours[1], ont prouvé jusqu'à l'évidence l'inanité de cette prétention.

Les armes, d'ailleurs, sont différentes; celles des Canossa sont d'or, à trois fasces ondées de sable, sous un chef d'azur à trois fleurs de lis, posées entre les pendants d'un lambel de gueules, tandis que celles des Simoni sont d'azur, à deux barres d'or[2]. Le chef d'or, avec la palle fleurdelisée des Médicis, accostée des lettres L. X., de sable, est un octroi fait, en 1515, par Léon X à Buonarroti, le frère puîné de Michel-Ange[3]; mais le lambel avec les trois fleurs de lis des Canossa, comme le timbre,

ARMES DE LA FAMILLE BUONARROTI.

une tête de *chien* avec un *os* dans la gueule, sont des additions du xviie siècle, fondées sur la croyance à cette parenté imaginaire.

III. — ENFANCE DE MICHEL-ANGE. — Lorsque Lodovico quitta Caprese, à l'expiration de sa charge, il mit son fils à Settignano, village situé à

1. Gotti, II, 3-29.

2. Gori, dans les notes de Condivi, p. 104; Campori, p. 102.

3. Avec le titre de comte palatin pour lui et ses descendants. Il était l'un des prieurs de Florence qui avaient figuré dans l'entrée du pape. (Note de Manni sur le Condivi, 9.)

trois milles de Florence, derrière Fiesole, dont les Simoni étaient origí-
naires[1]. Sa nourrice se trouva être fille et femme d'un tailleur de pierre,
et Michel-Ange rappela plus d'une fois ce souvenir en attribuant au lait
de sa nourrice, — peut-être était-ce encore plus aux outils avec lesquels il
avait commencé à jouer, — sa vocation de sculpteur[2]. Une fois revenu à
Florence, son père, qui était assez gêné et qui plaçait ses autres enfants
dans le métier de la laine et de la soie, le mit à l'école chez un certain
Francesco da Urbino; mais l'enfant, détourné par l'amitié de Francesco
Granacci, né en 1477 et élève de Ghirlandajo, s'occupait si peu de lettres
et tellement de dessin, que son père et ses frères, qui trouvaient hon-
teuse la pensée d'avoir un artiste dans leur famille, allèrent jusqu'à le
frapper pour l'en détourner[3]. Mais rien n'y fit, et le père, mieux conseillé
par des amis, laissa l'enfant suivre son goût passionné, et le mit précisément chez Domenico Ghirlandajo.

IV. — MICHEL-ANGE CHEZ GHIRLANDAJO. — Vasari (p. 160) nous a heureusement conservé, d'après les livres de celui-ci, le contrat d'apprentissage. Il est daté du 1er avril 1488; Michel-Ange, qui avait alors quatorze
ans, devait rester en apprentissage trois années pour étudier la peinture,
et ses maîtres Domenico et David lui devaient payer la première année,
6 florins, la seconde, 8, la troisième, 10, soit en tout, 4 florins d'or ou
96 livres.

Vasari a conclu de là que l'envie qu'on attribue au Ghirlandajo à l'égard
de son élève n'est qu'un conte de Condivi; mais ce que dit Condivi est
toujours considérable; et d'autant plus que Varchi fait allusion au fait dans
l'Oraison funèbre officielle[4]. Il faudrait plutôt en conclure que Michel-
Ange était déjà capable de rendre du premier jour quelques services aux
maîtres sous la direction desquels on le mettait, puisqu'au lieu de les
payer ils lui attribuaient d'avance une sorte de salaire.

V. — COPIE DE MARTIN SCHOEN. — C'est pendant son séjour chez le
Ghirlandajo qu'il copia en peinture l'estampe, plutôt singulière que belle,
de Martin Schoen, le *Saint Antoine battu par les démons*, en se servant

---

1. Ugolino Verino, cité dans Gotti, II, p. 4.
2. Vasari, p. 159; Condivi, p. 3-4.
3. Condivi, p. 4.
4. Note sur le Vasari, XII, 160; note de Mariette dans le Condivi, p. 176, et dans
son *Abecedario*, I, 209.

pour les couleurs des bizarreries qu'offraient à sa curiosité les poissons du marché de Florence. Vasari en parle comme d'une copie à la plume, ensuite coloriée, Condivi comme d'un tableau sur bois, et l'on a cru le retrouver plus d'une fois[1].

VI. — MICHEL-ANGE CHEZ LE MAGNIFIQUE. — Michel-Ange, du reste, sortit bientôt de l'atelier du Ghirlandajo. Laurent de Médicis avait non-seulement réuni des tableaux et des statues, surtout antiques, dans la maison et dans le jardin qu'il avait sur la place du couvent des Dominicains de San-Marco, mais il y entretenait encore une sorte d'école de sculpture sous la direction de Bertoldo, élève du Donatello, et, dès 1489, Ghirlandajo lui donna Michel-Ange et le Granacci, qui y trouvèrent le Torrigiano. Michel-Ange se mit bientôt au travail du marbre, et le premier ouvrage, à demi copié d'après un fragment antique, fut cette tête ou plutôt ce masque de vieux faune riant, qui n'est guère curieux que par la jeunesse à la fois et la valeur future de son auteur. Ses deux biographes ont raconté comment, sur une remarque du Magnifique, Michel-Ange lui cassa une dent d'en haut et retravailla la gencive pour lui donner la vérité de la vieillesse. Mais on peut dire, ce qui est plus important, que ce fut le point de départ de la fortune de Michel-Ange.

VII. — En même temps que le père de Michel-Ange, à qui son petit bien de Settignano ne rapportait que vingt écus, recevait de Laurent un emploi à la Douane qui lui donnait environ huit écus par mois[2], Laurent donnait au fils le logement, avec des gages mensuels de cinq ducats[3], et le faisait manger à sa table avec ses fils. Le jeune homme se trouvait ainsi au milieu de ce monde d'érudits et d'écrivains dont Laurent était le Mécène, et cette fréquentation, à cette époque de la jeunesse où l'esprit se pénètre et profite presque sans le savoir, fut certainement pour Michel-Ange une seconde éducation à laquelle il dut plus tard le développement et l'élévation habituelle de son esprit comme son talent d'écrivain.

1. Notamment à Bologne, au commencement de ce siècle (Gualandi, *Mem. di belle arti italiane*, I, p. 71; Vasari, XII, p. 162, note 1). M. de Triqueti en avait retrouvé un autre tableau à Pise (Ch. Clément, 1867, p. 330).

2. Condivi, p. 9. Il le perdit en 1494, à l'expulsion des Médicis; Gotti, I, p. 40-1; II, p. 31.

3. Vasari, p. 164.

Le savant Angelo Poliziano en particulier, l'auteur des *Stanze* et de l'*Orfeo*, s'intéressa aux promesses de ce jeune homme et lui donna comme sujet l'enlèvement de Déjanire avec la bataille d'Hercule et des Centaures[1]; c'est le bas-relief de la casa Buonarroti qui conserve aussi une œuvre du même temps, un autre bas-relief d'une Notre-Dame dans le goût de Donatello. Après avoir été offert à Côme Ier par Leonardo, le neveu de Michel-Ange, il fut rendu en 1617 par Côme II à Michel-Ange le jeune[2].

Buonarroti, du reste, pendant ce séjour dans la maison de Laurent, ne s'occupa pas seulement de sculpture. On sait qu'il occupa alors de longs mois à dessiner, d'après les admirables peintures de Masaccio, dans l'église del Carmine[3], de même que chez le Ghirlandajo il avait copié avec passion, et jusqu'aux recherches du fac-simile, les dessins des maîtres antérieurs[4]. La rapidité de ses progrès dans la sculpture comme la beauté de son dessin inspiraient autour de lui une admiration que sa jeunesse augmentait encore.

VIII. — LE COUP DE POING DU TORRIGIANO. — En même temps l'envie s'éveillait déjà. On sait que la cassure du nez, qui se voit dans tous les portraits de Michel-Ange, est due à un coup de poing du Torrigiano, qui ne craignait pas de parler lui-même de cette brutalité de sauvage. En 1518, lorsqu'il voulait emmener Cellini en Angleterre, la vue d'un dessin de celui-ci, d'après le carton de la guerre de Pise, la lui rappela, et voici d'après Cellini ce qu'il raconta :

« Quand nous étions jeunes, ce Buonarroti et moi allions travailler à l'église del Carmine d'après la chapelle du Masaccio, et, comme le Buonarroti avait l'habitude de se railler de tous ceux qui dessinaient, un jour entre autres qu'il m'ennuyait, je me mis plus en colère que de coutume, et, fermant la main, je lui donnai un si grand coup de poing sur le nez que je sentis sous mon poing l'os et le cartilage s'écraser comme si ce fût une oublie, et, tant qu'il vivra, il en restera ainsi marqué[5]. » Avec ce qu'on sait d'ailleurs du caractère du Torrigiano, il y a là plus qu'un emportement involontaire, et ce que dit Vasari[6], que le Torrigiano,

1. Vasari, p. 164; Condivi, p. 11, note de Gori, p. 122.
2. Vasari, p. 165, note 1; Gotti, I, p. 10. Michel-Ange en parle dans une lettre de 1507 ; *Lettere,* p. 7.
3. Vasari, p. 165.
4. Condivi, p. 6; Vasari, p. 162.
5. Segnato da me. Cellini, Vita, livre I, ch. XIII. Florence, 1852, in-12, p. 23.
6. Vie de Torrigiano, VII, p. 205-6 et XII, p. 165.

MICHEL-ANGE BUONARROTI.

(D'après la gravure de Bonasone.)

non-seulement se sauva de Florence, pour éviter la colère du Magnifique, mais qu'il en fut exilé, prouverait que les contemporains y ont vu plutôt un coup de haine qu'un malheur. Mais, avant de suivre dans le monde celui que le Torrigiano venait de défigurer pour la vie, il est bon de rappeler ceux qui travaillaient aussi avec lui dans le jardin de Laurent. C'étaient, avec Granacci, les sculpteurs Rustici, Baccio di Monte-Lupo, Andrea dal Monte-Sansovino et les peintres Nicolo Soggi, Lorenzo di Credi et Giuliano Bugiardini, qui resta l'ami de Michel-Ange[1].

IX. — LA STATUE D'HERCULE. — Michel-Ange n'avait encore que dix-neuf ans lorsque son protecteur mourut, encore jeune, à quarante-quatre ans, le 8 avril 1492. Il rentra alors dans la maison de son père, et fut de longs jours sans pouvoir se remettre au travail[2], mais, revenu à lui, il acheta une pièce de marbre depuis longtemps abandonnée à la pluie et au vent, et il en fit un Hercule qui fut trouvé admirable. Il fut d'abord dans le palais Strozzi, et l'année du siége de Florence, c'est-à-dire en 1529, Agostino Dini le vendit pour le compte de Strozzi à Giambatista della Palla, qui l'envoya en France au roi François Ier[3], dont il fut long-temps le pourvoyeur ordinaire[4]. La statue était haute de quatre brasses, la mesure même que Michel-Ange, dans une lettre de 1518 (*Lettere*, p. 391), donne pour un des prisonniers du tombeau de Jules II. Ceux du Louvre ont 2 m. 15, et, le *braccio* de Florence équivalant à 59 cent., quatre brasses donnent exactement 2 m. 36 c., soit 16 centimètres de plus que les statues du Louvre; c'était donc une grande figure. Elle est malheureusement perdue, et cependant elle a existé longtemps à Fontainebleau. On en trouve en effet une mention dans le *Tresor des merveilles de Fontainebleau*, publié par le père Dan, en 1642 :

« *Du jardin de l'Estang et de celui des Pins.* — Le premier jardin prend son nom de ce qu'il est basty dans l'Estang de ce chasteau; il est tout revêtu de belle gresserie[5], avec une muraille d'appuy tout autour, et l'on y entre par un petit pont de bois. Sa forme est quarrée, ayant

1. Vasari, VII, p. 205.
2. Condivi, p. 11.
3. Condivi, p. 11, et la note de Gori, p. 122; Vasari, XII, p. 165, 337; Gotti, I, p. 11.
4. Voir sur lui Vasari, VII, p. 161; VIII, p. 268, 289; XI, p. 44; XII, p. 17, et les « *Lettere di Gio. Bat. Busini a Benedetto Varchi* » Pise, 1822, in-8°, p. 84.
5. C'est-à-dire soutenu et revêtu de murs construits en pierre de grès.

trente-quatre toises de long et autant de large; lequel est dans l'aspect de la cour de la Fontaine. C'est ainsi que Henry-le-Grand l'a fait dresser avec quatre beaux quarrez de parterre de buys, l'an 1594, quand il fit édifier la grande terrasse.

« Ce qui rend surtout recommandable ce jardin, est une très-belle et grande statue de marbre blanc, qui représente Hercule, que le feu Roy ayant trouvée en ce chasteau y fit dresser et élever sur un piédestal. Elle est de Michel-Ange, laquelle il fit à Florence dans le Palais de Strozzi, qui fut apportée en France par le sieur Jean-Baptiste della Palle, de l'une des meilleures familles de cette ville-là, et fut présentée au Roy Henry II. (Livre II, ch. xx, p. 177.) »

La *Description historique* publiée en 1731 par l'abbé Guilbert, précepteur des pages du roi, résume le Père Dan et y ajoute un fait postérieur, la date de la destruction du jardin :

« Ce jardin, qui étoit nommé Jardin de l'Étang à cause de sa situation, fut détruit en 1713, lorsque l'on a agrandi la Cour de la Fontaine (ii, 86-7). »

X. — MICHEL-ANGE ET PIERRE DE MÉDICIS. — On a beaucoup reproché à Pierre de Médicis, le fils aîné du Magnifique, non-seulement de se vanter, autant que de Michel-Ange, d'un coureur espagnol qui était à son service[1] et d'employer Michel-Ange à acheter des camées et des intailles[2], mais surtout, dans l'hiver exceptionnellement rigoureux de janvier 1494[3], de lui avoir fait, dans sa cour, modeler une grande figure de neige[4]. C'est une fantaisie à laquelle tout sculpteur se prêterait, et la statue rapporta à Michel-Ange beaucoup d'éloges et, de la part de son père, détail qui avait bien son prix, d'être gratifié de vêtements meilleurs et plus abondants. Pierre, d'ailleurs, lui rendit le logement que Laurent lui avait donné, le faisant aussi manger à sa table, et nous savons par une lettre postérieure de Michel-Ange, datée de Rome, du 19 août 1497[5], qu'il avait acheté un marbre pour une statue que Pierre de Médicis lui avait commandée.

XI. — CRUCIFIX DE SAN-SPIRITO. — Dans le même temps, c'est-à-dire en 1494, il sculpta un crucifix de bois, de petite nature, et main-

1. Condivi, p. 12. — 2. Vasari, p. 165. — 3. Notes du Vasari, p. 337.
4. Condivi, p. 11; Vasari, p. 165. — 5. *Lettere*, p. 4.

tenant perdu, pour le Prieur du Couvent de San-Spirito, qui tint à sa disposition une chambre du couvent et le mit à même d'avoir des cadavres et de se livrer à l'étude de l'anatomie[1], ce qui, du reste, en augmentant sa science du dessin, n'a peut-être pas été étranger à ses exagérations postérieures de musculatures trop violemment accusées.

XI *bis*. — Séjour a Bologne. — On sait que le mauvais gouvernement de Pierre et l'entrée des Français en Italie firent chasser les Médicis de Florence, et que cela arriva le 8 novembre 1494. Mais, soit que Michel-Ange eût jugé de la mauvaise tournure de leurs affaires, soit, ainsi que le rapporte le Condivi (p. 13-5), que la résolution de quitter Florence lui ait été inspirée par les visions d'un certain chanteur au service de Pierre, nommé Cardiere et son ami, Michel-Ange, craignant justement d'être inquiété comme un des familiers de la maison, était parti quelques semaines avant la débâcle. Ne trouvant pas à s'occuper à Venise[2], où il était allé et craignant de manquer d'argent, il repassait par Bologne, quand il s'y trouva arrêté. Il était enjoint à tous les étrangers qui voulaient entrer ou sortir, de porter comme marque de reconnaissance un cachet de cire rouge sur l'ongle du pouce[3], et Michel-Ange, ayant négligé cette formalité, fut conduit à l'office des passe-ports et condamné à une amende de cinquante livres de bolonais : il ne possédait pas cette somme. Un des seize du Magistrat de Bologne, Giovanni Francesco Aldovrando, lui rendit le service de le délivrer et de l'emmener dans sa maison. Il faut remarquer d'ailleurs que les Médicis s'étant, avec leurs partisans, réfugiés à Bologne où ils furent logés dans la casa des Rossi[4], Michel-Ange avait une raison toute naturelle pour se fixer momentanément à Bologne.

XII. — Figures pour le tombeau de Saint-Dominique. — Aldovrando lui rendit d'ailleurs plus d'un service. Il se plaisait à lui faire lire avec sa prononciation toscane les œuvres de Pétrarque, de Boccace et de Dante, dont le génie a d'ailleurs marqué plus d'une fois de son empreinte celui de Michel-Ange qui s'en est souvent préoccupé, et il lui obtint de travailler au fameux tombeau, à *l'Arca* de Saint-Dominique que l'on admire encore dans l'église de ce nom.

1. Condivi, p. 12; Vasari, p. 166.
2. *Non avendo in Venezia trattenimento,* Vasari, 166.
3. Condivi, p. 14; Vasari, p. 166. — 4. Condivi, p. 15.

Les notices spéciales de M. Vannini Vincenzo et du marquis Davia ont très-bien éclairci les questions relatives à ce travail, commencé par Nicolas de Pise, continué par Nicolas de Bari, surnommé Niccolo dell'Arca,

ANGE AGENOUILLÉ.

(Arca de Saint-Dominique, à Bologne.)

et qui devait recevoir encore des sculptures au xviiie siècle[1]. Michel-Ange n'a fait que terminer les plis du vêtement du Saint Pétrone debout,

1. *Guida per la città di Bologna,* 1841, in-12, p. 85.

qui est au sommet de l'œuvre, et laissé inachevé par Nicolas de Bari. Pour ce travail il reçut dix-huit ducats ; mais le petit *Ange agenouillé* qui porte un candélabre et qui se voit au côté droit de l'autel est incontestablement son ouvrage ; il lui fut payé douze ducats. C'est une élégante petite figure d'à peu près deux pieds, d'un sentiment délicat et d'une exécution fine et précieuse, mais il est heureux que la tradition soit authentiquée par un document positif, sans lequel il pourrait toujours y avoir place pour un doute, tant l'œuvre est en dehors du sentiment Michelangelesque, même dans ses premières années. Il s'est évidemment, et cela fait honneur à son goût, préoccupé de se tenir dans le sentiment de l'œuvre à laquelle il n'ajoutait qu'un détail.

C'est le seul travail qu'il ait fait alors à Bologne. Soit crainte d'être desservi par un sculpteur qui avait espéré en être chargé, soit parce qu'il était redevenu possible de vivre tranquillement à Florence [1] et en même temps parce qu'il perdait son temps à Bologne [2], il revint auprès de son père.

XIII. — LA SALLE DE LA SEIGNEURIE. — Condivi (p. 16) et Vasari (p. 167) disent tous les deux que Michel-Ange resta plus d'une année à Bologne ; mais ils doivent se tromper. Nous savons, en effet, par Vasari [3] que, lorsque sur le désir de Savonarole on construisit à Florence la grande salle du Conseil dans le Palais de la Seigneurie, on consulta Léonard, Michel-Ange « bien que très-jeune », Giuliano de San Gallo, Baccio d'Agnolo et le Cronaca, qui était tout dévoué à Savonarole. Or nous savons par un document que le Cronaca fut chargé du travail le 15 juillet 1495 [4]. Comme il n'est pas probable que Michel-Ange ait été consulté à Bologne, il s'ensuit qu'il devait être à Florence, où il venait probablement de rentrer.

C'est à ce moment qu'il fit pour Lorenzo di Pier Francesco de Médicis un petit *Saint Jean-Baptiste* en marbre qui vient, paraît-il, d'être retrouvé à Pise, et qu'il sculpta un jeune *Cupidon* de six à sept ans, endormi et grand comme nature. C'est celui dont l'histoire est si célèbre.

1. Condivi, p. 16.
2. Vasari, p. 107.
3. *Vie du Cronaca*, VIII, p. 121, et *Vie de Léonard*, VII, p. 31.
4. Gaye, *Carteggio*, II, p. 584.

XIV. — LE CUPIDON. — En ce qui concerne son histoire, les récits des deux biographes ne concordent pas de tous points. Michel-Ange l'avait fait pour lui ; Lorenzo di Pier Francesco de Médicis lui ayant donné l'idée de le faire passer pour antique, la statue fut portée à Rome par un certain Baldassare del Milanese, qui la vendit comme telle 200 ducats au cardinal Raffaello Riario et n'en envoya que 30 à Michel-Ange. Le cardinal, averti de la fraude, envoya à Florence, pour s'en assurer, un gentilhomme de sa maison et, une fois sûr de son erreur, rendit la statue et se fit rendre l'argent[1]. On sait ensuite que le duc d'Urbin l'avait donnée à César Borgia, et qu'en 1502 Isabelle, marquise de Mantoue, la demanda et l'obtint par le moyen du cardinal d'Este. Dans une seconde lettre, elle écrit que, comme œuvre moderne, la statue du *Cupidon* est sans seconde, mais dans la première elle le croyait antique[2], ce qui semblerait établir que le duc d'Urbin l'avait encore acheté ou reçu comme tel. De Thou le vit à Mantoue en 1573[3], et l'on a cru le retrouver dans un Amour endormi avec deux serpents sur le sein qui se trouve à l'Académie de Mantoue[4], mais cette opinion n'est pas universellement acceptée.

XV. — PREMIER VOYAGE A ROME. STATUES DE BACCHUS ET DE L'AMOUR. — Dans tous les cas, si le cardinal de Saint-Georges s'est fait peu d'honneur de garder le *Cupidon*, ce fut lui qui fut la cause du voyage de Michel-Ange à Rome, où il est probable qu'il est allé avec le gentilhomme en question qui était venu à Florence. Arrivé à Rome le 5 juin 1496, il vit le cardinal sur le champ, et après une visite de celui-ci il acheta un marbre pour faire pour lui une statue grande comme nature, qu'il devait commencer immédiatement. Dans la même lettre écrite à Lorenzo Pier Francesco de Médicis, qui lui avait donné des lettres pour le cardinal, il parle aussi de la façon dont il avait voulu reprendre le *bambino* au Milanese, qui se refusait à le lui rendre[5], de sorte que nous ne savons pas de quelles mains l'a tenu le duc d'Urbin.

Son premier ouvrage à Rome, dit le Vasari (p. 169), fut un carton d'un *Saint François recevant les stigmates* ; il le dessina pour le barbier du cardinal, qui peignait lui-même à la détrempe et qui mit son œuvre,

1. Condivi, 16-8; Vasari, 168, 338-40. — 2. Gaye, II, 53-4.
3. Notes de Mariette sur le Condivi, p. 178-80. — 4. Clément, p. 333.
5. Notes de Vasari, XII, 339-40; Lettere, p. 1 et 375.

maintenant perdue, dans une chapelle de San-Pietro-in-Montorio[1].

On ne sait ce qu'il fit pour le cardinal chez lequel il demeura presque toute une année[2]. On pourrait supposer que ce fut soit le *Bacchus*, maintenant aux Uffizi, soit le grand *Cupidon*, entré au musée de Kensington avec la collection Gigli. Tous deux avaient été faits pour un gentilhomme romain nommé Jacopo Galli[3], et ils se voyaient, du temps de Condivi, chez Giuliano et Paolo Galli, dont Michel-Ange resta l'ami, et qui devaient être les fils ou au moins les héritiers de Jacopo.

XVI. — La Pieta de Saint-Pierre. — Une autre œuvre plus importante encore est la Notre-Dame-de-la-Fièvre, le groupe de la Vierge tenant sur ses genoux son fils mort, qui se trouve dans Saint-Pierre. Nous en possédons le marché[4], en date du 26 août 1498. Il est à remarquer que l'acte est en réalité fait par Jacopo Galli, qui s'oblige envers les deux parties et qui les oblige l'une envers l'autre, promettant que « ce sera le plus bel ouvrage de marbre qui sera aujourd'hui à Rome et qu'aucun maître ne ferait mieux ». C'était un Français, nommé en 1493 cardinal au titre de Sainte-Sabine, Jean de Groslaye de Villiers, abbé de Saint-Denis en France, et ambassadeur de Charles VIII, qui la fit faire pour la Chapelle des Rois de France dite de Sainte-Pétronille, qui était voisine de la sacristie, et que Vasari (p. 170) appelle le temple de Mars, parce qu'elle passait pour se trouver sur l'ancien emplacement de celui-ci. Michel-Ange devait être payé 450 ducats d'or par quartiers de 100 ducats, et avoir terminé son ouvrage en une année.

Il y avait eu auparavant de premières conventions, puisqu'il est dit que l'acte annule les écritures antérieures soit de Galli, soit de Michel-Ange, et que Galli, en y donnant quittance de 50 ducats, reconnaît en avoir déjà reçu 100.

Le 18 novembre, le cardinal écrivit aux Anciens de Lucques pour leur recommander Michel-Ange; le terme de « présent porteur », dont il se sert à son propos, ferait croire que Michel-Ange se rendit alors à Carrare, où il devait si souvent retourner et séjourner; mais l'affaire des marbres offrit quelques difficultés, puisque le 7 avril 1498 un certain M. de Sasso-Ferrato écrivait, au nom du cardinal, au Gonfalonier et aux Prieurs

1. Vasari, 169. — 2. Vasari, 169; Condivi, 19.
3. Vasari, 169; Condivi, 19.
4. Piot, *Cabinet de l'amateur*, 1861-2, p. 149; Gotti, II, 33-4; Contratti, 613-4.

de Florence pour faire lever les difficultés qui s'opposaient à la venue des marbres à Rome.

On sait que c'est la seule œuvre que Michel-Ange ait signée, et Vasari

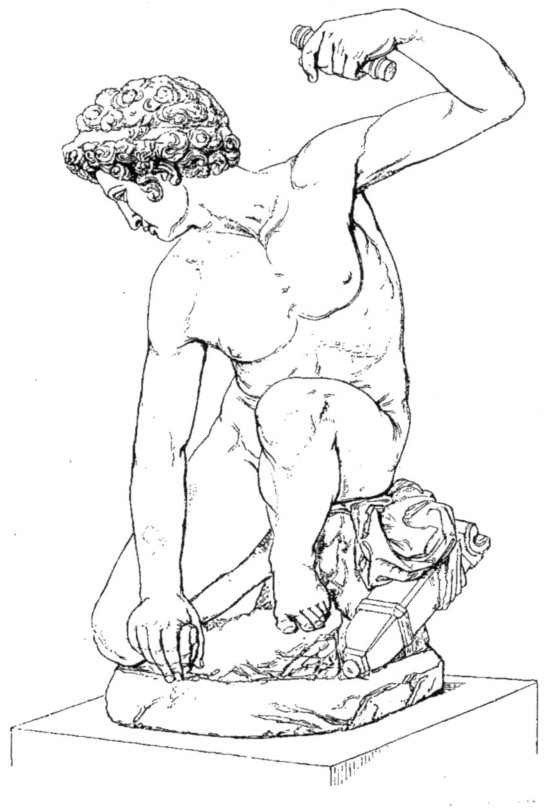

CUPIDON.

(Musée de South-Kensington, à Londres.)

(p. 171) raconte dans quelles circonstances. L'ayant entendu attribuer par des Lombards à leur Gobbo de Milan, c'est-à-dire à Cristofano Solari, il vint une nuit avec une lanterne et ses ciseaux, et grava en lettres monogrammatisées, sur la ceinture qui soutient la robe de la Vierge, ces seuls mots : MICHÆLANGELUS BONAROTUS FLOREN FACIEBAT.

La chapelle de Sainte-Pétronille fut naturellement détruite pour la reconstruction de Saint-Pierre; dans la nouvelle basilique, le groupe est dans la Chapelle de la Pitié, qui lui doit son nom.

Je n'ai pas à dire ici la beauté de l'œuvre pas plus qu'à répéter la belle réponse si connue qu'il fit à ceux qui lui reprochaient la jeunesse de sa Vierge. Il suffira d'en rappeler le succès et le retentissement. C'était à qui en aurait des reproductions. Nanni di Baccio Bigio en fit deux copies de marbre, dont l'une est à Rome, dans l'église Santa-Maria-dell'Anima, l'autre à San-Spirito de Florence, et l'on a imprimé plus d'une fois la lettre écrite par François Ier, de Saint-Germain-en-Laye, le 8 février 1546 (n. s.), à Michel-Ange, par laquelle il introduit près de lui le Primatice et lui demande « de vouloir être contant, pour l'amour de lui, qu'il molle le Christ de la Minerve et la Notre-Dame de la Fèbre, afin qu'il en puisse aorner l'une de ses chapelles comme de chose qu'on lui a asseuré estre des plus exquises et excellentes qui soient en son art, pryant Dieu qu'il l'ayt en sa sainte garde[1] ».

XVII. — STATUES DE LA CHAPELLE PICCOLOMINI. — C'est en juin 1501, encore avec la souscription de Jacopo Galli, que fut passé entre Michel-Ange et le cardinal Francesco Piccolomini, neveu du pape Pie II, un marché relatif à des statues pour sa chapelle du Dôme de Sienne, à côté de la Bibliothèque. Nous avons une première note de Michel-Ange, de Florence le 22 mai 1501[2]; le marché, signé à Rome le 5 juin 1501, ne l'est par Michel-Ange que le 19[3]. Comme on le voit, Michel-Ange n'était plus à Rome, mais à Florence, où il venait de revenir auprès de son père, qui désirait depuis longtemps sa présence[4]. Les statues, en marbre de Carrare, devaient être au nombre de quinze, représenter des apôtres et des saints et avoir deux brasses de haut. Michel-Ange devait donner, par suite de leur position, un peu plus de hauteur au Christ, à saint Thomas et à saint Jean, un peu moins au contraire à deux anges, pour se con-

---

1. Alcune memorie di M. A.-B., Roma, 1823, in-8°, p. 19. — Quatremère de Quincy, *Hist. de M. A.*, 1835, p. 86. — Le Glay, *Analectes historiques*, 1838, p. 441 des Mémoires de la Soci. de Lille. — On sait que la lettre originale, qui a appartenu à Wicar, est maintenant au musée de Lille.

2. Contratti, p. 614.

3. G. Milanesi, *Documenti d'arte Senese*, 1856, in-8°, Contratti, 645-8.

4. Gotti, I, 23.

former au plan général de l'autel, qui avait été construit et sculpté, en 1485, par le Milanais Andrea Fusina[1], enfin, pour qu'il ne parût pas être d'une autre main que la sienne, terminer le saint François de marbre commencé par le Torrigiano, le tout dans l'espace de trois ans et pour la somme de 500 ducats d'or, non compris le transport à Sienne, dont le cardinal se chargeait.

Celui-ci, couronné pape sous le nom de Pie III, le 8 octobre 1503, mourut le 18 du même mois, laissant par testament[2] à ses frères Jacopo et Andrea le soin de faire continuer les statues de Michel-Ange, comme les peintures qu'il avait commandées au Pinturicchio, probablement en même temps. De deux conventions intervenues à Sienne le 15 septembre, et à Florence le 11 octobre 1504[3], il résulte que Michel-Ange avait livré quatre figures, qu'il en avait été payé et avait même 100 ducats d'avance, qu'il lui était accordé à nouveau deux ans pour faire les onze autres figures, et qu'il n'avait pas à retourner à Sienne voir la chapelle, parce qu'il y avait déjà été pour cet objet au moment du premier marché.

Michel-Ange, du reste, ne s'occupa jamais plus de ce travail, si bien qu'en 1537 Antonio Mario Piccolomini cédait à un certain Panciaticho de Pistoie tous ses droits de recours contre Michel-Ange pour les 100 ducats d'or qu'il avait reçus en trop[4], et l'affaire n'était pas réglée en 1561, puisque Michel-Ange en écrit le 20 septembre[5] à son neveu Leonardo et se préoccupe de la terminer lui-même pour n'en pas laisser l'ennui à ses héritiers.

Quant aux statues elles-mêmes, à part le saint François du Torrigiano, qui paraît bien terminé par Michel-Ange, les annotateurs de Vasari, XII, 388, et celui des Contratti, p. 627, ne sont pas d'accord; les uns n'osent pas se prononcer, et le dernier lui attribue les quatre figures des saints Pierre, Paul, Pie et Grégoire.

XVIII. — LE PREMIER DAVID DE MARBRE. — Revenant à 1501, il est facile de comprendre que, même au premier moment, Michel-Ange avait

1. Pecci, *Relazione delle cose notabili di Siena,* 1752, p. 7; Ferri, *Guida di Siena,* 1822, p. 36.

2. En date du 3 avril 1503. Della Valle, note du Vasari, VI, 549; Vermiglioli, *Vita del Pinturicchio,* 1839, 126-7.

3. Contratti, 618-9 et 627-9; Vasari, notes, XII, 345.

4. *Doc. d'arte Senese,* III, 25; Vasari, notes, XII, 388.

5. Lettere, p. 362.

un travail bien autrement intéressant pour lui que les statues de l'autel de Sienne. C'est alors, en effet, qu'il eut à faire son fameux David[1].

Le sculpteur florentin Agostino di Duccio, ou Gucchio, qui avait déjà fait un premier *Géant*, avait été chargé, le 18 avril 1468, par les membres de l'OEuvre de Notre-Dame-des-Fleurs, d'ébaucher à Carrare, d'amener à Florence et de terminer en dix-huit mois pour la somme de 300 florins une statue de prophète de neuf brasses de haut qui devait être posée sur un des contre-forts de l'église. Elle devait être en quatre morceaux; Agostino tint évidemment à honneur de n'en employer qu'un, mais l'on ne fut pas content du commencement de son travail, puisque, par une délibération du 26 décembre 1466, on lui alloua, comme payement définitif, 224 livres pour en rester là et laisser telle quelle, à l'OEuvre, la figure commencée[2].

Si l'on croit Vasari, Pietro Soderini avait eu l'intention de faire conduire le marbre à Leonardo Vinci, et Andrea Contucci del Monte Sansovino cherchait à l'avoir pour l'employer à nouveau, en n'y ajoutant que quelques morceaux[3]. Toujours est-il que, le 2 juillet 1501, on décida de faire dresser la figure qui gisait à terre dans la cour de l'OEuvre, pour voir s'il serait possible d'en tirer parti et de le finir. Il faut remarquer qu'elle est désignée « l'homme ou le géant de marbre appelé David[4] ». Le prophète d'Agostino était déjà un David; c'est donc le nom et le sujet premier qui ont donné à Michel-Ange le motif du David jeune se préparant à sa victoire sur Goliath.

La décision ne tarda pas à être prise. C'est le 16 août que le marbre fut confié à Michel-Ange pour être achevé en deux ans, aux gages de 6 florins d'or par mois, et avec la promesse d'une allocation ultérieure, si l'ouvrage terminé en méritait une. L'artiste se mit à l'ouvrage le lundi matin 13 septembre 1501, après avoir quelques jours avant enlevé un nœud qui se trouvait sur la poitrine de la statue.

On n'attendit pas l'achèvement pour décider ce qui serait donné à l'artiste en sus de ses gages mensuels; une délibération du 28 février 1502[5] fixa cette somme à 400 livres en or. Le 25 janvier 1504, la statue était terminée, puisqu'une commission, composée des plus illustres artistes de Florence, dont quelques-uns avaient été les camarades de Michel-Ange dans les jardins du Magnifique, et parmi lesquels se trouvaient Filippino Lippi, Sandro Botticelli, Léonard de Vinci et Pierre Pérugin,

1. Condivi, 21-2; Vasari, XII, 171-5; Gotti, II, 27-31, 341, 343-4.
2. Gaye, *Carteggio*, II, 465-8. — 3. Vasari, XII, 172.
4. Contratti, 620, note 1. — 5. Gaye, II, 454.

fut réunie pour décider où on la placerait. Les avis furent très-partagés. On proposa successivement de la mettre sur le contre-fort de Notre-Dame-des-Fleurs, où l'œuvre devait être originairement, à côté de l'église ou sur la place du Baptistère, au milieu de la salle du conseil, au milieu de la cour du Palais-Vieux, place très-honorable, mais bien étroite pour le *Géant,* devant la porte du palais à la place de la *Judith* du Donatello, et enfin sous la Loggia des Lanzi. Les deux derniers avis réunirent le plus de suffrages, surtout la Loggia, à cause de cette raison excellente que le marbre était tendre et avait besoin d'être à couvert. Mais, devant l'opinion très-judicieuse aussi de Lippi et de l'orfévre Salvestro di Lavacchio que l'artiste devait avoir mûrement réfléchi à la place de son œuvre et qu'il serait bon de le consulter, il est probable que ce fut sur l'avis et le désir de Michel-Ange qu'il fut décidé, le 24 mai 1504, que le *David* remplacerait la *Judith,* qui passa dans la Loggia, et serait mis à la gauche de la porte du Palais-Vieux. Lorsque, pour ôter la *Judith,* on donnait pour raison qu'il n'est pas bien que la femme tue l'homme et qu'elle avait été posée sous une constellation funeste au moment de la perte de Pise, il n'est pas étonnant que Michel-Ange ait préféré mettre son œuvre à la porte du palais de la Seigneurie ; David, le sauveur et le juste administrateur de son peuple, était dans sa pensée un exemple offert aux magistrats de Florence pour les engager à la défendre avec courage et à la gouverner avec justice[1].

On pense bien que le transport d'une pareille masse demanda des architectes habiles. Un historien contemporain, Pietro di Mario Parenti, en attribue le mérite au Cronaca[2], et le Vasari (p. 175), à Giuliano et à Antonio de San Gallo. Tous deux ont raison puisque les délibérations publiées par Gaye (II, 462-3) donnent les noms de Simone del Pollajulo, qui est le Cronaca, d'Antonio de San Gallo et de Bernardo della Ciecha.

Le transport occupa du 14 au 18 mai 1504 et la statue fut dressée le 8 juin[3]. Le 11, la Seigneurie chargea le Cronaca de donner avec Antonio de San Gallo le dessin de la base du David, et le 8 septembre tous les travaux de la statue étaient terminés[4].

Jusqu'à la fin de juillet 1873 où il fut transporté à l'Académie[5], le David n'a plus d'histoire, si ce n'est l'accident qui lui arriva dans les tumultes de 1527. Un meuble, jeté d'une fenêtre sur ceux qui assaillaient

---

1. Vasari, 173.
2. Vasari, XII, 174, note 1. — 3. *Ricordi Strozziani,* Gaye, II, 464.
4. Vasari, *Prospetto,* p. 345. — La plupart de ces textes ont été donnés pour la première fois dans Gaye, mais très-inexactement. Le texte revu, qui se trouve dans les notes des Contratti, p. 620-3, est le seul dont il faille tenir compte. 5. Gotti, II, 50.

la porte, tomba sur le bras gauche de David et le brisa en trois morceaux. Comme personne ne les avait relevés, le troisième jour Francesco Salviati et Vasari, qui étaient alors tout jeunes[1], allaient au milieu des soldats ramasser les morceaux qu'ils portèrent chez le père de Salviati. Celui-ci les rendit plus tard au duc Côme, qui les fit remettre en place et consolider avec des goujons de cuivre[2].

XIX. — LE DAVID DE BRONZE DU CHATEAU DE BURY. — Vasari et Condivi parlent très-rapidement d'un second *David* de bronze, grand comme nature, avec la tête de Goliath sous les pieds, qui fut commandé par Piero Soderini et envoyé en France. Les documents publiés par Gaye[3] ont été si bien réunis et commentés dans un excellent mémoire de M. Reiset[4] que nous pouvons les résumer assez rapidement.

Pierre de Rohan, maréchal de Gié, continuait d'être en grande faveur à la cour de Louis XII ; c'était aussi un homme de goût, ce dont témoignait la beauté de son château du Verger, en Anjou. La Seigneurie, qui avait tout intérêt à être dans ses bonnes grâces et à se servir de son influence sur le roi, tenait à lui être agréable et lui avait déjà envoyé en 1499 sept bustes de marbre et deux de bronze, dont l'un était désigné comme un *Charlemagne*. En 1501, il exprima le désir d'avoir une reproduction du *David* du Verrocchio qui était dans la cour de la Seigneurie, en offrant pour la forme d'en payer les frais. On finit le 12 août 1502 par se décider à commander à Michel-Ange un *David* de bronze de deux brasses et un quart de haut, qui devait être terminé dans six mois. Les années 1502 à 1504 sont occupées par les instances du maréchal et les réponses florentines ; la statue partirait pour Livourne aussitôt qu'elle serait achevée. Puis le silence se fait ; le maréchal de Gié, bien qu'il fût devenu duc de Nemours par son mariage avec la sœur de Louis d'Armagnac, tué à Cerisoles en 1503, avait blessé Anne de Bretagne. Il était tombé en disgrâce et n'était plus bon à rien, mais il se trouva quelqu'un pour recueillir l'héritage du *David*.

Florimond Robertet était Secrétaire des Finances, de tous points un personnage fort important, et la Seigneurie devait au roi de France pas mal d'argent qu'elle aurait voulu faire attendre ou même ne pas payer. Le Trésorier était donc un homme à gagner, et nous voyons par une

1. Vasari avait alors treize ans, étant né en 1512.
2. Vasari, *Vie du Salviati*, XII, 49-50.
3. II, 54, 55, 58-61, 77, 78, 102, 105, 106, 108, 109.
4. Publié d'abord dans l'*Athenæum français*, de 1853, et ensuite à part.

longue lettre de l'ambassadeur, du 27 septembre 1507, que Robertet ne
demandait pas mieux. Il y avait été évidemment question du *David* du
maréchal; on y revient en 1508. Il était coulé sans doute avant le départ
de Michel-Ange, car celui-ci est à Rome et le pape ne veut pas même

DAVID DU CHATEAU DE BURY.

(Croquis à la plume du Musée du Louvre.)

le laisser venir à Florence vingt-cinq jours. L'on finit en octobre 1508
par le faire réparer par un artiste qui peut être Benedetto de Rovezzano
et on l'envoie en novembre, par terre, — il pesait 700 à 800 livres et la voie
de l'Arno, souvent très-bas, aurait pu être impossible —, de Cascina à
Livourne. On voit aussi que Robert et se propose de le mettre sur une
colonne de marbre avec les armes de la République, et qu'il voudrait

bien qu'on le lui envoyât, mais Soderini fait la sourde oreille en lui donnant là-dessus les meilleurs renseignements pour se procurer des marbres à Carrare.

Dans deux de ces documents, il est dit que « Robertet veut mettre le *David* à Blois dans la cour d'un sien palais nouvellement construit », et il ne peut s'agir que du charmant hôtel d'Alluye, bâti dans la rue Saint-Honoré par Robertet, qui avait une baronnie de ce nom, au commencement du xvie siècle[1].

La statue put y être d'abord, mais elle y serait restée bien peu de temps, puisque le château de Bury, où elle demeura plus d'un siècle, fut bâti par Robertet, de 1501 à 1504[2], et pouvait donc être terminé avant l'arrivée en France du *David*.

Ce n'est plus maintenant qu'une ruine perdue à deux grandes lieues de Blois, le long de la Cisse et sur le bord de la forêt de Blois, entre Orchaise et Saint-Secondin. La tour, où l'on peut monter à cheval comme à Amboise, existe encore, comme aussi de longs pans de murs de pierre blanche ornés seulement de bandeaux droits; mais pour revoir le château dans sa splendeur il vaut mieux consulter les planches que lui a consacrées Ducerceau à la fin du second volume de ses Excellents *Bâtiments de France* publiés en 1579.

Prud'homme, dans son *Dictionnaire géographique de la France* publié en 1804, suffirait déjà pour constater à Bury la présence du *David* de bronze; mais son livre, qui n'est qu'une compilation d'ouvrages bien antérieurs, ne signifie rien comme date, et nous avons beaucoup mieux. D'abord la planche de Ducerceau, où la statue sur une colonne se voit au milieu de la cour et où, si petite qu'elle soit, elle concorde très-bien avec le dessin de Michel-Ange, acheté pour le Louvre à la vente du roi de Hollande, et dans lequel M. Reiset a si judicieusement signalé le motif du *David* de bronze *col Golia sotto*[3]. L'*Itinerarium Galliæ* de Jodocus Sincerus l'y mentionne en 1616, comme aussi, en 1655, un *Guide en France* du sieur du Verdier et les *Délices de la France*, en 1728. Le *David* en avait pourtant disparu; les vues de Bury par Silvestre (1654) et par P. Costal montrent à la place une fontaine. Bury étant passé par les femmes dans les mains de Charles de Villeroy d'Halaincourt, celui-ci l'échangea en 1653 pour une rente avec les Rostaing, mais le *David* en avait déjà été emporté. Un singulier écrivain, Henri Chesneau, dont la

<hr>

1. La Saussaye, *Histoire de Blois,* 1873, in-12, p. 92-6.
2. *Mémoires des Antiquaires de France,* 3e série, X, 1868, p. 45 et 52.
3. *Catalogue des dessins du Louvre,* 1868, n° 123, p. 40.

plume ne s'est employée qu'à l'état de dithyrambe en l'honneur des Rostaing, avait dit en 1650, lorsque dans la description de Bury il parle de la fontaine de la cour :

> « Autrefois dans cet endroit même
> Il y avoit un beau *David;*
> Mais tout à coup l'on le ravit
> A cause de son prix extresme
> Et emporta-t-on ce grand Roy
> Dans le château de Villeroy,
> Où l'on en fait un si grand compte
> Que chaque sculpteur va disant
> Qu'il vaut sa grosseur d'or pesant,
> Tant il est d'une heureuse fonte.
>
> Outre le grand David qui manque
> Dans le point milieu où je suis...[1] »

M. Eugène Grésy[2] a réimprimé un inventaire, dont Chesneau attribue la rédaction à la femme même de notre Robertet sous la date de 1532 et qu'il doit avoir au moins remanié. Il n'est pas possible ici de ne pas en citer ce passage :

« Finalement et triomphamment notre beau *David* de bronze qui est au milieu du château... et faisons aussi beaucoup d'état des vers italiens que Michel-Ange, statuaire de ce chef-d'œuvre, fit graver au piédestal et que le sçavant Ronsard a traduits en ce sens :

> Moy, David, en moins de trois pas
> Que je fis devant tout le monde,
> Je mis Goliath au trépas
> D'un seul juste coup de ma fronde... »

Il pouvait y avoir des vers italiens sur la base de la colonne sans qu'ils fussent pour cela de Michel-Ange, mais Ronsard a dans ses œuvres[3] plus d'une pièce adressée à Fleurimont Robertet, seigneur de Fresne, qui était certainement de la famille.

De tout ceci il résulte qu'au milieu du XVIIe siècle le *David* avait passé du château de Bury à celui de Villeroy, près Mennecy (Seine-et-

---

1. La Saussaye, *Histoire de Blois,* p. 288-99.
2. *Mémoires des Antiquaires de France,* 3e série, X, 1868, p. 58-9 et 64.
3. Édition Blanchemain, I, 139; II, 464; III, 402; IV, 45.

Marne), — celui même qui a donné au Louvre la belle cheminée de Germain Pilon, — ce qui rend bien inespéré de revoir jamais ce que Lenoir n'a pas trouvé à sauver à la fin du XVIIIe siècle.

XX. — STATUE DE L'APOTRE SAINT MATHIEU. — Florence était pour Michel-Ange une bonne mère ; sa gloire y grandissait chaque jour, et il semble qu'on s'ingéniât à le charger de travaux pour y retenir en quelque sorte toute sa vie et toute son œuvre aussi bien que sa personne.

Après le *Géant* de marbre, un nouveau marché[1], du 24 avril 1503[2], est conclu par les Consuls de l'art de la laine et la Fabrique de Sainte-Marie-des-Fleurs dans lequel Michel-Ange s'engage à faire, en douze ans et à raison d'une par an, les statues des douze apôtres, en marbre de Carrare et de la hauteur de deux brasses un quart, pour être mises dans le Dôme, soit à la place des peintures de Bicci di Lorenzo, soit ailleurs. Du jour où il aurait été à Carrare faire extraire les marbres, ou s'il n'y allait pas, du jour où il aurait commencé la première statue, on lui payerait ses frais, ceux d'un seul aide, et, pendant les douze ans, des gages mensuels de deux florins d'or. On lui construirait de plus une maison dans le faubourg de Pinti près du monastère de Cestello, dont l'érection, confiée à Cronaca, ne devait pas dépasser 600 florins d'or et dont la pleine propriété lui serait acquise par douzièmes à mesure de l'achèvement de chaque statue.

En réalité Michel-Ange n'en commença qu'une, le *Saint Mathieu* qui est maintenant à l'Académie des Beaux-Arts et qui n'est même qu'ébauché. Sur la face presque droite de ce marbre encore en éclats, où palpite une violence singulière, rien de plus intéressant que de voir ainsi à nu la fierté en quelque sorte farouche du travail de Michel-Ange. C'est devant ce marbre, brisé plutôt que sculpté et qui pourtant s'éveille déjà à une vie pleine de grandeur, qu'on reconnaît la vérité du témoignage de Blaise de Vigenère. Il est bien connu, mais il est si caractéristique qu'il est toujours bon de le répéter.

C'est dans ses annotations sur les *Tableaux* de Philostrate[3]. Après avoir raconté qu'il lui vit commencer à Rome en 1550, dans un des chapiteaux du temple de la Paix, « un crucifiement composé de douze

---

1. Gaye, II, 473-6. Les *Contratti,* p. 625-6, en donnent un texte meilleur.
2. Pâques était tombé le 16.
3. Éd. de 1597, in-8°, 104-6, de 1614, p. 855.

figures de grandeur naturelle », — c'est, sans doute, la *Déposition* du Dôme de Florence, — il ajoute :

« A ce propos je puis bien dire avoir veu Michel-Ange, bien que âgé de plus de soixante ans et non des plus robustes, abattre plus d'escailles d'un très-dur marbre en un quart d'heure que trois jeunes tailleurs de pierres n'eussent peu faire en trois ou quatre, chose presque incroyable qui ne le verroit, et y alloit d'une telle impétuosité que je pensois que tout l'ouvrage deust aller en pièces, abattant par terre d'un seul coup de gros morceaux, de trois ou quatre doigts d'espoisseur, si ric à ric de sa marque que, s'il eust passé oultre tant plus qu'il ne falloit, il y avoit danger de perdre tout. »

On s'aperçut bien vite, en voyant ce que le pape commandait à Michel-Ange, qu'il fallait, bien que la plus grande partie des marbres fût arrivée[1], abandonner l'idée que Michel-Ange continuerait ce travail ; aussi, le 18 décembre 1505, la Fabrique prit la résolution de mettre à loyer la maison construite pour lui, et, le 18 mars 1508, elle fut louée à lui-même pour un an, au prix de dix forts florins de gros[2].

XXI. — LE CARTON DE LA GUERRE DE PISE. — C'est à cette époque, c'est-à-dire de 1503 à 1504, qu'il fit pour Taddeo Taddei le bas-relief de la *Vierge et de l'enfant Jésus* qui est à l'Académie de Londres, pour Bartolomeo Pitti une *Sainte Famille* en bas-relief, qui est aux Offices, et probablement le grand tableau à la détrempe de la *Sainte Famille* maintenant aux Offices et qu'Agnolo Doni paya cent quarante ducats pour l'avoir d'abord voulu payer quarante au lieu des soixante qui étaient convenus[3].

C'est aussi à cette époque qu'il fut chargé d'une grande peinture par Piero Soderini, qui semble avoir cherché toutes les occasions de faire travailler Michel-Ange. Léonard avait été chargé de peindre une des murailles de la grande salle du Conseil, dont il a été question plus haut, et c'est pour cela qu'il fit le carton de la *Bataille d'Anghiari* livrée en 1440. Michel-Ange, qui avait vingt-trois ans de moins que Léonard, se trouvait ainsi en compétition avec le grand Milanais qui avait déjà peint sa sublime *Cène* vers 1495. On vient de trop bien parler du mérite de l'œuvre de Michel-Ange pour que je répète dans cette biographie chronologique ce qui a trait à cette œuvre où il avait, en prenant son sujet dans la guerre avec Pise, représenté des soldats florentins, se baignant dans l'Arno et rappelés par la trompette, qui remettaient

---

1. Lettere, 426. — 2. Gaye, II, 477-8. — 3. Vasari, XII, 175-7.

en hâte leurs vêtements et leurs armures. Le sujet n'avait rien d'historique, et l'artiste n'y avait évidemment cherché qu'un motif pour accumuler et varier des corps et des gestes d'hommes nus. Par la gravure du groupe des *Grimpeurs* de Marc-Antoine, d'un dessin si pur qu'on est presque en droit de la croire faite d'après un dessin de Raphaël, on se peut rendre compte du mérite et de la nouveauté de l'œuvre. Après avoir été faite dans une salle de l'hôpital des Teinturiers, à Sant'Onofrio[1], le carton fut laissé par Michel-Ange dans ce qu'on appelait la Salle du Pape, à Santa-Maria-Novella[2], puis dans le palais des Médicis dans la grande salle d'en haut[3] qui devint un véritable lieu d'études pour tous les artistes. Vasari a énuméré quelques-uns des artistes qui y vinrent étudier, mais l'appréciation de son retentissement et de son influence sort du domaine spécial où nous devons nous renfermer.

Ce que nous devons dire c'est qu'on ne sait pas au juste quand il fut commandé ni commencé. Gaye (II, 92-3) a publié quelques payements partiels qui vont du 30 octobre 1504 au 30 août 1505, moment où il était certainement fini puisqu'il y est question de dépenses relatives à une préparation de la peinture. Pendant un temps, il n'était pas facile de voir le carton, puisque, le 2 juillet 1508, Michel-Ange écrit de Rome à son neveu qu'il s'occupe de faire avoir les clefs à un jeune peintre espagnol qui va à Florence et qui lui avait demandé les moyens de voir son carton. Dans la lettre suivante il ajoute : « J'ai su que l'Espagnol n'avait pas été assez heureux pour entrer dans la salle. La chose m'a touché, mais quand tu verras ceux qui ont les clefs, prie-les au moins d'en faire autant vis-à-vis des autres[4].

Plus tard, en 1512, lors des troubles de la chute de Soderini et du triomphe des Médicis, le carton disparut. Vasari, qui ne prononce pas de nom dans la *Vie* de Michel-Ange, accuse formellement Bandinelli dans la *Vie* de celui-ci (X, 296-7) de l'avoir détruit, soit par partialité pour Léonard, soit par haine de Michel-Ange, dont il fut du reste l'ennemi toute sa vie. Mais ce n'est qu'un seul témoignage, et l'accusation est bien grave pour être absolument acceptée.

En février 1575, des Strozzi de Mantoue offrirent au grand-duc de Toscane quelques fragments possédés par eux[5] et qui malheureusement ne furent pas acquis, car ils ont également disparu. On sait l'amitié de Michel-Ange pour Robert Strozzi. Ne serait-ce pas de Michel-Ange même que ceux de Mantoue auraient tenu ces débris?

1. Vasari, 179. — 2. Condivi, 31. — 3. Vasari, 179. — 4. Lettere, 95.
5. Lettere pittoriche, CXLIX, éd. de Ticozzi, III, 345; Vasari, 179, et la note 3.

Enfin, comme biographie, il n'est pas sans intérêt de rappeler ce passage d'une vie anonyme de Léonard, que M. Gotti, II, 48, a extrait de l'*Archivio istorico*. Léonard et un ami passant auprès du banc des Spini sur lequel étaient assis quelques hommes de bien qui discutaient sur un passage de Dante, ils l'appelèrent et appelèrent aussi Michel-Ange, qui vint à passer en même temps. Alors Léonard répondit : « Michel-Ange vous l'expliquera. » A quoi Michel-Ange, croyant qu'il l'eût dit pour se moquer de lui, répondit en colère : « Explique-le toi-même, qui as fait le dessin d'un cheval pour le couler en bronze et qui, ne pouvant le fondre, l'as abandonné honteusement. » Et, cela dit, il tourna le dos et s'en alla. Léonard devint rouge à ces paroles, et Michel-Ange, voulant le piquer, ajouta encore « et qui t'était confié par ces capons de Milanais ».

XXII. — Premiers rapports avec Jules II. — Séjour a Carrare. — Maintenant, sauf des œuvres isolées, ce qu'a fait Michel-Ange est bien autrement connu, et ceux qui viennent de parler de ses sculptures et de ses peintures en ont traité avec les développements de critique et de description que je dois m'interdire. Je serai donc dans certains cas fort bref, en faisant remarquer qu'à partir de ce moment Michel-Ange appartient presque exclusivement aux papes, qui en prennent en quelque sorte possession. A Florence aussi bien qu'à Rome, c'est pour eux qu'il travaille, pour Jules II, pour Léon X, pour Clément VII, pour Paul III, pour tous ceux qui se succéderont jusqu'à sa mort. Le Tombeau de Jules II, la façade de San-Lorenzo, les tombeaux de la Chapelle des Médicis, le plafond de la Sixtine, le *Jugement dernier* et enfin la construction de Saint-Pierre : voilà les travaux que Michel-Ange exécute, abandonne ou modifie incessamment, et sur lesquels, avec toutes les vicissitudes des découragements et des triomphes, roulent toute sa vie, toutes ses pensées, tous ses efforts. Il nous faut ici passer plus rapidement, et en quelque sorte d'autant plus que les œuvres sont plus importantes, sans donner autre chose qu'un ordre chronologique pour ce qui vient d'être dit par d'autres.

Jules II, de la famille de la Rovère et neveu de Sixte IV, avait succédé à Pie III en novembre 1503. Ce fut dans la première ou dans la seconde année de son pontificat, — Michel-Ange lui-même emploie les deux termes, l'un dans une lettre de 1542[1], l'autre dans la fameuse lettre de 1524[2], — que Jules II le fit venir à Rome et lui commanda son

1. Lettere, p. 491. — 2. Lettere, p. 428.

tombeau. Il est probable que ce fut à la fin de 1504. Condivi, qui rappelle (p. 23) les 200 ducats qui lui furent envoyés pour son voyage, dit qu'il se passa de longs mois avant que le pape se résolût à décider ce qu'il ferait faire à Michel-Ange. Une fois qu'on se fût arrêté au projet de son tombeau, Michel-Ange, devant la première ardeur de Jules II, dut se mettre aussitôt à l'œuvre, travailler aux quarante statues du grand projet que nous connaissons par ses biographes, et faire extraire la masse des marbres nécessaires à son exécution, et qui à eux seuls ne devaient pas coûter moins de 1,000 ducats. Pour cela, nous le savons de lui-même, il resta huit mois à Carrare. Comme les marchés pour faire transporter à Rome les premiers marbres et deux statues sont du 12 novembre et du 10 décembre 1505, c'est-à-dire de la fin du séjour, le premier contrat fait à Rome et la venue à Carrare doivent être aux environs d'avril 1505.

Avec plus de place, nous suivrions, dans les *Ricordi* comme dans les marchés, tous les voyages et tous les séjours de Michel-Ange à Carrare, où, il faut le dire, il perdit bien du temps et le meilleur de sa force à ces préparations immenses de travaux abandonnés à mesure, mais il y a heureusement sur ce point le beau travail de M. Carlo Frediani qui permet de moins insister.

Il faut rappeler seulement que c'est à ce séjour que Condivi rapporte le projet qu'eut Michel-Ange, préoccupé sans doute du colosse que l'antiquité avait voulu tailler dans le mont Athos, de tailler aussi un colosse dans un des rochers qui dominent la mer, et parler ici de l'histoire des deux Prisonniers du Louvre.

XXIII. — LES ESCLAVES DU LOUVRE. — Ce sont les deux figures indiquées dans le contrat de transport, et Condivi, p. 26, parle bien de deux prisonniers comme faits à ce premier moment. On sait que quatre autres ont été seulement ébauchés ; ce sont les marbres qu'à l'entrée des jardins Boboli on voit mal à travers la grille, rarement ouverte, de la grotte Buontalenti. Ceux de Paris sont admirables. L'un, à moitié assis, est déjà violent et contourné, mais l'autre, celui qui a la tête renversée et endormie, est admirable. Michel-Ange a fait des statues plus vigoureuses ; il n'en a pas fait de plus belle ni de plus parfaite. Pour les Anciens, ce serait le Génie même du Sommeil ou de la Mort.

On a cherché à préciser le sujet des prisonniers, et l'on a pensé à y voir les villes soumises par Jules II. Il y a pourtant là-dessus un passage de Condivi bien important et qu'il ne faut pas éviter, comme il semble qu'on ait fait jusqu'à présent. Selon lui, et il ne fait que répéter ce que lui a dit Michel-Ange, ces statues, liées comme des prisonniers, « représentaient les Arts libéraux, ainsi la Peinture, la Sculpture et l'Architecture, chacune avec ses attributs caractéristiques, de sorte que chacune pût être facilement reconnue. Elles exprimaient, en même temps, que toutes les Vertus étaient prisonnières de la Mort avec le pape Jules, et qu'elles n'étaient pas pour trouver jamais quelqu'un pour les favoriser et les entretenir comme lui ».

L'idée est bizarre, mais elle est de Michel-Ange. Serait-il trop hardi, à cause de la masse ébauchée qui est derrière la jambe de la plus belle des deux figures du Louvre, et qui offre incontestablement le corps accroupi et le profil de la tête d'un gros singe, de penser que ce beau prisonnier représente la Peinture, dont le moyen et le but sont l'imitation et de laquelle on dit couramment qu'elle est le singe de la Nature?

Ces deux statues sont en France depuis le xvie siècle. On sait qu'à la suite de la maladie pendant laquelle Michel-Ange avait, en 1544, été logé et soigné à Rome chez Robert Strozzi, il les lui donna[1]. Celui-ci les apporta en France; les offrit-il d'abord à François Ier? Lui furent-elles achetées par le connétable Anne de Montmorency? Toujours est-il qu'elles ornaient les niches d'une des façades de la cour de son château d'Écouen, et nous les y voyons dans une des planches de Ducerceau. Elles y restèrent jusqu'à la mort tragique de Henri de Montmorency qui, en 1632, les donna, avant de mourir, au cardinal de Richelieu[2]. Celui-ci les porta dans son château de Poitou. Les *Promenades de Richelieu*, de Desmarets de Saint-Sorlin, en 1653, le *Voyage en Limousin*, de La Fontaine, en 1663, la *Description en vers*, de Vignier, en 1676, en parlent comme il convient; elles étaient sur le balcon, devant le dôme du grand escalier. Dès avant 1749[3], le maréchal de Richelieu les avait fait transporter à Paris, dans les jardins de son hôtel, au coin du boulevard et de la rue de Hanovre actuelle; elles y étaient sous des niches de treillages « couvertes en baldaquins avec plafonds en coupoles et campanes[4] ». Sa veuve les mit dans une écurie de sa maison du faubourg du Roule, et on allait les vendre, en 1793, quand Lenoir en arrêta la vente et, en en prenant possession, les conserva à la France. Elles ont été, sous le premier Empire, dans l'ancienne petite cour du Musée et se voient maintenant dans

1. Vasari, p. 182.
2. Sauval, II, 142.
3. Lettre de Bachaumont, à la Bibliothèque de l'Arsenal.
4. Piganiol, III, 134.

la salle italienne du musée des sculptures de la Renaissance, dont elles sont le plus beau joyau[1].

Mais, avant de suivre les rapports de Jules II et de Michel-Ange, c'est le lieu de parler d'une statue de Michel-Ange qui n'a repris que de nos jours la place et le rang qui lui sont dus.

XXIV. — LA VIERGE DE BRUGES. — Aucune œuvre de Michel-Ange n'a peut-être été exposée à tant de doutes que la *Vierge* en marbre, assise, avec le bambino debout entre ses genoux, que l'on admire depuis trois siècles et demi dans l'église Notre-Dame de Bruges. Si personne n'en avait rien dit, la question serait beaucoup plus simple, car l'œuvre parle d'elle-même et elle est par là comme signée. L'invention et l'aspect général, la tête de la Vierge, l'arrangement des plis de la robe sur la poitrine, sont absolument personnels au maître et le geste superbe et fier de l'enfant qui se jette en arrière ne peut être que de Michel-Ange. Mais ses deux biographes parlent d'une œuvre de bronze. Vasari en parle comme d'un bas-relief de bronze fait pour les Moscheroni, et Condivi (p. 23) emploie le terme : « Il fondit en bronze une Vierge avec son fils entre les cuisses[2]; elle lui fut payée cent ducats par des marchands flamands nommés Moscheroni, d'une très-noble famille dans leur pays, et fut envoyée en Flandre. »

Le témoignage de Vasari est nul; il n'en parle pas dans sa première édition et l'a ajouté dans la seconde, d'après Condivi, avec cette malheureuse addition du mot *tondo*, médaillon, écrit pour ne pas avoir l'air de copier. D'un autre côté, si Condivi parle à juste titre de l'œuvre à propos de la jeunesse de l'artiste puisqu'il la met après le *David*, il faut remarquer qu'il ne l'a jamais vue, étant né seulement en 1520, et qu'il peut très-facilement s'être trompé sur la matière, n'en ayant pu qu'entendre parler et d'une façon très-éloignée.

Mais sur la statue même de Bruges, les témoignages sont constants; ils la mènent jusqu'à son départ d'Italie[3], et il n'est pas sans intérêt de les rappeler, non dans l'ordre où ils ont été produits, mais avec leur date réelle, en commençant par faire souvenir que la décoration murale en

1. *Abecedario* de Mariette, I, 1851-3, p. 219-21 à la note, et *Revue universelle des arts*, Bruxelles, VIII, 1858, p. 43-4.

2. On a toujours compris *in grembo* sur son sein, contre sa poitrine; mais *grembo*, ou *gremio*, c'est exactement, d'après les dictionnaires italiens, la partie du corps qui va du nombril aux genoux. On a donc inventé une difficulté qui n'existe pas.

3. *Chronique des Arts*, 1875, p. 273, 278, 289, 297-9, 308-9.

marbre blanc et noir, où la statue se détache seule sur le fond sombre
de la niche centrale, est déjà une preuve de l'admiration qu'on a toujours eue pour elle et du prix qu'on y attachait.

En 1773, M. Beaucourt de Noortvelde, dans une Description spéciale
de Notre-Dame publiée à Bruges, cite le nom de Michel-Ange, mais il se
trompe en la faisant donner par Pierre Mouscron, mort en 1571 à cin-
quante-sept ans, et né par conséquent seulement en 1514. Il doit être
dans le vrai quand il lui attribue l'érection de la décoration murale en
marbre blanc et noir, dont le style ne peut en effet être antérieur que
de quelques années à 1571. Pierre Mouscron fut enterré sous l'autel; il
y a donc lieu de croire sienne l'armoirie qu'on voit encore sur le socle
de la statue.

On pourra dire que le nom de Michel-Ange peut n'être là qu'une tra-

ARMOIRIES DES MOUSCRON.

(Piédestal de la Vierge de Bruges, à l'église Notre-Dame.)

dition, mais cette tradition existait déjà au XVIᵉ siècle. Dans une histoire
de Belgique, écrite en flamand par Marcus van Waernewyck, et dont la
première édition, parue en 1560, est antérieure de quatorze ans à la
mort de Michel-Ange, on trouve, avec le nom de Michel-Ange, qu'elle a
coûté quatre mille florins et qu'on doit l'entourer d'un retable, dont
Jean de Heere, de Gand, a donné le plan et son fils Lucas le dessin. Le
témoignage est le même, mais il est bien autrement considérable.

On connaît le journal du voyage de Dürer en Flandre. Quand il parle
de Bruges, où il arriva le dimanche 7 avril 1521, voici ce qu'il en dit :
« Je vois aussi, dans l'église de Notre-Dame, la statue de la Vierge en
albâtre faite par Michel-Ange de Rome[1]. » Cela suffirait déjà, à cause de

1. *Albrecht Dürer in de Nederlanden,* publication de M. Frédéric Verachter,
Anvers, 1840, in-8°. P. 73 et p. 131 de la traduction donnée par M. Charles Narey
dans la *Gazette,* 1ʳᵉ période, XX, février 1866.

la date, mais M. James Weale[1] la dit donnée en 1510 par un Pierre Mouscron, évidemment différent de celui qui meurt en 1571. On voit que les marchands flamands du nom de Moscheroni et les Mouscron de Bruges sont évidemment les mêmes.

Devant cet ensemble et cette suite, il serait déjà vraiment impossible de ne pas se rendre et l'on ne voit pas ce qu'on pourrait demander de plus. Une lettre adressée de Rome à Michel-Ange par un certain Balducci, en date du 4 août 1506 et publiée par M. Gotti (II, 51), ne permet plus d'objection. Le Balducci, qui paraît être en relations avec les Mouscron et leur avoir servi d'intermédiaire, indique à Michel-Ange comment la statue doit être par les soins, soit de Francesco del Pugliese, soit de Giuliano d'Adamo, envoyée à Viareggio, près de Lucques, et de là « en Flandre, c'est-à-dire à Bruges, comme chose leur, aux héritiers de Jean et Alexandre Moscheron et compagnie ». La statue n'est pas nommée, mais avec la mention « Mouscron et compagnie », le doute n'est pas possible.

On voit de plus combien M. Reiset, dans sa note sur ce groupe (p. 7-8) qui est antérieure à la publication de Gotti, avait raison d'en mettre le travail avant 1505, date de son second voyage à Rome et au moment même où il terminait le carton de la guerre de Pise. Ne faudrait-il pas aussi supposer, à cause de la mention de Lucques et de Viareggio, que cette Vierge a été faite à Carrare? Si elle l'eût été à Florence, elle serait plus facilement partie par la voie de Pise.

XXV. — Fuite de Rome. — Pour contenir un monument aussi considérable que le Tombeau de Jules II, l'ancien Saint-Pierre n'offrait pas de place convenable. On voulut d'abord terminer, pour le mettre, la chapelle que Nicolas V avait déjà fait commencer, puis le pape se décida à faire réédifier à nouveau toute l'église et en chargea le Bramante. C'est donc indirectement à l'œuvre de Michel-Ange, qui ne devait pas être exécutée telle qu'elle avait été conçue, qu'est due la construction de Saint-Pierre[2]. Quant au tombeau, les marbres étaient arrivés de Carrare; ils étaient sur la place de Saint-Pierre devant l'église Sainte-Catherine, et c'était là que Michel-Ange avait son atelier à côté du corridor du Vatican, et le pape avait même fait faire un pont pour pouvoir aller, quand il le voudrait, y voir travailler son sculpteur[3].

1. *Guide de Bruges,* 1864, p. 3.
2. Condivi, 27-8. — 3. Condivi.

Mais il se préparait un gros orage et nous pouvons aujourd'hui dire d'après Michel-Ange ce qui au bout de trois mois le fit se sauver de Rome[1]. Il avait payé de son argent les frais des transports de Carrare; il avait monté sa maison; il avait fait venir des jeunes gens de Florence, et il ne pouvait pas être payé. Il avait entendu le pape dire qu'il ne voulait plus dépenser un baïoque en pierres, ni petites ni grosses. Quand il était revenu à la charge, il n'avait jamais pu parvenir jusqu'au pape, et en dernier lieu un valet l'avait formellement chassé sur l'ordre du pontife. Mais tout cela ne fut pas encore la seule raison de son départ : « Ce fut encore autre chose que je ne veux pas écrire (la lettre devait être montrée au pape); il suffit qu'elle me fit penser, si je restais à Rome, que l'on m'y enterrerait avant le pape. » Évidemment il craignait tout, jusqu'à un coup de couteau, de ses envieux et de ses ennemis, et il y mettait certainement le Bramante à cause de son amitié pour Raphaël.

Toujours est-il qu'après avoir entendu un vendredi matin la réponse du palefrenier, après avoir écrit au pape que désormais on le trouverait ailleurs qu'à Rome[2], dans la nuit même, après avoir chargé ses domestiques de vendre à des juifs tout ce qui était dans sa maison, il monta à cheval à deux heures du matin et alla d'une traite à Poggibonsi à vingt milles de Rome, mais en dehors des États romains. Il y fut immédiatement rejoint par cinq courriers, porteurs d'un billet du pape, qui avaient ordre de le ramener. Mais Michel-Ange ne voulut rien entendre; il répondit une courte lettre au pape et continua sa route pour Florence. Ceci devait se passer dans le courant du mois d'avril.

Si l'artiste était fier et ombrageux à l'excès, l'irascible Jules II était d'une singulière violence, et rien n'est plus étrange que cette lutte toute personnelle d'un pape et d'un de ses domestiques, à prendre le mot dans son vieux et véritable sens. Michel-Ange écrit à San Gallo qu'il veut bien continuer la sépulture, mais à Florence; Jules II envoie trois brefs à la Seigneurie, pour redemander son sculpteur. Nous ne possédons malheureusement que celui du 8 juillet 1506[3] :

« Michel-Ange, qui s'est éloigné de nous par légèreté et par caprice, craint, nous dit-on, de revenir. Nous ne sommes pas irrité contre lui, parce que nous connaissons l'esprit des gens de cette sorte. Mais, pour qu'il dépose tout soupçon, nous invitons votre dévotion à lui vouloir

---

1. Lettre à San Gallo du 2 mai 1506; lettre de 1542. Lettere, p. 226, 377, 426.
2. Lettere, 493.
3. Lettere pittoriche, éd in-18, III, 472-3.

bien promettre en notre nom que, s'il revient auprès de nous, il ne lui
sera rien fait, et que nous lui rendrons cette même grâce apostolique
dans laquelle il était avant son départ. »

Mais Michel-Ange avait peur de remettre les pieds dans la caverne
du lion. Rien n'est plus amusant, entre l'artiste qu'il aimait et, de l'autre
côté, le pape qu'il craignait, et l'intérêt de Florence, que l'embarras
du gonfalonier. Il lui disait qu'il avait bravé le pape comme l'aurait fait
un roi de France, qu'il n'avait pas à se faire prier, et que Florence ne
ferait pas la guerre à cause de lui. Michel-Ange écoutait si peu les bons
conseils de Soderini qu'il alla jusqu'à penser à passer chez le Turc, où
des Franciscains lui promettaient la faveur du Sultan, qui lui ferait
faire un grand viaduc pour rejoindre Constantinople et le faubourg de
Péra[1], et le pauvre Soderini avait encore à lutter contre ce nouveau
coup de tête.

Heureusement le pape se trouva venir à Bologne, où il arriva le
10 novembre 1506, et le 21, le cardinal de Pavie écrivait à la Seigneurie
que Michel-Ange eût à venir au plus tôt trouver le pape. Il n'y avait plus
à hésiter. Michel-Ange partit avec des lettres de la Seigneurie écrites
le 27[2]. Ainsi il avait fallu trois mois pour décider Michel-Ange à se
présenter devant Jules II.

La scène est singulièrement curieuse. A Michel-Ange, qui s'agenouille
et demande son pardon, Jules II répond : « Oui, au lieu de venir nous
trouver, tu as attendu que nous venions te trouver. » Alors, l'évêque,
qui présentait Michel-Ange à la place du cardinal Soderini, malade,
intervenant pour dire qu'il fallait lui pardonner, parce que les artistes
n'étaient que des ignorants qui ne savaient que leur métier, le pape,
en colère, le frappe de sa canne en lui disant : « C'est toi qui es un
ignorant, et tu lui dis des injures que nous ne lui disons pas. » Sur quoi
le malencontreux évêque fut mis à la porte par les palefreniers, qui le
bourrèrent de coups de poing, et le pape termina l'audience en donnant
à Michel-Ange sa bénédiction apostolique. Tout est donc bien qui finit
bien.

XXVI. — La Statue de bronze de Jules II. — Le séjour de Michel-
Ange à Bologne fut laborieux, dur, et ne manqua pas de gêne matérielle.
L'un de ses frères voulant venir le rejoindre, il l'en empêcha en lui

1. Condivi et Vasari.
2. Pour ces lettres et d'autres encore, v. Gaye, II, 83-5, 91-3.

racontant la vie qu'il menait et la façon dont il était logé ; il n'avait qu'un seul lit pour lui et trois compagnons [1]. Malheureusement toute cette peine est depuis longtemps perdue puisque la statue assise du pape Jules II, qui l'occupa seize mois [2] fut détruite quelques années seulement après avoir été posée.

C'était une grande statue de bronze, dont les dimensions sont données de bien des manières. Vasari, page 186, lui donne cinq brasses de hauteur, Condivi la dit trois fois grande comme nature ; une lettre de Michel-Ange [3], et c'est elle qu'il faut croire, dit qu'assise la statue était haute de sept brasses. On est encore moins d'accord sur le poids et sur le prix. Soderini, dans une lettre du 4 janvier 1509, dit qu'elle coûte trois mille ducats ; les chroniqueurs bolonais Ghirardini et Agucchia disent qu'elle pèse 17,000 livres et coûta mille ducats, Tommaso Lancilotti qu'elle en pèse 20,000 et coûta plus de douze cents ducats [4]. Dans les lettres de l'artiste [5] il en donne à deux reprises la dépense comme s'étant montée à mille ducats.

Comme Michel-Ange ne s'entendait pas aux choses du bronze « qui n'était pas son art [6] », il fit venir pour l'aider et il employa d'abord deux Florentins, Lapo et Lodovico, ce dernier Maître de l'artillerie de Florence ; mais il ne put pas continuer à se servir d'eux. Ses lettres à sa famille sont pleines de plaintes contre leur insuffisance, surtout contre celle du premier [7], et après avoir pensé à un Français qui se trouvait à Bologne [8] ce fut un Milanais, Bernardino d'Antonio dal Ponte, aussi Maître de l'artillerie de Florence, qu'il choisit pour l'aider au dernier moment [9].

Le modèle en terre fut fini à la fin de 1506, puisque le pape Jules II, qui devait quitter Bologne le 22 février 1507, vint le 29 janvier visiter l'artiste et son œuvre [10]. Jules II retourné à Rome, l'artiste resta à Bologne. En janvier il écrivit à Buonarroto [11], celui de ses frères qu'il a toujours le plus aimé, qu'il espérait couler sa statue au milieu du carême et, le 26 mars [12], que ce serait dans un mois. Le 28 avril il écrivit à son frère Giovan Simone [13] que la cire est finie, et la fonte, qui se fit dans la Stanza del Pavaglione, derrière l'église [14], n'eut lieu que le 26 juin 1507. Malheureusement le fondeur n'avait pas assez calculé la force de chaleur nécessaire pour liquéfier tout le métal ; une partie en

1. Lettere, 62. — 2. Condivi, 33. — 3. Lettere, 427. — 4. Gaye, II, 168.
5. Lettere, 427, 429. — 6. Lettere, 429. — 7. Lettere, 8-9, 62, 63, 65, 67.
8. Gotti, I, 62. — 9. Lettere, 75.
10. Lettere, 65 ; Condivi, 32 ; Vasari, 187.
11. Lettere, 63. — 12. Lettere, 71, 72. — 13. Lettere, 148.
14. Gotti, I, 55, d'après la dissertation spéciale de M. Podesta.

resta dans le fourneau, et le moule ne fut pas rempli, de sorte que la statue n'existait que dans sa moitié inférieure. L'accident était des plus graves; mais, au lieu de recommencer entièrement tout le travail de la cire et du moule, on reprit en quelque sorte la fonte interrompue et la seconde opération du 2 juillet compléta heureusement la première[1].

Le réparage prit plus de temps que Michel-Ange ne le croyait, mais il était terminé à la fin de janvier 1508[2]. Elle fut enfin placée au-dessus de la porte de la façade de Saint-Pétrone et découverte le 21 février[3].

On penserait, d'après les paroles échangées entre le pape et l'artiste et rapportées par ses historiens, que la main gauche de la statue devait tenir une épée et non un livre. En réalité il n'y eut ni l'une ni l'autre. Le pape, assis et mitré, donnait la bénédiction de la droite et tenait les clefs de la gauche.

Elle ne subsista du reste pas plus de quatre ans. Lorsque les partisans de Jean II Bentiviglio eurent repris Bologne, ils firent, le 30 décembre 1511, jeter à terre la statue par un ingénieur du nom d'Arduino[4]. Le bronze provenait de la cloche de la tour de Bentiviglio et d'une bombarde brisée de la commune de Bologne[5]; en 1511, la statue fut donnée au duc Alphonse de Ferrare, qui la convertit en une pièce d'artillerie énorme, qu'on nomma, à cause de son origine, la *Julie* ou la *Julienne*. Du temps de Vasari, la tête, qui pesait 600 livres[6], existait encore dans la garde-robe du duc; elle se perdit à son tour, et l'on n'a jamais signalé ni un dessin ni une maquette se rapportant à cette statue.

Il semblerait que la façon dont elle fut brisée à Bologne dût désormais rompre tout rapport de la ville avec l'artiste. On sait cependant, par une lettre de 1522[7], qu'on le pria de venir à Bologne décider entre les différents projets d'une façade pour Saint-Pétrone; mais il ne paraît pas que Michel-Ange se soit rendu à l'invitation.

XXVII. — Peintures de la voute de la Sixtine. — Avant d'indiquer les dates de cet ensemble de compositions et de figures incomparables qui se déroulent sur le plafond de la Sixtine, il faut rappeler un fait de la vie de Michel-Ange qui n'était pas connu. Le 13 mars 1508, son père l'émancipe par acte passé chez un notaire de Florence, enregistré

1. Lettere, 77, 78-9, 80-1, 82. — 2. Lettere, 88, 91.
3. Chroniques citées dans le *Prospetto,* p. 348. — 4. Gotti, I, 66.
5. *Chronique* de Sebastiano Agucchia. — 6. Masini, *Bologna perlustrata.*
7. Gotti, II, 60.

le 28 dans le registre des Émancipations[1]. C'est que dans les pays de droit écrit comme l'Italie et le midi de la France[2], il n'y avait pas de majorité légale tant que le père existait. Il conservait sa vie entière tous ses droits sur son fils dont le travail et les gains lui appartenaient en droit, et en l'émancipant il perdait son recours contre lui pour réclamer d'en être au besoin assisté dans sa vieillesse. L'émancipation, qui seule enlevait le fils à l'état de mineur, était toujours pour le père un acte grave qui devait être volontaire ou librement consenti. Il n'est donc pas sans intérêt de montrer Michel-Ange, qui a déjà fait tant de choses, émancipé par son père à l'âge de trente-trois ans.

Il était, comme on voit, revenu à Florence; mais Jules II ne l'y laissa pas longtemps et l'appela à Rome. Ne s'occupant plus de son monument sépulcral, il demanda au sculpteur de peindre le plafond de la chapelle qui portait le nom de son oncle Sixte IV et dont la voûte avait été construite par le Florentin Baccio Pontelli, l'architecte ordinaire de ce dernier. Soit que l'idée vînt de Bramante, qui, en mettant Michel-Ange en compétition avec Raphaël, pouvait bien avoir la pensée que Michel-Ange ne s'en tirerait pas à son honneur[3], ou de Giuliano de San Gallo, ami de Michel-Ange[4], le pape ne se rendit pas aux répugnances de Michel-Ange, et l'artiste dut s'exécuter.

Il ne fut pas question d'abord d'un travail aussi important. Nous savons par une lettre de Michel-Ange que le dessin premier fut de représenter les douze Apôtres dans les lunettes, en remplissant le reste de la voûte d'une ordonnance d'ornements, et le prix fait était de 3,000 ducats. Les Apôtres furent même commencés[5], d'où il suit que l'échafaudage, construit par Michel-Ange à la place de celui de Bramante qu'il fallait détruire[6], dut être construit pour les Apôtres. Probablement aussi les peintres que Michel-Ange avait fait venir de Florence pour lui apprendre les procédés de la fresque et travailler avec lui[7], n'ont-ils été occupés qu'à ce premier dessin, et ce que Michel-Ange fit jeter à terre peut bien n'être que leur travail pour les Apôtres et nullement un commencement véritable de l'exécution du second projet. Il est peut-être aussi juste de remarquer que, dans le premier, Michel-Ange peut avoir employé les études faites par lui pour les douze Apôtres de Sainte-

<hr>

1. Gotti, I, 69, 70.

2. Voir dans la *Revue des Sociétés savantes* de 1874, 2e semestre, p. 323-6, l'acte d'émancipation, à trente-neuf ans, du sculpteur provençal Lieautaud.

3. Vasari, *Vie de Michel-Ange*, XII, 489.

4. Vasari, *Vie de San Gallo*, VII, 223. — 5. Lettere, 427. — 6. Vasari, XII, 489.

7. Vasari, XII, 190; Lettere, 17; Ricordi, 563.

Marie-des-Fleurs. Comme il ne devait plus les exécuter en sculpture, leurs inventions modifiées ont peut-être été celles qu'il se proposait de peindre sur la voûte de la Sixtine.

C'est aussi à ce premier commencement qu'il faut rapporter le *ricordo* de Michel-Ange, par lequel il note avoir reçu, le 10 mai 1508, 50 ducats pour les travaux de la voûte de la chapelle du pape Sixte qu'il commence le même jour [1] et la demande d'argent qu'il fait à Florence trois jours après [2]. En tout cas, lorsque la première moitié fut faite, de la porte jusqu'au milieu de la voûte [3], elle fut découverte à l'admiration générale [4] et c'est à cette première moitié que se rapportent les vingt mois qu'on attribue en général à tout ce travail. Le journal d'un camérier de Jules II dit qu'en 1512 les échafauds étaient encore dressés et que la chapelle fut ouverte au public avant la mort de Jules II arrivée en 1513 [5]. Il est donc probable que, s'il faut mettre le commencement du travail en 1508, il en faut mettre la fin de 1512 à 1513. Ce ne seront plus vingt ou vingt et un mois, mais quatre ans, ce qui n'a rien que de très-simple, quand on pense que Michel-Ange a tenu à peindre de ses propres mains ce gigantesque ensemble de la voûte, moins populaire et moins célèbre que le *Jugement dernier* et cependant très-supérieur.

Il resta quelque temps à Michel-Ange, à la suite de ce travail, une incommodité bien grande. Si ingénieux et si inventif qu'il fût, il n'avait pas pensé au *Fauteuil renversé* que Jouvènot imagina plus tard pour peindre les plafonds du Parlement de Rennes, et sur lequel il s'est représenté dans son portrait. Michel-Ange, à force de tenir la tête renversée pour peindre en l'air, ne put reprendre facilement l'habitude de regarder de haut en bas, et lorsqu'il avait à lire une lettre ou à regarder de petits objets, il fut d'abord obligé de les tenir au-dessus de sa tête pour les bien voir [6].

XXVIII. — Second Marché pour le monument sépulcral de Jules ii. — Jules II était mort le 21 février 1513. Presque immédiatement et avant la nomination de son successeur, Lorenzo Pucci, notaire apostolique, qui, dans le courant de l'année, était fait cardinal des Santi-Quattro [7], et Leonardo Grossi de la Rovère, fils d'une sœur de Sixte IV et cardinal

1. Ricordi, 564. — 2. Lettere, 379. — 3. Condivi, 40. — 4. Vasari, XII, 191.
5. Vasari, XII, 192, à la note. — 6. Condivi, 41.

7. Les quatre saints couronnés, quatre frères, martyrisés au ive siècle, avaient à Rome une église qui était un titre cardinalice.

d'Agen, chargés ensemble par le pape de veiller à l'exécution de sa sépulture, firent avec Michel-Ange, le 6 mai 1513, un nouveau marché[1].

Michel-Ange s'engageait à ne pas entreprendre d'autre travail et à terminer celui-ci avant sept années.

LE CHRIST RESSUSCITÉ.

(Église de la Minerve, à Rome.)

Le prix devait en être de 16,500 ducats, sur lesquels Michel-Ange reconnaît en avoir reçu 1,500 de Jules II et 2,000 d'un banquier florentin. Si la sépulture n'était pas terminée à l'époque dite, Michel-Ange n'en devait pas moins la continuer.

1. Contratti, 635-40.

Il n'est pas question de modifier le premier projet qui devait, à ce moment, conserver toute son étendue et sa richesse, et Michel-Ange, qui, malgré ses querelles avec le pontife, était incontestablement plus attaché à Jules II qu'il ne l'a été depuis à aucun pape, s'occupa certainement, avec activité, de cette sépulture, dont les retards et l'inachèvement ont été l'une des préoccupations les plus constantes et l'un des regrets les plus sensibles de sa vie.

XXIX. — Christ de la Minerve. — C'est à Rome, le 15 juin 1514, que Michel-Ange fit marché avec Bernardo Cencio, chanoine de Saint-Pierre, maître Mario Scappucci et Metello Vari pour une statue de marbre destinée à l'église de la Minerve. Le *Christ ressuscité*, nu, debout et tenant une croix, devait être grand comme nature. Il devait être fait avant quatre ans et payé 300 ducats d'or. Deux cents ducats furent payés immédiatement. Vari et un certain Pietro Paolo Castellano, pour Scappucci, s'engagèrent à lui payer, chacun pour moitié, les 50 derniers ducats à l'achèvement de l'ouvrage [1].

Par une lettre à laquelle l'édition donne la date du 21 décembre 1518 [2], on voit que la statue était à Pise, déjà embarquée et prête à partir, mais Michel-Ange ne paraît l'avoir envoyée à Rome que vers le mois d'août 1521 en la faisant accompagner par Pietro Urbano, qui avait été si souvent chargé de le représenter à Carrare. Urbano devait la terminer, mais il s'en acquitta maladroitement. Sur la recommandation de Sébastien del Piombo, l'artiste s'en rapporta aux bons soins de Federigo Frizzi, sculpteur florentin alors à Rome, qui eut à réparer les sottises d'Urbano dans la main droite, les pieds et la barbe [3]. Le travail fut fini dès le 19 octobre. Une lettre de Frizzi, qui se plaint du peu de lumière de la place où on l'a mise, insistant sur ce point qu'il a fait très-peu de chose, trouve que cela ne mérite pas d'être payé et qu'avec 4 ducats, il le serait bien au delà du travail [4]; dans les *Ricordi* (p. 583), nous trouvons, à la date du 26 octobre 1521, le payement des 4 ducats.

Nous savons même par des lettres de Vari que Michel-Ange lui offrit de refaire la statue, ce qui ne fut pas accepté, et qu'à Rome il avait commencé et abandonné un premier marbre parce qu'il s'était trouvé un fil noir dans le visage. De plus Michel-Ange avait de l'amitié pour Vari puisque, sur la demande de celui-ci d'avoir une figure de lui pour la

1. Contratti, I, 644. — 2. Lettere, p. 398.
3. Lettre de Sébastien del Piombo; Gotti, I, 141-2. — 4. Gotti, II, 142.

galerie ouverte de sa maison, l'artiste voulait le forcer à l'accepter en cadeau ; il ne paraît pas, d'ailleurs, qu'elle ait été faite. Michel-Ange eut plus tard une raison de mettre en règle l'affaire du *Christ*, car là décharge de Metello Vari n'est donnée que longtemps après, à la date du 1er juin 1532[1].

XXX. — Suite des travaux du tombeau de Jules II. — Dans une lettre au capitaine de Pérouse [2], Michel-Ange raconte qu'à Rome, dans la première année de Léon X, par conséquent en 1513, il donna, en deux fois, 80 jules au vieux Luca Signorelli pour retourner à Cortone et que celui-ci ne les lui avait pas rendus. Mais le plus intéressant pour nous, c'est qu'il dit que Signorelli l'était venu voir dans son atelier de la Boucherie des Corvi et l'avait trouvé travaillant à une statue de marbre, haute de quatre brasses, debout et ayant les mains derrière le dos. C'est certainement un des quatre prisonniers ébauchés qui sont maintenant à Boboli. Trois ans après, le 16 juin 1515, Michel-Ange écrit de Rome à son frère Buonarroto pour lui demander de lui faire payer 1,400 ducats sur ce qu'il a chez le trésorier de Sainte-Marie-Nouvelle parce qu'il veut terminer la sépulture de Jules II, qu'il pense avoir à travailler pour Léon X et que pour cela il a acheté à peu près 20,000 livres de cuivre pour fondre certaines figures [3] c'est-à-dire des bas-reliefs. Le 11 août [4], il insiste pour avoir son argent afin de travailler.

Ce n'est pourtant que l'année suivante, le 8 juillet 1516, que les cardinaux d'Agen et des Santi-Quattro font un nouveau marché [5] avec Michel-Ange. Il devait, cette fois, terminer le Tombeau de Jules II en neuf années à partir du 6 mai 1516, c'est-à-dire en 1524 ; le prix était de 16,000 écus d'or, dont Michel-Ange avait déjà reçu 3,500 et dont le reste devait être payé par mois, au taux de 200 ducats pendant deux ans et de 130 pendant les sept autres. Michel-Ange jouira, à Rome, dans le quartier de Trevi, d'une maison, auprès de Santa-Maria-di-Loreto où il a déjà travaillé au tombeau de Jules, où il a des marbres, et dont le cardinal d'Agen s'oblige à payer le loyer. Michel-Ange est en même temps libre de travailler où il voudra, aussi bien à Florence, à Pise, à Carrare qu'à Rome même. Cette fois, il se trouve une sorte de description, d'où il résulte qu'en dehors de l'architecture et des sculptures en bas-relief il ne devait pas y avoir moins de trente statues, en y comprenant une statue du pape et une de la Vierge.

1. Gotti, 143. — 2. Lettere, 391-2. — 3. Lettere, 115. — 4. Lettere, 121-2.
5. Contratti, 644-51.

Le 1er novembre 1516, Michel-Ange, logé à Carrare dans une maison du haut de la place publique, faisait un premier payement de 100 ducats d'or pour un marché de dégrossissement, à 18 ducats l'une, de quatre figures de 4 brasses 1/2 et de quinze de 4 brasses 1/4, à la charge de délivrer tous les deux mois, au pied de la carrière, une des grandes figures et trois de la dimension inférieure ; mais rien ne fut fait, puisque le 7 avril 1517 le marché fut annulé et les 100 ducats rendus à l'artiste[1].

XXXI. — TRAVAUX POUR LA FAÇADE DE SAINT-LAURENT. — L'église Saint-Laurent de Florence avait été construite par les Médicis et, comme tant d'églises d'Italie, n'avait pas encore de façade ; Léon X, qui avait succédé à Jules II, étant un Médicis et le premier pape de sa famille comme de sa ville natale, eut l'idée de faire terminer par Michel-Ange l'église de sa Maison. Il lui fut proposé bien des projets par Giuliano de San Gallo, Andrea et Jacopo Sansovino, même par Raphaël qui fut conduit auprès du pape, lors de la venue de celui-ci à Florence à la fin de 1515[2]. On possède et l'on a publié[3] les nombreux marchés et les actes qui témoignent de la violence du désir du pape par les séjours multipliés de Michel-Ange à Carrare pour faire extraire les marbres nécessaires à une telle entreprise, pour laquelle furent mises à contribution, aussi bien que celles de Carrare, les carrières de Serravezza et de Pietra-Santa.

Le 5 décembre 1516, il quitte Carrare pour aller à Rome s'entendre avec le pape, et revient le 31 du même mois[4]. En mars 1517 il trouve le modèle en bois qu'il avait fait faire à Baccio d'Agnolo « une chose d'enfant » et il en fait à Carrare un de terre[5]. Dans une lettre du 2 mai[6] il dit que la dépense montera à 3,500 ducats d'or et que les travaux dureront six ans. Il fait ensuite refaire un petit modèle en bois pour l'envoyer à Rome[7] et l'envoie, en effet, après lui avoir ajouté les figures en cire, en août 1517[8]. Le mois précédent le Fiésolan Ferruci, qui devait suivre la construction, était venu à Carrare le rejoindre pour s'entendre avec lui sur les fondations[9]. Quant au contrat définitif il intervint le 19 janvier 1518 et il est particulièrement précieux parce qu'il entre dans une sorte de description[10].

1. Contratti, 652-3. — 2. Vasari, XII, 204-2 et 352.

3. Frediani ; *Prospetto,* 353-7 ; Contratti, 654-77, 686-93 (de novembre 1516 à juillet 1520) ; Ricordi, 571-84.

4. Lettere, 444. — 5. Lettere, 52, 381. — 6. Lettere, 384. — 7. Lettere, 382.

8. Lettere, 444. — 9. Lettere, 53. — 10. Contratti, 674-2.

La façade doit être terminée en huit ans au prix de 40,000 ducats d'or, par crédits annuels de 500 ducats. L'ordre inférieur comprend huit colonnes cannelées de onze brasses de haut, trois portes, quatre statues de ronde bosse de cinq brasses et des bas-reliefs. En retraite, sur chaque face latérale, il doit y avoir deux colonnes et entre elles une figure de ronde bosse. L'ordre supérieur doit être composé de huit pilastres de six brasses; sur la façade, de quatre statues assises; sur chaque flanc, de deux pilastres aux côtés d'une figure. Les statues de ce premier étage doivent être de bronze.

La corniche supérieure devait porter un entablement avec huit pilastres par devant, deux sur les côtés. Quatre niches antérieures et une niche sur chaque côté devaient recevoir six statues de marbre de cinq brasses et demie. Sur chacune de ses niches est un bas-relief carré où sera une figure assise, de marbre, grande comme nature et plus qu'en demi-bosse. Sur la façade et certainement à l'étage inférieur, il y a de plus sept bas-reliefs de marbre avec des sujets de fort demi-relief et de grandeur de nature. Cinq sont carrés; l'un, qui paraît devoir être la porte centrale, mesure neuf brasses, quatre carrés coupés en ont huit et doivent être entre les entre-colonnements. Enfin les deux derniers sont ronds avec un diamètre de six à sept brasses; ils paraissent avoir été destinés à surmonter les portes latérales.

Enfin, au centre de la façade devait être un fronton avec « des armes », celles des Médicis, et des ornements. Les détails des corniches et de l'ornementation architecturale manquaient au petit modèle, mais Michel-Ange s'engagea à les faire de la façon et à l'endroit qui convient, en ayant le soin de raccorder les faces latérales nouvelles avec le bâtiment de l'ancienne église.

On devait en même temps lui faire un premier payement de 4,000 ducats à défalquer plus tard sur la somme et lui fournir gratuitement un atelier où il pourrait travailler.

C'est certainement l'atelier sur la place d'Ogni-Santi, de la construction duquel il parle dans deux lettres de septembre et de décembre 1518[1] et qui était assez grand pour pouvoir contenir vingt statues. On a vu qu'il devait y en avoir quatorze et onze grands bas-reliesf, sur le sujet desquels le marché, si précieux d'ailleurs, est malheureusement muet.

Dès mars 1518 il se disposait à faire venir les marbres à Florence[2]. Le 29 octobre il passe le marché spécial pour les pieds-droits, les architraves et les colonnes[3]. Dans ses *Ricordi* comme dans ses lettres[4] il parle

---

1. Lettere, 397-8. — 2. Lettere, 415. — 3. Contratti. 686-7. — 4. P. 403 et 574.

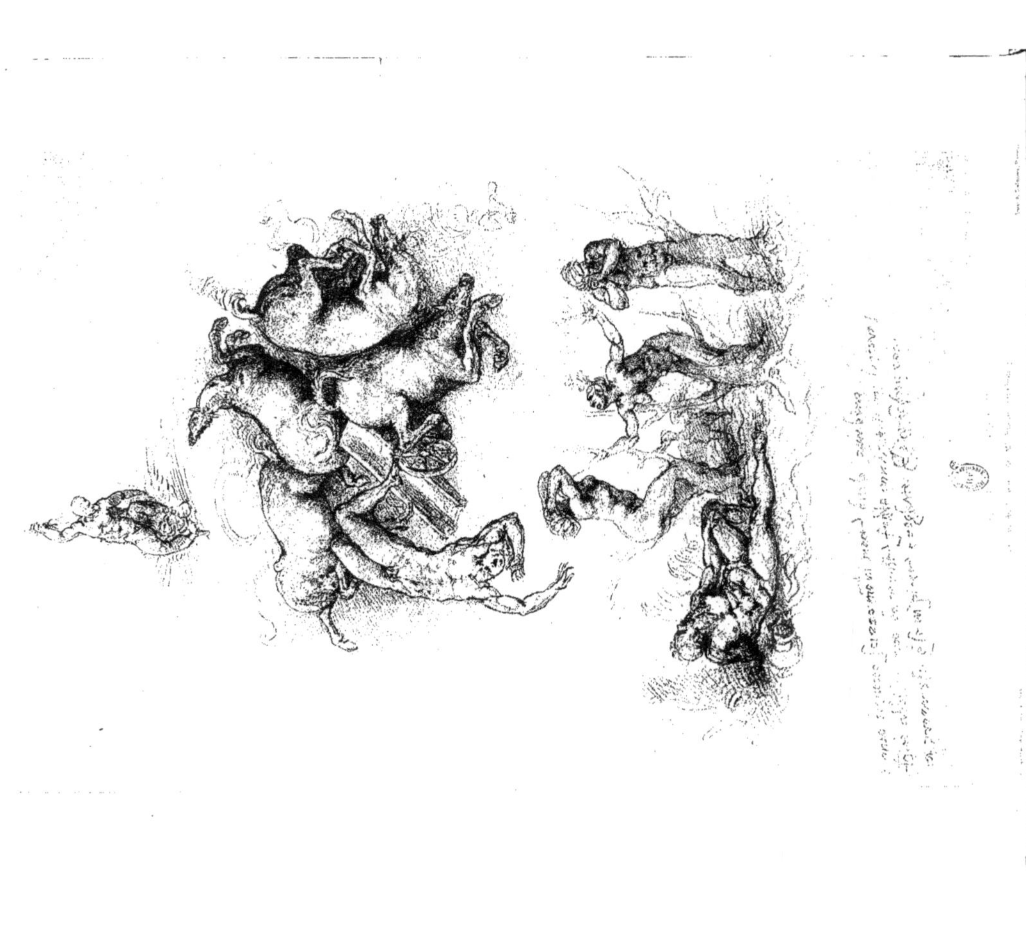

ses peines, ses pertes de temps, ses déboursés personnels et le non-payement des sommes qui lui auraient déjà dû être payées, arrive à cette conclusion qu'il faut en finir et laisser là le projet, ce qui paraît déjà être convenu avec Léon X. Celui-ci mourut d'ailleurs le 1er décembre 1521, et depuis il ne fut plus question de la façade de Saint-Laurent. Michel-Ange allait avoir à se remettre au Tombeau de Jules II que le projet de Léon X avait interrompu ; il allait surtout avoir à s'occuper des tombeaux des Médicis à Saint-Laurent ; mais, avant d'en venir à eux, nous avons à parler d'un fait curieux qui s'était passé en 1519.

XXXII. — PROJET DE TOMBEAU POUR DANTE. — Dante avait été chassé de sa patrie ; mais, après sa mort, sa gloire devint l'honneur de Florence. Déjà en 1392 et en 1429 la Seigneurie s'était préoccupée de faire revenir de Ravenne les os du grand exilé et de lui élever un tombeau[1]. En octobre 1519 les Académiciens de Florence adressèrent, dans le même but, à Léon X une supplique qui devait rester inutile, mais il est touchant de la voir signée par Michel-Ange[2]. La pièce et toutes les autres signatures sont en latin ; la souscription de Michel-Ange, la plus longue de toutes, est seule en italien :

Moi, Michel-Ange, sculpteur, je m'offre à Votre Sainteté pour, dans un lieu honorable de cette ville, élever d'une façon digne un tombeau au divin poëte.

Et ce n'était pas sous la plume de Michel-Ange une phrase banale. Le grand artiste, qui savait Dante par cœur, qui lui a consacré un de ses plus beaux sonnets[3], qui avait même illustré comme on dirait aujourd'hui, la *Divine Comédie,* qui même s'en est visiblement inspiré dans la fresque terrible du *Jugement dernier,* était à la fois des fils et des égaux de l'Alighieri. Sa tête est aussi haute comme son laurier aussi vert, et il s'est honoré lui-même autant qu'il voulait honorer son grand concitoyen, en s'étant ainsi pieusement offert pour mettre son génie au service d'un autre génie.

XXXIII. — CHAPELLE FUNÉRAIRE DES MÉDICIS. — Nous savons par la chronique de Giovanni Cambi que, sur les ordres de Léon X, — qui rem-

---

1. F. Moisè, *Santa Croce di Firenze,* 1845, in-12 ; *Appendice, documents* 7 et 8 p. 484-6.

2. Elle a été publiée par Gori dans ses notes sur le Condivi, 1744, p. 112 ; 1821, p. 137-42 ; Moisè, p. 487-94, et par Gotti, II, 82-4.

3. Le 31e de l'édition de Barbera.

plaçait ainsi l'œuvre abandonnée de la façade de Saint-Laurent par un travail à l'honneur de la même église, on commença, à la fin de mars 1520, — à travailler à la sacristie nouvelle de Saint-Laurent de Florence pour y faire la sépulture de Julien, frère de Léon X, et du duc Laurent, son neveu. L'on disait que Messire Julio, archevêque de Florence et cardinal, la faisait faire aussi pour lui[1]; c'est lui qui devint ensuite Clément VII.

Le 22 avril 1521 Michel-Ange, qui était à Carrare, dans la maison où il demeurait habituellement, rue del Bozzo[2], fait marché pour deux cents charretées de marbre, dont les mesures sont données et qui sont destinées à faire au moins trois figures et le revêtement ornemental des murailles pour la sacristie de Saint-Laurent. Elles devront être fournies en dix-huit mois à partir de juillet. Les marbriers s'engagent à reprendre les marbres que Michel-Ange ou ses ayants droit refuseraient, et, dans le cas où, soit le cardinal de Médicis, soit Michel-Ange ne continueraient pas le travail, ce dernier serait tenu de prendre et de payer les marbres qui seraient livrables à ce moment[3].

En 1524, Michel-Ange écrit au pape Clément VII[4] que la lanterne de la Chapelle de Saint-Laurent a été élevée par Stefano de Tomaso et que pour la boule, haute d'une brasse, qui doit la couronner, il ne la fait pas faire ronde mais à pans coupés, à soixante-douze faces, comme le dit Vasari (page 205), qui nous apprend que Michel-Ange en avait confié le soin à son ami l'orfévre Piloto.

Par une lettre du 24 octobre 1525[5], Michel-Ange, qui avait pensé mettre six tombeaux dans la chapelle, ceux des deux « magnifiques » Laurent et Julien son frère, ceux des ducs Laurent d'Urbin et Julien de Nemours, ceux des papes Léon X et Clément VII, dit qu'il y a encore beaucoup à travailler aux quatre figures, évidemment les figures couchées que nous connaissons, mais qu'il n'a pas encore commencé les quatre Fleuves; en 1526[6] il dit n'avoir pas commencé ces quatre Fleuves, dont il ne voulait faire lui-même que les modèles en terre. Que devaient d'ailleurs être ces quatre Fleuves. Ce ne pouvaient pas être les quatre fleuves du Paradis, qu'on trouve, à Reims notamment, sur les portails des églises du moyen âge. Il aurait plutôt pensé au Tibre et à l'Arno, ces fleuves des Médicis et des papes; mais qu'eussent été les deux autres, le Métauro qui passe près d'Urbin, le Teverone qui passe à Tivoli et se jette

<hr>

1. *Prospetto,* XII, 358.
2. *Bozzo,* pierre taillée brute.
3. Contratti, 694-5; voir aussi les Ricordi, 582, 583, 584-97 (1521-1524).
4. Lettere, 424. — 5. Lettere, 450. — 6. Lettere, 453.

dans le Tibre? On ne sait, et il n'importe puisqu'ils ne paraissent pas même avoir eu un commencement d'exécution.

PROJET POUR DEUX DES TOMBEAUX DE LA CHAPELLE DES MÉDICIS.
(Dessin du Musée des Offices.)

Lorsque Michel-Ange sur l'ordre de Clément VII s'occupa de continuer la sacristie nouvelle et la bibliothèque de Saint-Laurent, il fit faire à

Raffaello de Montelupo; d'après son modèle, la statue en marbre de *Saint Damien*[1] qui est encore à la gauche de la *Vierge*.

C'est le Frère Servite Giovan' Agnolo Montorsoli qui fit l'autre statue de *Saint Côme*, et Vasari[2] nous apprend que Michel-Ange en retoucha le modèle et que lui, Vasari, en possédait à Arezzo la tête et les bras en terre, modelés de la main de Michel-Ange. Montorsoli a même aidé Michel-Ange à terminer les figures de *Julien* et de *Laurent*.

Une chose à remarquer, et nous la savons par Vasari[3], c'est que le *Saint Damien*, et par conséquent le *Saint Côme* et la *Vierge* ne se trouvent pas par hasard dans la chapelle sépulcrale des Médicis, puisqu'ils étaient destinés au tombeau non exécuté du « magnifique » Laurent, que Vasari appelle le Vieux pour le distinguer du Laurent, duc d'Urbin. C'était le nom du père de Laurent le Vieux qui avait fait choisir saint Côme, patron des médecins, et sa présence avait entraîné le choix de son compagnon. C'est avec la même allusion aux prénoms de la famille que le pape voulait faire peindre, à San-Lorenzo, le *Martyre de saint Côme et saint Damien* en face du *Martyre de saint Laurent*[4].

Michel-Ange en confia deux plus importantes au Tribolo[5]. Ce fut l'exécution des deux figures nues qui devaient accompagner la statue de Julien; l'une, la *Terre*, « couronnée de cyprès, triste et la tête baissée, exprimant, par ses bras ouverts, ses regrets de la perte du duc »; l'autre, le *Ciel*, les bras élevés, « souriant et joyeux de l'ornement et de la splendeur que lui apportaient l'âme et l'esprit de ce seigneur ». Malgré une maladie qui lui survint, le Tribolo avait fait le modèle de la statue de la *Terre* et commencé l'exécution du marbre par la partie postérieure, qui était déjà toute visible quand la mort de Clément VII (septembre 1534) vint encore une fois arrêter les travaux.

On a remarqué que Vasari appelle le *Ciel* et la *Terre* les statues qu'on désigne en général sous le nom du *Jour* et de la *Nuit*. Sans entrer dans la discussion des interprétations nombreuses qui ont été données de la pensée de Michel-Ange, il suffira de traduire le passage si important qu'a cité l'habile sculpteur, M. Dupré[6]. Il est écrit de la main de Michel-Ange derrière un de ses dessins :

« Le Ciel et la Terre parlent et disent : « Nous avons le jour et la nuit, « par notre course rapide, conduit à la mort le duc Julien. Il est bien

---

1. Vasari, VIII, 185, XII, 214. — 2. Vasari, XIII, 24-5, XII, 214.
3. *Vie de Montorsoli*, XII, 29. — 4. Vasari, *Vie de Bandinelli*, X, 304.
5. Vasari, XII, 24, 214, et surtout X, 251.
6. *Ricordo al popolo italiano*, p. 73.

« juste qu'il s'en venge comme il fait, et voici sa vengeance; comme
« nous l'avons fait mourir, lui, ainsi mort, nous a enlevé la lumière, et
« ses yeux clos ont fermé les nôtres, qui ne resplendissent plus sur la
« terre. Qu'aurait-il donc fait de nous pendant qu'il vivait? »

Michel-Ange a parlé, et nous devons croire ce qu'il dit. Tous ses
contemporains ont appelé la *Nuit* la figure de femme endormie du tombeau du duc Julien, et Michel-Ange ne s'y est pas refusé; car il a consacré le nom en la faisant un jour parler elle-même.

Rien n'est, en effet, plus célèbre que les deux quatrains écrits sur
cette figure de la *Nuit;* ils sont tels qu'il sera toujours impossible de
ne pas les répéter[1]. Une main inconnue avait un jour affiché sur le sarcophage un premier quatrain; Michel-Ange répondit, au nom de la *Nuit.*

Le premier, qui est de Giovanni-Batista Strozzi, est charmant; l'éloge
y est délicat; il est ingénieux, léger, élégant et digne de l'*Anthologie,* où se trouve déjà cette épigramme de Platon sur la figure d'un
vase d'argent : « Ce Satyre, Diodore l'a endormi; il ne l'a pas ciselé. Si
tu le piques, tu le réveilleras. » Mais quelle supériorité dans la réponse
amère et profonde de Michel-Ange; jamais peut-être il n'a écrit en vers
avec plus de clarté, de concision, de plénitude et de grandeur. On est
dans un autre monde, et l'esprit de Dante a passé par là.

Me permettra-t-on d'essayer à mon tour, non pas de rendre ces belles
épigrammes, mais d'en donner une idée. Pour une pièce courte, des
vers, même affaiblis, ne se traînent pas comme une traduction en prose,
et la seule force du rhythme peut les mettre à même de rester un peu
moins loin du mouvement des originaux.

> Cette *Nuit,* que tu vois doucement sommeiller,
> Sort des flancs d'un rocher sous le ciseau d'un Ange ;
> Elle dort, elle vit, et, s'il te semble étrange,
> Elle te parlera; tu n'as qu'à l'éveiller.

> Il m'est bon de dormir et meilleur d'être en pierre.
> Dans cet âge honteux, dont l'honnête homme est las,
> De ne voir ni sentir la grâce est singulière.
> Donc, ne m'éveille point; va, passe, et parle bas.

XXXIV. — La Bibliothèque du couvent de Saint-Laurent. — Dans
les lettres de Michel-Ange il n'est question de la *Bibliothèque de Saint-Laurent* qu'en 1524. Il dit alors que le pape lui en demanda un dessin,

---

1. Voir pour le texte de ces quatrains à la page 94 de l'article de M. Guillaume.

mais qu'il ne sait où son intention est de la mettre[1]. Une note publiée
par le Moreni[2] ferait remonter sa participation à ce travail au moins
en 1522. En tout cas, il ne paraît guère s'y intéresser personnellement avant le milieu de 1524, et c'est dans le mois d'août qu'il se
préoccupe des prix de construction[3]. Plus tard il en fit orner le plafond
de bois par le Carota et le Tasso, habiles sculpteurs de Florence, en
même temps qu'il faisait exécuter, par Batista del Cinque et par Cia-
pino[4] les vénérables *plutei*, qui subsistent encore, et qui servent à la
fois de rayons, pour conserver les manuscrits, et de pupitres, pour les
ouvrir à la place même. Dans sa vieillesse, en 1558[5], l'Ammanato et le
Vasari commencèrent à en construire l'escalier d'après ses indications
et sur ses conseils, et c'est celui qui existe encore, quoique inachevé. Il
a donné beaucoup de peine, et cela se voit, car il est tourmenté, incommode et même dangereux. Vasari, qui en parle beaucoup dans ses derniers chapitres, pourrait peut-être mériter là-dessus plus de reproches
que Michel-Ange, et celui-ci, qui répondait de Rome, aurait tout à gagner
à être déchargé le plus possible des recherches malencontreuses accumulées à plaisir dans la coupe et dans les dispositions de ce pénible
escalier.

XXXV. — PROJET D'UN COLOSSE POUR FLORENCE. — En 1525,
Michel-Ange, entrant dans une idée que Clément VII paraît avoir eue un
moment, et reprenant peut-être celle qu'il avait eue lui-même autrefois
de tailler un colosse dans une des montagnes de Carrare, s'occupa de la
pensée de construire dans Florence un véritable *Géant* de marbre. La
conception en est si singulière et presque si puérile que je traduirai sa
lettre en la résumant :

« Quant au colosse de quarante brasses, qui se doit mettre à côté du
jardin des Médicis, j'y ai pensé et même beaucoup. Il me semble qu'il ne
serait pas bien placé à cet endroit, parce qu'il gênerait la voie. Il serait
mieux à la place de la boutique du barbier, parce qu'il serait en face de
la place. Comme peut-être on ne laisserait pas supprimer cette boutique,
j'ai pensé à asseoir cette figure, ce qui ne diminuerait pas le sentiment
de sa grandeur, et, comme on pourrait la faire vide à l'intérieur, puisqu'il faut la construire de morceaux, on pourrait y mettre cette boutique,
dont on ne perdrait pas le loyer. Je lui mettrais même dans la main une
corne d'abondance pour servir de cheminée à la fumée, comme aussi

---

1. Lettere, 431, 436, 437. — 2. Voir le *Prospetto*, XII, 362-3.
3. Lettere, 438-9. — 4. Vasari, 214. — 5. Lettere, 344, 348, 349, 548-9.

l'on en pourrait faire également la tête creuse. Un marchand d'herbages, mon très-bon ami, qui demeure sur la place, m'a dit en secret qu'il y ferait un très-beau colombier. J'ai même une idée qui serait meilleure, si on faisait la statue assez grande, et cela se pourrait puisque c'est avec des pierres qu'on fait une tour, ce serait que la tête servît de clocher à Saint-Laurent, qui en a grand besoin. En y mettant les cloches, dont le son sortirait par la bouche, il semblerait que le *Géant* criât miséricorde, surtout les jours de fête quand on sonne davantage et avec les plus grosses cloches. »

Rien de plus singulier, comme on voit, et de plus misérablement petit que ce colosse, qui sert de boutique, de colombier et de chambre à cloches. Lorsque Jean de Bologne, qui, si habile sculpteur qu'il soit. est bien au-dessous de Michel-Ange, fit plus tard pour François de Médicis, dans le parc de Pratolino, son colosse de l'*Apennin* qui, assis au milieu de rochers, presse sous sa main la tête d'un monstre d'où s'échappe une cascade ruisselante, il mit au moins sa figure dans un cadre naturel de rochers et de grands arbres qui conviennent à sa taille. Un *Géant* mêlé aux maisons d'une ville n'aurait pu être que ridicule, et il est heureux que Michel-Ange ne se soit pas occupé davantage de celui par lequel sa pensée fut un moment détournée.

XXXVI. — Travaux du Tombeau de Jules II. — A chaque instant, dans la vie de Michel-Ange, il est question du *Tombeau de Jules II*. Dans une lettre, plutôt un billet, que M. Milanesi met à l'année 1525[1], l'artiste dit qu'il ne croit pas avoir à faire un nouveau monument pour les 2,000 ducats portés par le contrat; il serait d'ailleurs plus d'à moitié fait, puisque, sur les six statues qui y sont stipulées, il en a à Rome quatre de faites.

En 1525[2], il semble abandonner toute idée de terminer le Tombeau de Jules II, et il propose d'en être débarrassé en rendant ce qu'il a reçu, puis il accepte l'idée d'en faire, non plus un monument aussi important, mais une sorte de placage contre la muraille[3] à la façon des Tombeaux de Pie II et de Pie III, alors à Saint-Pierre, maintenant à Sant-Andrea-della-Valle, et propose enfin de le faire faire en donnant les modèles[4].

1. Lettere, 444. — 2. Lettere, 442-3. — 3. Lettere, 447. — 4. Lettere, 458-9.

XXXVII. — Statue de Samson. — Bien longtemps avant, une lettre de Piero Soderini, en 1508, priait Alberigo Malespina, marquis de Massa, de conserver une pièce énorme de marbre jusqu'au retour de Michel-Ange, qui devait faire une statue pour la place de la Seigneurie[1]. Vasari parle d'un projet de Michel-Ange pour un *Hercule tuant Cacus* à mettre « sur la place de la Seigneurie », qui doit être celui-là. Le marbre resta longtemps à Carrare, puisqu'il ne vint à Florence qu'en 1525; il est alors question que Michel-Ange en fasse un groupe d'*Hercule et Antée*[2], et dans une lettre d'octobre 1525[3], Michel-Ange dit que la Seigneurie veut bien attendre pour ce travail deux ou trois ans pour que d'ici-là il puisse satisfaire le pape. En effet, le 22 avril 1528, intervient une délibération de la Seigneurie qui en fait définitivement la commande à Michel-Ange et qui le laisse maître d'en faire ce qu'il voudra, soit une figure isolée, soit un groupe[4]. Baccio Bandinelli y avait déjà travaillé[5], mais, malgré ce commencement d'ébauche, Michel-Ange paraît à ce moment en avoir voulu faire un *Samson tuant un Philistin avec une mâchoire d'âne*[6]. En tout cas, le marbre finit par lui échapper et par revenir à Bandinelli; il en fit l'*Hercule et Cacus*, en pendant du *David* et avec le même sens allégorique à la justice de la Seigneurie[7]. Celle-ci a d'ailleurs employé la figure d'Hercule à l'état de sceau[8].

XXXVIII. — Siége de Florence. — La République de Florence, qui allait bientôt retomber sous le joug des Médicis, espérait pouvoir garder sa liberté en se mettant à même de repousser les attaques de ses ennemis. Il fallait pouvoir soutenir un siége et, pour cela, travailler à fortifier la ville..

Le 6 avril 1529, Michel-Ange fut élu gouverneur et intendant général des fortifications pour un an, aux gages d'un florin d'or par jour[9] et dès le premier moment il se préoccupa de défendre par des travaux la colline de San-Miniato. Ce n'est pas ici le lieu d'entrer dans le détail topographique, qui a été donné par l'histoire de Varchi, et dans l'appréciation militaire, qui a été étudiée dans un mémoire tout récent[10]. Il suffira de

1. Gaye, II, 97-8. — 2. Gaye, II, 464-5. — 3. Lettere, 452.
4. Gaye, II, 98-9. — 5. Vasari, XII, 211-2.
6. Vasari, *Vie de Piero da Vinci*, X, 259.
7. Vasari, *Vie de Bandinelli*, X, 305-8.
8. Gori, *Museo Fiorentino*, I, 19; Manni, *Sigilli*, I, 38-9, et le bois du titre.
9. Contratti, 701. — 10. *Ricordo al popolo italiano*, 121-51.

rappeler qu'en mai et en juin il est à Pise, et en août, à Ferrare[1]. Le 10 septembre, il est à Venise, puisqu'il y commence une lettre avec cette date et que, sur l'autre côté de la même feuille, il note au milieu d'autres dépenses vingt livres pour quatorze jours à Venise[2]; il y était probablement avec une mission secrète. Ce qui est absolument certain, et nous le savons de lui-même, c'est que le matin du mardi 21 septembre[3] il partit de Florence; Varchi[4] nous apprend que ce fut par la porte de la Justice, moins exposée et par là moins gardée, et qu'il éprouva cependant quelques difficultés à sortir quoiqu'il fût l'un des Neuf du Magistrat de la milice. Il emportait, dit encore Varchi, 12,000 florins d'or, cousus dans trois chemises piquées en façon de jupons; Michel-Ange dit seulement qu'il emporta 3,000 ducats[5]. Son intention était d'aller en France, et il pressait della Palla de le rejoindre pour y aller avec lui[6]. Il y avait longtemps qu'il avait demandé à la Seigneurie la permission d'y aller et elle lui avait toujours été refusée. Nous trouvons d'ailleurs, dans des lettres adressées à François Ier par son ambassadeur à Venise, Lazare de Baïf, le père du poëte, des traces aussi bien certaines de ce projet :

« Nonobstant que vous aye escrit du viiie et xiiie de ce moys (d'octobre) pour vous faire sçavoir que Michael-Angelo, excellent painctre, voyant le dangier de Florence, s'est retiré en ceste ville, et ne s'y montre point, car il n'y veut pas faire sa demeure, et croy fermement que, si l'on luy offre quelque bon party en vostre nom, il seroit pour l'accepter. Vous sçavez l'excellence du personnaige en son art. S'il vous plaît le retirer, en me le faisant sçavoir j'y feray mon effort et cependant n'obmettray de chercher le moyen à le pratiquer, estant asseuré que ce faisant vous feray service. »

Baïf écrit le même jour, et presque dans les mêmes termes, au maréchal Anne de Montmorency, qui n'était pas encore connétable et qui devait avoir plus tard les *Esclaves* de Michel-Ange dans son château d'Écouen. Le 14, il écrit au roi : « Sire vous ay adverty comment Michael-Angelo, excellent painctre, voyant le dangier de Florence, s'estoit retiré en cette ville et ne se monstre point. Bien ay entendu de quelcun de ses amys que, si l'on luy offroit bon party, il seroit pour se retirer en France. Vous sçavez l'excellence du personnaige. Si vous voulez le retirer, il vous plaira me faire sçavoir quel offre vous voulez que je luy face de vostre part, affin que le puisse plus asseurer. »

1. Prospetto, 364-8. — 2. Ricordi, 601-2; Gotti, I, 488-9. — 3. Lettere, 457.
4. Prospetto, XII, 370. — 5. Lettere, 458. — 6. Lettere, 457. Nous avons donné plus haut le fac-simile de cette importante lettre.

Par une autre lettre du 22 décembre à M. de Veilly, qui devait être à Florence, on voit que François Ier avait accepté :

« Monsieur, pour ce que Michael-Angelo s'estoit retiré en ceste ville et m'avoit dict aulcun de ses amys qu'il eust bien voullu prendre party en France; j'en avois escript au Roy, lequel m'a faict response qu'il le traicteroit très-bien et luy donneroit 1,200 francs d'estat par an et maison pour son logis, sans aultre présent que vous sçavez qu'il pourroit avoir. Ledict Michael-Angelo est depuys retourné à Florence. Vous m'escripvés que les despenses et réparations de la ville sont achevées de fortiffier, par quoy je présume que les Seigneurs pour le présent n'ont plus que faire de lui. Si vous croyez que bien soit de lui en dire quelque mot et luy déclarer l'offre du Roy, taschant à lui faire recouvrer, vous ferez chose très-agréable au Roy. Par quoy ne vous en parleray en plus long propos, connoissant que le personnaige n'est pour en faire autre chose, car il ne cuydera jamais abandonner son pays[1]. »

Ce serait pendant ce séjour qu'il aurait, selon Vasari, donné le dessin d'un projet pour la reconstruction du pont de Rialto. Il resta si peu de temps à Venise que ce ne put être qu'une première idée non étudiée[2]. Il est plus important de se préoccuper de ce qu'il faut penser de la fuite de Michel-Ange. Est-ce la peur pour sa personne, comme l'a dit Nardi[3] et comme on l'a répété d'après lui? L'accusation est bien grave et d'autant moins probable qu'une fois revenu, Michel-Ange s'est exposé bravement pendant le siége. Sa lettre à son ami della Palla, ce qu'il a raconté plus tard à Busini, qui, des lettres de celui-ci[4], a passé dans l'*Histoire* de Varchi, permet de donner une autre explication.

On y voit que Michel-Ange n'avait plus même l'espérance ; qu'on faisait tout pour l'éloigner, pour l'empêcher de défendre San-Miniato qu'on ne gardait même pas ; il se voyait entouré d'ennemis, il voyait Florence pleine de gens prêts à la trahir, ce qu'ils ont fait d'ailleurs plus tard. Ainsi entouré de mauvaises volontés évidentes, il considérait Florence comme perdue, et, comme il sentait peser sur lui une partie de la responsabilité de l'événement qu'il ne lui était ni permis ni possible de conjurer, il a, comme on dit, jeté le manche après la coignée. Il n'y a

---

1. Lettres publiées par M. Paul Marchegay, *Revue de l'Anjou*, I, et *Notices et documents historiques*, Angers, 1857, in-8°, p. 127-30.

2. Le pont actuel, œuvre d'Antonio da Ponte, n'a été fait qu'après la mort de Michel-Ange. Il a été terminé en 1591.

3. *Prospetto*, 370.

4. *Lettere di G.-B. Busini a Ben. Varchi sugli avvenimenti dell'assedio di Firenze.* Pisa, Capurro, 1822, in-8°, p. 93-4 et 102-3.

ENSEMBLE DU TOMBEAU DE JULIEN DE MÉDICIS.

(Chapelle Saint-Laurent, à Florence.)

pas eu là de lâcheté, et, s'il voulait aller en France « ce n'était pas que,
sans peur aucune, il ne fût résolu de voir d'abord la fin de la guerre ».
C'est un vrai coup de désespoir; le citoyen avait cru que tout était perdu.
qu'il était réduit à l'impuissance, et il ne voulait pas assister à la ruine
de sa patrie. C'est dans ce sens qu'après Missirini[1], après les annotateurs du Vasari, de Florence, conclut à son tour M. Gotti, et c'est l'opinion
à laquelle il faut se tenir.

On sait que le 13 septembre Michel-Ange fut solennellement déclaré
rebelle avec douze autres qui avaient quitté Florence comme lui, mais la
Seigneurie ne les traita pas tous de même et garda avec Michel-Ange
des ménagements; car dans la liste de confiscation des absents, publiée
le 7 octobre[2]; son nom ne figure pas.

Ses propres réflexions, les conseils de son ami della Palla[3] le firent
changer d'avis; il manifesta le désir de revenir, et il lui fut envoyé à
Venise par un tailleur de pierres nommé Bastiano, qui lui était très-atta-
ché, un sauf-conduit daté du 29 octobre, qui lui permettait de rentrer
et de demeurer à Florence[4]. Le 23 novembre le décret de bannissement est
rapporté et il est seulement privé pour trois ans du droit de siéger dans
le Grand-Conseil.

Il revint précisément à Florence pour y être pendant le fort du siége,
et il passe pour avoir sauvé le clocher de San-Miniato, construit par
Baccio d'Agnolo, d'être ruiné par l'artillerie, en le garnissant de balles
de laine et de matelas suspendus à des cordes[5].

Après la reddition de Florence, Michel-Ange avait tout à craindre de la
colère des vainqueurs. On le fit chercher pour l'emprisonner, mais il se
tint caché quelque temps : ce fut, croit-on, dans le clocher de San-Niccolo-
oltr'Arno[6]. Mais Clément VII se ressouvint du génie de l'artiste; il lui
rendit ses faveurs, le fit venir à Rome et, le renvoyant à Florence, le
chargea de continuer les figures des tombeaux de Saint-Laurent, auxquels Michel-Ange avait d'ailleurs travaillé secrètement au milieu de tous
ces troubles.

C'est du reste pendant le siége qu'il peignit la fameuse Léda, qu'il
donna à son élève Antonio Mini; une pièce bien curieuse, publiée par
M. Gotti[7], vient de rectifier et de compléter le récit de Vasari. C'est aussi à
ce moment qu'il fit la statue de l'*Apollon portant la main à son carquois*[8],

---

1. *Difesa di Michel-Angelo Buonarroti per la sua partenza di Firenze,* publiée
par A. Zobi, en 1840.

2. Prospetto, 375.—3. Voir sa belle lettre dans Gotti, I, 195. — 4. Prospetto, 375.
5. Vasari, XII, 212. — 6. Notes du Bottari sur la Vie de Vasari. — 7. I, 204-2.
8. Vasari, 212.

longtemps abandonnée dans les jardins de Boboli. Peut-être est-elle le
modèle ou plutôt l'origine première du grand Apollon de bronze qui a
été ramené du parc de Saint-Cloud et porté au Louvre depuis la guerre [1]?
Bien que celui-ci ne semble pouvoir être, par le travail, de la main de
Michel-Ange, le motif si particulier du geste du bras peut faire penser
qu'il y a quelque connexité entre les deux statues et que la seconde doit
quelque chose à la première.

XXXIX. — Tombeau de Jules II (1532-1545). — Le 29 avril 1532,
le duc Francesco-Maria d'Urbin, représenté par son Orateur et son Pro-
cureur, conclut avec Michel-Ange un marché tout à fait nouveau. Tous
les précédents sont annulés; Michel-Ange est déchargé des obligations
qu'il avait contractées et des 8,000 écus déjà reçus. Désormais il n'y
aura plus que six statues finies de sa main, qui sont commencées à Rome
ou qui existent à Florence. Le prix est fixé à 2,000 ducats d'or. Michel-
Ange doit se remettre au travail aux calendes d'août, l'exécuter dans le
lieu qui lui sera désigné à Rome avant trois mois, et terminer en trois ans,
en y occupant les quatre mois que le pape l'autorise à venir tous les ans
passer à Rome [2]. Il lui fallait en effet la permission de Clément VII, qui
tenait à ce que Michel-Ange ne cessât pas de s'occuper des travaux qu'il
lui faisait faire à Florence pour Saint-Laurent.

Michel-Ange fit venir Montorsoli de Florence pour l'aider dans ce
travail du Tombeau de Jules II [3].

En décembre 1537, Sandro di Giovanni, dit le Scherano, — est-ce
le brigand ou le méchant? — reçoit d'Urbino cinq écus pour ce qu'il a
fait à la statue de la Vierge du Tombeau de Jules II [4].

Le 27 février 1542, Raffaello di Montelupo s'engage, pour la somme
de 400 écus, à terminer en dix-huit mois trois figures plus grandes que
nature, déjà ébauchées par Michel-Ange, mais on convient le 23 août
que Michel-Ange terminera lui-même la *Vie active* et la *Vie contemplative*, qui sont ainsi déduites du marché de Montelupo [5]. On sait, d'ailleurs, que ce dernier sculpta pour la partie supérieure les deux figures
assises d'un Prophète et d'une Sibylle, de cinq brasses, mais qu'étant
alors tombé malade, il réussit moins qu'à l'ordinaire et ne contenta pas
Michel-Ange [6].

Le 16 mai 1542, Michel-Ange fait marché avec maître Giovanni di
Marchisi de Saltri, tailleur de pierres, et Francesco di Amadore d'Urbin,

1. Voir sur ce sujet les articles de MM. Ch. Clément et Louis Gonse publiés, en 1874,
dans le *Journal des Débats* et le *Moniteur universel.*—2. Contratti, 705-6.—3. Vasari,
XII, 25. — 4. Ricordi, p. 604. — 5. Contratti, 709. — 6. Vasari, VIII, 185.

pour terminer l'encadrement de marbre des figures du Tombeau de Jules II à partir du point où il en est jusqu'en haut, à l'exception de la corniche supérieure déjà faite aux frais de Michel-Ange, le tout au prix de 700 écus et dans l'espace de huit mois [1]. Francesco de Amadori, c'est Urbino lui-même, le fidèle serviteur de Michel-Ange, qui savait aussi toucher au marbre au moins comme ouvrier, et qui, par là, pouvait plus qu'un autre être à l'occasion utile à son maître. Par un acte complémentaire du 1er juin, c'est même l'Urbino qui est seul chargé de la surveillance [2]. Mais les deux associés ne s'entendant pas, après un arbitrage de Luigi del Riccio, Giovanni di Marchisi se retira au commencement de juillet et Urbino resta seul chargé du travail [1].

Michel-Ange, déjà vieux, avait à faire pour le pape Paul II les peintures de sa nouvelle chapelle et, par suite, ne pouvait s'occuper assez activement du tombeau de Jules II; aussi, le 22 juillet 1542, il adresse une supplique au pape [3]. Il y expose qu'il s'est entendu avec le duc d'Urbin, qu'il a chargé d'autres artistes de terminer ce qui n'est ni le *Moïse*, ni la *Vie active* et la *Vie contemplative*, qui remplacent les deux *Prisonniers*, devenus impossibles par suite de la réduction et des modifications apportées en 1532 au premier projet. Tout ce qu'il propose et qui devait être convenu d'avance se trouve du reste dans le dernier contrat qui fut passé à ce moment pour arriver à finir cet interminable travail.

Cette dernière convention intervint le 20 août 1542 entre le pape, le duc d'Urbin et Michel-Ange [4]. Le *Moïse* continuera à être l'œuvre de Michel-Ange qui le livrera en place; il est compté pour 1,400 écus. On confirme l'allocation faite à Urbino pour l'achèvement des ornements du massif de la sépulture, et Montelupo doit terminer, à la journée et au prix total de 550 écus, cinq statues : Une *Vierge portant l'enfant Jésus sur son bras droit*, qui est comme finie, une *Sibylle*, un *Prophète*, la *Vie active* et la *Vie contemplative*, qui sont ébauchés et déjà presque finis de la main de Michel-Ange. Enfin on l'y décharge de toutes ses obligations relatives à ladite sépulture et de tous les comptes de deniers antérieurs.

Nous savons les noms de quelques-uns des artistes employés par Michel-Ange. Ainsi c'est Giacomo, élève de Montelupo, peut-être le Sicilien Jacopo del Duca, qui fait quatre têtes de Termes pour San-Pietro-in-Vincoli et en reçoit 10 écus le 5 octobre 1542 [5]. De même les armoiries de

1. Contratti, 710-4. — 2. Gaye, I, 294-6; Lettere, 482-3.
   3. Gaye, II, 297-9; Lettere, 485-7. — 4. Contratti, 715-6; confirmée par un acte du 21, relatif uniquement à Montelupo et à Urbino. Cf. Lettere, 477.
   5. Contratti, 709..

ENSEMBLE DU TOMBEAU DE LAURENT DE MÉDICIS.

(Chapelle Saint-Laurent, à Florence.)

36

Jules II sont sculptées sur un modèle par Battista di Donato Benti, qui recevra 36 écus de 10 jules et doit les livrer terminées à San-Pietro-in-Vincoli, au mois de mars 1544[1]. Enfin, il résulte de trois pièces du commencement de 1545[2] que Montelupo ne travailla qu'aux trois statues de la *Vierge*, d'une *Sibylle* et d'un *Prophète*, et que Michel-Ange termina lui-même la *Vie active* et la *Vie contemplative*, qui lui furent payées directement. C'est en 1545 que les figures ont dû être conduites à San-Pietro-in-Vincoli[3].

XL. — MICHEL-ANGE ET VITTORIA COLONNA. — L'histoire de l'étrange et haute amitié qui a existé entre l'artiste et la Marquise de Pescaire, et qui se traduisait d'un côté par une estime profonde, de l'autre par une admiration passionnée, ne peut sortir que de l'étude des poésies de Michel-Ange, et cette étude vient d'être faite. Il ne subsiste plus que deux lettres de Michel-Ange qui soient adressées à la Marquise[4] et l'on n'en connaît que six de la Marquise à Michel-Ange[5]. Dans deux lettres de 1551[6], il parle des cent trois sonnets qu'il en possède en un manuscrit sur parchemin et des quarante autres sur papier qu'il a fait relier ensemble et qui étaient d'ailleurs déjà imprimés, car les poésies de la Marquise ont été imprimées de son vivant, et même dès 1538[7]. Si nous n'avions pas ce que disent de cet amour Condivi et Vasari, — et ils répètent incontestablement le sentiment avec lequel Michel-Ange se faisait honneur de ce souvenir, — nous ne saurions pas l'importance qu'a eue cette liaison sur la vie de son esprit.

Le peintre François de Hollande, qui a vécu quelques années à Rome avant de retourner en Portugal, et dont l'on ne connaît le précieux témoignage que depuis le livre publié par M. Raczynski en 1846, nous donne l'idée la plus juste des habitudes philosophiques et sérieuses des conversations auxquelles se plaisaient le sculpteur et la Marquise, quand il raconte celle à laquelle il a assisté dans l'église de Saint-Silvestre. Nous en aurions d'ailleurs le ton dans les beaux Dialogues du Tasse, et encore mieux dans ceux sur le Dante, entre Donato Giannotti et Michel-Ange, que Giannotti a écrits en 1545, et qui se trouvent dans ses œuvres[8].

Dans cette revue chronologique, il convient seulement de rappeler que la Marquise, plus jeune de quinze ans que Michel-Ange — elle était née en 1490 — et veuve en 1525, a passé la première partie de son

---

1. 6 février 1544 (Contratti, 719).
2. Lettere, 503, 505, 512. — 3. Lettere, 511.
4. Lettere, 514, 515. — 5. Lettere, 272 à la note. — 6. Lettere, 272-3.
7. Brunet, *Manuel du libraire*, II, colonne 161. — 8. Gotti, I, 249-54.

fidèle veuvage à Orvieto et à Viterbe, d'où elle venait fréquemment à
Rome. En 1544, elle revint y vivre dans le couvent des Bénédictines de
Sainte-Anne, et y mourut à la fin de février 1547. C'est évidemment dans
ses dernières années qu'elle a vu le plus Michel-Ange; mais, si la liaison
est bien antérieure, on ne sait pas quand elle a réellement commencé.

On la mettait ordinairement à 1538, parce que c'est à partir de cette
époque que l'artiste est définitivement fixé dans la ville des papes. Les
derniers critiques italiens croient qu'il faut remonter beaucoup plus
haut, vers 1534 ou 1533, parce que, dès lors, Michel-Ange venait fréquemment à Rome, et ils doivent avoir raison; mais il est un point sur
lequel il est peut-être difficile de les suivre.

Ils se fondent sur les brouillons, conservés par Michel-Ange, de deux
lettres écrites de Florence, en 1533, à Tommaso de Cavalieri, à Rome,
qui sont en effet des plus singulières; rien de plus alambiqué et de plus
excessif comme expression d'admiration absolue. Ils en ont conclu qu'en
réalité elles étaient faites pour être montrées à la Marquise de Pescaire,
à laquelle elles seraient, d'une façon détournée, réellement adressées.
Quand on pense au *cultisme* de l'Espagne et à l'*euphuisme* de l'Angleterre, qui ne sont que des imitations de l'Italie, — quand on se souvient,
par exemple, des hyperboles passionnées du recueil des Sonnets de
Shakspeare, adressés non pas à une femme mais à un homme, à ce
jeune lord caché sous les initiales W. H., — on s'étonne moins de l'extra-
vagance des expressions employées par Michel-Ange à l'endroit de Cavalieri. Non-seulement celui-ci était jeune, parfaitement beau, noble, riche
et intelligent, mais il est certain que l'amitié qui a existé entre eux n'a
cessé qu'avec la mort de l'artiste.

Vasari[1] a énuméré quelques-uns des nombreux dessins que Michel-
Ange a faits pour lui, notamment l'enlèvement de Ganymède; mais Tommaso a eu aussi les cartons qu'il avait composés pour Sébastien del
Piombo, et de plus l'artiste avait fait son portrait grand comme nature,
alors que « ni avant, ni depuis, il ne fit de portrait, parce qu'il avait horreur de chercher et de reproduire la ressemblance d'une personne vivante,
si elle n'était pas d'une beauté infinie ». Nous savons, par une lettre de
Diomede Leoni, que Tommaso était au chevet de Michel-Ange au moment
de sa mort[2], et qu'il fut ensuite chargé de suivre la construction du
Palais du Capitole commencée par le maître[3]. Tout cela constitue bien
qu'il ait été « un des plus grands amis que Michel-Ange ait jamais eus ».

Dans ces conditions, il est possible de croire que Michel-Ange a man-

1. XII, 272-3. — 2. Gotti, I, 353. — 3. Vasari, XII, 230-1.

qué de goût et de mesure, qu'il a fait, avant le xviie siècle, du Marini,
du Gongora ou du Balzac, mais il n'y a pas de raison de penser que ces
lettres singulières ne s'adressent pas réellement à Tommaso. La seule
chose qu'il en faille conclure, c'est qu'elles datent du commencement de
leurs rapports, fixé par là, à l'année 1532.

XLI. — LE JUGEMENT DERNIER DE LA CHAPELLE SIXTINE. — Il n'y a ici
rien à dire du *Jugement dernier*, si ce n'est à en rappeler les dates.

C'est Clément VII qui, pour accompagner l'admirable voûte peinte
par l'artiste, voulut lui faire compléter la décoration de la chapelle bâtie
par Sixte IV.

D'un côté, Michel-Ange devait peindre, au-dessus de la porte, la
chute de Lucifer et des anges rebelles. Une mauvaise peinture, faite à la
Trinité-du-Mont par un Sicilien employé par l'artiste à broyer ses couleurs, et qui conservait au xvie siècle l'indication de la composition[1], a
malheureusement disparu sans laisser de traces. « Elle est maintenant
démolie et est remplacée par la chapelle de Saint-François, » dit la *Description de Rome* de l'abbé Titi[2].

En face, la paroi de l'autre extrémité dut, au-dessus de l'autel, recevoir *le Jugement dernier*. Le carton en était fait avant la mort de
Clément VII[3], c'est-à-dire avant septembre 1534. Un des premiers actes
de Paul III, continuant la pensée de son prédécesseur, fut d'ordonner à
l'artiste de se mettre définitivement à l'œuvre, et, dans un bref du 1er septembre 1535, publié en 1809 par Moreni[4], on voit que le travail est déjà
commencé. Il dura, en y comprenant les études du carton, huit ans, et la
peinture fut découverte le 25 décembre 1541 pour la solennité de Noël[5].

Un détail singulier à propos de cette grande œuvre, ce sont les
lettres de l'Arétin où il en est question. Michel-Ange, qui devait au fond
avoir pour ce cynique et ce forban un peu moins d'estime encore que le
Poussin n'en a exprimé pour Scarron, avait fait comme les rois et les
princes ; il lui avait jeté un gâteau pour lui fermer la bouche, et nous avons
une lettre de Vasari de 1535 qui accompagnait l'envoi d'une tête de cire
et d'un dessin de sainte Catherine par Michel-Ange[6]. En 1537, l'Arétin le
prend de très-haut ; il écrit à Michel-Ange comment il doit représenter

1. Vasari, XII, 245.

2. Éd. de 1763, p. 376 ; elle en indique à tort le Jugement comme sujet. Nous
n'avons pas sous les yeux la première édition, qui est de 1686.

3. Condivi, 56, 61 ; Vasari, XII, 214. — 4. Réimprimé dans Gotti, II, 123-4.

5. Vasari, XII, 224 ; Prospetto, 389. — 6. Lettere pittoriche, ed. de Ticozzi, III, 190-2.

le *Jugement dernier*[1], et Michel-Ange lui répond avec des compliments[2]. Comme l'artiste n'avait pas suivi ses conseils, et surtout parce qu'il ne lui donnait plus rien, l'Arétin revient à la charge en 1545 pour écrire au peintre que les nudités de l'œuvre sont licencieuses et impies[3], et dans une lettre au graveur Enea Vico[4], il va jusqu'à le traiter d'hérétique[5]. On souffre d'entendre un tel homme parler ainsi de Michel-Ange et de penser que le grand artiste a dû compter avec l'Arétin, se concilier ses flatteries et rougir de ses injures.

XLII. — TRAVAUX DIVERS. — On a vu qu'en 1542 et 1543 Michel-Ange s'est surtout occupé du Tombeau de Jules II. C'est à 1544 que paraît devoir être rapporté le travail de la corniche du palais Farnèse[6] que Paul III avait commencé quand il n'était que cardinal. Mais l'événement le plus considérable de cette année fut pour l'artiste une très-grave maladie[7]. Michel-Ange était robuste, mais sa fougue de travail était telle, qu'il n'est pas étonnant de lui voir en payer les excès. Plus tard il souffrit des infirmités de la vieillesse, de la pierre en 1549[8], de la goutte en 1555[9], mais sa maladie de 1544 inspira de vives inquiétudes. Il faut même qu'il ait été bien vivement atteint pour qu'il ait consenti à se laisser transporter et soigner ailleurs que chez lui[10].

Luigi del Riccio, écrivant en juin 1544 à Robert Strozzi, à Lyon, que Michel-Ange quoique encore faible n'a plus de fièvre, ajoute qu'il le remercie de ce que sa maison lui a sauvé la vie et surtout, ce qui est particulièrement intéressant pour la France, il le prie d'assurer le roi que, s'il rend la liberté à Florence, Michel-Ange lui élèvera à ses frais, sur la place de la Seigneurie, une statue équestre de bronze[11].

Au commencement de l'année 1545, un jeune Florentin, parent de Luigi del Riccio, Cecchino di Zanobi Bracci, mourut à l'âge de seize ans. Cette mort fut très-sensible à Michel-Ange, et l'on a des vers qui lui ont été inspirés par cette perte. Aussi le Riccio[12] le trouva-t-il tout disposé à,

1. Ibidem, 86-90. — 2. Lettere, 472. — 3. Gaye, III, 332-7.

4. Pittoriche, III, 152-3. — 5. Prospetto, 385, 386-7, 392; Gotti, I, 267-70.

6. Lettere, 500-1; Vasari, XII, 231.

7. Lettere, 174, 221, 502. Les Ricordi, p. 565, ont conservé la trace d'une maladie qu'il fit en août 1517; il fut aussi malade à Florence en avril 1520 (Prospetto, XII, 358) et en 1546 (Lettere, 185).

8. Lettere, 242-3, 244, 245, 247, 248, 249, 253. — 9. Gotti, II, 140-1.

10. Lettere, p. 310. — 11. Gaye, II, 296.

12. Un très-grand nombre de lettres de Michel-Ange lui sont adressées. Lettere, 474-84, 488, 495-96, 504, 506-12, 513, 516-8, 521.

se prêter à son désir d'élever un tombeau à son jeune parent. Michel-Ange donna les dessins d'un monument qui fut placé dans l'église de Santa-Maria-in-Ara-Cœli et qui était terminé à la fin de 1545[1].

XLIII. — PEINTURES DE LA CHAPELLE PAULINE. — Paul III avait fait faire au Vatican une chapelle à l'imitation de celle construite par Nicolas V, et il désira qu'elle fût ornée par Michel-Ange. Celui-ci dessina les ornements et les peintures de la voûte qu'il voulait faire peindre à Perino del Vaga, et ce travail ne fut pas fait[2]; mais Michel-Ange peignit sur les murs deux grandes compositions : la *Conversion de saint Paul sur le chemin de Damas* et la *Crucifixion de saint Pierre*[3], dont les personnages sont plus grands que nature. On ne sait pas exactement quand elles furent commencées; il est question, dans une lettre de 1545[4], d'un incendie qui aurait dévoré une partie de la toiture de la chapelle et de la nécessité de la recouvrir promptement, parce que les pluies gâtent aussi bien les murailles que les peintures; celles-ci étaient donc commencées à ce moment. Comme Vasari et Condivi s'accordent pour dire que Michel-Ange termina la Chapelle Pauline à l'âge de soixante-quinze ans, cette indication en met l'achèvement entre les années 1549 et 1550[5]. Ce furent ses dernières peintures murales, et il est étonnant qu'un vieillard ait encore été capable de travaux qui demandent autant de force physique.

XLIV. — MICHEL-ANGE, ARCHITECTE DES PAPES. TRAVAUX DE SAINT-PIERRE. — Si depuis longtemps l'artiste est fixé à Rome, les Médicis ne perdent pas l'espoir de le faire revenir à Florence pour s'honorer de sa gloire et se servir de son génie. Dès 1546, par l'entremise de Cellini, Côme Ier veut le faire revenir à Florence[6]. Plus tard, en 1555, c'est le Vasari[7] et le Tribolo qui servent d'ambassadeurs au grand-duc[8], qui lui écrit lui-même en 1557[9]. Les mêmes instances se renouvellent en 1558, 1559 et 1560[10]; mais Michel-Ange préféra toujours rester à Rome, et, malgré ses protestations, n'eut jamais sérieusement l'intention de revenir

<hr>

1. Lettere, 504, 507, 508, 517 ; Prospetto, 391.
2. Vasari, 225. — 3. Condivi, 64; Vasari, XII, 224-5. — 4. Lettere, p. 513.
5. Prospetto, 394. — 6. Prospetto, 393; Gotti, II, 128-9.
7. Les lettres de Michel-Ange à Vasari ne commencent qu'en 1550 (Lettere, 259).
8. Prospetto, 397. — 9. Ibidem, 399; Lettere, 333, 336, 345, 543.
10. Prospetto, 399, 400, 402-3.

à Florence. A la fin, son extrême vieillesse était une raison suffisante ; mais au commencement, il pouvait lui être pénible de ne plus trouver Florence libre, comme dans sa jeunesse il l'avait vue, au moins en apparence, sous les premiers Médicis. Son idée de statue équestre pour François Ier en est une preuve évidente, comme son amitié pour les Strozzi. Avec le temps, ses répugnances purent devenir moins vives, et les prévenances honorables que Côme ne cessa jamais d'avoir pour lui durent les faire en partie disparaître ; mais il avait à la fois, pour prétexte et pour raison, d'être l'architecte des papes et le constructeur de *Saint-Pierre*.

Cette charge, qui occupe toute la dernière période de sa vie, je n'en ai encore rien dit, car je ne peux aussi donner à son sujet que quelques dates principales. Pour en parler, même rapidement, il faudrait entrer dans trop de détails, parler des travaux de ses prédécesseurs, dire en quoi il les continue ou les modifie profondément. Les documents abondent d'ailleurs, toutes les grandes histoires de Saint-Pierre en sont remplies, et la seule exposition des faits prendrait ici trop de place.

Ce ne fut pas un Médicis, mais un Farnèse, Paul III, qui se l'attacha le premier. Par un bref célèbre du 1er septembre 1535[1], il le nomma architecte, sculpteur et peintre du palais apostolique, c'est-à-dire de tout le Vatican, lui accorda en même temps tous les honneurs et priviléges de ses familiers, avec une pension annuelle de 1,200 écus d'or. Une moitié devait être payée directement et l'autre être prise sur le revenu du port du Pô, à Plaisance, revenu dont il n'entra en possession qu'en 1538. Il le perdit à la suite de la mort violente du duc de Parme et de Plaisance, Pierre-Louis Farnèse, fils de Paul III[2]. En 1549, il avait été pourvu, comme dédommagement, du revenu de l'office du notariat de Rimini, qui devait lui rapporter 22 écus d'or par mois[3]. Paul IV, — et Michel-Ange l'a noté dans ses *Ricordi*[4], — le lui ôta le premier jour de son pontificat[5].

Revenant à Paul III, ce fut lui qui, à la mort d'Antonio de San Gallo, nomma Michel-Ange architecte de Saint-Pierre par un bref du 1er janvier 1547[6], qui lui accordait tout pouvoir d'adopter de nouveaux plans. Un bref de Jules III, du 23 janvier 1552, confirma celui de Paul III[7].

1. Contratti, 708 ; Gotti, II, 123-4. — 2. Lettere, 178, 205, 229, 263 ; Ricordi, 604. — 3. Ricordi, 605 ; Lettere, 521. — 4. Page 609.

5. Par conséquent le 23 mai 1555, ayant été élu la veille. Il était de la famille des Caraffa.

6. Le P. Philippo Bonanni, *Historia templi Vaticani*, 1696, in-folio, p. 77-8 ; Gotti, II, 433 ; Lettere, 514. — 7. Bonanni, 80-2.

Comme nous l'avons dit, nous ne parlerons pas du détail des travaux de Saint-Pierre, ni même de la fameuse coupole exécutée seulement après sa mort, mais très-exactement faite sur le modèle qu'il avait laissé, et cela sur les ordres formels du pape Pie IV[1].

Nous ne relèverons que deux petits faits.

Dans une lettre écrite à son neveu, Léonardo, en juillet 1547, la première année de sa nomination[2], il lui demande de faire prendre à « Messer Giovan Francesco la hauteur de la coupole de Sainte-Marie-des-Fleurs depuis le commencement de la lanterne jusqu'au sol, et aussi la hauteur de toute la lanterne ». Lorsqu'on lui avait conseillé de faire sa lanterne de la chapelle des Médicis, à San-Lorenzo de Florence, très-différente de celle de Brunelleschi, il avait dit : « On peut s'en écarter, mais non faire mieux[3]. » Il est curieux de le voir, dès qu'il est chargé de Saint-Pierre, avoir de suite la pensée de la coupole et en même temps se préoccuper de celle de Brunelleschi. On dit trop souvent qu'il a pris pour modèle la coupole du Panthéon d'Agrippa. Il a bien plus imité celle de Florence. D'un côté, celle-ci est la première qui ait eu deux calottes concentriques, et Michel-Ange a répété cette disposition. De l'autre, les dimensions sont très-peu différentes : à partir du sol la coupole de Rome n'est que très-peu plus haute, mais le diamètre n'est pas aussi grand, celle de Florence ayant quatre brasses de plus[4]. Des analogies aussi grandes accusent suffisamment, croyons-nous, que c'est Brunelleschi qui a été là le maître et le modèle de Michel-Ange.

L'autre fait est que le modèle de la coupole a été exécuté par un Français nommé Maître Jean qui, d'après un premier petit modèle en terre, de la main du maître, en fit en bois un plus grand, et occupa un an à ce travail[5]. Le lecteur a pu en voir plus haut le dessin.

XLV. — Mort d'Urbino. — La lettre de Michel-Ange à Vasari sur la mort de son fidèle serviteur est, on peut le dire, populaire. Il vit par elle et son maître a jeté sur lui comme un rayon de sa propre gloire.

1. Bonanni, 89. La construction en fut commencée sous Sixte-Quint, le 15 juillet 1588, et terminée le 14 mai 1590; ibidem, p. 93.

2. Lettere, p. 211. — 3. Vasari, XII, 205.

4. Moreni. *Due vita inedite di Brunellesco,* Florence, 1812, in-8°, p. 124.

5. Vasari, 253; Gotti, I, 318-9; il est reproduit en deux planches dans le tome II, p. 136. — J'ai eu occasion, en 1860, dans le 1er volume des *Beaux-Arts,* de rassembler sur cet artiste français les passages de Vasari qui n'avaient pas été réunis. Il a travaillé à Florence; le « Giovan Francesco » de la lettre de Michel-Ange pourrait bien être le même que le « Giovanni Francese » de Vasari.

Rien ne fait plus honneur à Michel-Ange que sa douleur à la mort de cet humble compagnon d'une partie de sa vie, et une biographie du grand homme serait incomplète si l'on omettait d'y parler d'Urbino.

Des actes relatifs au Tombeau de Jules II nous ont déjà appris qu'Urbino pouvait être employé comme aide par Michel-Ange et qu'Urbino

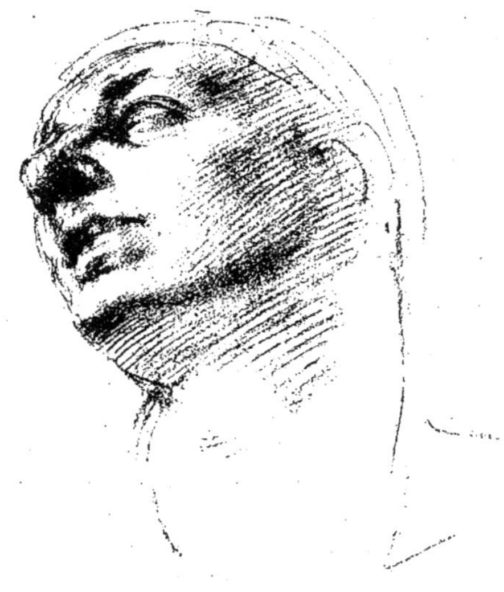

DESSIN AU CRAYON NOIR

(Casa Buonarroti)

n'était qu'un surnom; il s'appelait en réalité Francesco d'Amadore, et il était de Castel Durante. C'est en 1530 qu'il entra chez Michel-Ange.

Le 30 novembre, celui-ci écrit à son neveu qu'Urbino est toujours au lit, et lui donne autant d'inquiétude que s'il était son fils, car il est avec lui depuis vingt-cinq ans très-fidèlement. Il est vieux et n'a plus le temps de retrouver et de former quelqu'un pour remplacer Urbino; aussi, si son neveu connaît quelque personne pieuse, qu'il lui demande de prier Dieu pour le rétablissement d'Urbino[1].

1. Lettere, 312.

Celui-ci avait fait son testament le 24 novembre[1], et il nomma Michel-Ange l'un de ses trois exécuteurs testamentaires et l'un des tuteurs de ses fils, dont un était le filleul du sculpteur. Il mourut le 3 décembre[2], et Michel-Ange écrit le lendemain à son neveu[3] :

« Je t'informe qu'hier au soir, 3 décembre, à quatre heures, est mort Francesco, dit Urbino, à mon très-grand regret. Il m'a laissé si affligé et si troublé qu'il m'aurait été plus doux de mourir avec lui à cause de l'amour que je lui portais, et il ne méritait pas moins parce que c'était un digne homme, plein de fidélité et de loyauté. Sa mort fait qu'il me semble ne plus vivre, et je ne puis retrouver la tranquillité. J'aurais besoin de te voir ; dis-moi si dans un mois ou un mois et demi tu peux venir ici près de moi... »

J'ai commencé par traduire la lettre de Michel-Ange à son neveu parce qu'elle était inédite ; mais est-il possible, si connue qu'elle soit, de ne pas citer aussi celle qu'il écrivit trois mois après, le 26 février 1556, à Vasari[4] :

« Messer Giorgio, mon cher ami, il se peut que j'écrive mal ; cependant, en réponse à votre lettre, je vous écrirai quelque chose. Vous savez qu'Urbino est mort, ce qui, pour moi, est grave et me cause une douleur infinie ; mais ce m'est aussi une très-grande grâce que Dieu m'a faite. La grâce est que, si je reste en vie, en mourant il m'a appris à mourir non pas avec déplaisir, mais avec le désir de la mort. Je l'ai gardé vingt-six ans, et je l'ai toujours trouvé très-sûr et très-fidèle. Je l'avais enrichi, et, maintenant que je comptais sur lui pour être le bâton et le repos de ma vieillesse, il m'est enlevé, et il ne m'est resté d'autre espérance que de le revoir en paradis, où Dieu, par la très-heureuse mort qu'il a faite, a bien montré qu'il devait être. Ce qui a été pour lui plus dur que la mort, ç'a été de me laisser vivant dans ce monde trompeur et au milieu de tant d'inquiétudes. La meilleure partie de moi-même s'en est allée avec lui, et il ne me reste plus rien qu'une misère infinie. Je vous prie de m'excuser auprès de Messer Benvenuto[5] de ne pas répondre à sa lettre, parce que ces pensées me causent tant de douleur que je

1. Gotti, II, 137-140. Par erreur du scribe, le testament porte la date du 24 décembre.

2. Lettere, 314-5.

3. Sur la Cornelia, la veuve d'Urbino, et sur leurs enfants, voir aussi les *Lettere,* 347, 542, 546, et Gotti, I, 333-9.

4. Vasari, XII, 246; Lettere, 539; *Recueil de lettres sur la peinture,* etc., traduites par Jay, Paris, 1847, in-8°, p. 137.

5. Benvenuto Cellini.

suis incapable d'écrire. Recommandez-moi à lui ; je me recommande à vous. »

Dans tout ce qu'on vient de lire, il n'a guère été question que de l'artiste de génie ; ici Michel-Ange n'est rien qu'un homme, et personne ne trouvera qu'il y perde de sa taille.

XLVI. — STATUE ÉQUESTRE DE HENRI II. — François Ier, malgré tout son désir, n'avait pas fait travailler directement Michel-Ange. Malgré la vieillesse de l'artiste, Catherine de Médicis fut sur le point d'être plus heureuse. A la suite de la mort tragique de Henri II, elle lui demanda de donner le dessin et de surveiller l'exécution de la statue équestre de son mari. La lettre italienne qu'elle lui écrivit alors sort de la banalité des lettres officielles ; elle a un véritable accent de grandeur, et c'est pour cela que nous en donnons ici la traduction :

Après la très-cruelle fortune du très-chrétien et sérénissime Roi, mon Seigneur et mari, il ne m'est pas resté, après le desir de lui qui est vain, de plus grand desir que de donner de la vie à son souvenir, à mon légitime amour évanoui et par suite à ma présente douleur. Au nombre des ouvrages que je destine à ce dessein, j'ai eu la pensée, pour le milieu de la cour d'un mien palais[1], de faire faire mon dit Seigneur en bronze, à cheval, de la grandeur demandée par la dimension de cette cour. Comme, avec le Monde entier, je sais combien vous êtes excellent dans cet art et supérieur à n'importe qui de notre siècle, combien aussi vous êtes depuis bien longtemps affec- tionné à ma Maison, comme, de l'une manière et de l'autre, en donnent un clair témoignage, à Florence, les singuliers ouvrages de votre main dans le monument funéraire des miens, je vous prie de consentir à vous charger de cet ouvrage. Je sais bien que vos années pourraient vous excuser vis-à-vis de toute autre personne ; mais je crois qu'avec moi vous ne voudrez pas vous servir de cette excuse et que vous vou- drez au moins prendre la charge de donner le dessin de cet ouvrage en le faisant fondre et terminer par les meilleurs maîtres que vous pourrez trouver par de là, vous assurant que vous, ni personne au monde, ne pourrez me rien faire de plus agréable, ni que je desire reconnaître plus largement. Comme en même temps que cette lettre, j'en écris une autre au Seigneur Ruberto, mon cousin, je ne vous en dirai pas davantage, m'en remettant à ce qu'il vous en dira de ma part. Et sur ce je prie Dieu qu'il vous conserve heureux.

Signé : CATERINE.

De Blois, le 14 de novembre 1559[2].

Au milieu de ses travaux, Michel-Ange n'avait pas été sans étudier le cheval. On a vu qu'il avait eu un moment l'idée de faire une statue

1. Sans doute les Tuileries.
2. Archivio Buonarroti. — Gotti, I, 349-50.

équestre de François Ier, et nous savons qu'en 1537, à propos d'un « cheval » en bronze qu'on trouvait mauvais, le duc d'Urbin écrit qu'il vaudrait mieux « avoir, si on le pouvait, celui de cire fait de la main de Michel-Ange ».

On sait que la statue fut commencée par Daniel de Volterre sous les yeux du vieux maître. Le cheval seul en fut fondu, en 1565, après la mort de Michel-Ange [2], mais la mort du Ricciarelli empêcha la suite de l'ouvrage. Je n'ai pas à entrer ici dans son histoire, que j'ai d'ailleurs traitée à part. Il suffit de rappeler que ce cheval servit au XVIIe siècle à la statue de Louis XIII, élevée sur la place Royale, en 1639, et que celle-ci fut détruite en 1793 avec les autres statues des rois qui se trouvaient à Paris.

XLVII. — L'ÉGLISE SAINT-JEAN DES FLORENTINS, A ROME. — Quelques semaines avant la lettre de Catherine, Michel-Ange s'était aussi chargé de donner les dessins et de suivre la continuation de l'église des Florentins. Comme le Poussin dans sa vieillesse, sa main tremblante ne pouvait plus faire une ligne droite, et il employa celle, plus jeune et plus ferme, de Tiberio Calcagni, qui faisait les dessins sous ses yeux [3]. Comme le projet de Michel-Ange fut abandonné comme trop coûteux, il n'y a pas lieu d'insister ici, mais il convenait de rappeler ces études, qui occupèrent Michel-Ange pendant la fin de 1559 et pendant l'année 1560 [4]. Le modèle en existait, du temps de Vasari, au Consulat de Florence à Rome, et Titi [5] nous apprend qu'il subsista dans sa chapelle jusqu'en 1720.

Ce ne fut pas, du reste, la dernière fois que Michel-Ange s'occupa de Florence. Une lettre de Vasari, du 8 avril 1560 [6], parle au duc Côme des mémoires et des dessins que celui-ci a faits d'après ses conseils, et qu'il lui apportera, de sa part, pour le projet du pont de la Trinité, à Florence, qui ne fut commencé qu'en 1567, et certainement avec assez de modifications pour ne plus pouvoir être considéré comme son œuvre.

1. Prospetto, XII, 387-8.
2. Gotti, II, 147-8. — 3. Vasari, XII, 264.
4. Vasari, XII, 263-5; Gaye, III, 16-25; Prospetto, 400-1; Lettere, 531-3.
5. Desc. di Roma, p. 422.
6. Gaye, III, 29-31; Prospetto, 403-4.

XLVIII. — Tombeau du Marquis de Marignan. — Pie IV, encore un Médicis, mais d'une autre famille que celle de Florence, plus bienveillant pour Michel-Ange que son prédécesseur, favorisa de tout son pouvoir la construction de Saint-Pierre[1] et demanda à Michel-Ange le dessin du

ÉTUDE DE CARIATIDE POUR LA SIXTINE.

(Croquis de la Casa Buonarroti).

tombeau de son frère Jean-Jacques, marquis de Marignan, le célèbre général de Charles-Quint, mort en 1555. Ce fut Leone Leoni qui exécuta la statue debout du « Medichino », et les deux statues assises de la *Vertu militaire* et de la *Paix*[2]. Ce superbe tombeau se trouve à Milan contre la muraille du transsept du Dôme[3].

1. Vasari, 260.
2. Vasari, XII, 260, XIII, 144.
3. Franchetti, *Duomo di Milano,* 1821, petit in-folio, p. 66-9 et pl. 47.

XLIX. — LA PORTA PIA. — Pie IV fit aussi faire à Michel-Ange le dessin des portes de Rome, et l'on possède le marché pour la Porta Pia fait en juillet 1561. Ce fut le sculpteur sicilien Jacopo del Duca qui fit la plus grande partie de la sculpture de cette porte, qui n'a jamais été complétement terminée[1]. C'est aussi à ce moment que Michel-Ange donna le dessin pour faire, avec les ruines des Thermes de Dioclétien, l'église de Sainte-Marie-des-Anges[2], pour laquelle le même Jacopo del Duca, fondeur très-habile, fit en bronze, sur ses dessins, le grand ciborium de l'autel[3].

Mais, malgré tous les travaux, tous les conseils, toutes les directions qu'on demandait à la fécondité et à l'activité toujours subsistantes de son génie, on n'était pas sans attaquer sa vieillesse.

Nous le voyons dans une lettre, du 13 septembre 1560[4], au cardinal de Capri. Son ami Francesco Bandini, celui même à qui il donna la *Pietà* qui est aujourd'hui derrière le maître-autel du Dôme de Florence, lui a appris qu'on se plaignait du désordre des travaux de Saint-Pierre, et il offre de se démettre de leur direction. On n'eut garde d'accepter ; mais, malgré tout, malgré la volonté, malgré l'intelligence, la fatigue venait, et, dès 1561[5], il faisait à Cesare da Castel Durante adjoindre Pier Luigi Gaeta, pour activer et mieux connaître par lui-même, et jour par jour, — Gaeta demeurant avec lui, — la suite des travaux de Saint-Pierre.

L. — MORT DE MICHEL-ANGE. — Depuis longtemps Michel-Ange déclinait et s'affaiblissait visiblement.

Le samedi 12 février 1564 il travailla toute la journée ; le lendemain, ne se souvenant pas que ce fût un dimanche, — ce que lui rappela Antonio del Francese, le serviteur qui avait remplacé Urbino, — il voulait aussi aller travailler[6]. Le lundi il se sentit malade et pris de somnolence invincible, si bien que le 15 « il voulut, pour la vaincre, monter à cheval, selon son habitude de chaque soir, quand le temps était beau ; mais le froid de la saison et la faiblesse de ses jambes et de sa tête l'en empêchèrent. Il s'en retourna alors s'asseoir auprès du feu sur un siége, où il reste beaucoup plus volontiers que dans le lit[7] ». Malgré les soins de

---

1. Vasari, XII, 263 ; Gotti, II, 160-2.
2. Titi, *Descrizione di Roma,* 1763, p. 285-8, 291. — 3. Vasari, XII, 265.
4. Lettere, 568. — 5. Lettere, 559.
6. Gotti, 358. — 7. Lettre publiée par Gotti, I, 354.

ses médecins, Federigo Donati et Gherardo Fidelissimi, malgré ceux de ses amis Diomede Leoni, Daniel de Volterre et Tommaso de Cavalieri, qu'il connaissait depuis le temps de sa liaison avec Vittoria Colonna, et après être resté seulement trois jours au lit, il rendit à Dieu sa grande âme le vendredi 18 février, sur les vingt-trois heures [1], ce qui dans cette saison correspond à quatre heures trois quarts de l'après-midi. Il avait exactement quatre-vingt-huit ans et quinze jours.

Averardo Serristori, l'ambassadeur du Grand-duc à Rome, fit faire, le lendemain 19 [2], l'inventaire des meubles, de l'argent et des œuvres d'art qui étaient dans sa maison [3]. La veille, Fidelissimi, en annonçant la mort au Grand-duc [4], lui écrivait que Michel-Ange avait exprimé l'intention que son corps fût ramené à Florence ; mais la chose n'était pas sans difficultés.

Le corps avait été porté à l'église des Saints-Apôtres, où fut célébré le service mortuaire. Pie IV avait annoncé l'intention de faire enterrer Michel-Ange à Saint-Pierre, et ç'eût été un honneur bien exceptionnel, car, sauf des papes et deux reines [5], il n'y a pas d'exemple qu'un seul particulier y ait jamais été inhumé. Pour empêcher qu'on le gardât à Rome de vive force, son neveu, qui n'avait pu arriver avant sa mort, le fit mettre secrètement dans un ballot, la caisse contenant le corps soigneusement enveloppé d'une toile cirée avec douze livres de cire [6]. Le ballot, envoyé le 29 comme marchandise [7], arriva à Florence le 11 mars et fut porté immédiatement dans l'église des religieuses bénédictines de Saint-Pierre-le-Majeur, où il fut déposé dans le caveau de la confrérie de l'Assomption, sous le maître-autel. Le lendemain dimanche, les artistes florentins se concertèrent ; ils se réunirent avec des torches et, au milieu de la nuit, ils transportèrent eux-mêmes le cercueil à Santa-Croce, où était le tombeau de la famille Buonarroti. Une fois porté dans la sacristie, au milieu d'un immense concours de peuple qui s'était rassemblé dès que la nouvelle s'était répandue, don Vincenzo Borghini, le directeur de l'Académie, fit ouvrir le cercueil et l'on put, une dernière fois, revoir à Florence les traits de celui qui n'y était pas revenu depuis si longtemps [8]. Vasari remarque qu'au bout de vingt-neuf jours le corps avait l'air de celui d'un homme mort tout récemment. Évidemment, en prévi-

1. Gaye, III, 126 ; Vasari, 269.
2. Gaye, III, 127, et Vasari, 269, aux notes.
3. Publié par Gotti, II, 149-45. — 4. Gaye, 126-7.
5. Christine de Suède et la femme de Jacques III.
6. Compte de l'apothicaire ; Gotti, II, 159. — 7. Vasari, 285.
8. Vasari, XII, 290-2.

sion du voyage, il avait été, sinon complétement embaumé, au moins garni d'aromates.

LI. — Obsèques. — L'Académie des peintres de Florence, fondée en mars 1563, n'avait encore eu à rendre d'honneurs publics qu'au sculpteur Montorsoli[1] mort en septembre 1563 et enterré à l'Annunziata[2]. Elle devait de plus grands hommages à Michel-Ange et s'en préoccupa aussitôt[3] ; le duc Côme en fit les frais et les ordonnateurs de cette fête funèbre furent deux peintres, Vasari et le Bronzino, et deux sculpteurs, Bartolomeo Ammanati et Cellini, qu'une maladie empêcha d'y prendre une part active, mais dont on possède sur le dessin à exécuter une lettre très-détaillée[4]. Dans la longue description de Vasari[5] et dans le récit des *Esequie*, dont on retrouve tant de phrases dans les *Vite* que Vasari pourrait bien en être aussi l'auteur[6], on trouvera les noms des jeunes artistes qui prirent part à l'exécution ; nous résumons seulement les dispositions principales.

Au centre de Saint-Laurent, entre les deux portes latérales, s'élevait un immense catafalque dont le soubassement était orné des figures colossales de l'Arno, avec le lion, et du Tibre, avec la louve et ses farouches jumeaux. Au-dessus, sur les quatre faces, étaient quatre grandes compositions en camaïeu : Michel-Ange tout jeune accueilli par le vieux Laurent dans son jardin de Saint-Marc, Michel-Ange montrant à Clément VII les plans de la chapelle de Saint-Laurent et Michel-Ange faisant travailler aux fortifications de la colline de San-Miniato ; le quatrième côté était occupé par une inscription. Aux angles étaient quatre groupes de terre, peints en marbre blanc, sur des piédestaux isolés : le Génie vainqueur de l'Ignorance, la Piété chrétienne ayant sous ses pieds le Vice ou l'Impiété, Minerve, déesse de l'Art, foulant aux pieds l'Envie, et l'Étude victorieuse de l'Oisiveté.

Au second rang des compositions peintes, on voyait : Michel-Ange montrant à Pie IV le modèle de la coupole de Saint-Pierre ; peignant le *Jugement dernier* ; causant avec la Sculpture sous les traits d'une Déesse, et enfin écrivant des vers au milieu des Muses et d'Apollon qui le couronnait. Ces compositions, qui se rapportaient aux quatre dons du génie

---

1. *Esequie*, 16. — 2. Vasari, XIV, xxix.

3. Vasari, XII, 286-90. — 4. Gotti, I, 364-5. — 5. XII, 293-309.

6. Il a aussi écrit sur le même sujet, le 14 juillet 1564, une lettre au Grand-duc, alors à Caffagiolo ; Gaye, III, 139-42 ; réimprimée dans les *Rime* de Barbera, 173-80.

TOMBEAU DE MICHEL-ANGE, A SANTA-CROCE.

de Michel-Ange, étaient accompagnées aux angles des statues de l'Architecture, de la Peinture, de la Sculpture et de la Poésie. Le tout était surmonté par une pyramide, — sur deux faces de laquelle étaient deux bas-reliefs de la tête de Michel-Ange, œuvres de Santi Buglioni, — et couronné par une boule avec une figure de la Renommée volant dans les airs et sonnant d'une trompette à trois pavillons. Le tout avait une hauteur de vingt-huit brasses.

La décoration de l'église n'était pas moins riche. Outre les tentures et les représentations nombreuses de la figure de la Mort, il y avait des tableaux dans les chapelles.

Ils représentaient : Michel-Ange aux Champs-Élysées, au milieu des peintres de l'antiquité et des peintres de Florence, ses prédécesseurs et ses contemporains ; — Michel-Ange, entouré d'enfants et de jeunes gens lui présentant les prémices de leur art et attentifs à ses enseignements ; — Jules III et Michel-Ange causant assis au milieu de cardinaux et de courtisans debout ; — Michel-Ange recevant à la Giudecca les gentilshommes vénitiens envoyés par le Doge ; — le jeune Don François de Médicis, recevant à Rome Michel-Ange en 1561, le faisant asseoir à sa place et restant debout devant lui ; — les fleuves des trois parties du monde, le Pô, le Nil et le Gange, amenés en Toscane par la Renommée pour déplorer avec l'Arno la perte du grand Florentin ; ce dernier sujet était accompagné de deux statues représentant l'âme et la renommée de Michel-Ange sous la forme d'un Vulcain tenant une torche, avec la Haine sous ses pieds, et la Grâce Aglaé, femme de Vulcain, signifiant la Proportion et triomphant de la Discordance ; — Michel-Ange se présentant à Bologne devant Jules II, — et Michel-Ange causant assis avec le duc Côme.

Il faut ajouter que les figures de la Mort étaient toutes accompagnées de trois couronnes. Michel-Ange avait pour devise trois cercles, entrelacés de façon que chacun se trouve passer par le centre des deux autres. C'était probablement dans sa pensée le symbole de l'union des trois arts du dessin. Avec le même sens et pour honorer en lui ses trois génies, on avait changé les cercles en couronnes de gloire, comme le disait l'inscription qu'on leur ajouta : *Ter geminis tollit honoribus.*

Enfin la chaire de bronze du Donatello, du haut de laquelle Varchi devait prononcer l'oraison funèbre, ne fut cachée d'aucun voile, ni ornée d'aucune tenture. Il suffisait de sa beauté.

Le jour de la cérémonie avait d'abord été fixé au lendemain du jour de la Saint-Jean, c'est-à-dire au lundi 25 juin. Le titre des *Esequie* indique à tort la date du 28, car ces magnifiques obsèques ont été retardées et remises au vendredi 14 juillet[1]. Comme il convenait, cette belle décoration ne fut pas aussitôt démontée; elle resta en place jusqu'en octobre. Elle fut ensuite transportée sur les murs du réfectoire des Innocents, et elle y était encore en 1566. Elle fut mise en vente en août 1569, et en 1571 il n'en restait plus que dix-huit toiles sur vingt-cinq. Quant aux statues, après avoir été conservées dans la maison de Batista Nelli, elles furent aussi vendues en octobre 1566[2].

Ce fut Michel-Angelo, dit le Jeune, fils de Léonard et petit-neveu de l'artiste, qui en 1620 fit construire et peindre dans la Casa Buonarroti, à Florence, une galerie consacrée à la gloire de celui qui a donné à sa famille un nom qui ne peut plus périr. Pour les grands tableaux sur toile et pour les petits sujets peints à l'huile sur les murailles ou au plafond, il choisit les meilleurs artistes de son temps[3], et la dépense passe pour s'être élevée à 22,000 écus[4]. Cette décoration existe encore, mais n'a, croyons-nous, jamais été gravée.

LII. — Tombeaux de Michel-Ange. — Le tombeau de Michel-Ange qui est à Santa-Croce, et qui est daté de 1570, a été dessiné par Vasari et élevé aux frais du neveu de Michel-Ange, auquel le Grand-Duc donna les marbres. Le buste de Michel-Ange est posé sur un sarcophage à côté duquel sont assises les statues de la Sculpture par Valerio Cioli, de l'Architecture par Giovanni Bandini, de la Peinture par Batista Lorenzi, auteur de tout le reste du monument[5]. Ce sont de bien petits noms à côté de ceux du maître, et la disposition n'a rien de particulier; mais le tombeau est simple, modeste comme il convenait, et en somme il fait honneur à ceux qui l'ont élevé. Michel-Ange de son vivant avait exprimé le désir d'élever son tombeau dans une chapelle de Santa-Croce, qu'il aurait ornée de peintures et de sculptures de sa main; les Frères étaient d'avis de lui donner la chapelle qu'il demandait; les membres de la Fabrique s'y refusèrent[6]. Craignaient-ils qu'il ne commençât le travail sans le jamais terminer? Si tel a été leur motif, et il est difficile d'en supposer un autre, il faut convenir qu'ils auraient probablement eu raison.

1. Vasari, XII, 293 et 407-9. — 2. Vasari, 309-10, note 2, et Gotti, I, 368-9.

3. *Guida della Galleria Buonarroti,* 1875; articles de la *Galerie* et de la *Quatrième chambre,* 12-8. — 4. Gotti, II, 23.

5. Gaye, III, 150-1, 152, 154, 163-5, 257 (1456-5); Vasari, 310-1; *Sepolcro di Michel-Angelo* (Ricordo al popolo italiano, 165-8).

6. Varchi, cité par Moïsè; *Santa-Croce,* 273.

Enfin il existe à Rome, dans le corridor du couvent qui est à côté de l'église des Saints-Apôtres, un autre tombeau honorifique de Michel-Ange. Il y est représenté couché en costume de travail, en pourpoint et avec le tablier du sculpteur[1]. Ce monument est également dû aux soins pieux de son neveu Léonardo et serait du sculpteur Jacopo del Duca[2]. On a même voulu soutenir que Michel-Ange y était réellement enterré. Mais Filippino Lippi[3] et Vasari[4] témoignent que le cercueil fut ouvert à l'arrivée à Florence et qu'ils y ont vu le cadavre du grand homme, endormi de son dernier sommeil. Le corps était encore entier lorsqu'on l'ouvrit une seconde fois au milieu du dernier siècle; il le fut une troisième fois en septembre 1857. Sauf une partie des os de la tête, quelques cheveux et des feuilles de laurier[5], ce n'était plus que cette poussière muette, brune, affaissée, qui estompe les lignes du corps disparu, et ce je ne sais quoi qui n'a plus de nom dans aucune langue.

ANATOLE DE MONTAIGLON.

1. Gotti, I, 369-72. — 2. Ricordo, p. 166. — 3. *Ibidem*. — 4. Vasari, XII, 292-6. 5. Ricordo, 167.

LES

GRAVEURS DE MICHEL-ANGE

Les ouvrages de Michel-Ange, par le caractère de grandeur qu'ils présentaient, étaient appelés à épouvanter les graveurs. Ceux-ci se montrèrent en effet comme paralysés en face de ces chefs-d'œuvre, et, malgré de louables tentatives et d'incessants efforts, ils restèrent trop souvent au-dessous de la tâche qu'ils s'étaient imposée. Cette impuissance à faire passer sur le métal les œuvres enfantées par le maître, est manifeste non-seulement lorsque les graveurs abordent dans leur ensemble les immenses inventions de Michel-Ange, mais elle se fait encore sentir dans quelques reproductions partielles empruntées aux compositions du grand peintre.

A la fin du dernier siècle seulement, en 1780, un artiste qui paraît avoir professé pour le génie de Michel-Ange une admiration toute spéciale, Dominique Cunego, grava sur une même planche, au simple trait, le plafond de la chapelle Sixtine, mais il omit, par un motif difficile à expliquer, de reproduire les sujets qui surmontent les fenêtres de l'édifice et les compositions qui terminent aux quatre angles la décoration de la voûte : *Judith et Holopherne, David vainqueur de Goliath,* le *Serpent d'airain* et le *Supplice d'Aman.* Cette lacune, un autre artiste l'a comblée en partie. M. Gruner, qui a mis au service d'un certain nombre d'œuvres intéressantes à divers titres la singulière habileté qu'il possède, a repris de nos jours la tâche que son prédécesseur n'avait qu'incomplétement remplie, et il nous a transmis, en se servant d'un procédé dont il a fait grand usage, la chromolithographie, une reproduction aussi fidèle que possible du plafond de la chapelle Sixtine, reproduction forcément imparfaite à cause des dimensions restreintes que l'artiste a été contraint d'adopter, bien capable cependant de donner une idée satisfaisante de l'aspect général de cette œuvre colossale et superbe.

Parmi les graveurs les mieux informés dont le burin docile traduisit avec exactitude les décorations de la chapelle Sixtine, Georges Ghisi doit occuper la première place. L'artiste racheta par l'exactitude des contours ce qu'il perdait d'un autre côté, faute de souplesse dans le maniement de l'outil et d'agrément dans le travail. Les estampes qui reproduisent les *Prophètes Jérémie, Joel et Ézéchiel* et les *Sibylles Persique, Delphique et Érythrée*, exécutées uniquement au burin, portent la date de 1540. Elles permettent à ceux qui n'ont pu aller jusqu'à Rome d'apprécier à leur juste valeur ces œuvres extraordinaires et ont, aux yeux de ceux qui ont vu les peintures originales, le mérite de leur rappeler parfaitement les figures qu'ils ont admirées à Rome. Sans doute l'exécution matérielle en est assez rude; les tailles menées parallèlement par un dessinateur que préoccupe plus vivement la justesse du contour que le charme pittoresque du travail, offrent à l'œil une certaine sécheresse qui nuit un peu à la composition elle-même, en lui enlevant quelque chose de cette harmonie puissante que le peintre a su imprimer à toutes les parties de son œuvre; mais, quelque regrettable que soit cette aridité dans les moyens employés par le graveur, il y a lieu de se féliciter que Georges Ghisi n'ait pas, à l'exemple de quelques-uns de ses contemporains, substitué sa manière propre à celle qui lui était imposée par le maître auquel il s'adressait. Parmi les graveurs qui se montrèrent les moins attentifs à transmettre avec fidélité à la postérité les œuvres de Michel-Ange telles qu'elles s'offraient à eux, il faut ranger Cherubin Albert, peintre et graveur, né à Borgo San-Sepolcro en 1552 et mort en 1615, dont les meilleures peintures existeraient encore à Rome, si l'on en croit Adam Bartsch[1]. L'artiste italien, trop confiant dans la facilité très-réelle qu'il avait à triompher des difficultés que présente le burin, n'a pas craint de modifier certaines figures inventées par Michel-Ange, et, par cette façon d'agir coupable, il a compromis sa réputation et indisposé les juges les plus désintéressés qui, à cause de son talent de praticien, étaient le plus favorablement disposés pour lui.

Il n'est pas absolument indispensable de mettre les reproductions de Cherubin Albert en face des peintures mêmes de Michel-Ange pour constater l'imprudence du graveur; il suffira de comparer entre elles deux figures interprétées simultanément par Georges Ghisi et par Cherubin Albert pour se convaincre de la distance qui sépare ces deux ouvrages. La *Sibylle de Delphes*, par exemple, dans la reproduction de laquelle Georges Ghisi s'est particulièrement distingué, contribuera, presque autant que la fresque même, à montrer le degré de confiance qu'il faut accorder aux estampes gravées d'après Michel-Ange par Cherubin Albert. Le rapprochement de ces deux planches prouvera, en tout cas, que si le caractère puissant de l'œuvre originale a toujours été respecté et fidèlement transmis par le premier artiste, le second, peu disposé à se conformer aux exigences que son rôle d'interprète lui imposait, et incapable de rendre avec une rigoureuse précision les contours qu'il avait mission de reproduire, n'a mis au jour qu'une planche imparfaite, d'autant moins recommandable même que la souplesse du procédé pourrait induire en erreur ceux qui ne savent pas suffisamment se tenir en garde contre une habileté apparente, mais mensongère.

On n'accorde en réalité quelque attention aux planches gravées par Cherubin Albert d'après les peintures de la chapelle Sixtine que parce que l'on cherche en vain des estampes qui retracent avec plus de fidélité les innombrables personnages répandus sur cette voûte justement célèbre. On ne peut en effet de bonne foi accorder aucune estime à cette série de figures empruntées au plafond du sanctuaire papal, qu'Adam Scultori signa imprudemment de son monogramme, figures accusant une ignorance du dessin que ne rachète en aucune façon une exécution pauvre et maladroite. Il faut juger avec la même sévérité les vingt estampes que mit au jour en 1551 un

---

1. *Le Peintre-graveur*, t. XVII, p. 45.

certain Dirk Volkart.Cuérembert d'après les mêmes peintures ; la postérité a fait justice
de ces estampes sans valeur, indignes réellement d'être comprises dans une collection
faite avec discernement. C'est à peine si le *Prophète Jérémie,* gravé par Nicolas
Béatrizet et publié à Rome en 1547 par Antonio Lafreri, mérite un meilleur sort.
L'artiste lorrain, en enlevant aux grandes lignes l'ampleur qui en constituait la véritable beauté, a singulièrement compromis l'intérêt qui devait s'attacher à son œuvre,
et, au lieu de répandre, au moyen de la gravure, un modèle qui eût pu être profitable à
tous, il a simplement accusé qu'il comprenait imparfaitement les beautés de la figure
choisie par lui, ou pour le moins qu'il était bien incapable de les exprimer. Un autre
artiste, qui n'a pas jugé à propos de se faire connaître, en reproduisant la même figure
du prophète Jérémie n'a pas réussi plus heureusement. Si, comme semble l'indiquer
le fin critique Pierre-Jean Mariette dans ses notes manuscrites, cette estampe a été
gravée par Æneas Vico, encore jeune, elle prouverait peu en faveur des dispositions
qu'annonça cet artiste dans ses débuts. Les *Prophètes Isaïe et Jonas* ont été également mis sur cuivre par un graveur anonyme. Celui-ci, à en juger par les procédés
qu'il emploie, paraît avoir appartenu à ce groupe d'artistes italiens qui quittèrent à un
moment donné leur patrie pour venir à Fontainebleau former cette colonie de gens de
tous les pays, unissant leurs efforts pour décorer le château du roi de France ;
mais si ces ouvrages rappellent les procédés en honneur dans cette école fameuse,
ils ne sauraient être cependant comptés au nombre des productions estimables qu'elle
enfanta. Ces deux planches, dessinées peu correctement, affectent dans les formes
une exagération qui témoigne que leur auteur ne savait pas s'arrêter à la limite
infranchissable sans danger, où la grandeur réelle cesse d'exister pour faire place
à l'emphase et à la manière. Quant aux deux autres figures empruntées au même
plafond, *la Sibylle de Delphes* et *l'Esclave* qui se voit au-dessus du prophète Daniel,
elles furent reproduites par un graveur français, Pierre Biard, avec un tel sans-façon
que, quelque soin qu'ait pris l'artiste de cacher sous une fougue apparente l'insuffisance
de son savoir, ces planches ne sauraient tromper personne et ne sauraient être mises
au nombre des reproductions satisfaisantes des œuvres de Michel-Ange.

Au milieu de ces figures, admirablement disposées pour remplir la voûte de la
chapelle Sixtine, se voient plusieurs compositions empruntées à l'Ancien Testament qui,
pour quelques-unes du moins, restèrent jusqu'à la fin du dernier siècle ignorées de
ceux qui n'avaient pas fait le voyage de Rome. Au nombre de celles-ci se trouvaient
Dieu créant la mer, Dieu créant la terre et *Adam et Ève punis de leur désobéis-
sance* qu'Antoine Capellan et Dominique Cunego ont gravées pour la première fois
en 1772 et en 1781. Ces estampes, lourdement exécutées et d'un dessin souvent impar-
fait, ont conservé aux yeux des gens que les œuvres d'art intéressent, le seul mérite
de reproduire des chefs-d'œuvre jusque-là inédits. Dominique Cunego, né à Vérone
en 1727, étudia d'abord la peinture chez Francesco Ferrari, mais, se sentant peu propre
à réussir dans un art qui exigeait des aptitudes dont il n'était pas suffisamment
pourvu, il quitta l'atelier du peintre pour aller apprendre les principes de la gravure
chez un artiste dont le nom n'a pas été conservé. Après avoir passé quelques années à
Berlin, D. Cunego revint en Italie et choisit, comme lieu de résidence habituelle,
ville de Rome. C'est là que, singulièrement épris des peintures de la chapelle Sixtine,
il tenta d'en reproduire quelques-unes. Malgré des efforts louables et une rare
assiduité au travail, D. Cunego ne parvint qu'à traduire imparfaitement les beautés
contenues dans les œuvres de Michel-Ange qu'il prenait pour modèles ; il alourdissait

les contours, noyait sous des demi-teintes accumulées la construction précise des figures et enlevait ainsi aux peintures qu'il entendait faire connaître une grande partie de leurs qualités et de leurs mérites. Les estampes dues au burin d'Antoine Capellan ne sont pas plus satisfaisantes. Celui-ci, né à Venise vers 1740, ne quitta sa patrie que pour aller habiter Rome pendant quelques années et consacra le temps de son séjour à graver, d'après Michel-Ange, la *Création de la femme* et *Adam et Ève chassés du paradis terrestre*. Sa manière rappelle beaucoup celle de Dominique Cunego; les deux artistes, qui semblent avoir adopté une façon uniforme de graver les œuvres de Michel-Ange, n'ont su qu'imparfaitement, l'un et l'autre, transmettre au métal les rares beautés que possédaient les fresques originales.

Soit que le sentiment élevé des peintures de Michel-Ange fût presque impossible à traduire par le burin, soit que l'inhabileté des graveurs qui s'y exercèrent fût grande, il est certain en tout cas que les planches gravées d'après la voûte de la chapelle Sixtine, tant par A. Capellan et Dom. Cunego que par d'autres artistes, reproduisent d'une façon fort imparfaite les compositions que l'on y admire. Gaspard Ruina, en cherchant à traduire la *Création de l'homme*, ne put obtenir de la gravure en bois qu'elle donnât aux contours leur dessin strictement exact et leur signification véritable; le procédé, impuissant à rendre d'une façon satisfaisante les œuvres peintes dans lesquelles la forme n'admet pas la moindre modification, a entraîné le graveur sur une pente fatale. La vivante opposition, établie éloquemment par Michel-Ange entre la puissance divine et la nature obéissante, a, dans la traduction de G. Ruina, perdu une partie de sa majesté; l'imprudence que commit l'artiste reproducteur en voulant exprimer, à l'aide de la gravure en bois, un modelé que la gravure au burin peut seule obtenir, compromit son ouvrage à tel point que la composition de Michel-Ange apparaît dans cette reproduction, dépouillée de la grandeur et de la noblesse qui en font la réelle beauté. La *Création de la femme*, composition empruntée au même ensemble de travaux, eut un sort plus heureux. Si Jules Bonasone rendit encore avec un burin indécis et timide cette peinture admirable, si Antoine Capellan accusa, cette fois encore, l'imperfection de son savoir, un graveur français, mort trop jeune pour l'art qu'il promettait d'illustrer, Joseph Coiny, exécuta, d'après cette fresque, une planche excellente qui cache, sous des dehors sans prétention, une science consommée du dessin et un sentiment élevé de la forme. Il sut exprimer, avec une louable sobriété dans les moyens, l'affaissement complet du corps d'Adam, l'élan spontané d'Ève naissant à la vie, et offrant au Créateur de pieuses actions de grâces. Cette planche mérite d'être comptée parmi les meilleures estampes que l'œuvre de Michel-Ange ait inspirées.

C'est d'après un dessin, et non d'après la peinture même, que fut gravée une planche représentant le *Déluge* dans laquelle nous croyons reconnaître la main de Jules Bonasone. De notables différences, qui ne peuvent être imputées au graveur, existent en effet entre la peinture originale et la reproduction; malheureusement la traduction de la première pensée du maître est trop imparfaite pour permettre d'étudier avec profit les modifications que Michel-Ange crut devoir introduire dans sa composition, au moment de la fixer sur la muraille de la chapelle Sixtine, elle est en outre trop faiblement exécutée pour offrir aux curieux un bien vif intérêt. Il en est de même des estampes qui retracent les scènes placées dans les quatre angles de la chapelle Sixtine. Deux artistes, qui n'ont pas pris soin de se nommer[1], ont bien incomplétement rendu

---

1. Mariette attribué l'une de ces planches à quelque imitateur de Nicolas Béatrizet.

FRAGMENT DU JUGEMENT DERNIER.

(Fac-simile d'une estampe de Domenico Fiorentino.)

la superbe composition dans laquelle Michel-Ange a représenté le *Serpent d'airain*. Nous en dirons autant de *Judith et Holopherne*, que Jules Bonasone et Æneas Vico (1516) traduisirent avec une dureté regrettable. Quant à la gravure du *Supplice d'Aman*, que Mariette attribue dans ses notes manuscrites à Michel Lucchese, il est permis de penser, faute de l'avoir rencontrée, et en ayant uniquement égard à la manière habituelle du maître italien, qu'elle ne devait, pas plus que les planches que nous venons de citer, donner la physionomie fidèle de la composition qu'elle avait la prétention de répandre. En dehors des compositions qui forment le plafond de la chapelle Sixtine que nous venons d'indiquer, il n'en est aucune autre, à notre connaissance, que les graveurs aient reproduite; ainsi, les compartiments dans lesquels ont été peints la *Construction de l'Arche*, l'*Ivresse de Noé* et *David vainqueur de Goliath*, ne sont encore connus hors de Rome que par les rares copies peintes ou dessinées, dispersées çà et là dans les musées de l'Europe.

C'est dans cette même chapelle Sixtine, sur la muraille qui forme le fond du sanctuaire pontifical, que se trouve le *Jugement dernier*. Cette composition immense, dans laquelle Michel-Ange, désireux d'exprimer les passions humaines sous leurs formes les plus diversement accentuées, a tracé de son pinceau fiévreux la joie et la douleur, la reconnaissance et la haine, la piété fervente et la brutale indifférence, a fourni aux artistes qui nous occupent une occasion d'exercer leur talent qu'ils n'ont eu garde de négliger. Malheureusement cet ouvrage, précisément à cause de son immensité, présentait aux graveurs des difficultés de tout genre qu'ils furent bien souvent incapables de surmonter. Georges Ghisi lui-même, qui, sans contredit, s'est montré le plus habile interprète des œuvres de Michel-Ange, n'accusa pas, dans l'estampe qu'il grava sur plusieurs planches d'après le *Jugement dernier,* les qualités essentielles que révèlent ses autres ouvrages; savant dessinateur, graveur consciencieux, il rendit encore avec une certaine exactitude les figures tourmentées ou calmes des réprouvés ou des élus; mais, au lieu de donner à chaque partie de l'œuvre une signification particulière, comme avait eu soin de le faire Michel-Ange, Georges Ghisi rendit, avec une importance trop uniforme, tous ces groupes symétriquement disposés; en divisant ainsi l'intérêt au lieu de le concentrer sur les figures que le peintre avait intentionnellement mises en évidence, il ravit à cette composition une partie de sa signification et trahit en tout cas les intentions du maître qui l'avait conçue. Deux artistes, lorrains de naissance, mais bien italiens par le talent, Nicolas Béatrizet et Niccolò della Casa, tentèrent également de graver le *Jugement dernier,* mais ils firent preuve encore d'un moins grand savoir que leur devancier. Béatrizet se contenta de copier l'estampe de Ghisi sans avoir recours à l'œuvre originale, et atténua, en usant d'un travail lourd et monotone, l'intérêt que présentait la planche qu'il reproduisait. Niccolò della Casa fit pis encore; il traita avec un tel sans-façon la silhouette des groupes inventés par Michel-Ange, que l'œuvre originale est, dans ses détails du moins, complétement modifiée. Jules Bonasone lui-même demeura fort au-dessous de la tâche qu'il s'était imposée en entreprenant la gravure du *Jugement dernier*. Il semble ici s'être trop peu soucié du dessin, et avoir voulu, là où l'œuvre originale ne pouvait supporter sans danger aucune modification, substituer son propre sentiment au sentiment de Michel-Ange, et faire acte d'indépendance là où la plus grande docilité était de rigueur[1].

1. On doit à Jules Bonasone le meilleur portrait gravé qui existe de Michel-Ange. Une reproduction fidèle de cette estampe, placée à la page 229 de ce volume, permet d'apprécier avec quelle intelligence le

On ne posséderait, à vrai dire, aucune bonne estampe d'après le *Jugement dernier*, si, vers la fin du XVIᵉ siècle, en 1569, Martin Rota n'avait réduit dans des proportions malheureusement trop exiguës cette immense composition; sur un cuivre, haut à peine d'un pied, cet artiste a gravé, avec une patience inouïe et une exactitude louable, la peinture que Michel-Ange a fixée sur la muraille de la chapelle Sixtine, et, n'étaient quelques modifications assez inexplicables dans l'espace qui sépare chacun des groupes, on regarderait avec raison cette planche comme donnant la représentation la plus fidèle de l'œuvre de Michel-Ange. Léonard Gaultier et Jean Wierix, sans se donner la peine d'aller jusqu'à Rome étudier directement la peinture originale, ont gravé la même composition; ils ont copié tout simplement l'estampe de Martin Rota, et, malgré la distance qui sépare toujours une copie d'une œuvre exécutée directement devant une peinture, leurs planches méritent encore une certaine estime. Nous ne saurions en dire autant d'une estampe gravée à l'eau-forte en 1589, d'après la même composition, par un certain Ambrosius Brambilla, dont aucun autre ouvrage ne nous est connu, ni de plusieurs autres planches mises au jour par quelques autres artistes qui ont eu la prudence de ne pas se faire connaître.

Dominique Fiorentino et Chérubin Albert, plutôt que d'embrasser dans son ensemble le *Jugement dernier*, préférèrent reproduire quelques groupes ou quelques figures isolés de cette vaste peinture. Malgré ce sage parti adopté par eux, ils ne furent pas beaucoup mieux inspirés que les artistes qui attaquèrent de front la composition entière. Dominique Fiorentino, connu également sous le nom de Dominique del Barbiere, était un des plus dociles élèves de son maître, le Rosso. A peine arrivé en France, il s'était montré oublieux des exemples qui lui avaient été mis sous les yeux dans son enfance; son burin facile s'était vite façonné aux allures souvent ultra-pittoresques des œuvres de l'École de Fontainebleau, et eut quelque peine à retrouver une sagesse indispensable lorsqu'il dut retracer des ouvrages de Michel-Ange. Aussi les deux groupes que Dominique Fiorentino emprunta au *Jugement dernier* se ressentent-ils de l'influence exercée sur l'artiste par le milieu dans lequel il se trouvait, et manquent-ils un peu de cette ampleur dans le style et de cette puissante individualité qui peuvent être considérées comme les marques distinctives de toutes les œuvres de Michel-Ange. On peut se rendre un compte exact de la manière du maître graveur, en examinant la planche ci-jointe qui reproduit mathématiquement l'estampe gravée par Dominique Fiorentino, d'après un groupe du *Jugement dernier*. Certaines figures d'une élégance de forme un peu outrée indiquent clairement l'école à laquelle appartient l'artiste florentin, et, quelque soin qu'il ait apporté à se conformer au modèle qu'il avait sous les yeux, il n'a pu complétement se défaire de sa manière habituelle, ni soumettre son burin à cette précision rigoureuse qui ici était indispensable. Cette planche est néanmoins fort remarquable par ses qualités de couleur et de pittoresque. Les quatre ou cinq figures que Chérubin Albert grava isolément d'après le *Jugement dernier* participent des mêmes défauts sans avoir les mêmes qualités.

Dans le palais du Vatican, ouvrant sur le même vestibule que la chapelle Sixtine, se trouve la chapelle Pauline; Michel-Ange choisit pour sujet des deux peintures qu'il exécuta sur les murailles de cette chapelle, la *Conversion de saint Paul* et le *Crucifiement de saint Pierre*. Ces compositions, aujourd'hui en fort mauvais état, ont été gravées. Nicolas Béatrizet, sur le talent de qui nous avons déjà eu l'occasion de

graveur bolonais a su rendre la physionomie austère du peintre de la chapelle Sixtine et transmettre au métal les traits de l'artiste à côté duquel il avait vécu.

dire notre sentiment, sut rendre avec habileté, dans la planche qu'il exécuta d'après la *Conversion de saint Paul,* l'aspect un peu sombre de la peinture originale. Cette estampe, malgré les imperfections communes aux ouvrages de Béatrizet, permet de juger en connaissance de cause une composition qu'il sera bientôt impossible de voir sur place, tant elle est compromise, et est exécutée avec assez de soin pour qu'il soit possible de reconnaître le goût de dessin et la science consommée du maître qui l'inventa. On ne saurait juger avec la même indulgence les planches que Jean-Baptiste de Cavalleriis et Michel Lucchese gravèrent d'après le *Crucifiement de saint Pierre.* Quoiqu'elles offrent un intérêt analogue à la planche de Béatrizet mentionnée plus haut, puisqu'elles retracent une peinture également bien effacée, elles sont exécutées d'une façon trop incorrecte pour donner la physionomie exacte de la composition originale. C'est à peine si, à travers cet amas de figures dessinées à la hâte et confusément groupées, on retrouve un souvenir lointain, un reflet même vague, de la fresque de la chapelle Pauline.

Nous en avons fini avec les peintures authentiques de Michel-Ange. Des tableaux de chevalet qui lui sont attribués, il n'y en a que deux, trois au plus, qui aient été certainement exécutés par lui, et ils ont été trop imparfaitement gravés par un anonyme dans l'*Histoire de la Peinture en Italie,* de Rosini, pour qu'il soit opportun de faire autre chose que de mentionner ces estampes dans une étude sur les graveurs de Michel-Ange. Désormais nous aurons à signaler des planches exécutées d'après des compositions qui ont été seulement tracées au crayon ou à la pointe d'argent par le maître, et nous serons tenu à certaines précautions, n'ayant pas toujours été à même, malgré nos recherches, d'examiner les croquis originaux que ces estampes reproduisent.

C'est en effet d'après un dessin de Michel-Ange et non d'après une des trois peintures conservées à Rome, dans le palais Corsini et dans la sacristie de Saint-Jean de Latran, ou en Angleterre, à Apsley-House, que Nicolas Béatrizet grava l'*Annonciation;* aucun de ces tableaux ne passe du reste aux yeux des juges compétents pour avoir été peint par Michel-Ange, on sait même que l'un d'eux est dû au pinceau de Marcello Venusti; l'estampe de Béatrizet suffirait, au surplus, à témoigner que son auteur n'eut pas sous les yeux, en exécutant cette planche, une peinture; car elle ne dénote chez l'artiste qui la signa aucune recherche de l'effet, aucune tentative d'exprimer, à l'aide des tons plus ou moins intenses dont peut disposer le graveur, les couleurs variées d'une œuvre peinte; les contours des figures sont tracés avec exactitude, quoique avec une certaine lourdeur, et le modelé est obtenu à l'aide de quelques tailles terminées par des points diversement accusés. Nicolas Béatrizet usa encore du même procédé lorsqu'il transporta sur le cuivre une autre composition de Michel-Ange, *Jésus et la Samaritaine.* Quoique les dessins que l'artiste lorrain eut sous les yeux pour exécuter ces travaux ne nous soient pas connus, nous nous croyons en mesure de dire que les œuvres originales ont été fidèlement reproduites; le caractère de grandeur et le goût de dessin habituels aux compositions du maître ont été transmis à ces planches qui, n'auraient-elles aucune signature, seraient incontestablement reconnues pour avoir été exécutées d'après des dessins de Michel-Ange.

Plus heureux que pour les deux compositions précédentes, nous avons été à même de voir, à Windsor, dans la collection particulière de la reine d'Angleterre, trois dessins différents de Michel-Ange, représentant le *Christ en croix ayant à ses côtés la Vierge et saint Jean.* A vrai dire, il y a plus de bizarrerie que de réelle beauté dans ces dessins que quelques graveurs se sont empressés de reproduire. Les anges qui,

LES GRIMPEURS.

(Fac-simile de l'estampe de Marc-Antoine, d'après un groupe du Carton de la guerre de Pise.)

suspendus dans les airs, se voient aux deux côtés de la croix, assez lourds par eux-
mêmes et singulièrement agencés, n'ont pas été allégés par les artistes qui s'en sont
faits les interprètes; les deux figures, debout aux pieds du Christ, et le Rédempteur
lui-même, ne présentent ni une grandeur d'allure, ni une nouveauté d'invention qui
permettent de placer cet ouvrage parmi les meilleures productions de Michel-Ange.
Aussi est-on naturellement porté à l'indulgence lorsqu'on considère les estampes gravées par Philippe Sericeus et par deux autres graveurs anonymes d'après cette composition. Il est permis de supposer, si l'on s'en rapporte à une planche gravée par
Bonasone avec un rare talent, que Michel-Ange avait eu tout d'abord l'intention de
représenter seul le Christ en croix. Cette composition, dans laquelle n'apparaissent pas
les figures de la Vierge et de saint Jean, nous paraît de beaucoup supérieure, comme
style et comme expression, à la composition précédente, et nous serions assez disposé
à croire qu'elle fut exécutée par Michel-Ange quelque temps après la première.

Les mêmes artistes, Jules Bonasone et Philippe Sericeus, gravèrent encore, d'après
le grand maître, une *Sainte Famille,* dont les figures sont disposées de telle sorte que
nous apprendrions sans étonnement l'existence d'un bas-relief identique : la sainte
Vierge, assise et les jambes croisées, considère l'enfant Jésus qui dort, la tête appuyée
sur les genoux de sa mère; à droite, au second plan, saint Joseph, accoudé sur une
balustrade, regarde la scène, et saint Jean, placé de l'autre côté et vu à mi-corps,
indique avec le doigt qu'il faut faire silence. Cette composition, connue par plusieurs
peintures conservées dans diverses galeries et notamment par un fort bon tableau de
Sébastien del Piombo qui se trouverait aujourd'hui, si l'on en croit le docteur Waagen
(*Trésors d'art,* III, 188), en Angleterre, dans la collection de Blaise-Castle, n'inspira
pas heureusement les graveurs. Jules Bonasone donna aux physionomies sévères des
personnages inventés par Michel-Ange une afféterie qui ne leur convient aucunement;
Philippe Sericeus pécha par le défaut contraire : il exagéra encore l'austérité des types
et compromit son ouvrage en s'éloignant trop ouvertement de son modèle. C'est encore
la même composition, avec quelques modifications toutefois, — le petit saint Jean est
vu en entier au lieu d'apparaître à mi-corps, — que reproduisent deux estampes attribuées avec raison par P.-J. Mariette à Jean-Baptiste de Cavalleriis; mais ce graveur
fécond, qui dessinait assez médiocrement, altéra le caractère des figures de telle sorte
que l'on a quelque peine à reconnaître, à travers cette interprétation par trop libre, le
style habituel aux ouvrages de Michel-Ange. On peut en dire autant des planches gravées par Sébastien de Reggio, par Chérubin Albert et par un anonyme d'après un dessin
à nous inconnu, représentant *Saint Jérôme en méditation.* Chérubin Albert altéra le
dessin qu'il multipliait à ce point que si le nom de Michel-Ange n'était pas inscrit au bas
de la planche, on aurait quelque peine à désigner l'artiste qui dessina cette figure; il enca-
dra en outre la figure de saint Jérôme dans un paysage de son invention qui contribua
encore à rendre l'œuvre méconnaissable. Sébastien de Reggio, artiste peu connu qui
aurait gravé, si l'on en croit Vasari (Éd. Lemonnier, tome X, p. 3), une *Nativité de
saint Jean-Baptiste,* d'après Jules Romain, imita l'exemple que Chérubin Albert lui
avait donné, et noya également dans un milieu banal et sans caractère la figure du
saint, espérant sans doute de cette façon dissimuler, en partie du moins, l'insuffisance
de la reproduction et les fautes que son inexpérience lui avait fait commettre.

Pour en finir avec les inventions inspirées à Michel-Ange par des pensées chré-
tiennes, il convient encore de parler d'un sujet dont la signification n'a pas jusqu'à ce
jour été précisée, que Philippe Sericeus traça d'un burin moins indécis que de cou-

tume, sujet connu sous les noms de *Songe de Michel-Ange* ou de *Théâtre de la vie humaine*[1]. Un ange éveille, au son de la trompette, un homme nu appuyé sur le globe du monde et assis sur un cube creux à l'intérieur duquel se voient différents masques; au milieu d'une série de nuages qui occupent tout le fond de la planche, apparaissent diverses figures qui désignent clairement les sept péchés capitaux. Michel-Ange, voulant exprimer la toute-puissance divine divulguant, au jour du jugement suprême, la vie entière de l'homme, ne recula devant aucun obstacle pour rendre avec énergie la pensée qu'il avait conçue; la façon toute païenne avec laquelle il traita cette composition, inspirée par un sentiment chrétien, témoigne de l'indépendance de son caractère autant que de la bizarrerie de son tempérament.

Michel-Ange ne se laissa qu'assez accidentellement aller à emprunter les sujets de ses compositions aux récits fabuleux; un fort petit nombre de dessins, inspirés par la mythologie, nous ont été du moins conservés, et, pour l'objet qui nous occupe ici, nous ne saurions citer que le *Supplice du géant Titius*, la *Chute de Phaéton*, *Ganymède* et *Léda*. Ici encore ce sont les graveurs que nous avons nommés précédemment que nous aurons le devoir de citer. J.-B. de Cavalleriis et Philippe Thomassin reproduisirent, d'après un dessin unique, l'*Enlèvement de Ganymède*; le premier se tint plus près de l'original que son émule, mais il se montra encore plein d'inexpérience. Nicolas Béatrizet traduisit avec fidélité et talent la *Chute de Phaéton*[2], dont un dessin à la pierre d'Italie se voit actuellement au château de Windsor. Les deux estampes gravées par des artistes qui ne se sont pas nommés, d'après le *Supplice du géant Titius*, composition fort belle dont la reine d'Angleterre possède également un croquis original, ne sauraient être considérées comme donnant une idée exacte du travail de Michel-Ange; elles sont dessinées d'ailleurs avec une négligence trop complète pour mériter de fixer longtemps l'attention des connaisseurs. La *Léda*, peinture authentique de Michel-Ange, que, sous Louis XIV, le surintendant Desnoyers fit disparaître, *par principe de conscience*, nous dit Mariette, n'aurait pas, assure-t-on, subi le sort qui lui était réservé. Quoi qu'il en soit, l'œuvre même n'a pu jusqu'à ce jour être retrouvée, et, à l'exception d'un dessin possédé par l'Académie des Beaux-Arts de Londres, dessin regardé par Waagen (*Trésors d'art*, I, 491) comme une copie contemporaine, il ne reste plus de cette composition que les estampes tracées par quelques graveurs anciens. Parmi celles-ci, la plus exacte et la meilleure est due à un graveur hollandais, Corneille Bos, qui, grâce aux études sérieuses faites par lui, à Rome, sous quelque disciple de Marc-Antoine, parvint à cacher sa nationalité à tel point que l'on hésiterait à ne pas attribuer cette planche à un graveur italien, contemporain de Michel-Ange, si l'artiste n'avait pris soin de graver ses initiales au-dessous du nom du peintre. Cette estampe a été plusieurs fois copiée, et, dans ces derniers temps, un peintre de talent, M. Auguste Hesse, s'en est inspiré pour faire une lithographie excellente. D'autres graveurs ont encore pris pour modèle la *Léda* de Michel-Ange, mais ceux-ci semblent avoir eu devant les yeux une composition un peu diffé-

---

1. Une autre composition de Michel-Ange que nous a conservée une estampe anonyme nous semble exprimer une idée du même genre : une femme absolument nue et représentée de face tient derrière elle un miroir qui reflète fidèlement ses formes; au fond, à côté d'une roue, symbole de la Fortune, apparaît la Mort avec son sablier qui est supposée prononcer ces mots inscrits au-dessus de la figure principale : *Mortalia facta peribunt.* La planche est énergiquement gravée et révèle un réel sentiment de la grandeur.

2. Un autre dessin de cette même composition, après avoir appartenu à sir Thomas Lawrence et à M. Émile Galichon, fait aujourd'hui partie de la collection du musée Britannique; c'est celui dont la gravure se trouve à la page 267 de ce volume.

rente de celle qui avait si heureusement inspiré Corneille Bos. A la vérité, les auteurs anonymes des planches que nous entendons désigner ici appartenaient, — leur manière de graver en témoigne, — à l'École de Fontainebleau, et ce ne serait pas la seule fois que les artistes, attirés dans la résidence royale par François Ier, n'auraient pas reculé devant une interprétation personnelle et se seraient permis, dans les ouvrages qu'ils avaient la prétention de multiplier, certaines modifications le plus souvent fort peu profitables aux peintures originales.

La fable n'a-t-elle pas aussi quelque chose à voir dans une composition assez compliquée dont le sens nous échappe et qu'un dessin à la sanguine, conservé à Windsor, nous permet d'attribuer avec certitude à Michel-Ange? Des enfants portent un âne vers une chaudière dans laquelle cuit déjà un autre animal; sur la gauche d'autres enfants se grisent auprès d'une cuve pleine de vin; au premier plan, une vieille faunesse allaite un petit garçon, et un homme nu est endormi devant une nappe couverte de mets. Æneas Vico, qui grava en 1546 cette composition baroque, reproduisit fidèlement les contours puissants des figures jeunes ou vieilles mises en scène par Michel-Ange, et Adam Bartsch se montre sévère lorsqu'il dit que cette planche est gravée avec peu de succès. Ce blâme s'appliquerait avec plus de justice, selon nous, à une copie en contre-partie de cette estampe que grava un artiste inconnu, peut-être bien Philippe Sericeus, estampe publiée à Rome en 1553, par Antoine Lafreri, et dénotant une connaissance du dessin bien médiocre.

Nous serions assez tenté d'attribuer, en nous appuyant d'ailleurs sur l'opinion de Mariette, au même Philippe Sericeus, une autre estampe anonyme assez faible, dont la composition a longtemps passé pour être due à Raphaël : des jeunes hommes tirant de l'arc s'efforcent de percer avec leurs flèches un bouclier placé devant un Terme; l'Amour, endormi à terre, tient son carquois contre lui. De cette allégorie il existe deux beaux dessins à Windsor et au Musée Brera, à Milan, et une détrempe se voit à Rome dans la galerie Borghèse. Ce sujet est connu sous la désignation des *Vices tirant contre l'Innocence*, explication admissible qui paraîtra plus vraisemblable encore si l'on ajoute foi à l'opinion des historiens qui assurent que, sur une ancienne estampe à nous inconnue, la tête du Terme que visent les lutteurs est celle de Michel-Ange lui-même. Le grand artiste aurait voulu, en traçant cette composition, exprimer d'une façon emblématique que, malgré les persécutions dont il avait été l'objet, malgré les déboires qu'il avait éprouvés, il n'avait jamais été atteint et avait toujours été protégé par sa valeur personnelle, contre les traits des envieux.

Avant d'aborder la série des estampes qui reproduisent des œuvres sculptées par Michel-Ange, il convient encore de mentionner le *Carton de Pise*, une des compositions les plus célèbres du grand artiste. Nous n'avons pas à parler ici des conditions particulières dans lesquelles ce carton fut exécuté, ni des circonstances dans lesquelles il fut détruit; il suffit de rappeler seulement que Michel-Ange choisit le moment où les Florentins, en train de se baigner dans l'Arno, sont surpris par l'armée ennemie et sortent de l'eau à la hâte, cherchent leurs vêtements et leurs armes et se disposent à se défendre. Le carton exécuté de la main même de Michel-Ange périt en 1512 pendant les troubles de Florence, et des fragments seulement de cette importante composition furent gravés anciennement, les uns avec une science consommée par Marc-Antoine Raimondi, le plus parfait interprète des grands artistes de l'Italie, les autres avec une louable fidélité par Augustin Vénitien et par Melchior Lorich. On a sous les yeux deux des meilleures planches que cette composition inspira. L'estampe de

Marc-Antoine Raimondi reproduite ici, connue sous la dénomination vulgaire des *Grimpeurs,* donne de l'un des fragments du *Carton de Pise* une idée excellente. Ces

SOLDAT REMETTANT SES CHAUSSES.

(Fac-simile d'une estampe du commencement du xvie siècle, attribuée à Marc-Antoine.)

hommes nus, groupés avec art et dessinés avec ce sentiment de la grandeur que Michel-Ange imprima à tous ses ouvrages, attestent chez le graveur un savoir et une intelligence que ses planches les plus célèbres ne dénotent pas d'une manière plus évidente. Marc-Antoine, le graveur en titre des œuvres de Raphaël, a témoigné, dans l'estampe qui nous occupe, d'une habileté matérielle très-grande et a montré une fois de plus que son burin, esclave de la forme, savait, lorsque cela était nécessaire, rendre avec autant de précision que de finesse les compositions d'un ordre élevé, inventées par les artistes de talent quels qu'ils fussent. C'est encore au même graveur que l'on doit la seconde estampe, d'après le *Carton de Pise,* qui accompagne notre travail. Un soldat nu, assis sur une pierre, remet ses chausses ; dans la composition entière, il occupe le premier plan ; Marc-Antoine, en isolant cette figure qu'il a placée dans un paysage de son invention, a, comme dans la plupart des autres ouvrages qu'il a signés, accusé hautement son talent de dessinateur et son entente du style. L'ensemble de cette composition n'était en effet connu de personne au commencement de ce siècle, et c'est en 1808 seulement que parut une estampe fort imparfaite de Schiavonetti, qui révéla l'existence d'une grisaille conservée en Angleterre et exécutée d'après l'original par quelque élève du grand maître. Vasari assure que cette copie était l'œuvre de Bastiano de San-Gallo ; elle aurait été destinée à François Ier, mais tout porte à croire qu'elle ne vint jamais en France. Nulle part elle n'est mentionnée, aucun inventaire ne la signale, et Waagen semble faire entendre qu'elle demeura, jusqu'au moment où Schiavonetti la grava, à Rome dans la galerie Barberini. Quel qu'ait été le sort de cette composition, il est aisé aujourd'hui, grâce à cette grisaille et à l'estampe de Schiavo-netti, d'en avoir une idée complète : les figures disposées avec art, symétriquement étagées, rappellent l'agencement d'un bas-relief et accusent chez Michel-Ange une préoccupation bien arrêtée d'obtenir uniquement, à l'aide d'un heureux balancement de lignes et de formes choisies, un résultat que des artistes inexpérimentés dans l'art du statuaire eussent cherché à obtenir en appelant à leur secours les moyens puissants dont le peintre dispose. Ici, au contraire, si l'on ne savait positivement que Michel-Ange a exécuté cette composition en vue-d'une peinture qui devait décorer une des salles du Palais-Vieux à Florence, on serait tenté de croire à l'existence d'une sculpture disparue, d'un bas-relief détruit ou perdu.

L'art du sculpteur occupa en effet Michel-Ange au moins autant que l'art du peintre ; s'il reste aujourd'hui un nombre relativement assez restreint de sculptures dues au ciseau de ce grand artiste, le haut mérite de celles-ci prouve surabondamment qu'entre tous les arts que pratiqua Michel-Ange, c'était pour la sculpture qu'il se sentait le plus d'inclination. Les historiens qui se sont occupés spécialement de l'œuvre du maître s'accordent en effet à reconnaître que les dessins, les ébauches ou les peintures authentiques qu'il a laissés, affectent dans l'agencement des figures ou des objets qui les composent une symétrie et un équilibre dans les groupes qui correspondent aux exigences du bas-relief. La sculpture, en laissant au graveur le choix du point de vue, donne à l'artiste une plus grande part dans l'interprétation que la peinture ; elle lui impose le devoir de reconnaître le côté sous lequel la statue sera vue dans son jour le plus favorable et dans l'attitude la plus avantageuse. Lorsque le graveur aura triomphé de ce premier écueil, il n'aura pas surmonté toutes les difficultés de son entreprise : il devra encore se tenir en garde contre une interprétation trop pittoresque et, lorsqu'il aura indiqué, au moyen d'une taille habilement conduite, les contours de la figure, il devra, pour exprimer le modelé et pour simuler le jeu de l'ombre et de la lumière sur le marbre, employer un travail sobre, accusant sans exagération comme sans timidité les muscles et les os, les draperies ou les vêtements, et il devra se garder soigneusement de donner à sa planche un aspect autre que celui d'un dessin correct et précis. Si ces qualités sont indispensables à un graveur qui s'efforce de reproduire des œuvres dé marbre, elles sont, pour ainsi dire, plus impérieusement nécessaires lorsque ce graveur prend pour modèles les sculptures de Michel-Ange. Celles-ci procédant toujours de l'extraordinaire et souvent très-mouvementées ne sauraient supporter aucune modification; elles courraient facilement risque de perdre une partie de leur signification et de devenir méconnaissables si on les soumettait à une interprétation quelconque, si l'on modifiait en quoi que ce soit les contours que le maître a sculptés avec une science certaine et voulue. C'est pour n'avoir pas su se tenir en garde suffisamment contre cette interprétation dangereuse qu'Ant. Salamanque (*Antonius Salamanca quod potuit imitatus exculpsit, 1547*) traduisit d'une façon incomplète le célèbre groupe de la chapelle des Chanoines à Saint-Pierre de Rome, *la Vierge considérant le corps mort de Jésus-Christ étendu sur ses genoux.* Le graveur, ayant pris son point de vue trop bas, montra dans un raccourci désagréable la tête du Christ, et, au lieu de se contenter de retracer à grands traits l'ensemble de cette admirable sculpture, il compromit, en disséminant l'intérêt au moyen de demi-teintes accumulées et d'un travail trop monotone, son ouvrage qui eût certainement gagné beaucoup à être exécuté avec plus de simplicité. Au lieu de reproduire, comme cela semblait naturel, la muraille nue sur laquelle se détache à Rome le groupe de Michel-Ange, il préféra simuler des ruines sans grandeur qui, loin de faire valoir les lignes de la sculpture, détournaient sans profit le regard et ôtaient du calme à la composition. Dans cette façon de procéder du moins Antoine Salamanque trouva des imitateurs. Jules Bonasone plaça la *Pietà* de Saint-Pierre au bas d'une croix de bois plantée au milieu d'une plaine lugubre et désolée; il crut ainsi sans doute donner à la composition de Michel-Ange un cadre digne d'elle; il y eût peut-être réussi en effet, s'il avait apporté plus de soin dans la représentation du groupe lui-même et s'il s'était attaché à reproduire avec plus d'exactitude le modèle qu'il s'agissait avant tout de rendre fidèlement. Un autre graveur, qu'aux initiales A. S. nous croyons reconnaître pour un artiste mantouan, Adam Scultori, employa encore le même procédé, mais sans plus de succès; quant à une estampe, gravée en 1579 par un artiste inconnu, dont le monogramme, formé des lettres A. G. enlacées, n'a pas été expliqué jusqu'à ce jour, elle ne saurait être comptée, pas plus que les deux planches indiquées ci-dessus, parmi les reproductions fidèles de la *Pietà* de Saint-Pierre; aussi, faute de mieux, sommes-nous disposés à recommander aux artistes, qui voudront posséder la reproduction la moins imparfaite du groupe de Michel-Ange conservé à Saint-Pierre de Rome, l'estampe d'Antoine Salamanque qui, malgré ses défauts, transmet une idée plus juste de l'œuvre originale qu'aucune autre des planches que nous avons signalées.

Une autre *Pietà* due également au ciseau de Michel-Ange, et conservée, selon Mariette, dans l'église de Sant-Andrea-della-Valle, fournit à Bonasone l'occasion de prendre une revanche. Ici l'élève de Marc-Antoine Raimondi apporta un soin dans l'exécution des contours qu'il n'avait pas su accuser aussi ouvertement lorsqu'il avait reproduit la *Pietà* de Saint-Pierre et transmit au métal l'aspect grandiose de cette composition bizarre : la Vierge, les mains levées, assise auprès de la croix, soutenant, avec l'aide de deux anges, le corps affaissé de son fils mort. Il se montra en tout cas plus habile que Nicolas Béatrizet et J.-B. de Cavalleriis, qui reproduisirent vers la même époque ce groupe et qui se montrèrent peu soucieux de rendre avec une parfaite similitude le dessin des formes nettement accusé par le maître. La Vierge inachevée, placée à Florence dans la sacristie de l'église Saint-Laurent, entre les statues de

Saint-Côme et de Saint-Damien, non loin des tombeaux à jamais célèbres des Médicis, ne fut retracée qu'une seule fois sur le métal. Ce fut Corneille Cort qui se chargea de cette tâche et il entreprit en même temps de transmettre à la postérité les quatre parois de cette chapelle que Michel-Ange avait construite, puis décorée. Ce graveur, Hollandais d'origine, ne put, malgré le long séjour qu'il fit en Italie, se défaire assez complétement du goût de dessin qu'il avait puisé à l'école de Jérôme Cock, pour reproduire avec toute l'exactitude désirable les superbes sculptures de la chapelle des Médicis; il en conserva assurément la forme précise et, jusqu'à un certain point, l'allure particulière; mais il fut impuissant à faire passer sur le cuivre le caractère éminemment élevé qui distingue ces figures, et, malgré l'intérêt bien naturel qui s'attache à ces planches, qui seules ont transmis au loin la représentation de la sacristie de Saint-Laurent, on est autorisé à regretter que l'artiste ait employé pour reproduire ces chefs-d'œuvre un dessin sec et un travail monotone qui s'accordent bien peu avec les sculptures originales. Quelque imparfaites que soient ces reproductions, elles permettent d'apprécier dans son ensemble la chapelle des Médicis dont Michel-Ange avait lui-même donné le plan. Ici, en effet, Corneille Cort a retracé les tombeaux de Julien et de Laurent de Médicis au milieu de l'architecture qui les encadre, à la place que Michel-Ange leur avait assignée et qu'ils occupent encore aujourd'hui. On peut donc, hors de l'Italie, grâce à ces planches, juger du savoir de Michel-Ange comme architecte et apprécier en même temps combien peut gagner un monument à être conçu par une même volonté, exécuté par une même main et décoré par un même artiste.

Le tombeau du pape Jules II, tel que Michel-Ange l'avait primitivement conçu, sans avoir une importance égale à la chapelle de Saint-Laurent, constituait encore dans son ensemble un monument considérable. C'est grâce à une estampe gravée d'après un dessin possédé par P.-J. Mariette qu'il est possible aujourd'hui d'avoir une idée exacte de la disposition que le grand artiste avait imaginée pour ce tombeau aux proportions gigantesques. La statue de *Moïse* qui se voit à Rome dans l'église San-Pietro-in-Vincoli et les deux *Esclaves* du Musée du Louvre, malgré leur beauté hors ligne, peut-être bien, à cause de cette beauté même, semblent avoir épouvanté les graveurs qui s'en inspirèrent. Les *Esclaves,* demeurés inachevés, furent reproduits d'une façon tout à fait sommaire dans des recueils d'estampes sans autorité, et la figure de *Moïse* fut une seule fois gravée avec quelque fidélité. L'auteur de cette planche estimable, Robert Van Audenaerde, atténua bien quelque peu la majesté des lignes de son modèle et ne se conforma pas avec une attention assez scrupuleuse à rendre strictement le dessin large de la figure originale, mais il parvint toutefois à faire passer sur le cuivre l'aspect imposant de la sculpture qu'il entendait multiplier, et sut en tout cas, mieux que Jacques Matham et qu'un autre artiste qui pourrait bien être J.-B. de Cavalleriis, faire pressentir une œuvre de la plus grande valeur, une sculpture qui devait de tout temps faire l'admiration des artistes.

Pour compléter autant que possible l'examen des estampes inspirées par les sculptures de Michel-Ange, il faudrait encore parler du *Christ* exposé à Rome dans l'église Santa-Maria-sopra-Minerva, dont Béatrizet et Jacques Matham ont laissé d'assez bonnes reproductions, et de la statue du *Bacchus enivré,* conservée aux *Uffizi* et gravée dans l'*Histoire de la sculpture* du comte Léop. Cicognara. Mais ces estampes, la seconde surtout, n'augmentent en aucune façon le nombre des reproductions fidèles que les œuvres de Michel-Ange ont suscitées et n'ajoutent au nom des artistes qui les ont signées aucune valeur nouvelle.

Avant de terminer cette étude, il nous paraît à propos de dire à quelles causes il faut attribuer l'absence presque totale de planches excellentes gravées anciennement d'après les œuvres d'un des plus grands maîtres de l'École italienne. Michel-Ange a imprimé à ses peintures, à ses dessins ou à ses sculptures, un caractère grandiose qui tient du surnaturel ; il a exprimé, à l'aide du pinceau, du crayon ou de l'ébauchoir, des pensées élevées, des sentiments nobles et puissants ; or, pour traduire d'une façon convenable les inventions du grand artiste, il eût fallu posséder un génie presque égal à celui du maître, une intelligence supérieure, capable de saisir et de rendre complétement ce que les originaux possédaient de grandeur et de beauté ; il eût fallu tout au moins que Michel-Ange, comprenant l'importance capitale qu'il y avait à ce que ses ouvrages fussent répandus au loin, eût, à l'exemple de Raphaël, attaché à sa personne un graveur habile dont il eût guidé la main, corrigé les essais, dirigé les travaux et auquel il eût en même temps assuré une renommée durable.

Maintenant que nous avons passé en revue les estampes anciennes suscitées par les œuvres peintes ou sculptées de Michel-Ange, n'est-il pas à propos de dire quelques mots des planches gravées de nos jours d'après le célèbre artiste ? N'avons-nous pas sous les yeux, ici même, dans ce magnifique volume consacré à la gloire du grand maître florentin, des reproductions excellentes, exécutées par des artistes qui se sont appliqués à transmettre au métal, avec une rare fidélité, certaines compositions de Michel-Ange qui n'avaient pas été gravées antérieurement, ou qui ne l'avaient été que d'une façon imparfaite ? Outre l'incomparable planche en taille-douce qui retrace une des plus belles figures du tombeau des Médicis, le *Crépuscule,* planche dans laquelle l'extrême finesse du modelé et l'excessive multiplicité des tailles n'ôtent rien à la beauté générale des lignes et à la noblesse de la figure, M. F. Gaillard a fourni à l'ouvrage qui nous occupe un certain nombre de dessins qui reproduisent avec un art profondément senti plusieurs des figures du maître, inconnues de ceux qui n'ont pas encore visité l'Italie. Le peintre-graveur a une manière de travailler qui lui est particulière : il procède par petits plans ; il semble, lorsqu'il s'adresse à une sculpture, s'efforcer d'accuser chaque morsure du ciseau sur le marbre. Son crayon est aussi finement taillé que son burin est aigu et les dessins qu'il trace sur le papier ou sur le bois paraissent tellement délicats que l'on s'étonne que le soleil puisse les saisir et que la presse de l'imprimeur puisse les fixer. M. Jules Jacquemart procède différemment ; bien que sa pointe soit très-fine aussi, elle s'inquiète surtout de la forme générale de la figure qu'elle a mission de retracer et se préoccupe des grandes lignes avant de chercher à rendre le modelé dans ce qu'il a de plus menu. La statue de *Moïse,* conservée à Rome dans l'église Saint-Pierre-aux-Liens, nous apparaît ici parée de sa beauté singulière : elle est vue presque de face ; l'artiste l'a isolée des ornements ou des figures qui l'avoisinent, et, en la montrant ainsi, seule, sans aucun de ces accompagnements que l'œil est accoutumé à voir, il a mieux accusé encore la suprême grandeur de cet œuvre considérée à juste titre comme le dernier mot de l'art de Michel-Ange. Pour traduire une des plus admirables inventions du grand maître, la *Création de la terre,* M. Léopold Flameng a usé de moyens très-simples : il a indiqué largement, sans mettre à profit aucun des artifices du métier qu'il possède à fond, cette composition sublime, et son unique préoccupation a été de donner la silhouette exacte de cette fresque devant laquelle les graveurs les mieux doués avaient toujours reculé. M. Achille Jacquet, à qui est incombée la difficile tâche de reproduire pour la première fois un des rares tableaux de chevalet dus au pinceau de Michel-Ange, la

Sainte Famille, du musée des Offices, a usé des mêmes procédés qu'avait précédemment employés M. Alphonse François, lorsqu'il avait gravé, pour la *Gazette,* la *Vierge* de Manchester ; il a retracé avec exactitude, sans se préoccuper de l'effet qui d'ailleurs est à peu près absent dans la peinture originale, le dessin des nombreuses figures qui forment cette composition bizarre, et il a donné une idée fidèle de la coloration blonde et presque monochrome de cette peinture à laquelle la grandeur et la puissance ne font pas défaut. Un portrait de Michel-Ange gravé avec talent au burin, par M. H. Dubouchet, d'après une peinture du Capitole, termine la série des planches sur métal exécutées récemment pour la publication qui nous occupe. Si nous tenions à ne rien omettre, nous aurions encore à parler des nombreuses planches sur bois ou reproduites à l'aide de procédés ingénieux, qui se trouvent à chaque page dans ce précieux ouvrage et à nommer MM. de Mare, Gilbert, Goutzwiller et Durand. Nous préférons laisser aux artistes ou aux hommes de goût sous les yeux de qui tombera ce volume le soin d'apprécier le mérite de ses *illustrations.* Après avoir reconnu l'opportunité de ce monument élevé à la mémoire de Michel-Ange, nous ne doutons pas qu'ils ne reconnaissent également l'effort considérable fait par tous les artistes qui ont été appelés à y concourir.

GEORGES DUPLESSIS.

LES FÊTES

DU

CENTENAIRE DE MICHEL-ANGE

AU SECRÉTAIRE DE LA RÉDACTION.

Florence, samedi 11 septembre 1875.

Mon cher ami,

Me voici arrivé d'une traite à Florence où vont avoir lieu, demain et les deux jours suivants, les fêtes organisées par la municipalité en l'honneur du quatrième centenaire de Michel-Ange. C'est un rendez-vous solennel, un grand jubilé de l'art et de l'intelligence, auquel nous devons tous participer : les uns, et ce sont les heureux, en se rendant à l'invitation du peuple italien, les autres en suivant ceux-ci par la pensée et par le cœur. Au milieu du courant fiévreux et sans merci de notre vie moderne, il faut que l'Europe tout entière tressaille devant un si grand nom et s'arrête, ne fût-ce qu'un jour, pour saluer une si grande mémoire; il faut que tout ce qu'il y a d'éclairé et d'intelligent en elle rende un respectueux hommage à l'une des intelligences les plus hautes, les plus nobles, les plus puissantes qu'elle ait produites. C'est un acte de justice et de reconnaissance qu'elle doit bien à l'artiste extraordinaire qui a fait éprouver à tant de générations les plus fortes et les plus singulières jouissances qu'il ait peut-être été donné à l'homme de rencontrer dans le domaine des choses de l'esprit.

Aujourd'hui arrivent en foule les étrangers, qui de Vienne, qui de Genève, qui de Bruxelles, qui de Londres, qui de Paris. Chacun se prépare, cherche un gîte et se case comme il peut; le Comité du Centenaire, ayant à sa tête le vénéré syndic de Florence, M. Ubaldino Peruzzi, se multiplie et veille à tout avec une ardeur et une complaisance des plus rares. Je ne suis point trop mal partagé; je retrouve une chambre que j'avais louée naguère, au bord de l'Arno, près du Ponte-Vecchio.

Je me permets, mon cher ami, d'entrer sans plus tarder dans le vif de mon sujet. Que vous dirais-je d'ailleurs que vous ne sachiez aussi bien que moi? Que Florence est toujours une ville adorable, le plus délicieux séjour qu'un dilettante de l'art puisse rencontrer sur la terre; qu'elle est plus que jamais le sanctuaire de l'art italien, c'est-à-dire le grand musée du xv° siècle, le siècle illustre entre tous, et que, comme Athènes, avec ses temples, ses portiques et ses places, elle reste par excellence, au milieu de toutes nos révolutions, de toutes nos décadences, la cité charmante et superbe, la ville des exquises jouissances, du beau parler et de la politesse infinie. Je rencontre rue Tornabuoni, flânant comme moi devant les trésors du photographe Allinari, M. Barbet de Jouy, l'honorable et sympathique représentant de notre Louvre, et nous nous rendons ensemble au palais de la Seigneurie pour présenter nos respects à M. Peruzzi, qui nous remet un programme détaillé des fêtes avec l'ordre exact des cérémonies auxquelles nous sommes conviés : promenades et cortéges, illuminations, discours, réceptions officielles, concerts, courses, concours agricole et horticole, transport solennel, à Santa-Croce, des cendres de l'historien Carlo Botta, séances littéraires des Académies réunies de la Crusca et des Beaux-Arts, congrès des ingénieurs et des architectes, inauguration du musée Michel-Ange et du monument qui lui a été élevé sur la Piazzale de San-Miniato, etc... *Scusate se è poco!* Je n'ai pas besoin de vous dire que je ne prendrai de tout ceci que ce qui touche exclusivement au grand homme.

Ce soir il y a eu, au palais Ferroni, une lecture de M. Riccardo Taruffi sur Michel-Ange, — le morceau débité d'une voix dolente m'a paru bien froid et bien vide, — et réception par M. et Mᵐᵉ Peruzzi des représentants étrangers. Cette réception était en elle-même fort intéressante. C'était une occasion de prendre langue et de se connaître mutuellement. J'ai retrouvé là M. Barbet de Jouy, la légation de l'Institut, MM. Meissonier, Charles Blanc, Guillaume, Garnier et Ballu, Lenepveu, directeur de l'École de Rome; Paul de Saint-Victor, Schérer du *Temps,* Bonnat, Dreyfus et un certain nombre de représentants de la presse parisienne, surtout de la presse illustrée. La soirée a été mise tout de suite, par M. Peruzzi, sur un pied de cordialité charmante et, les présentations faites, chacun de nous a pu successivement causer avec M. Aurelio Gotti, le conservateur du musée des Offices, et l'auteur d'une vie de Michel-Ange en deux volumes, faite d'après les nouveaux documents, avec le chevalier de Fabris, directeur de l'Académie des Beaux-Arts et organisateur du musée Michel-Ange, avec le directeur de la *Nazione,* avec Dupré, le sculpteur, et quelques autres artistes italiens, avec les membres du comité et des diverses académies florentines. Notre petite colonie s'est retirée assez tard, enchantée de ses hôtes et très-touchée de l'accueil particulièrement chaleureux et empressé dont elle avait été l'objet.

Dimanche 12.

Journée très-chargée et qui, pour beaucoup d'entre nous, aura été une réelle fatigue. Je retrouve, avec une joie sans mélange, mon ami Paul Mantz, qui vient d'arriver de Modène. A midi, grand concert dirigé par le professeur Sbolci, dans la salle des Cinq-Cents, au Palais-Vieux, et, à trois heures, grande procession en l'honneur de Michel-Ange. L'habit noir est de rigueur pour tous ceux qui sont invités à faire partie du cortége officiel, je revêts donc cet incommode produit de notre civilisation.

Affluence considérable au Palais-Vieux. Cet immense salon des Cinq-Cents, avec son plafond de bois et ses grands murs plans couverts des peintures ampoulées de la fabrique vasarienne, est une admirable salle de concert, surtout une salle incomparable pour la sonorité. Avec les éléments d'orchestre dont on disposait on pouvait organiser un concert à la Michel-Ange et produire un effet foudroyant sur cette foule; prendre, par exemple, dans l'œuvre des maîtres, — et l'on n'avait que l'embarras du choix, — quelques-uns de ces grands morceaux brossés à la fresque, comme le finale de la Symphonie en *ut* mineur de Beethoven, comme le chœur des Scythes de Gluck, le *Dies iræ* de Mozart, ou le chœur des Titans de Rossini, qui par la puissance de leur jet et la fierté grandiose de leur style eussent rappelé, en les égalant, les formidables inventions du peintre de la Sixtine. Au lieu de cela, une *olla podrida* de fantaisies modernes, d'ouvertures pour orchestre et de morceaux de piano. Vous représentez-vous la figure d'un monsieur en habit noir, ouvrant un piano de Pleyel et jouant sous ces voûtes redoutables, devant la grande ombre de Michel-Ange, une mazurka de Chopin?

MONUMENT ÉLEVÉ A LA MÉMOIRE DE MICHEL-ANGE.

Piazzale de San-Miniato, à Florence.

La seule partie intéressante du programme était l'audition de deux *madrigali* de Michel-Ange, mis en musique par Archadelt au xvie siècle[1] et celle de l'ouverture de la *Sémiramide*. La conception rossinienne, enlevée avec un brio irrésistible, centuplé par la sonorité de cette salle vibrante, avait pris une énergie pittoresque, une majesté monumentale qui rappelait les grandes agapes de Véronèse.

A trois heures et demie le cortége se forme sur la place de la Seigneurie et dans la cour du Palais-Vieux, fermées par un cordon de troupes, et se met en marche vers la maison de Michel-Ange, *Via Ghibellina,* suivant l'itinéraire indiqué. Avec un décor tel que la place de la Seigneurie, avec les hautes et sombres murailles du Palais-Vieux, les élégantes perspectives de la *Loggia dei Lanzi* et de son musée de marbres en plein vent, comme toile de fond, avec cette illumination de l'air et du ciel qui est le charme de Florence, le départ offre un coup d'œil magnifique et qu'aucun de ceux qui l'ont vu ne saurait oublier. C'est, d'ailleurs, le cadre merveilleux de ce ciel sans nuages, de ces monuments, de ces souvenirs, de cette foule vivante et gaie qui donne aux fêtes du Centenaire leur éclat; car il faut convenir que, sans Michel-Ange et sans Florence, elles sembleraient, à nous, gens blasés, d'un faste assez mince.

Le cortége, soutenu de distance en distance par des musiques militaires, a pris des proportions fabuleuses; il déroule ses anneaux mouvants à travers les rues étroites qui, du Palais-Vieux, nous conduisent au n° 64 de la rue *Ghibellina*. Voici d'abord les corporations et associations ouvrières, précédées de leurs bannières respectives, les sociétés artistiques et littéraires, puis les membres du comité et de la municipalité ayant à leur tête M. Peruzzi, autour de la bannière de Florence, en soie blanche semée de fleurs de lis rouges; viennent ensuite la magistrature et tous les corps publics; les représentants italiens et étrangers des gouvernements, des communes et des instituts, les délégués de la presse et des académies provinciales, enfin tout ce qui, à un titre quelconque, pouvait former un groupe ou une représentation. Nous notons, parmi les étrangers marquants, le baron de Travenegg, représentant de l'empereur d'Autriche; MM. Holmes, bibliothécaire de Windsor; Lutzow, de l'Académie des Beaux-Arts de Vienne; Engerth, Wilson, Meldahl, directeur de l'Académie royale de Copenhague; Burton, conservateur du musée de Kensington, et Leigthon, représentant de la *Royal Academy* de Londres. Au milieu, et tout près de la bannière municipale, la France forme un groupe compacte, à la tête duquel marchent les membres de l'Institut.

Le passage dans ces rues étroites de la vieille ville est des plus pittoresques. Pour les artistes, le spectacle est là, au milieu de ce labyrinthe tortueux de ruelles, que la foule, venue de toutes parts, des faubourgs et des villages environnants, de Prato, de Fiesole et du val d'Ema, contadins de la plaine et paysans de l'Apennin, emplit de son mouvement et de son bruit; où chaque fenêtre, avec sa décoration improvisée de tentures et de tapis, est un tableau vivant, remuant et coloré, où chaque carrefour amène des perspectives nouvelles, des effets de tons imprévus, où tout est lumière, contraste et mouvement. Il y a là des trésors qu'il faudrait pouvoir saisir et fixer, des morceaux de peinture achevés, des visages entrevus qui sont des chefs-d'œuvre de grâce et de morbidesse; mais le cortége marche, et cette vision unique de Florence ressuscitée s'enfuit et disparaît.

On arrive enfin, après de longs détours, à la maison de Michel-Ange que signale un buste en bronze placé au-dessus de la porte. Le cortége s'arrête, et nous nous

---

1. *Deh! dimmi amor* et *Io dico che fra voi....* Venise, U. Rampazetto, 1565.

trouvons, auprès de la porte même, admirablement placés pour entendre le discours que le poëte le plus distingué de l'Italie contemporaine, M. Aleardo Aleardi, va prononcer. Chacun prête une oreille émue à sa voix claire et sonore; aussi loin que la foule peut voir, les têtes se découvrent et les bouches se taisent. Ce discours est fort remarquable; il est plein de nobles pensées et de mouvements éloquents; il est relevé par une critique exacte et un goût épuré; il a tout pour lui : l'allure et la forme, la pensée et le mot, mais il a un immense défaut, un défaut capital : il est trop long. Un quart d'heure, une demi-heure, trois quarts d'heure, une heure se passent, et l'orateur parle toujours. Ce n'est plus un discours, c'est un volume, que dis-je! c'est une conférence, et une conférence debout! Nous sommes les *Captifs de Michel-Ange,* murmure, à bout de force et de patience, M. Paul de Saint-Victor. Les visages s'affaissent, et l'on peut mesurer, à l'attitude inquiète des auditeurs rapprochés, la longueur du manuscrit que l'orateur tient à la main; la foule, qui n'entend pas et qui ne comprend rien à cet interminable arrêt, s'agite et crie, et le remous menace de nous emporter, lorsque l'orateur achève, *spenta voce,* sa péroraison.

Le cortége, retournant sur ses pas, se dirige vers Santa-Croce pour se rendre à la tombe de Michel-Ange. Nouvel arrêt et nouveaux discours : discours du comte Pelli Fabbroni, conservateur de Santa-Croce; discours de M. Floerke, de l'Académie des Beaux-Arts de Saxe-Weimar, et réponse de M. Ubaldino Peruzzi.

Ici commence le calvaire. Au milieu de la poussière, sous les dernières ardeurs d'un soleil brûlant, il nous faut traverser l'Arno sur le *Ponte alle Grazie* et, sortant par la porte San-Niccolò, où se voient encore quelques restes des fortifications élevées par Michel-Ange, monter les nouvelles rampes qui conduisent aujourd'hui directement de l'Arno à la Piazzale de Michel-Ange, d'où l'on embrasse l'une des plus belles vues du monde, et à San-Miniato. Devant le spectacle de ces gradins de pierre que suit en se déroulant, bannières déployées, la longue file du cortége, de ces maisons, de ces collines couvertes de grappes humaines et illuminées par les rayons d'or du soleil couchant, chacun oublie la chaleur, la poussière et le ridicule habit noir. Enfin, à la nuit tombante, apparaissent, d'un côté le monument élevé à Michel-Ange sur cette grande place qui domine en terrasse Florence et toute la vallée de l'Arno, de l'autre le vieux clocher de San-Miniato, construit par Baccio d'Agnolo et préservé des projectiles par Michel-Ange, pendant le siége de 1527; au sommet flottent les couleurs de la ville telles qu'elles étaient à cette époque.

La nuit est venue. Derrière nous, le campanile de Giotto et le dôme arrondi de Brunelleschi découpent leurs imposantes silhouettes sur l'opale mourant du ciel; devant nous, se dresse le monument élevé à Michel-Ange. C'est un vaste piédestal de marbre, auquel sont accolées les figures couchées de la chapelle des Médicis et qui supporte le moulage en bronze de la statue de *David;* monument d'un style assez pauvre, assemblage indigeste, qui, néanmoins, emprunte à sa situation, à la fière et colossale tournure de la figure principale, une certaine grandeur.

C'est là que le prince de Carignan reçoit le cortége, au nom du roi Victor-Emmanuel. A la lumière incertaine de quelques bougies, les représentants étrangers et italiens se groupent au pied du monument, que défend à grand'peine contre les flots grossissants et sombres de la foule une double haie de gendarmes à cheval.

Sept discours sont successivement adressés au prince : le premier, par le professeur Giovanni Paganucci, discours académique et officiel; le second, par l'honorable Ministre des travaux publics d'Italie, M. Silvio Spaventa; le troisième, par M. Meissonier, au nom de l'Académie des Beaux-Arts et de l'Institut de France; le quatrième, par M. Charles Blanc; le cinquième, par M. Alvin, conservateur de la Bibliothèque royale de Bruxelles; le sixième, par M. le conseiller Meldhal, de Copenhague; le septième enfin, en français comme les quatre précédents, par un représentant de l'Académie de Rio-Janeiro, dont le nom nous échappe.

Les discours de MM. Meissonier et Charles Blanc, nous pouvons le constater avec une légitime fierté, produisent un grand effet et sont chaleureusement applaudis. Celui de M. Meissonier, prononcé d'une voix vibrante et entrecoupée, avec l'émotion profonde et poignante de l'artiste s'adressant à l'artiste, d'une concision improvisée et en quelque sorte militaire, secoue toutes les fibres et électrise les âmes. Mais aussi quelle mise en scène dans ce groupe de figures ardentes et attentives, éclairées de lueurs tremblantes! Quelle passion et quelle intelligence dans ces visages, Garnier, Bonnat, Guillaume, Charles Blanc, et dans le geste sobre de celui qui parle, dont la petite taille semble grandir à mesure qu'il parle! Quel relief et quel accent dans ce tableau!

Je vous adresse *in extenso* ces deux remarquables discours.

DISCOURS DE M. MEISSONIER.

« Messieurs,

« Je viens, au nom de l'Académie des Beaux-Arts de l'Institut de France, remercier Florence de l'avoir conviée à cette fête en l'honneur de Michel-Ange. L'Académie, jalouse aussi de rendre ce public hommage à ce divin génie, nous a envoyés pour la représenter, et c'est à moi, hélas! si peu expert en l'art de la parole, qu'est échu l'insigne et difficile honneur de parler en son nom et de dire son admiration profonde pour cet homme si grand qu'en lui il n'y a plus rien d'humain.

« L'Académie me pardonnera en faveur de ma sincérité, si je ne trouve pas des mots dignes d'elle pour parler de cet illustre entre les plus illustres touchés par le doigt de la Divinité pour être non pas seulement notre joie mais notre enseignement; laissez-moi dire aussi notre orgueil. Oui, grand Michel-Ange! le doigt divin t'a touché, et dans ces fresques de la Sixtine, égales, dans leur sublime grandeur, à la Bible elle-même, c'est toi que tu peignis dans cet Adam qu'anime le Créateur. Son doigt ne s'est-il pas déjà posé sur ton front? Ton regard est tourné vers lui, et c'est maintenant ta main qu'il va toucher pour la rendre digne de traduire ta pensée. Et dans le *Pensieroso,* ô génie puissant! n'est-ce pas aussi toi que tu représentes, écoutant dans l'ombre et la méditation ta pensée s'élevant au-dessus de notre monde?

« Oui, encore une fois, tu as été touché du doigt divin, et nul ne le sera désormais comme toi. Tu es et tu resteras l'éternel exemple de la grandeur et du sublime. C'est pour cela que tu appartiens maintenant à tous et que les hommes sont fiers de toi.

« Mais, glorieuse à tout jamais Florence ta patrie; glorieuse aussi cette belle Italie, cette reine des arts! Heureuse Florence, tu n'es pas seulement la ville des plus belles fleurs de la nature, tu es la ville des plus belles fleurs de l'esprit humain. Tu es la ville de la renaissance des lettres, des sciences et des arts! Je ne puis nommer tous tes fils! Tu as eu Dante, Pétrarque, tu as eu Galilée! Tu as eu celui que nous honorons aujourd'hui pieusement! Sous ce beau ciel enchanteur, au milieu de cette campagne dont la sereine beauté est incomparable, n'étais-tu pas faite pour être leur berceau?

« Sois à jamais heureuse, cité dont on ne dit jamais le nom que comme on disait celui d'Athènes sans penser à tout ce qui est beau et bon! Tu mérites de l'être, non-seulement parce que tu as donné le jour à tous ces grands génies, mais parce que tu en as conservé le culte et qu'aujourd'hui tu honores le plus grand de tous par cette fête où tout est joie. C'est la fête du génie et de la vertu, car ce n'est pas seulement celle d'un grand artiste, c'est aussi celle d'un grand citoyen.

« Italie, que Français nous aimons tous, sois heureuse et prospère! Florence, qu'artistes nous adorons tous, sois heureuse et prospère! Accepte ce vœu de Français venus pour crier avec tes enfants : « Vive Michel-Ange immortel! »

DISCOURS DE M. CHARLES BLANC.

« Messieurs,

« La fête que vous célébrez aujourd'hui à Florence, elle pourrait et elle devrait être célébrée dans toutes les capitales du monde policé, car Michel-Ange n'est pas seulement un citoyen de la nation florentine, comme on disait autrefois, il est un citoyen du monde. De même que la Macédoine ne pouvait contenir Alexandre, de même Florence ne contient plus Michel-Ange : il appartient à l'humanité. Il lui appartient aux mêmes titres qu'Homère, que Phidias, que Socrate, que Dante, et il a eu dans son génie quelque chose du génie de ces grands hommes, ayant été un artiste, un poëte, un sage.

« Aussi la vie de Michel-Ange est-elle pleine d'enseignements pour tout le monde : elle apprend aux uns quelle est la grandeur de l'art, aux autres comment il faut le dégager de la nature pour l'élever au-dessus d'elle; à celui-ci, elle donne des leçons d'indépendance; à celui-là, des leçons de simplicité, des leçons de droiture. Il n'est pas jusqu'aux hommes les plus positifs à qui elle n'enseigne que la gloire des nations est souvent aussi leur richesse. Qui dira le nombre des voyageurs de tout pays, savants, philosophes, écrivains, riches désœuvrés, esprits curieux, hommes d'étude ou de loisir, — sans parler des artistes, — qui sont venus dans cette contrée uniquement pour y voir quelques œuvres merveilleuses? Qui pourra calculer ce qu'a valu de trésors à l'Italie la possession des ouvrages de Léonard, de Michel-Ange, de Titien, de Raphaël, de Corrége?

« Ce n'est pas ici, messieurs, dans une ville où on le connaît si bien, où chacun semble né pour le comprendre, qu'il serait nécessaire de vanter Michel-Ange; mais peut-être devons-nous parler pour ceux qui n'assistent point à cette fête, pour tous ceux, — et ils sont innombrables, — qui n'ont de Michel-Ange qu'une idée vague, et qui ne savent rien de lui, si ce n'est qu'il mérite la plus haute admiration.

« Les deux noms les plus glorieux de l'art appartiennent aux deux villes les plus artistes, l'une de la Grèce, l'autre de l'Italie. Lorsque Florence s'appelait Athènes, elle vit naître Phidias; lorsque Athènes s'appela Florence, elle enfanta Michel-Ange. Il fut ainsi donné à ces deux villes de représenter l'art sous ses deux faces les plus éclatantes : la beauté et l'expression. Tout l'art antique peut se résumer dans l'œuvre de Phidias et tout l'art moderne dans l'œuvre de Michel-Ange. L'un se distingue par la sérénité, qui est l'état des êtres divins; l'autre par la passion, qui ne saurait agiter que des individus mortels.

« Mais pourquoi l'expression a-t-elle été si lente à se produire dans les arts du dessin? Cela tient sans doute à ce que, dans la marche des siècles, l'individualisme ne s'est dégagé que lentement, à la longue, avec peine. Quel chemin il a fallu parcourir, grand Dieu! pour descendre du symbolisme égyptien, si majestueux dans sa raideur, si solennel dans son immobilité, à notre art moderne, à cet art libre, mouvementé, accidenté, ému, émouvant, que Michel-Ange a représenté dans sa plus haute acception! En Égypte, l'art est une algèbre sublime des formes; il agrandit la nature par un procédé de concentration, il la surpasse en l'abrégeant. L'individualité n'existe pas encore et les classes elles-mêmes sont comme stéréotypées dans une figure convenue. Un seul prêtre personnifie tous les prêtres, un seul guerrier tous les guerriers.

« Plus jaloux de la vérité, l'art grec se rapproche de la nature et il l'observe profondément, mais c'est pour y retrouver la dignité de l'espèce, les exemplaires primitifs et beaux, les types divins. En Italie, à la Renaissance, une grande transformation se prépare et c'est à Florence qu'elle s'accomplit. Vos artistes sont frappés, non plus de la beauté, mais du caractère. Ils trouvent de l'intérêt dans toute figure qui a de la physionomie, quelquefois même dans la laideur, pourvu qu'elle ait visage d'âme, estimant que tout charbon, sous la main d'un maître, peut devenir un diamant. De la sorte, au lieu d'idéaliser la nature, ils se contentent de la choisir.

« Voilà comment votre École a innové, — vous le savez mieux que nous, messieurs, mais peut-être vous plaira-t-il de le laisser dire ici par un étranger, — elle a innové en substituant à la beauté idéale, qui ne pouvait plus se recommencer, la variété sans fin des caractères, et, comme cette variété ne se trouve que dans la nature, l'École florentine s'est vouée au naturalisme, je veux dire à l'étude des physionomies individuelles, mais triées avec soin et toujours caractérisées, toujours expressives.

« L'expression ! elle est le patrimoine de l'art florentin, de cet art qu'ont illustré à jamais Michel-Ange et le seul artiste qu'on puisse lui comparer; je dis le seul, et il fallait que celui-là fût encore un Florentin, Léonard de Vinci. Cet autre grand homme eut un tel amour de l'expression, que pour en trouver assez il résolut de la chercher là où il y en a trop, et alors il étudia des caricatures, dans la pensée qu'il lui suffirait de dégrossir, d'émonder les monstres pour les ramener à des conditions humaines, en supprimant le difforme, en conservant l'expressif.

« L'expression! Michel-Ange l'a portée, sans violence, quoi qu'on en dise, et sans grimace, au dernier degré de l'intensité et de la puissance. Mais son âme, la plus singulière qui fut jamais, était à la fois hautaine et intimidée, altière en présence des pontifes, et en proie aux épouvantements du christianisme, de manière que, par un étrange rapprochement, l'expression, chez Michel-Ange, a été la manifestation constante de deux sentiments contraires : la fierté et la terreur.

« Par un autre genre de singularité, il fut en même temps vrai et grandiose, naturel et surhumain, ayant su faire servir à l'accentuation des vérités typiques certains accidents, rapidement observés dans les figures vivantes. Ainsi, quand on est devant les prophètes et les sibylles, par exemple, l'étonnement s'étonne, comme dit votre Vasari, *si maraviglia lo stupore,* de reconnaître que ces personnages surnaturels, dont le modèle ne se rencontre nulle part, ces êtres que possède et qu'agite l'esprit de Dieu, sont cependant si pleins de vérité et de vie, qu'ils semblent estampés sur nature, mais dans une région bien au-dessus de la nôtre. L'on est un instant déconcerté en voyant que la sibylle qui a le plus vieilli dans l'art de la divination, la sibylle persique, a la vue basse et une gibbosité sur le dos, en remarquant des signes de réplétion et des bourrelets de chair sur la nuque dans la figure du vieux prophète Zacharie, qui, à force de scruter les Écritures, oublie la fatigue d'une posture gênante. L'on admire, en fin de compte, comment, au moyen de quelques détails familiers, accusés au vif, Michel-Ange, comme pour tempérer le décorum, pour humaniser le sublime, a donné la vrai-semblance de la vie à des figures d'une majesté démesurée, que certainement il ne vit jamais passer ni sur un pont de l'Arno ni dans les rues de Rome, et qu'il n'avait pu dessiner qu'au fond de cette chambre claire qui était son âme.

« Qu'on envisage en lui l'artiste ou l'homme, Michel-Ange n'est pas sans défaut, Dieu merci. Un homme sans défaut! ce ne serait plus un homme, et qui voudrait s'intéresser à lui? Mais, à tout prendre, Buonarroti est encore supérieur aux autres par ses vertus, dont ses défauts mêmes ne sont que le revers. Ombrageux et farouche parce qu'il était timide, il fut accusé de misanthropie, et sa frugalité, la simplicité de sa vie, son habitude de n'avoir personne à sa table, le firent taxer d'avarice. Avare, il ne le fut jamais que pour lui-même, afin d'être généreux envers les autres. Quand il disait à Condivi : « Ascanio, quoique riche, j'ai toujours vécu comme un pauvre, » son jeune ami aurait pu lui répondre : « Vous avez toujours vécu pauvrement, mais toujours donné richement. » Eh! que n'a-t-il pas donné, ce grand homme! Il a donné ce dont il devait être le plus jaloux : son temps, ses ouvrages, ses dessins, ses idées, son génie même.

« Ce qui n'est point assez connu, je dis connu de tout le monde, c'est que Michel-Ange, dessinateur prodigieux, a été aussi un coloriste, un coloriste de lumière. Comme décorateur, il eut en effet un sentiment délicat de la couleur et une juste intuition du rôle qu'elle doit jouer dans le clair-obscur d'une vaste machine. Comme statuaire, il colora ses marbres par des effets prévus, et il sut y ménager parfois des ombres tragiques, de façon que l'on reconnaît en lui un peintre quand on regarde ses statues et un sculpteur quand on regarde ses peintures.

« Un mot encore, messieurs, touchant ces fresques périssables, que nous voyons pâlir, s'écailler, se délabrer, et dont quelques morceaux, hélas! sont déjà tombés en poussière! Pour en conserver du moins un souvenir fidèle et durable, ne vous contentez pas de la gravure, qui est une copie rapetissée, monochrome, une traduction si souvent insuffisante. Faites-les reproduire précieusement, pieusement et dans leurs vraies dimensions, afin qu'il en demeure quelque chose, ne fût-ce qu'une image imparfaite, ne fût-ce même qu'une ombre, quand elles seront effacées, comme déjà commencent à l'être celles du Corrége, ou qu'elles auront péri par le feu, comme a péri la plus belle toile du Titien, ou qu'elles auront disparu comme vont disparaître, à San-Nazaro de Vérone, les fresques de Mantegna et de Montagna, que Vasari aurait voulu protéger par une grille d'or, *una cancellata d'oro,* ou, enfin, quand elles se seront écroulées avec les minces enduits qui les retiennent sur les murailles. Comment aurions-nous quelques notions de la peinture antique, si vous n'aviez trouvé parmi les décorations de Pompéi et d'Herculanum certaines imitations, certains calques des morceaux les plus fameux de l'art grec, imitations affaiblies, sans doute, calques altérés, peut-être, mais où il reste encore tant de saveur et tant de *grandeur ?*

« Nous vous en prions, messieurs, — et certes je ne serai pas contredit par les éminents artistes que vous a envoyés l'Institut de France, — nous vous en prions, veillez à vos chefs-d'œuvre, et croyez qu'il serait digne de l'Italie, de l'Italie régénérée sous le règne d'un galant homme, de prendre quelques mesures héroïques pour sauver d'une ruine prochaine des merveilles qui sont votre gloire, mais qui ne sont plus votre bien propre, car il faut les compter désormais parmi les titres du genre humain. »

Après le discours élevé et savant de M. Charles Blanc, je m'esquive avec mon ami Mantz, rompu, affamé, et oubliant, je dois le dire, Michel-Ange et les orateurs pour me livrer, au milieu de ces routes envahies par la foule, à la recherche d'une table et d'un gîte. Nous découvrons enfin un *trattoria* en plein vent, et nos forces renaissent sous l'action bienfaisante d'une fiasque de *Chianti.* Il est dix heures, et la lune, une lune argentée comme on n'en voit qu'à Florence, se lève dans tout son éclat, ajoutant à un repos bien gagné son calme et sa douce harmonie.

Lundi 13.

Aujourd'hui, inauguration solennelle, à l'Académie des Beaux-Arts, de la nouvelle loge érigée pour le *David,* et du *Musée Michel-Ange;* ouverture publique de la *Casa Buonarroti* et, le soir, bals et concerts avec illumination de la Piazzale de San-Miniato, des monuments de Florence et des collines environnantes.

L'inauguration du Musée Michel-Ange à l'Académie des Beaux-Arts était pour nous la grosse affaire, le grand attrait de curiosité des fêtes. Nous devons dire toutefois qu'il n'a pas répondu entièrement à notre attente, et qu'un peu par manque de temps et beaucoup par défaut d'organisation, il n'a pas tenu les promesses du programme. Il sera, je le veux bien, complété plus tard; mais, dès maintenant, il présente un vice radical, c'est de ne pas offrir aux yeux du visiteur les moulages des œuvres de Michel-Ange disséminées dans la ville. Il résulte de ceci que l'on perd le plus précieux, le plus indispensable élément d'information et de comparaison, et qu'à côté du *Moïse* et des *Esclaves* on ne voit ni les tombeaux, ni la grande Vierge de la chapelle des Médicis; ni la *Pietà* du Dôme, l'*Adonis mourant,* le *Bacchus,* le *Brutus,* la *Victoire,* l'*Apollino,* le *Masque* de faune et la *Sainte Famille* en bas-relief, du Bargello; ni le *Saint Mathieu* de l'Académie, ni les ébauches de la grotte de Boboli; ni enfin les reliques précieuses de la *Casa Buonarroti.*

Au centre de la *loggia,* encore inachevée, qui s'ouvre au fond de la galerie centrale du musée de l'Académie, a été placé le marbre du *David,* qu'il était temps, paraît-il, de retirer de la place du Palais-Vieux pour le soustraire à l'action destructive de la pluie. A droite et à gauche, dans les deux bras d'une sorte de transsept, sont placés les moulages : le *Moïse,* les *Esclaves,* le *Cupidon* de Londres, un buste de Paul III, du musée de Naples (superbe, mais très-douteux comme Michel-Ange), la *Pietà* de Rome, le *Christ* de la Minerve, une ébauche tragique et grandiose d'une autre *Pietà* également à Rome, la *Madone* de Bruges, très-regardée et très-admirée, une *Cariatide,* douteuse aussi, appartenant à la grande-duchesse Marie de Russie, le médaillon de l'*Albergo dei Poveri,* à Gênes, et le *Saint Jean-Baptiste* du comte Rosselmini Gualandi, à Pise. Ce n'est pas le lieu d'apprécier et de discuter ces conceptions multiples et pour

la plupart si profondément empreintes du génie de Michel-Ange; il m'est impossible
cependant de ne pas remarquer, avec une fierté d'autant plus légitime qu'ils nous ont
été bien et dûment donnés, que, dans ce concours solennel, les *Esclaves* de notre
Louvre, à peine connus en Italie, tenaient le premier rang avec un éclat incomparable,
et de dire que la seule nouveauté importante de cette exposition, le *Saint Jean-
Baptiste,* de Pise, a paru à la très-grande majorité d'entre nous être indiscutablement
de Michel-Ange.

Dans les salles suivantes ont été réunies, d'abord les œuvres de plus petite
dimension, comme les deux anges du tombeau de saint Pétrone à Bologne, des
maquettes, comme la petite Vierge du musée de Berlin, dont il se trouvait une *replica*
en bronze dans le cabinet de M. Thiers, et des ébauches en cire ou en terre, comme
une admirable petite figure de fleuve et le bas-relief des *Enfants d'Ugolin,* à M. Franchetti; puis les peintures attribuées à Michel-Ange ou d'après lui, les gravures de la
Galerie de Florence, par Calamatta, des dessins, des autographes et quelques autres
documents, — tout cela à l'état très-incomplet et très-confus; — et enfin, dans une
salle spéciale, une collection photographique, dont le fonds principal a été fourni par
M. Braun, d'après les peintures de la Sixtine et d'après les dessins aujourd'hui dissé-
minés dans les grandes collections publiques et privées de l'Europe : Paris, Vienne,
Weimar, Windsor, Florence, Oxford, Lille et le British Museum. Là encore, notre grand
musée tient le premier rang. Par le nombre (vingt-neuf dessins triés avec le goût le
plus sévère), la qualité des pièces, leur conservation admirable, leur intégrité et leur
authenticité, il fait pâlir Oxford et Florence eux-mêmes.

Mais, encore une fois, tout ceci n'est qu'un commencement de musée, et il ne faut
pas juger de ce qu'il pourra être plus tard par ce qu'il est aujourd'hui. Peu à peu
enrichi dans tous les sens, aussi bien dans celui des moulages que dans celui de la
gravure et dans celui de la photographie, il peut devenir d'un intérêt de premier ordre
et d'une curiosité sans égale.

Quant à la *Casa Buonarroti* elle est toujours ce que nous la connaissions, un musée
intime et fort inégal où, à côté des documents écrits, lettres, papiers de famille, autographes, dessins d'architecture et croquis de toute sorte, brillent quelques perles
d'un prix inestimable comme le bas-relief de la *Guerre des Centaures et des Lapithes,*
le modèle en terre cuite de la Vierge des Médicis, le bas-relief de la Vierge assise
tenant l'Enfant Jésus, l'esquisse du *David* et un incomparable carton à la sanguine
d'une Vierge à l'Enfant, morceau de première beauté et qui seul aujourd'hui peut-
être nous permet d'entrevoir ce que pouvait être le carton de la *Guerre des Pisans.*

Sur ce, mon cher ami, je ferme cette correspondance déjà trop longue, laissant
aux chroniqueurs de profession le soin de décrire les bals, les concerts et les illuminations, pour lesquels sont accourus, bien plus que pour Michel-Ange, les gens de Fiesole et autres lieux circonvoisins, et qui doivent couronner ces jours de fête si bien
remplis pour tous, et en somme, grâce à Michel-Ange, grâce aussi à Florence, si
mémorables et si charmants.

LOUIS GONSE.

ESSAI

DE

BIBLIOGRAPHIE MICHELANGELESQUE

M. Luigi Passerini vient de publier à Florence, à l'occasion du Centenaire de Michel-Ange, une bibliographie des livres consacrés à la biographie du maître et un catalogue des gravures faites d'après ses œuvres. Nous ne parlerons pas des gravures. La partie consacrée aux livres, qui est bien meilleure, a pour nous en France un défaut, celui d'être classée par ordre alphabétique d'auteurs. Une table donnerait tout ce que cet ordre purement matériel a d'utile, alors que les avantages supérieurs de l'ordre méthodique ne seraient pas du tout donnés par une table méthodique, qui manque d'ailleurs. Tout en nous servant largement du travail très-méritoire de M. Passerini, on verra facilement que celui-ci, qui n'en dispense pas, n'en est pas une copie. Nous en avons retranché, par exemple, le détail des poésies *ad honorem,* ce qui se rapporte aux réparations de la coupole de Saint-Pierre, les dissertations qui attribuent à Michel-Ange ce qui n'a jamais été de lui, comme aussi toute la polémique contre les critiques de Michel-Ange et surtout contre Milizia. Nous y avons ajouté; mais ce qui différencie surtout notre essai de bibliographie, c'est la disposition méthodique, la réunion des livres consacrés à des matières analogues et classés dans l'ordre de leur publication. Un travail définitif aurait plus de divisions; il ne maintiendrait pas ensemble, comme nous le faisons, bien des publications parues au moment du Centenaire, que nous avons laissées réunies précisément parce que le Centenaire est la cause de cet essai. Nous ne parlons ni des Guides, ni des Voyages en Italie, ni des biographies générales, ni des histoires de la peinture, de la sculpture ou de l'architecture,

42

ni suffisamment des articles publiés dans les Revues et les Recueils. Tous ne méritent pas de figurer ici; mais dix pages intelligentes sont plus utiles qu'une plaquette avec un titre formel, qu'on est forcé d'indiquer et qui peut n'avoir aucune valeur. Une partie qui serait tout entière à faire et qui, si elle est la plus difficile, ne serait pas la moins intéressante, ce serait l'indication par ordre chronologique de tous les témoignages contemporains sur Michel-Ange. La place et le temps nous auraient également manqué, mais nous devions au moins mentionner cette lacune pour donner à un autre le désir de la combler.

I. — MICHEL-ANGE

DE SA NAISSANCE A SES FUNÉRAILLES.

(Témoignages publiés de son temps. — Lettres. — Portraits. — Obsèques).

TÉMOIGNAGES CONTEMPORAINS.

Mercanti (Luigi). Illustrazione del castello di Caprese ove è nato il grande artista, corredata di disegni. Seconda ed. Fir., stabilimento di G. Pellas, 1875, in-8 de 67 pages.

Buonarroti (Senatore Filippo). Descrizione della famiglia Buonarroti Simoni (dans l'édition de la Vie du Condivi de 1746).

Litta (Pompeo). Famiglie celebri Italiane; Famiglia Buonarroti. In-folio.

Passerini (Luigi). Albero genealogico della famiglia dei Buonarroti (Gotti, 1875, in-8°, II, 1-29).

    Voir aussi dans *Passerini* l'article Campori.

Marchegay (Paul). Lazare de Baïf et M.-A. 1529-1530. (*Revue de l'Anjou*, I, 374, et p. 120-30 des *Notices et documents historiques sur l'Anjou*, publiés par P. M., Angers, 1857, in-8 tiré à 48 exemplaires.) Sur le passage de M.-A. à Venise, voir aussi Hauréau, *Histoire littéraire du Maine*, III, 15-6, et Daru, *Histoire de Venise*, IV, 633.

Lettre de M.-A. (4 déc. 1540) en réponse à une lettre à Niccolo Martelli (Imprimée par celui-ci dans *Il primo libro delle lettere*, Firenze (Giunti), 1546, p. 8.

Biondo (Michel-Angelo). Della nobilissima pittura et della sua arte, etc. Vinegia, all' insegna di Apolline, 1549, petit in-8 (Le chap. XVIII, p. 18, est intitulé : *De M. B.-A., Fiorentino, et del suo glorioso arteficio*).

Vasari. Dans la première édition des *Vite*. Firenze, Torrentino, 1550, in-4, publiée du temps de M.-A., sa vie, ainsi antérieure à celle de Condivi, est la dernière du tome II.

Dans la seconde édition de Florence, Giunti, 1568, in-4, où elle est très-augmentée, elle occupe les pages 717-796 de la 3e partie. — Il y en a une édition séparée donnée en 1568, in-4, par le Vasari; elle a été réimprimée à part avec les notes de Monseigneur Bottari, Roma, Pagliarini, 1760, in-4.

— Édition des Vite avec les notes du P. Guglielmo della Valle. Siena, 1791, 11 vol. in-4.

— La traduction allemande de Ludwig Schorn. Stuttgard, 1832-47, avec des notes d'Ernest Forster, in-12.

— Dans l'édition du Vasari de Florence, chez Lemonnier, la vie de M.-A. se trouve au tome XII, 1856, p. 157-311, avec d'excellentes notes de Carlo Pini et des frères Gaetano et Carlo Milanesi et un Prospetto cronologico, p. 333-409.

Condivi (Ascanio). Vita di M.-A. B. Roma, Ant. Blado, 1553, in-4.

— Réimprimée. Firenze, Albizzi, 1746, petit in-folio avec des travaux et des notes de Ticciati, Gori, Manni et Mariette.

— Réimprimée dans la collection qui forme le supplément à celle des Classiques italiens de Milan, t. XXI. Pisa, Cappurro, 1823, in-8 de XXVIII et 299.

    Préface d'Antonio-Francesco Gori, p. I-XXVIII;
    La Vie de Michel-Ange, par Condivi, p. 1;
    Annotations de Domenico-Maria Manni, p. 95;
    Notices historiques et annotations de Gori, p. 103;
    Analyse sommaire de la vie de Vasari, par Gori, p. 157;
    Observations de Pierre Mariette sur la vie de Michel-Ange du Condivi (en français), p. 477;
    Notes et remarques nouvelles de Gio. Gherardo de Rossi, p. 194.

    (Les Notes de Mariette ont été insérées dans son *Abecedario* publié par MM. de Chennevières et de Montaiglon. Paris, Dumoulin, 8 vol. in-8°, 1851-1860; tome I, p. 208-34.

— Réimprimée en 1853 par Gasparoni dans

l' « Istoria di M. À.-B., narràta per diversi autori, etc. » Roma, Menicanti, 1853, in-8.

— Réimprimée en 1858 dans l'édition in-32 des *Rime* de Barberà, à Florence, avec une préface de Saltini. La vie de Condivi est suivie du complément de Ticiati ; les lettres sont au nombre de 32. Il y a une seconde édition avec la date de 1860.

— Traduite en russe par le peintre Michel Gelesnow, Saint-Pétersbourg, in-8 de 171 p., et en allemand par Rudolph Waldeck. Wien, Braunmüller, 1874, in-8.

Varchi (Benedetto). Sonetti due in lode di M.-A. B. quando fu scoperta la Sagrestia di San-Lorenzo. Dans l'édition de ses *Sonetti*, Torrentino, 1555, parte I, p. 92-3.

Dolce (Lodovico). Dialogo della pittura. Venezia, 1557, in-8.

> Comparaison entre M.-A., Raphaël et Titien, que l'auteur met au-dessus des deux autres.

Borghini (Raffaelle). Il riposo. Florence, 1584 ; dans l'édition de Milan, 1807, III, 68-77.

Frediani. Ragionamento storico sulle diversi gitte fatte a Carrara da M.-A. B. ; per le nozze Borghini e Monzoni. Massa, fratelli Frediani, 1837, in-8.

— Seconda edizione. Siena, tip. Lazzeri, 1875, in-8 de 60 pages.

Santini (Vinc.). Commentarii storici sulla Versiglia centrale. Pisa, 1858-63, 6 vol, in-8.

> Dans le vol. V, p. 216-29, détails sur les acquisitions de marbres et les séjours de M.-A. dans la Versiglia.

Zofanelli (Cesare). La Lunigiana e le Alpi Apuane. Firenze, Barberà, 1870, in-16.

> Sur les séjours de M.-A. à Luni et à Carrare.

Campori (Giuseppe). Memorie degli scultori, architetti, pittori nattivi di Carrara et della provincia di Massa, con cenni relativi agli artisti che in essa dimorarono ed operarono. Modena, 1874, in-8.

Missirini (Melch.). Difesa di M.-A. B. per la sua partenza di Firenza quando era minaciata delle armi di Carlo V. Firenze, Piatti, 1840, in-8 de 31 pages.

François de Hollande. Dialogue sur la peinture, où il est question de M.-A. et de Vittoria Colonna. Publié pour la première fois par Raczynski dans *les Arts en Portugal*. Paris, Renouard, 1846, in-8, et dans le « Dictionnaire historico-artistique de Portugal », Renouard, 1847, in-8, p. 146-7.

> Alfred de Reumont y a consacré (*Gazette de Prusse*, 1847, nos 205-6) un article : « Kunst und Kunstler in Rom zur Zeit Papst Paul's des Dritten. »

Vigenère (Blaise de). Les Images de Philostrate. Paris, 1629, in-folio. Dans les commentaires,

p. 853, un très-important passage sur M.-A. (reproduit en note dans *Antoine Caron de Beauvais*, par A. de Montaiglon. Paris, Dumoulin, 1850, in-8, p. 19-20).

Inventaire dressé après la mort de Michel-Ange. (Découvert par M. Bartolotti. Voir *Chronique des Arts* du 13 février 1875, et Gotti, II, 148-56.)

Dans les *Lettere pittoriche* de Bottari, 1754-73 et 1822-5, in-16.

> Voir le détail dans Passerini, p. 15-6.

Ciampi (Seb.). Lettera di M. A.-B. (1542) per giustificarsi contro la calumnia degli emuli e dei nemici suoi nel proposito del sepolcro di papa Giulio II. Firenze, Passigli, 1834, petit in-8.

> M. Alfred de Reumont a traduit ce travail avec des additions : Ein Beitrag zum leben M. Buonarotti's ; *Kunstblatt* de 1834, nos 41-5 et Stuttgard, Cotta, 1834, in-8.

Carte Michelangiolesche inedite. Milano, 1865, in-4 de 80 p. Quarante-six documents, facsimilés lithographiquement.

Le Lettere di M. A.-B., publicate, coi Ricordi ed i Contratti artistici, per cura di Gaetano Milanesi. Firenze, coi tipi dei successori Lemonnier. Edizione ordinata dal Comitato Fiorentino per il quarto Centenario di M.-A. ; 1875, in-folio de IX et 721 pages.

> Les lettres, publiées et inédites, au nombre de 495, vont de 1497 à 1563, p. 3-374 ; les Ricordi (1505-1563) p. 563-612 ; les Contratti (1498-1548), p. 613-720.
>
> — Voir aussi dans Passerini les articles Martelli ; Memorie di M.-A. B., 1828, in-8 ; Monumenti dell Giardino Puccini. Pistoia, 1846 ; Varchi ; et le catalogue du musée Wicar).

Incisori dei ritratti di M.-A. (Passerini, *Bibliografia*, p. 309-29).

Zobi (Ant.). Discorso storico artistico intorno ad un ritratto rappresentante M.-A. B. Firenze, Lemonnier, 1842, in-8 ; 1844 ; Pezzati ; 1864, stamperia Virgiliana.

— Discorso illustrativo sopra un ritratto di M. A.-B., quarta edizione. Firenze, Carnesecchi, 1875, in-8 de 28 pages.

Fortnum (C.-D.-S.). On the original portrait of M.-A. by Leo Leone « il Cavaliere Aretino » ; *Archæological Journal*. London, in-8, no 129.

Esequie del divino M.-A. B., celebrate in Firenze dall' Académia de' Pittori. Florence, les Giuntes, 1564, in-4.

— Esequie, etc. Testo di lingua per la prima volta ristampato sull' edizione dei Giunti del 1564. Firenze, Tip. della Gazzetta d'Italia, 1875, petit in-8 de 71 pages. Nº 1 de la « Nuova raccolta di operette piacevoli e istruttive, inedite o rare ». Tirée à 320 exemplaires. Avec des notes de Gaetano Milanesi et une préface de Giulio Piccini.

> Voir aussi l'ouvrage de Moreni : Pompe celebrate nella basilica di San-Lorenzo, etc. Fir., Magheri, 1827, in-8, p. 79-124.

— Lettre de Vasari à Còme Iᵉʳ, sur les obsèques de M.-A., réimprimée dans l'édition des *Rime*, de Barberà, Florence, 1858, p. 173-80.

Varchi (*Benedetto*). Orazione funerale recitata nelle esequie di M.-B.-A., in Firenze, nella chiesa di San-Lorenzo (dédiée à Vinc. Borghini). Firenze, Giunti, 1564, in-4.

Salviati (*Leonardo*). Orazione in morte di M.-A. B. Firenze, stamperia Ducale, 1564.

Cellini (*Benvenuto*). Orazione funerale. En manuscrit dans l'Archivio Buonarroti (Passerini, p. 28).

Legati (*Domenico*). Poesie di diversi autori, latine e volgari, fatte nella morte di M.-A. B., raccolte per D.-L. Firenze, Bartol. Sermatelli, 1564.

> Réimprimées en 1875 à la fin du Michel-Ange de Giov. Magherini, p. 274-303.

Rosso (*Paolo del*). Versi, latini e toscani, in lode di M.-A. B. Firenze, Giunti, 1564.

Saracini (*Gherardo*). Versi, toscani et latini, in lode di M.-A. B. Firenze, Giunti, 1564.

Tarsia (*Giov.-Mario*). Orazione, ovvero discorso fatto nell' esequie del divino M.-A. B. Firenze, Sermatelli, 1564. (Dédié au Bronzino. On y trouve de Benvenuto Cellini un discours sur la discussion entre les sculpteurs et les peintres à propos du côté droit donné à la peinture dans les obsèques de M.-A.)

Pelli-Fabbroni. La tomba di Buonarroti in Santa-Croce e le ceneri di M.-A.

> *Archivio storico italiano*, nuova seria, VI, 1858, parte I, p. 157.

II. BIOGRAPHIES ET DOCUMENTS

PUBLIÉS DE 1565 A 1875.

Prontuario delle medaglie de' piu illustri uomini e donne. Lyon, Rouillé, 1577.

> Partie II, p. 211; la médaille de M.-A. et un article sur lui.

Toscani (*Giov.-M.*). Peplus Italiæ. Paris, Morel, 1578, in-8.

> Éloge de M.-A. en vers latins; le 176ᵉ éloge, p. 105.

Vignali (*Giac.*). Vita di M.-A. B. Firenze, 1753, in-4.

Elogio di M.-A. B. Firenze, Marzi, 1771, in-4.

Hauchecorne (l'abbé). Vie de M.-A. B., sculpteur et architecte de Florence. Paris, Cellot, 1783, in-12 de 432 pages.

Durdent. Vie de M.-A. B., dans les « Vies et Œuvres des peintres de toutes les Écoles » de Landon. Paris, Chaignieau, 1805, in-4, avec 81 pl. au trait.

Duppa. Life of M.-A. B., with his poetry and letters, and outlines of sculptures, paintings and designs. Londres, 1806 et 1816, in-4; 1846, in-8.

> Les traductions en vers des poésies sont l'œuvre de Southey et de Wordsworth.

Piacenza (*Gius.*). Vita di M.-A. B. Torino, 1812.

> Écrite pour remplacer la perte de celle de Baldinucci et insérée dans la nouvelle édition des *Notizie dei professori del disegno* de celui-ci, III, 89-135.

Beyle (*Henri*). Histoire de la Peinture en Italie. Paris, 1817, in-8, et Lévy, 1854, in-12; livre VII, p. 294-406.

Moreni (*Domenico*). Illustrazione di una rarissima medaglia rappresentante Bindo Altoviti. Firenze, Maghesi, 1824, in-8.

Ker (*Henri Bellenden*). Life of M.-A. B. London, 1824, in-4.

Nicolini (*G.-B.*). Del sublime e di M.-A., discorso letto in occasione della distribuzione dei premi triennali nella R. Accademia delle belle arti in Firenze, il 9 ottobre 1825 (p. 151-81, formant addition aux *Prose di G.-B. N.*, secrétaire de l'Académie des Beaux-Arts, qui comprennent sept discours prononcés de 1806 à 1821. Firenze, Guglielmo Pattl, 1823, in-8).

> Voir sur ce discours un article du journal la *Gazzetta d'Italia*, Florence, nº 255, sept. 1875, qui annonce que des fragments inédits de Niccolini sur M.-A. paraîtront dans le 14ᵉ volume de ses œuvres (Miscellanées).

G—é. Biografia universale, antica e moderna. Venezia, 1823, in-8º. Tome VIII, p. 314-15.

Michel-Ange. Article d'*Eugène Delacroix*. *Revue de Paris*, tome XV, 1830, p. 41-58. Réimprimé dans le Recueil de M. Piron : « Eugène Delacroix, sa vie, ses œuvres », Paris, Claye, 1865, p. 146-86.

> Annonçait un second article sur les Poésies.

Planche (*Gustave*). Michel-Ange. *Revue des Deux Mondes*, 1ᵉʳ février 1834 (série III, tome I, p. 241-69).

Quatremère de Quincy. Histoire de la vie et des ouvrages de M.-A. B. Paris, Firmin Didot, 1835, in-8 de XVII et 385 p., avec un portrait et le fac-simile de la main, du Louvre. — Traduction anglaise, 1850.

L'article de la *Biographie Michaud*, tome XXVI, Paris, 1821, p. 83, est du même auteur. — M. Alfred de Reumont a consacré au livre deux articles du *Kunstblatt*, 1836, nᵒˢ 55-7.

Gaye (Le docteur *Jean*). Carteggio inedito d'artisti. Firenze, Molini, 1839, 3 vol. in-8.

Passerini, p. 57-60, donne le détail de ce qui s'y trouve de documents sur Michel-Ange.

Emiliani Giudici (*Paolo*). La vita ed il tempo di M.-A. B. Palermo, 1844, in-8.

Rosini (*Giov.*). Raffaello et M.-A. in Roma, Pisa, Capurro, 1844, in-4, fig.

Réimpression avec additions d'un chapitre du tome IV de la « Istoria della pittura italiana ».

Homère, Dante et M.-A. *Blackwood's Magazine*, nᵒ 351, janvier 1845.

Calemard de Lafayette (*Charles*). Dante, M.-A. et Machiavel. Paris, Didier, 1852, in-12 (p. 306-71).

Fellini (*Rodolfo*). Cenni biografici intorno le vite di Dante, Giotto, Raffaelo, Michelangelo... Fir., Tofani, 1852, in-8.

Coindet (*Jean*). Histoire de la peinture en Italie. Paris, Renouard, 1856, in-12, p. 82-103.

Salina (Conte *Luigi*). Elogio di M.-A. B. Bologna, 1856, in-8 (per le nozze).

Harford (*John Samuel*). The life of M.-A. B. with translations of many of his poems and letters... London, Longman, 1857, 2 vol. in-8, figures. — Il faut y joindre un supplément publié la même année et composé de 20 pl. avec des notices par Canina, C. R. Cockerell et l'auteur.

Voir la *Quarterly Review*, CIII, nᵒ 206, avril 1856, p. 436-83.

Rio (*Fran.-Alexis*). Michel-Ange et Raphaël. Paris, 1857, in-8.

Regaldi (*G.*). M. A. Buonarroti, canto (in terza rima). Torino, tip. di Seb. Franco, 1857, in-8 de 14 pages.

Garisson (*Gustave*). Michel-Ange et son temps. Toulouse, 1859, in-8 de 83 p.

Extrait de la *Revue de Toulouse*, février et mars 1859.

Breton (*Ernest*). Notice sur la vie et les ouvrages de M.-A. Saint-Germain-en-Laye, 1860, in-8 de 60 p. (Extrait de l'*Investigateur*.)

L'article de la Biographie Didot, xxxv, 1861, col. 380-416, est le même travail.

Clément (*Charles*). Michel-Ange, Léonard de Vinci, Raphaël, avec des catalogues raisonnés, historiques et bibliographiques. Paris, in-12, Lévy, 1861. — Deuxième édit., revue et augmentée. Hetzel, 1867, in-12 de 410 p.

(avec trois catalogues raisonnés, historiques et bibliographiques).

Dans la *Revue des Deux Mondes*, 1ᵉʳ juillet 1859, p. 60-108, le même auteur avait écrit : « M.-A. d'après de nouveaux documents », à propos de la vie de M.-A. par M. Harford, et du traité de Jean de Hollande, publié par M. Raczynski.

Grimm (*Hermann*). M.-A. B. Hanovre, Rumpler, 1860; Berlin, 1862. Les documents du British Museum figurent dès la deuxième édition, et la traduction anglaise de Fanny-Elisabeth Bunnett. Londres, Smith, Elder and Cᵒ, 1865, 2 vol. in-8, les comprend. M. Grimm a fait de son livre une quatrième édition. Hanovre, Rumpler, 1873, 2 vol. in-8, et M. Augusto di Cossilla vient d'en donner une traduction italienne. Milano, Manini, 1875, 2 vol. in-8.

M. Grimm dans son livre « Uber Kunstler and Kunstwerke ». Berlin, Dummler, 1865-6, 2 vol. in-8, a sur M.-A. plusieurs notices qu'il a refondues dans son édition de 1873.

Lübke (*Wilhelm*). Geschichte der Plastik. Troisième édition. Leipzig, 1863, in-8, p. 659-76.

Piot (*Eug.*). Dans la nouvelle série du *Cabinet de l'Amateur*. Paris, Didot, 1863, grand in-8, on trouve : la maison de M.-A. à Florence, p. 133; — documents inédits des archives de la famille B..., p. 145-55, et Documents inédits du British Museum, 313-40.

Fouquier, dans « Le Livre d'or des peuples, Plutarque universel ». Paris, 1865, in-4ᵒ. Tome I, p. 77-95, avec douze bois.

Simonin (*L.*). La Toscane et la mer Tyrrhénienne. Paris, 1868, in-12 (contient une longue étude sur l'exploitation des marbres de Serravezza, de l'Altissimo et de Carrare).

Perkins (*Charles*). Tuscan sculptors. London, 1864, 2 vol. in-8. Traduit en français par M. Haussoullier. Paris, Renouard, 1869, in-8, I, 299-365 et pl. 39-43.

Michel-Ange Buonarroti; article de l'*Eclectic and Congregational Review*. London, in-8, april 1865.

Rio (*F.-A.*). De l'Art chrétien. Paris, Hachette, 1861-7, 4 vol. in-8.

Le chapitre xxvi du 4ᵉ volume, 1867, p. 370-431, est consacré à M.-A.

Henke (*W.*), profᵉ d'anatomie. Die Menschen des M.-A. in vergleich mit der Antike. Wortrag gehalten in Rostock. Rostock, Kuhn, 1871, in-8 de 38 p. et 3 pl.

Guerzoni (*Gius.*). M.-A. cittadino; *Nuova Antologia*. Firenze, XXII, novembre et décembre 1872, pag. 513 et 780.

Garden (*Jean*). Michael-Angelo (en suédois). Wisby, 1872, in-8 de 60 pages.

Puaux (Franck). Vie de M.-A. Paris, Meyrueis, 1874, in-8 de 32 p.

> Extrait de la *Revue chrétienne*, octobre-décembre.

Black (Ch. Christ.). M.-A. Buonarroti. Story of his life and labours. London, Marmillan, 1875, in-4, avec des photographies.

Charles Blanc. Michel-Ange. Paris, Renouard, 1875, grand in-4 de 96 pages.

> Extrait de l'*Histoire des peintres de toutes les écoles.*

Fattori. Michel Angelo e Dante, studio. Firenze, Cellini, 1875, in-16 de 208 pages.

Magherini (Giovanni). Michelangelo Buonarroti. Firenze, G. Barbera, 1875, grand in-8 de xiii et 300 pages.

Ricordo al popolo italiano. Firenze, Sansoni, 1875, petit in-8 de 426 pages.

> *Milanesi.* Ritratti di M.-A., p. i-xiv. — *Venturi.* Vita, p. 1. — *Saltini.* Il David et il Mosè, p. 59. — *Giov. Dupré.* Sepolcri Medicei, p. 69. — *Mongèsi.* La Sistina, p. 75. — *G. E. S.* M.-A. architetto civile, p. 97. — *Riva Paluzzi.* Fortificazioni di San-Miniato, p. 131. — *Venturi.* Le rime di M.-A., p. 153. — *Cavalucci.* Guida dei luoghi ove son in Firenze le opere Michelangiolesche, p. 163, avec un plan de l'itinéraire à suivre. — *S. Frullani*, M.-A. al letto di morte di Vitt. Colonna. p. 215 (en octaves).

Podesta (B.). Documenti inediti relativi à M.-A. B. (*Il Buonarroti*, série II, vol. X, avril 1875.)

Gotti (Aurelio). Vita di M.-A. B., narrata coll' aiuto di nuovi documenti. Firenze, 1875, 2 vol. in-8, de 381 et 297 p., figures.

> L'éditeur de cet ouvrage est l'avocat Carlo Pancrazi. — (Article de A. Paoli, dans la *Nuova Antologia di Firenze*, vol. XXXVI, fasc. ix, septembre 1875. — Compte rendu par A. de Gubernatis dans l'*Athenæum* anglais du 11 septembre 1875.)

III. — DESSINS.

Gotti. Catalogo delle opere d'arte e dei disegni di M.-A. B. (Gotti, 1875, tome II, p. 163-245.)

Collection of thirty etchings after original drawings of Julio Romano, M.-A., ... collected by the late Cav° Lutti of Rome, and engraved by Bartolozzi... Published by Thomas Bradford, 1765, grand in-folio.

Chamberlaine (John). Original designs of the most celebrated masters of the Italian schools... London, Bulmer, 1812, in-folio.

Ottley (William Young). The Italian school of design, being a series of fac-similes of original drawings. London, 1823, in-folio.

Catalogue of original designs of M.-A. and Raphaël in the University Galleries. Oxford, 1848, in-8.

Fisher (Joseph). Seventy etched fac-similes on a reduced scale, after the original studies by M.-A. and Raffaello in the University Galleries. Oxford, 1852, petit in-4.

> Dans la réimpression en deux parties séparées London, Bell and Daldy, 1865, petit in-4, le volume de M.-A. est composé de 23 pages et de 32 et 21 planches.

A series of fac-similes of original drawings by M.-A. B., selected from the matchless collection formed by sir Thomas Lawrence. London, 1853, in-folio.

Leroy (Alph.). Collection des dessins originaux des grands maîtres, gravés en facsimile, avec texte par MM. Reiset et Villot. Paris, 1857-60, in-folio.

> Plusieurs planches sont consacrées à des dessins de M.-A.

Lagrange (Léon). Dessins de M.-A. au Musée des Offices. *Gazette des Beaux-Arts,* 1re série, XII, 1862, p. 551-4.

Weigel (Rudolph), Die werke der Maler in ihren Handzeichnugen, etc. Leipzig, Weigel, 1865, in-8.

> Les pages 390-431 sont un catalogue des gravures, lithographies et photographies d'après les dessins de M. A.

Reiset (Frédéric). Notice des dessins du Musée du Louvre. Paris, in-12, 1re partie, 1866, p. 35-44 et 189-200.

Benvignat (E.). Musée Wicar à Lille. Recherches sur l'authenticité d'un livre de croquis (d'architecture et de monuments) attribué par Wicar à M.-A. B. (Société de Lille, IIIe série, 3e vol., p. 95-105. Tiré à part. Lille, Reboux, 1866, in-8 de 16 p. avec fac-simile.)

Woodward (B.-B.). Specimens of the drawings of ten masters; from the Royal collection at Windsor castle, M.-A. Perugino, etc., with a descriptive text. London, 1870, in-4.

Burlington fine arts Club. Catalogue of designs of Raphaël Sanzio and M.-A. B. London, Metchim and son, 1870, in-4.

Robinson (J.-C.). A critical account of the drawings by M. A. and Raffaelo in the University Galleries. Oxford, Clarendon press, 1870, in-8 de 376 p.

> Il y en a des exemplaires tirés in-4. M. Émile Galichon en a rendu compte dans la *Gazette des Beaux-Arts*, 2e période, VII, 1873, pages 197-205.

Holt (Henry). A dream of human life, by M.-A. B. London, 1867, in-8 (Publié d'abord dans le *Gentleman's Magazine*).

> Sur le même sujet, voyez le *Magasin pittoresque*, 1843, p. 137-9, et Benjamin Fillon, *Poitou et Vendée*, article de Fontenay-le-Comte, pages 2 et 108.

Album Michelangiolesco dei designi originali

di M.-A. B. riprodotti in fotolitografia. Firenze, stabil. fotogr., Smorti, 1875. In-4 oblong.

Ricordo dei disegni di M.-A. B. Reproduzione in fotolitografia. In-16 oblong. Firenze, Smorti.

Reiset (Frédéric). Étude pour le groupe de la Vierge et l'Enfant Jésus, pour la chapelle des Médicis, dessin du Musée du Louvre. *L'Art*, III, n° 41, 10 octobre 1875, p. 142-5. — Réimpr. de l'ouvrage d'Alphonse Leroy.

Deux candélabres composés par Raphaël Sanzio et M.-A. B. d'après le concours ouvert entre eux par les papes Jules-II et Léon X environ l'an 1518. Avec 4 pl. de Normand et la trad. anglaise en regard. Paris, Joubert, an IX, 1803.

> Traduit par Pietro Narducci : Disegno di due candelabri... Milano, Bianchi, 1823. Ne sont ni de Raphaël ni de Michel-Ange (Voy. *Nouvelles Archives de l'Art français*, 1874-5, p. 479-80 et 483,) pas plus que le pont du Rialto à Venise, bien que le graveur Silvestre l'ait attribué à M.-A. (Passerini, p. 305).

IV. — SCULPTURE.

Incisori di opere di scultura di M.-A. (Passerini, Bibliografia, p. 257-80).

Davia (Virgilio). Memorie intorno all' arca di San-Domenico. Bologne, 1835 et 1842, in-8.

Vannini (Vincenzo). L'Angelo del B. che adorna il celebre monumento dell'arca di San-Domenico in Bologna. Bol., Sassi, 1840, in-folio, fig.

> Voir aussi dans Passerini les articles Grimm, p. 65, et Gualandi, p. 66.

Bonora (Padre Tommaso), de' Predicatori. L'arca di San-Domenico e M.-A. B.; ricerche storico-critiche. Bologna, Romagnoli, 1875, in-8 de 40 pages.

La Vierge de Bruges. — *Passavant.* Kunreise durch England und Belgien, p. 303.

— *Triqueti (Henri de)*. Article sur la Madone de Bruges, *Fine arts' quarterly Review*, n° 4.

— *Reiset (Fréd.)*. Le groupe en marbre de l'église N.-D. à Bruges. Lettre à M. Barbet de Jouy. Paris, 31 juillet 1875, typ. Ch. de Mourgues, petit in-8 de 8 p. avec une couverture.

— *Chronique de la Gazette;* lettre de M. Louis Viardot, 25 septembre 1875, articles de M. Louis Gonse, 11 sept. 1875, p. 273, p. 278-9, 9 octobre, page 290, 23 octobre, p. 297-9, et 6 novembre, p. 308.

— *Hoepfer (J.)*. La Madone de Bruges. L'Art universel; Bruxelles, 1er octobre 1875.

— *Siret (Adolphe)*. La Madone de M.-A., à Bruges. Journal des Beaux-Arts, 17e année, n° 19, 15 octobre 1875, in-4, p. 153.

Reiset (Frédéric), Un bronze de M.-A. Paris, 1853, petit in-8 de 60 p. (Extrait de l'*Athenœum français*.)

> Relatif au David de bronze qui fut envoyé par la Seigneurie de Florence à Robertet et fut longtemps dans la cour de son château de Bury, près de Blois.

Zobi (Stat.) Del progetto di rimovere la statua del David dal sito cui sta attualmente. Firenze, Stamperia Granducale, 1854, in-8.

— Traslocamento della statua rappresentante il David (Gotti, 1875, t. II, p. 35-51).

Podestà (Bartol). Intorno alle due statue erette in Bologna à Giulio II, distrutte nei tumulti di 1511.

> Atti della Deputazione di storia patria per le provincie di Romagna, anno VII, 1868, p. 106-30.

Paganucci (Prof°. Luigi). Parere intorno alla individualità dei due scheletri trovati nel mausoleo scolpito da M.-A. e che sta a sinistra di chi entra nella celebre cappella della Basilica di San-Lorenzo. Firenze, tip. Fioretti, sans lieu ni date, in-8 de 8 pages.

Musset (Paul de). La Chapelle de San-Lorenzo. *L'Art*, III, n° 41, 10 octobre 1875, p. 149-53.

Betti (Salv.) Due Scritti inediti intorno il sepolcro di Giulio II. *Giornale Arcadico*, Roma, 1820, VI, 390.

Cancellieri. Lettera al canonico Dom. Moreni sopra la statua di Mosè. Firenze, Magheri, 1823, in-8 de 60 p., avec une pl. et la bibliographie, en 121 numéros, des ouvrages relatifs à Moïse.

Pistolesi (Erasmo). Il Mosè di M.-A. B. descritto ed illustrato. Roma, Menicanti, 1859, in-8.

Lloyd (William Watkins). The Moses of M.-A., a study of art, history and legend. London, 1863, in-8.

> Voir aussi, dans Passerini, l'article Betti, et, pour des vers ou des sonnets à sa louange, les articles : Alfieri, Balboni, Forias de Lancastro, Lorenzini, Mattioli, Molza, Zoppi.

Statues de la Chapelle de Pie III au dôme de Sienne. *Manni (Domenico)*. Addizioni necessarie alle vite dei due celebri statuari M.-A. B. e Pietro Tacca. Firenze, Viviani, 1774, in-8.

> Voy. Passerini, verbo Milanesi (Gaetano), p. 94.

Salvini (Salvino). Lettera colla quale dichiara essere opera certa di M.-B. una statua rappresentante S. Giovanni, existente in Pisa nel suo palazzo. Article de la *Nazione* de Florence, 17e année, numéro du 10 janvier 1875.

— *Micheli (P. Everardo)*. Lettere... sulla provenienza in casa Pesciolini della statua di San Giovannino attribuita à M.-A. B. (Ar-

ticle d'*Il Risorgimento*. Pisa. 1875, n° 34.
— Voir le *Journal officiel*. Paris, 21 février 1875, p. 1387).

Andreucci (*Avv. Ottavio*). Sulla scoperta di due busti in terra cotta e sopra un quadro a tempera in tavola nel possesso, l'uno del negoziante Pietro Radicchi, l'altro del dottor Enrico Gallizioli, opere ambedue di M.-A. B. Firenze, tip. Campolini, in-8 de 86 pages.

Raffaelli (*March. Filippo*). Di alcuni lavori del B. existenti nelle Marche, con cenni biografici di Ascanio Condivi. Fermo, tip. eredi Paccassassi, 1875, in-8 de 32 pages.

Montaiglon (*Anatole de*). Notice sur l'ancienne statue équestre, ouvrage de Daniello Ricciarelli et de Biard fils, élevée à Louis XIII; en 1639, au milieu de la place Royale, à Paris. Paris, 1851, in-8, et dernière édition, 1876, in-8.

> Cette statue avait été commencée pour Henri II, sous la direction de Michel-Ange.

V. — PEINTURES.

Incisori di opere di pittura di M.-A. (*Passerini, Bibliografia*, p. 155-256.)

Pitture dipinte nella volta della cappella Sistina nel Vaticano. Roma, 1773, in-4.

Fabri (*Aloisius*) et *Domenico Cunego*. Fourteen plates of the compartment of the ceiling of the Sixtine Chapel. Roma, 1796-1828, atlas in-folio.

Linnel. M.-A's frescoes in the Sixtine chapel, fac-simile of original drawings of the ceiling made at the time of the paintings and before the execution of the last Judgment. London, 1834, in-folio oblong.

Higgins (*Alfred*). La Création d'Adam, par M.-A.; *the Academy*. Londres, 9 octobre 1875, p. 382-3; articles sur le même sujet, par M. W. Scott, dans les numéros du 18 septembre et du 30 octobre, p. 445-6.

I Profetti e le Sibille della cappella Sistina. Roma, 1825.

Pistolesi. Il Vaticano descritto, con disegni à contorni diretti dal pittore Camillo Guerra. Roma, 1829-38, 8 vol. in-folio.

> Dans le tome VIII les fresques de la Sixtine et de la Pauline.

Kühlen (*Franz*). Die cappella Sistina; *Kuntsblatt*, 1844, n° 105.

Breuché de La Croix. Paraphrase sur le tableau de M.-A. du dernier Jugement. Liège, 1644, in-4.

Duppa. Dissertation on the picture of the last Judgment by M.-A. B, and a life of Raffaello, London, 1801, in-folio.

> Avec un atlas dans lequel sont gravées de la taille de l'original douze têtes tirées du Jugement dernier.

Mezzanotte (*Ant.*). Cantica sul finale Giudizio dipinto da M.-A.; Perugia, Baduel, 1804, in-4.

> Articles de Vinc. Salvagnoli, *Giornale arcadico di Roma*, XXV, mars 1825, p. 331-8, et de Pietro Bagnoli, *Nuovo Giornale dei Letterati*. Pise, n° 19, t. X, 1825, p. 3-13.

Metz (*Conrad*). Il Giudizio universale... inciso in rame in quindici grandi fogli di carta, detta papale. Roma, 1808 et 1816, grand in-folio.

> Long article de Guattani : *Memorie roman. sulle belle arti*, III, 104-16.

Lenoir (*Alexandre*). Observations sur le génie de M.-A. et son tableau représentant le Jugement dernier. Paris, 1820, in-8.

> Extrait des *Annales françaises des arts*, VI.

Guillemot (*Alexandre-Charles*). Le Jugement dernier de M.-A., dessiné d'après l'original et lithographié, avec un texte. Paris, Didot, 1829, in-folio.

Delacroix (*Eugène*). Sur le Jugement dernier. A propos de la copie de Sigalon. *Revue des Deux Mondes*, août 1837, p. 337-43. Non réimprimé dans le volume de M. Piron. Paris, Claye, 1865.

Le Jugement dernier de M.-A.; Pensées d'un Russe (en russe). S.-Pétersbourg, 1858, in-8.

> Voir aussi dans Passerini l'article Massi.

Allen (*C. Bruce*). Catalogue of autotype prints of the frescoes of M.-A. in the Sixtine Chapel. London, 1870, in-18.

Peintures de la villa Altoviti, inventées par M. A., peintes par Giorgio Vasari et gravées au trait par Thomas Pироli. Paris, calcographie Piranesi, 1807, in-folio, 13 pl.

Sur le tableau d'une Judith jusque-là attribué au Bronzino et maintenant à M.-A. lui-même, article de la *Rivista Europea*, octobre 1875.

Blanc (*Ch*). La Vierge de Manchester, *Gazette des Beaux-Arts*, 1re série, I, 1859, pages 257-69.

Triqueti (*Henri de*). Un tableau de M.-A. (ensevelissement du Christ) dans la Galerie nationale de Londres (autrefois chez le cardinal Fesch).

> *Gazette des Beaux-Arts*, 2e période, I, 1869, p. 157-61.

VI. — ŒUVRES D'ARCHITECTURE.

Incisori di opere d'architettura di M.-A. (*Passerini, Bibliografia*, p. 281-308).

D'Aviler. Cours d'Architecture, qui comprend les ordres de Vignole et les bâtiments de Michel-Ange. Paris, Nic. Langlois, 1691. 2 vol. in-4, avec 2 frontisp. et 115 pl.

P. Letarouilly, architecte. Édifices de Rome moderne. Paris, Bancel, 1840, in-4, avec un atlas. Paris, 1825-1857, 3 vol. gr. in-folio.

> Pages : 127, 133, 134, 147, 184, 188, 212, 233, 235, 259-323 (Planches 115-140), 347, 360, 411 (Pl. 194), 423-427 (Pl. 199-201), 443, 451-452 (Pl. 208), 463 (Pl. 219), 469 (Pl. 220), 498, 517 (Pl. 232), 541, 552, 558 (Pl. 278), 617, 655-660 (Pl. 316-317), 670 (Pl. 326), 720-730 (Pl. 352-354).

Les Portes de Rome : Flaminia, Pia, della Vigna del Card^e Grimani nella strada Pia, del Card^e Gaetani sul Quirinale, del giardino del Card^e Pio, poi del duca Sforza, gravées dans les « Cinque ordini d'architettura » du Vignole. Sienne, 1635, in-folio.

Porte di Roma disegnate ed intagliate. Bologna, Volpe, 1787, in-folio.

> La porte Flaminienne et la porte Pie.

SAINT-PIERRE. Voir sur ce point la Bibliographie spéciale : « Scrittori sopra la Basilica Vaticana » qui forme le chapitre XLIV (p. 117-122) du livre de Domenico Cancellieri, « Descrizione della Basilica Vaticana ». Roma, 1788, in-8 de 144 p. P. 117-22, — et aussi les pièces contenues dans le grand *Bullarium Romanum*.

Labacco (Libro di *Ant.*) appartenente à l'architettura, nel quale si figurano alcune notabili antiquità di Roma. Roma, 1559, in-folio.

> Les planches 27 et 28 donnent l'extérieur et la coupe du projet primitif de la coupole.

Architettura della Basilica di S.-Pietro, opera di Bramante, M.-A. B..., intagliata in più tavole (33) da M. F. (Martino Ferrabosco) per commissione di M^{gre} G. B. Costaguti. Roma, 1620, in-folio.

Fontana. Il tempio Vaticano e sue origini. Roma, Buagni, 1694, in-folio, pl.

Bonanni (Padre Filippo). Numismata Pontificum Templi Vaticani fabricam indicantia, chronologicà ejusdem Fabricæ narratione explicata. Roma, 1696 et 1700, in-folio de 240 pages et 86 planches.

Scritture concernanti i danni della cupola di San-Piero ed i loro remedii. (Parere di tre matematici sopra i danni, che si sono trovati nella cupola di S.-Pietro sul fine dell' anno 1742, dato per ordini di N. S. Papa Benedetto XIV). Venezia, Simone Occhi. S. d., in-4 de 184 p. et 1 pl.

Poleni (Giov.) Memorie istoriche della gran cupola del Tempio Vaticano e de' danni di essa; Padova, 1748, in-folio, avec planches.

> Sur la coupole, voir aussi dans Passerini les articles : Cosatti, Discorso (Bireve), Dotti, Segni.

Sindone (Raff.) et *Martinetti* (Ant.). Della sacrosancta Basilica di S.-Pietro in Vaticano, libri due. Roma, Salvioni, 1750, 2 vol. in-8.

Détails des plus intéressantes parties d'architecture de la basilique de Saint-Pierre de Rome, levés et dessinés sur le lieu par Gabriel Martin Dumont. Paris, 1763, in-folio, de 74 planches.

Fea (Carlo). Notizie intorno Raffaele Sanzio, ..., Mich.-Ang. Buonarroti... come architetti di San-Pietro in Vaticano, per le loro epoche principalmente... Roma, Poggioli, 1822, in-8.

Pistolesi (Erasmo). Il Vaticano descritto ed illustrato con disegni a contorni diretti dal pittore Camillo Guerra. Roma, 1829-38, 8 vol. in-folio.

Valentini (Agostino). La patriarcale Basilica Vaticana illustrata. Roma, 1845-6, in-folio, planches.

Mignanti (Filippo Maria), sacerdote beneficiato della Vaticana. Storia della sacrosancta patriarcale Basilica Vaticana. Roma, 1867, 2 vol. in-8 de 359 et 343 pages.

— Voir aussi dans Passerini, sur les travaux d'architecture de M.-A. à Rome, les articles Ferrerio, Sandrart, p. 105 et 130, Stieglitz.

FLORENCE. Saint-Laurent. — *Cianfagni* (Il canonico *Piero Nolasco*). Memorie istoriche della Basilica di S.-Lorenzo, con documenti e note. Firenze, 1804, in-4. — *Moreni* (Domen.). Delle tre cappelle Medicee nella Basilica di San-Lorenzo. Fir., Carli, 1,13, in-8. Continuazione delle Memorie istoriche della Basilica di San-Lorenzo di Firenze. Fir., Daddi, 1816-7, 2 vol. in-4.

Chapelle des Médicis. — *Ruggieri* (Ferdinando). Quatorze planches dans le tome II de son ouvrage : *Scelta di architetture antiche e moderne di Firenze*, id., 1755, in-folio.

Rousseau (Jean). Une épigramme de M.-A., la chapelle des Médicis.

> *Gazette des Beaux-Arts*, 2e période, II, 1869, 451-7.

Laurentienne. *Rossi* (Gius. Ignazio del). La libreria Mediceo-Laurenziana, architettura di M.-A. B. Firenze, 1739 et 1755, in-folio avec 22 pl. de Bern. Sgrilli.

Ruggieri (Ferdinando). La Biblioteca Laurenziana nell' insieme e in tutte le sue parti (15 planches en tête de l'ouvrage gravé par Ruggieri : *Scelta di architetture antiche e moderne di Firenze*, id., 1755, in-folio.

Bibliothecæ Mediceo-Laurentianæ porta, vestibulum et fenestræ, tabulis æneis expressæ à Carolo Fauccio. Firenze, 1756, in-folio (IX pl. et un frontispice).

> Sur les travaux d'architecture de M.-A. à Flo-

rence, voir aussi dans Passerini les articles Biadi et Milanesi (Carlo).

VII. — POÉSIES.

— Voyez Gamba, *Testi di lingua*. Venezia, 1828, in-4, p. 53, et Brunet, *Manuel du libraire*, 5e édition. Paris, 1860, I, col. 1393-4.

Varchi (Benedetto). Due Lezioni, nella prima delle quali si dichiara un sonetto di Messer M.-A. B.; nella seconda si disputa quale sia piu nobile arte, la Scultura o la Pittura (con lettere di M. A. e d'altri artisti sopra la quistione). Fiorenza, Lor. Torrentino, 1549, in-8°.

> La première a été fréquemment réimprimée avec les poésies de M.-A.

Delle rime di diversi nobili poeti toscani, raccolti da Messer Dionigi Atanigi, libro secondo, etc., Venezia, Lod. Avanzo, 1565, 1 vol. in-8°.

> Contient deux sonnets de M.-A. et le jugement d'Atanagi sur la manière d'écrire de M.-A.

Rime di M.-A. B., raccolte da Michélagnolo, suo nepote. Firenze, Giunti, 1623, in-4.

Rime di M.-A. B. il vecchio, con una lezione di Benedetto Varchi e due di Guido Guiducci sopra di esse. Firenze, 1726, in-8.

> Avec une préface remarquable de Domenico Maria Manni.

Le rime di M.-A. B. e le lettere del medesimo. Roma, Desideri, 1808, in-8.

Orelli (Jean-Gaspard). Beiträge zur Geschichte der italiänischen Poesie. Zurich, 1810, in-8, t. I, p. 129-48.

Le rime di M.-A. B. Testo di lingua italiana (Il frullone della Crusca). Roma, 1817, petit in-4.

> Édition annotée par Alessandro Maggiori, de Fermo.

Rime e prose di M.-A. B. Milano, Silvestri, 1821, in-8.

> Copie de l'édition de Rome, 1817, avec la réimpression de l'article de Mazzuchelli sur M.-A. dans ses *Scrittori d'Italia*.

Förster (T.). Ueber M.-A. B. als Dichter. Dans le journal *Die Muse*, Leipzig, 1821. Nombreuses traductions des sonnets.

Rime di M.-A. B. il vecchio, col commento di Giosafatte Biagioli. Parigi, Dondey-Dupré, 1821, in-8.

> Tiré à 370 exemplaires.

Fiscolo (Ugo). Article sur M.-A. poëte; *New Monthly Magazine* de 1822; en italien dans ses *Opere*. Florence, Le Monnier, in-12, x, 1859.

Varcollier (M.-A.). Poésies de M.-A., traduites de l'italien avec le texte en regard et des notes. Paris, Hem et Cie, 1826, in-8 de XVII et 376 p.

Essai sur Michel-Ange considéré comme poëte. *Bibliothèque universelle de Genève*, t. II, 1833, p. 272-306.

Sonnets de Michel-Ange. Article de M. X. Marmier, *Revue de Paris*, 3e série, XVIII, 14 juin 1840, p. 270-8.

Michel-Ange poëte. Article de M. Auguste Desplaces dans la *Revue de Paris*.

Taylor (John Edward). M.-A. considered as a philosophic poet; with translations. London, 1840 et 1852.

Une édition avec une traduction allemande en regard par G. Regis. Berlin, 1842, in-8.

A. C. Poésies lyriques de Vittoria Colonna *Bibliothèque universelle de Genève*, 4e série, 2e année, V, 1847, in-8, p. 337-82.

> Voir aussi sur Vittoria Colonna, dans Passerini, les articles Andreucci, Ciampi, Colonna.

Lafond (Ernest et Edmond). Poésies. Paris, Comon, 1848, in-8.

> (La traduction de XXXIX sonnets de M.-A.)

Arlincourt (La vicomtesse d'). Mes loisirs en Italie. Études sur trois femmes célèbres (Vittoria Colonna, 17-130 et 307-17; Properzia de' Rossi, Tullia d'Aragona). Paris, Dagneau, 1853, in-12 de 415 pages.

Campanari (Domenico). Vittoria Colonna, peinture de M.-A. B., observations de D. C. (Adressées à M. de Niewerkerke.) London, T. Brettell, 1854, in-8 de 42 pages.

Lefèvre-Deumier. Vittoria Colonna. Paris, Hachette, 1856, in-12 de 185 pages.

> M. Alfred de Reumont en a parlé dans l'*Archivio istorico italiano*, nuova seria, V, parte II, p. 133.

Rime e lettere di M.-A. B. precedute della vita dell' autore, scritta da Asc. Condivi. Firenzé, Barbera, Bianchi e Cª (avec une préface de Guglielmo Enrico Saltini), 1858 et 1860, in-32 de 465 pages.

Lann au-Rolland. Michel-Ange poëte. Traduction complète de ses poésies avec une étude sur M.-A. et sur Vittoria Colonna. Paris, Didier, 1860, in-12.

> M. G. Lafenestre en a rendu compte dans la *Revue contemporaine*, t. XLVIII, 1860, 343-5, et M. Léon Lagrange dans la *Gazette des Beaux-Arts*, VIII, 1860, p. 247-50.

Lang (W.). Michel-Angelo Buonarroti als Dichter. Stuttgard, 1861, in-8 et, dans le Journal die Grenzboten : Die echten Gedichte M. Angelo's, juin et juillet 1866.

Le rime di M.-A. B, cavate degli autografi e pubblicate da Cesare Guasti, accademico della Crusca. Firenze, Le Monnier, 1863, in-4.

> Articles d'Isidoro del Lungo, *Archivio storico italiano*, 3e série, partie II, 151-69; — de Villari, *Civiltà italiana*, fascicolo II, 8 jan-

vier 1865; — de Carl Witte, dans Edw. Bœhmer : *Romanische studien*, Halle, 1871, in-8, 1er fascicule, p. 1-60; — Guasti a aussi écrit : « Di alcune critiche Todesche (colles de Grimm et de Lang) sulla nuova edizione delle rime di M.-A. B... ». Roma, 1868, in-4, et, antérieurement, dans le journal la *Gioventù*, janvier 1865 : « Di certe critiche del Cav. Pasquale Villari... »

Roscoe (Mistress *Henry*). Vittoria Colonna; her life and poems. London, Marmillan, 1868, in-8.

> Avec des traductions de sonnets de M.-A. et des photographies.

Nageotte (*Eugène*). De M.-A. Bonarottio carminum scriptore. Màcon, Protat, 1872, in-8 de 92 pages. (Thèse latine de doctorat ès lettres soutenue à la Faculté de Dijon.)

Saint-Cyr de Rayssac. Quinze sonnets de M.-A. *Gazette des Beaux-Arts*, 2e période, XI, 1875, pages 5-18.

Puliti (*Leto*). Di alcune poesie di M.-A. musicate dai contemporanei, lettera ad Aurelio Gotti (Gotti, 1875, tome II, p. 89-122).

VIII. — CASA BUONARROTI ET LE QUATRIÈME CENTENAIRE.

La Galerie Buonarroti à Florence. Article de M. Paolo Emiliano Giudici, *Gazette des Beaux-Arts*, 1re série, XII, 1862, p. 476-83. (Voir antérieurement IV, 1859, 189-90.)

Guida della Galleria Buonarroti de A. F. (Angiolo Fabrichesi). Florence, 1868, in-12 (en italien et en français). Terza ed e, 1875, in-12 de 24 pages.

Buonarroti (*Michelangiolo*) il giovine. Sonetto inedito sopra la sua galleria, pubblicato da Paolo Galletti. Firenze, typ. Bencini, 1875, in-8 de 12 pages.

Le journal *Il Buonarroti, scritti sopra le lettere e le arti*. Commencé par Benvenuto Gasparoni. Rome, 1863, et continué par Enrico Narducci à partir de 1866.

> Se continue; en est au volume X de la seconde série.

CENTENAIRE. *Passerini* (*Luigi*). La Bibliografia di M.-A. B. e gli incisori delle sue opere. Firenze, Cellini, alla Galileiana, 1875, petit in-4 de ix et 331 pages.

Ricordi di Caprese sul quarto Centenario di M.-A. B. San Sepolcro, tip. Becamorti, 1875, in-8 de 38 pages.

Ritratto di M.-A. B. della « *Storia della republica di Firenze* » di Gino Capponi, ripublicato per cura di Camillo Tomasi. Firenze, 1875, petit in-8 de 14 pages.

Bonfenati (*Pietro Alfonso*). M. A. B., elogio biografico scritto in occasione del IV Cen-

tenario... Bologna, tip. Marregiani, 1875, in-8 de 34 pages.

Conti (*Cesare*). M.-A. Buonarroti; cenni biografici.

> En douze chapitres. Publié dans l'*Opinione nazionale* et terminé dans le numéro du 14 septembre 1875, 9e année, no 257.

La Vita di M.-A. B., e un canto, dedicato al benemerito Comitato per le feste del Centenario per C. B. Firenze, tipog a Sborgi, 1875, in-16 de 30 pages.

Ciardi (*Pio*). Discorso pronunziato a Pieve San Stefano nell' occasione del Centenario di M.-A. B. Fir., tip. Giuliani, 1875, in-8 de 6 pages.

Barzellotti (Prof e *Giacomo*). Dell' animo di M.-A. B. Firenze, tip. Carnesecchi, 1875, in-8 de 22 pages.

> Estratto della *Rivista contemporanea*.

Revel (Prof e *Alberto*). La mente di M.-A. (Estratto della *Rivista cristiana*). Firenze, tip. Claudiana, 1875, in-8 de 23 pages.

Faleri (Avv. *Antonio*). Notizie storiche del David del piazzale Michelangelo, e cenni biografici del Cav. Prof. Clemente Papi. Firenze, tip. della Gazetta dei Tribunali. 1875, in-8 de 40 pages.

Boito (*C.*). Il Centenario di M.-A. B. L'Indole dell'uomo (Nuova Antologia. Firenze, anno x, vol. XXX, fasc. x. Florence, octobre 1875).

Pierotti (*Giov.*). Il piazzale Michelangiolo; stanze. Fir., tip. della Gazetta d'Italia. 1875, in-8 de 20 pages.

Corsini (*Guido*). M.-A. e il suo quarto Centenario; canzone. Fir., 1875, tip. Ricci, in-8 de 14 pages.

Ciotti (*Napoleone*). M.-A. B.; ode sinfonica, musica del cav. Teodolo Mabellini. Firenze, tip Galletti e Cocci, 1875, in-16 de 16 pages.

Lockart (*James*). M.-A. Buonarroti, ode for the quatercentenary celebration. Firenze, successori Le Monnier, 1875, in-4 de 22 pages.

Marchesi (*Giulio*). M.-A. e le sue opere; sonetti. Fir., tip. Barbera, 1875, in-8 de 20 pages.

Panzacchi (*Enrico*). Michelangiolo, canto. Bologna, N. Zanichelli, 1875, in-8 de 16 p.

Zucchetti (*Licurgo*). Nel quarto Centenario di M.-A. B.; canzone. Perugia, tip. Bartelli, 1875, in-8 de 8 pages.

Becherucci (*Raffaelle*). Il Centenario della donna; aspirazioni e voti nell' occasione del IV centenario di M.-A. B. Firenze, tip. Cellini, 1875, in-4 de 16 pages.

Le *Monde illustré*. Paris, in-folio, 19e année, no 362, 13 sept. 1875.

L'Illustration. Paris, in-folio, 33e année, septembre 1875.

Illustrated London news, London, 2 oct. 1875.

L'*Illustrazione popolare*. Milano, fratelli Trèves, vol. XII, nᵒ 20, 12 septembre 1875, p. 305-20. (Numéro illustré, avec un grand portrait à part, et entièrement consacré à M.-A. — La *Vita* est de A. Cecovi.)

Crescia (*D. L.*). Il Centenario di M.-A. in Firenze nel settembre de 1875. (Il Buonarroti, série II, vol. X, avril 1865, publié en septembre.

Erdan (*A.*). L'Œuvre de Michel-Ange. *Le Temps*. Articles publiés entre le 26 mars et le 26 août 1875.

Michel-Ange. L'Homme. *Le Siècle* des 23 et 26 août 1875 (articles non signés).

Timbal (*Charles*). Michel-Ange. *Le Français*, nᵒˢ des 21, 23, 27 sept. et 2 oct. 1875.

Vachon (*M.*). Michel-Ange. *La France*, nᵒ du 13 septembre 1875.

Le Centenaire de Michel-Ange. *The Academy*. London, in-4ᵒ, 25 septembre et 2 octobre 1875.

Le Centenaire de Michel-Ange. Les Fêtes de Florence. *Revue politique et littéraire*, nᵒˢ 13 et 14, 25 septembre et 2 octobre 1875.

L'Art, Paris, in-folio, tome III, numéros 39, 40 et 41, 26 septembre, 3 et 10 octobre 1875 : *Balla* (*Roger*). Le IVᵉ Centenaire de M.-A... — *Véron* (*Eugène*). Vie de M.-A... — *Leroi* (*Paul*). Les Publications du Centenaire.

L. Alvin. Souvenir du IVᵉ Centenaire de M.-A. In-8 de 7 pages. (Extrait du compte rendu de la séance du 30 sept. 1875 de l'Acadᵉ de Belgique.)

Gonse (*Louis*). Lettre à M. Alfred de Lostalot, secrétaire de la *Gazette*, sur les fêtes du Centenaire.

Gazette des Beaux-Arts, octobre 1875, p. 375-84.

Schoy (*Auguste*). M.-A. Buonarroti ; Souvenir des Fêtes florentines du IVᵉ Centenaire; dans le *Journal des Beaux-Arts*, publié en Belgique par M. Adolphe Siret, premier article, numéro du 15 novembre 1875, p. 174-6. — Le texte des discours prononcés se trouve dans le numéro 257 de la *Nazione*, mardi 14 septembre 1875.

A. DE M.

TABLE DES MATIÈRES

TEXTE

GRAVURES

J. Claye, imprimeur
7, r. S. Benoît, à Paris